SHIGERU MIZUKI 5

KITARO

Aus dem Japanischen von **Gandalf Bartholomäus**
Lettering: **diceindustries**

REPRODUKT

KITARO 5

INHALT

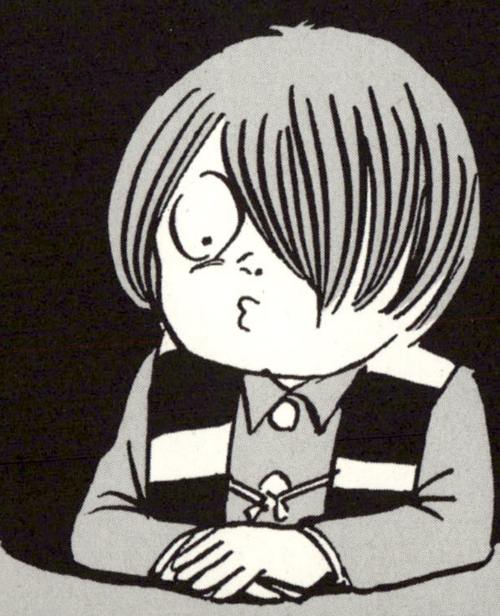

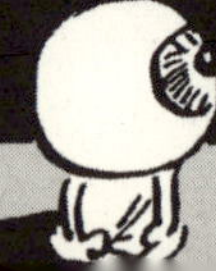

KITARO VOM FRIEDHOF

DIE YOKAI-BESTIE

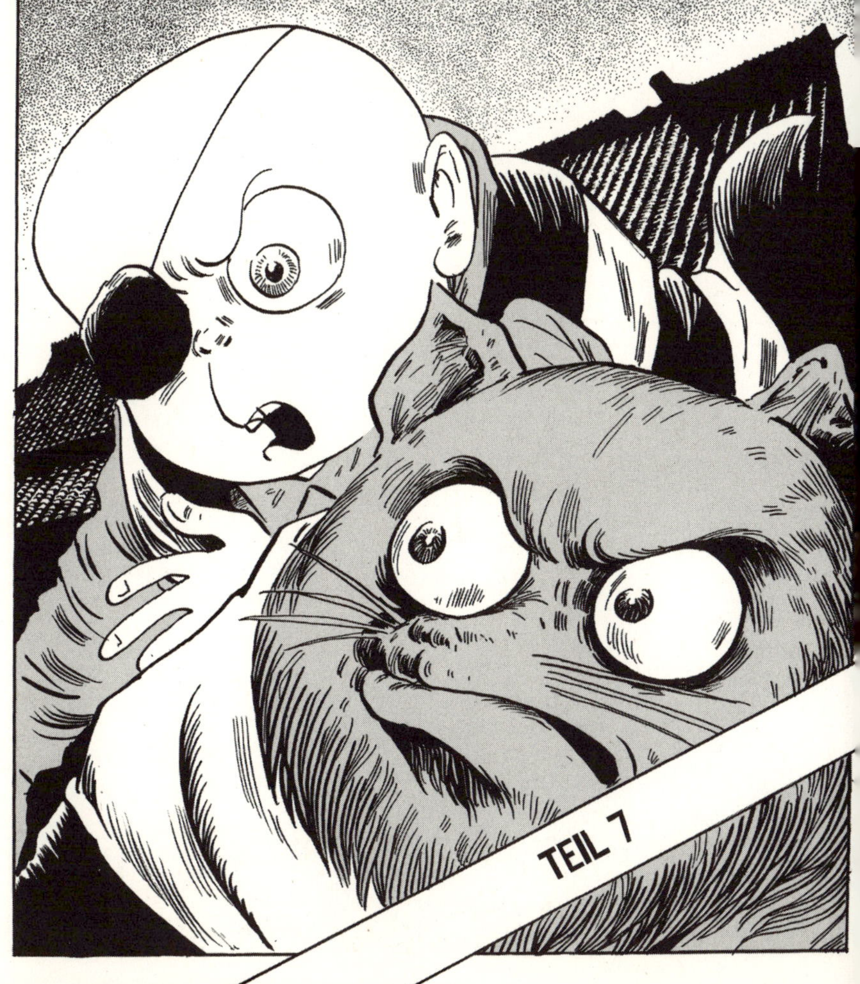

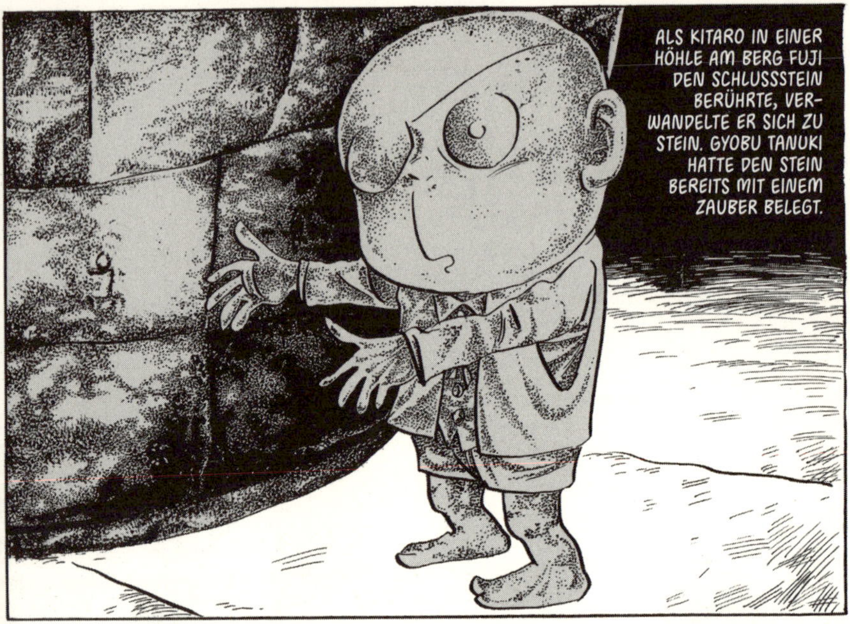

ALS KITARO IN EINER HÖHLE AM BERG FUJI DEN SCHLUSSSTEIN BERÜHRTE, VERWANDELTE ER SICH ZU STEIN. GYOBU TANUKI HATTE DEN STEIN BEREITS MIT EINEM ZAUBER BELEGT.

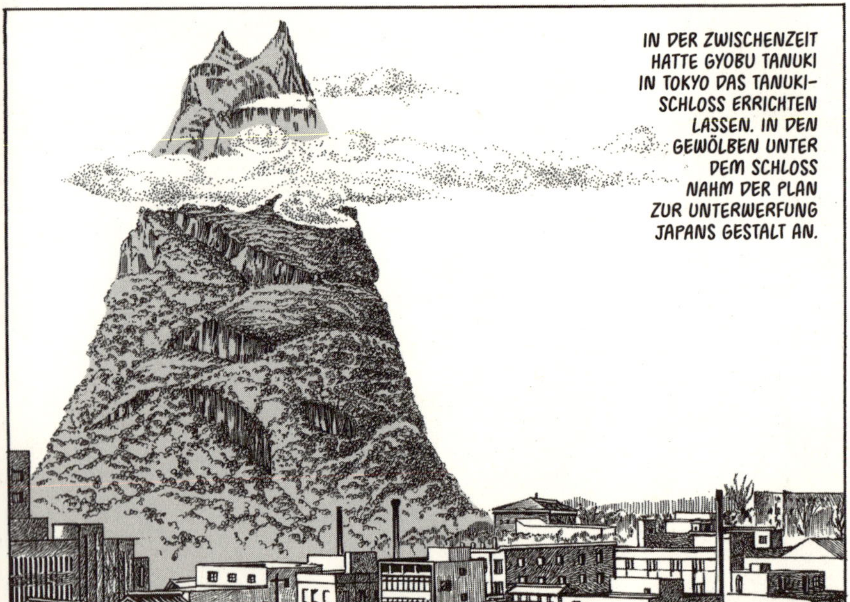

IN DER ZWISCHENZEIT HATTE GYOBU TANUKI IN TOKYO DAS TANUKI-SCHLOSS ERRICHTEN LASSEN. IN DEN GEWÖLBEN UNTER DEM SCHLOSS NAHM DER PLAN ZUR UNTERWERFUNG JAPANS GESTALT AN.

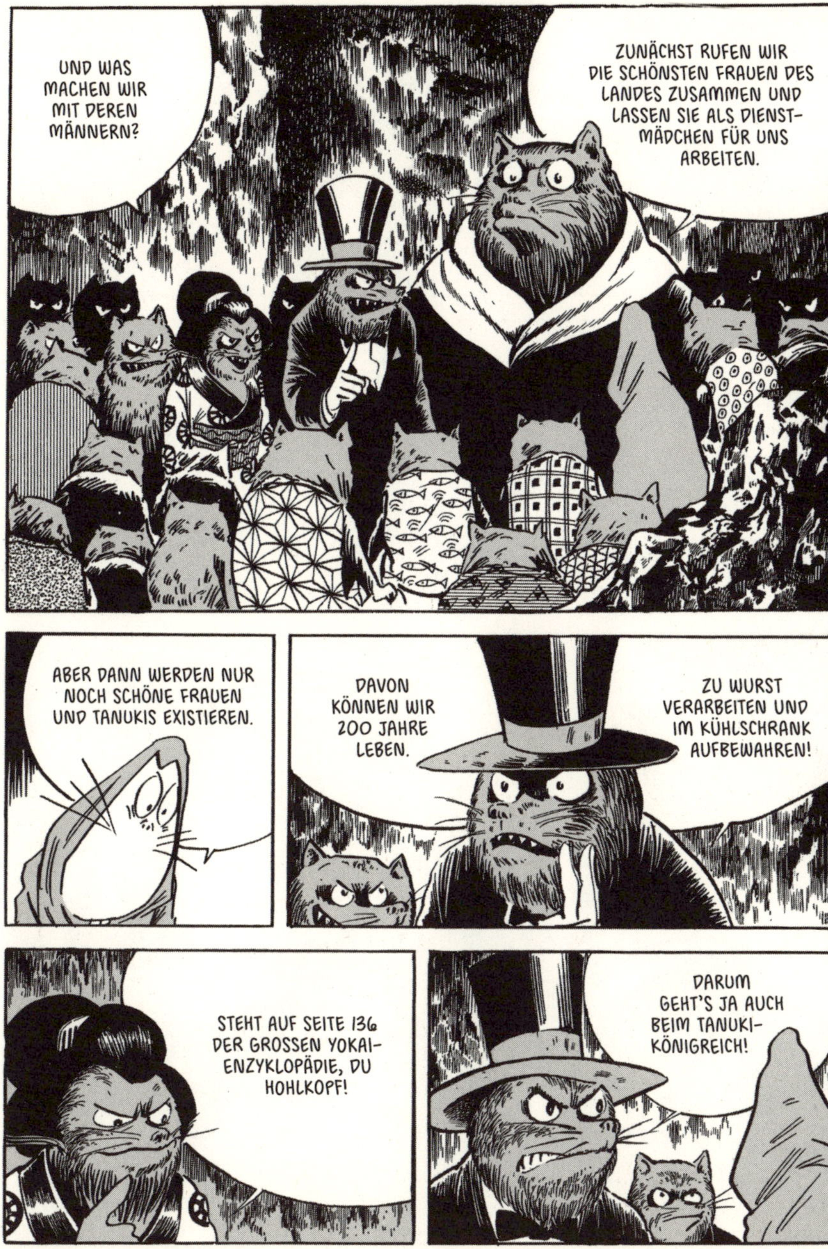

ZUNÄCHST RUFEN WIR DIE SCHÖNSTEN FRAUEN DES LANDES ZUSAMMEN UND LASSEN SIE ALS DIENSTMÄDCHEN FÜR UNS ARBEITEN.

UND WAS MACHEN WIR MIT DEREN MÄNNERN?

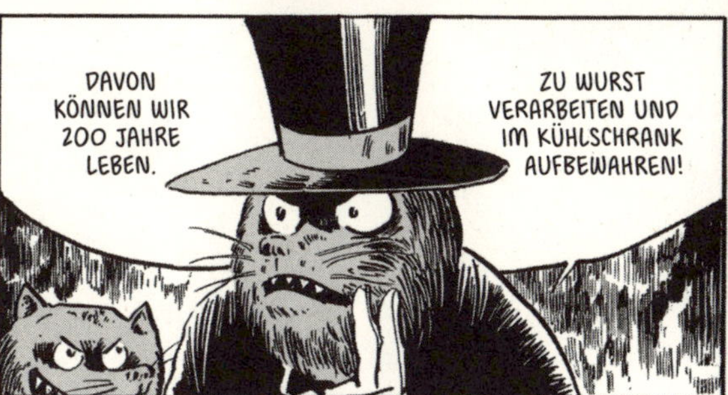

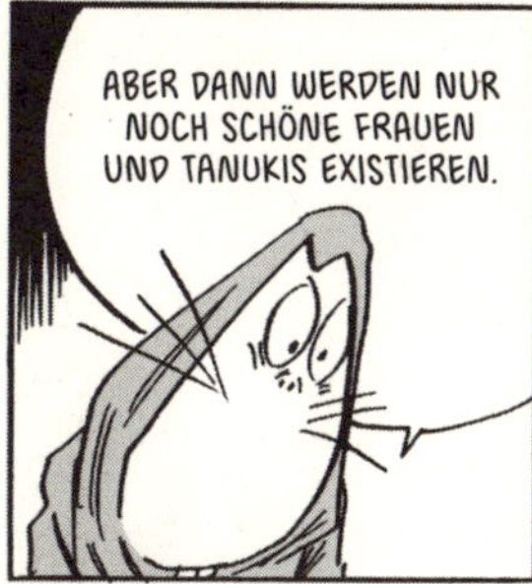

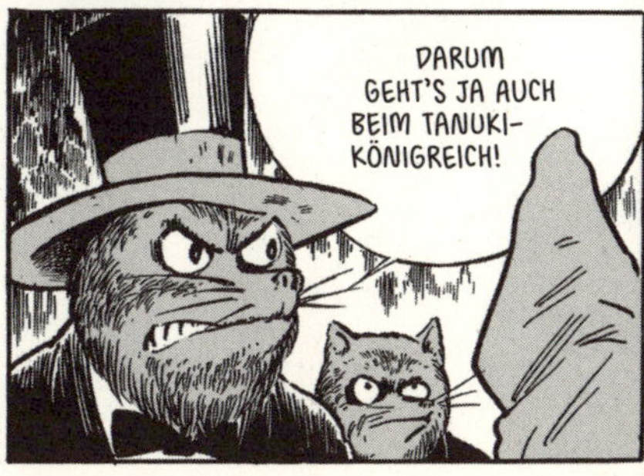

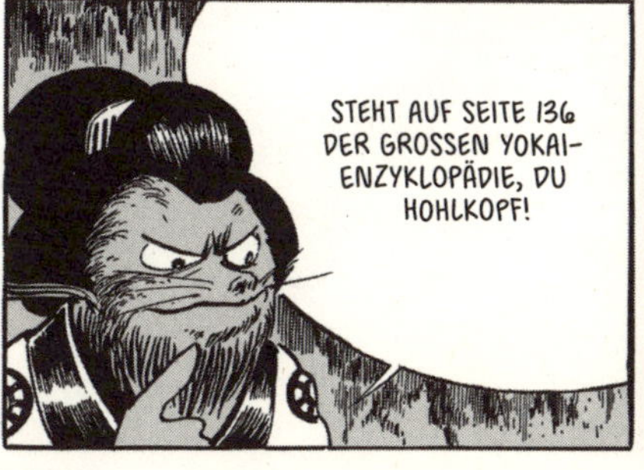

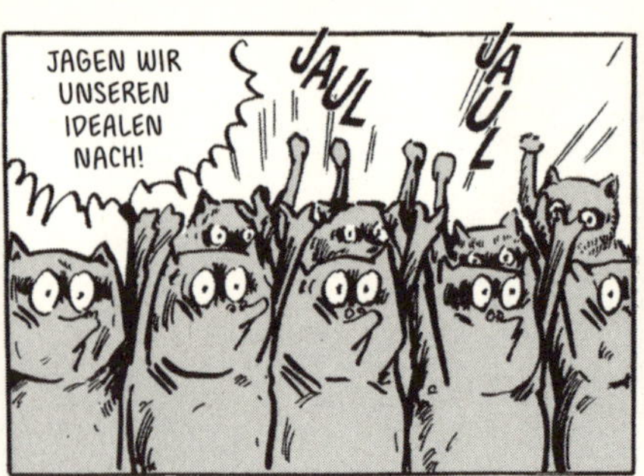
JAGEN WIR UNSEREN IDEALEN NACH!
JAUL
JAUL

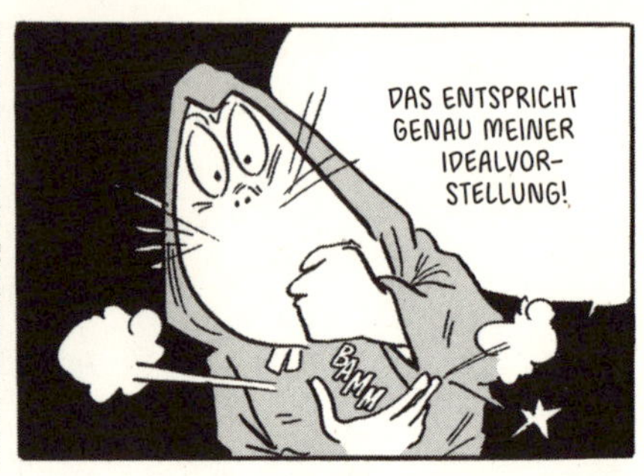
DAS ENTSPRICHT GENAU MEINER IDEALVOR-STELLUNG!
BAMM

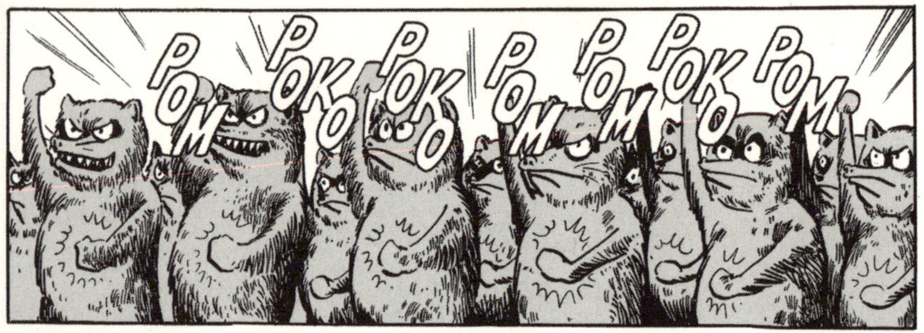
POM
POKO
POKO
POM
POM
POKO
POM

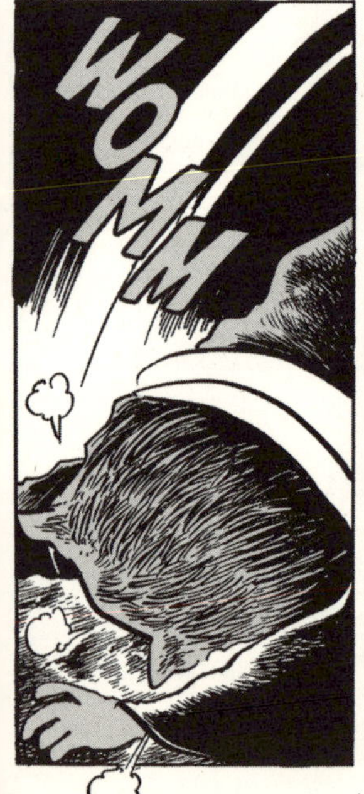
WOMM

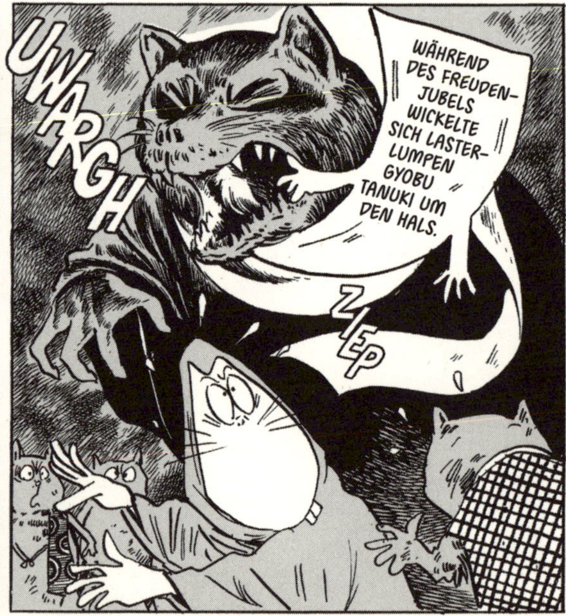
UWARGH
WÄHREND DES FREUDEN-JUBELS WICKELTE SICH LASTER-LUMPEN GYOBU TANUKI UM DEN HALS.
ZIEP

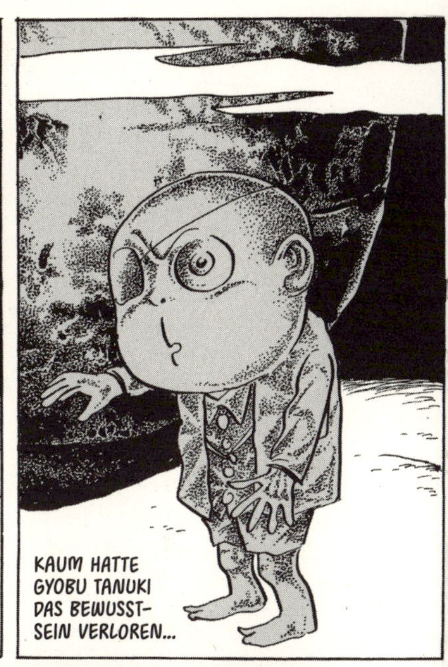
KAUM HATTE GYOBU TANUKI DAS BEWUSST-SEIN VERLOREN...

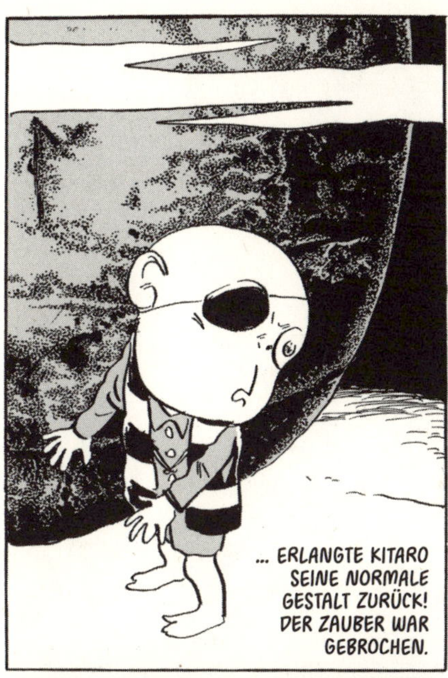
... ERLANGTE KITARO SEINE NORMALE GESTALT ZURÜCK! DER ZAUBER WAR GEBROCHEN.

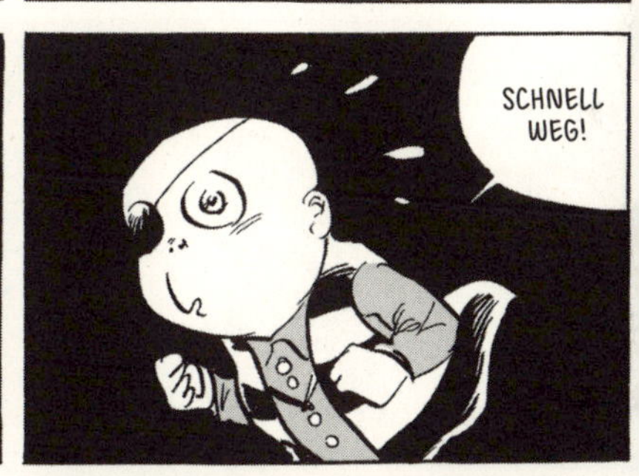
SCHNELL WEG!

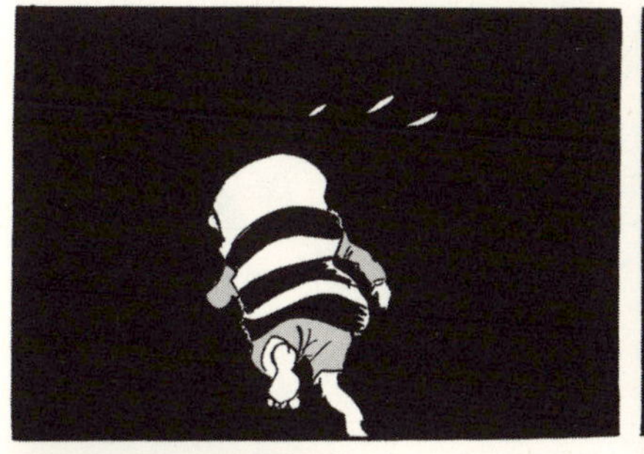

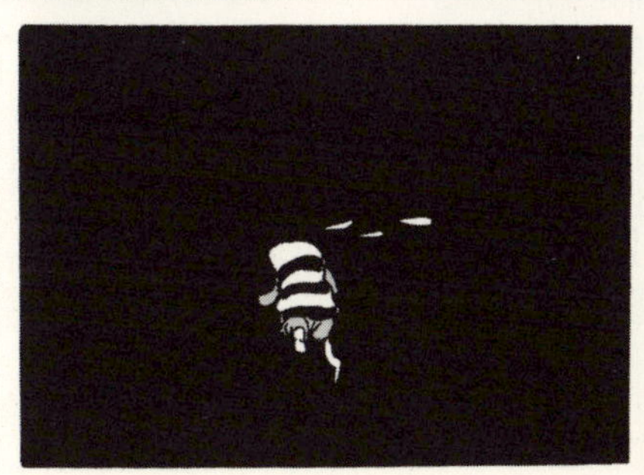

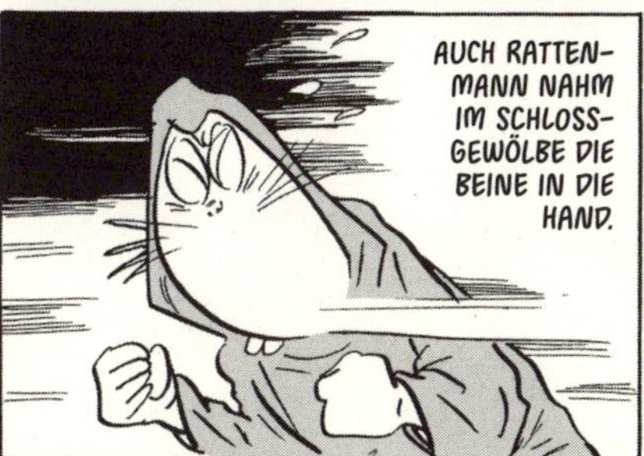
AUCH RATTEN-MANN NAHM IM SCHLOSS-GEWÖLBE DIE BEINE IN DIE HAND.

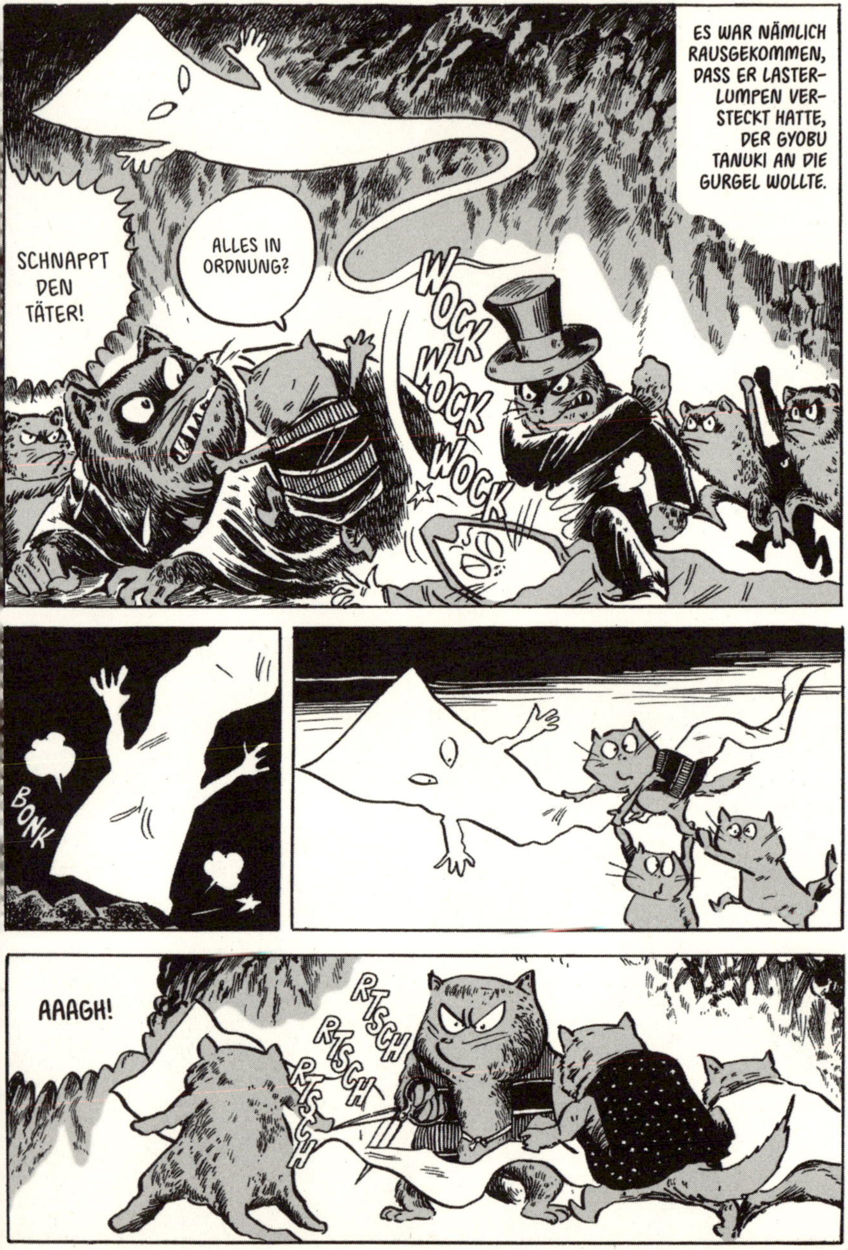

ES WAR NÄMLICH RAUSGEKOMMEN, DASS ER LASTERLUMPEN VERSTECKT HATTE, DER GYOBU TANUKI AN DIE GURGEL WOLLTE.

SCHNAPPT DEN TÄTER!

ALLES IN ORDNUNG?

WOCK WOCK WOCK WOCK

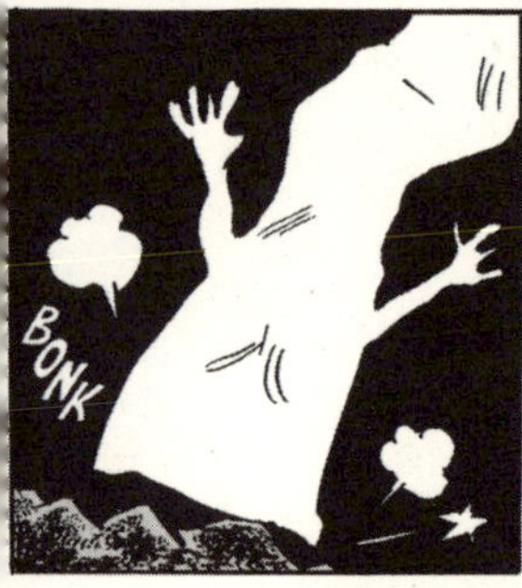

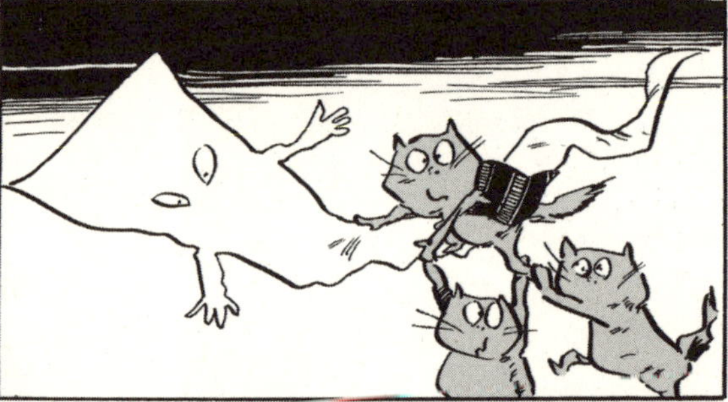

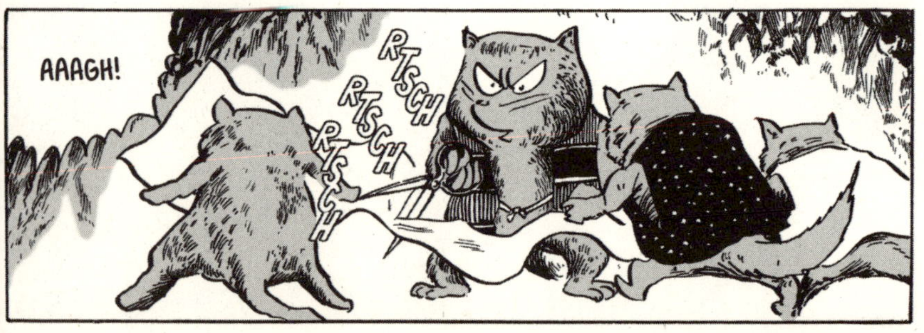

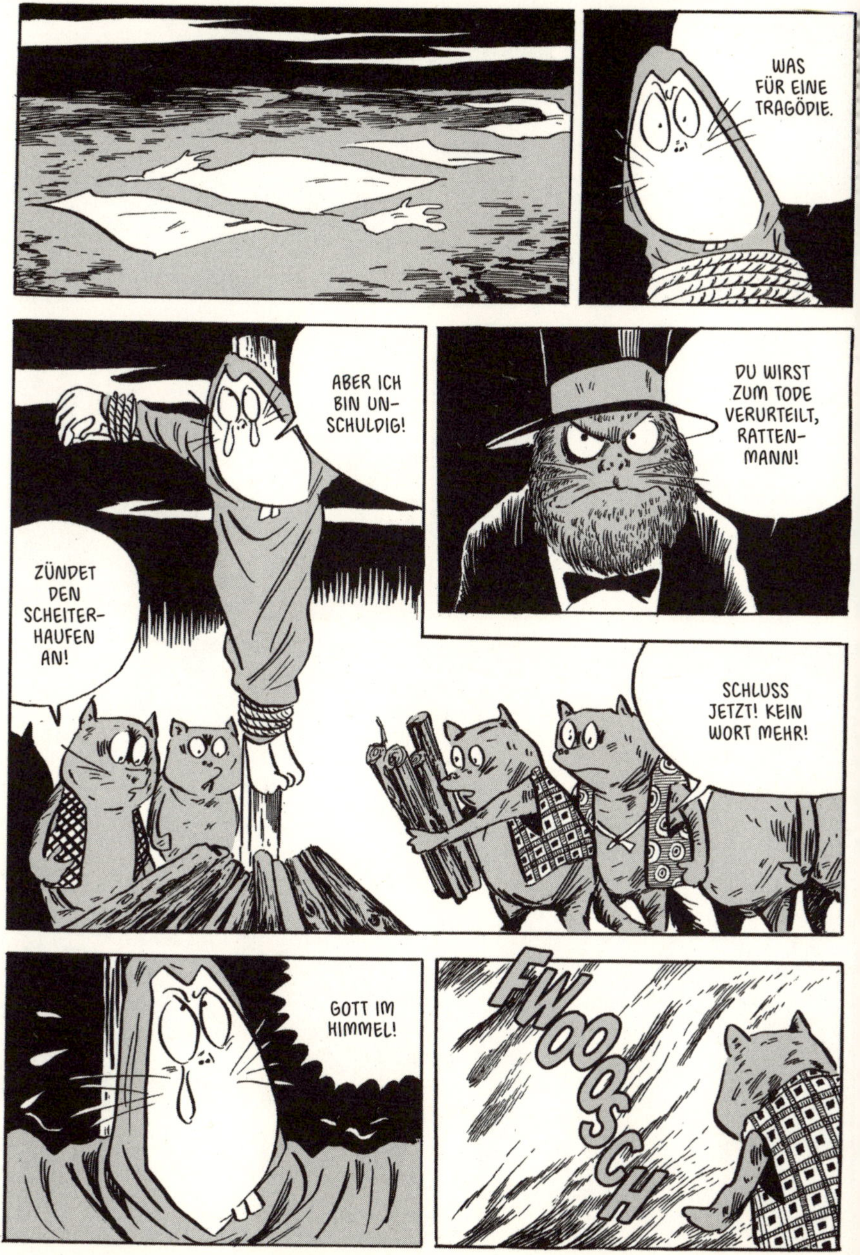

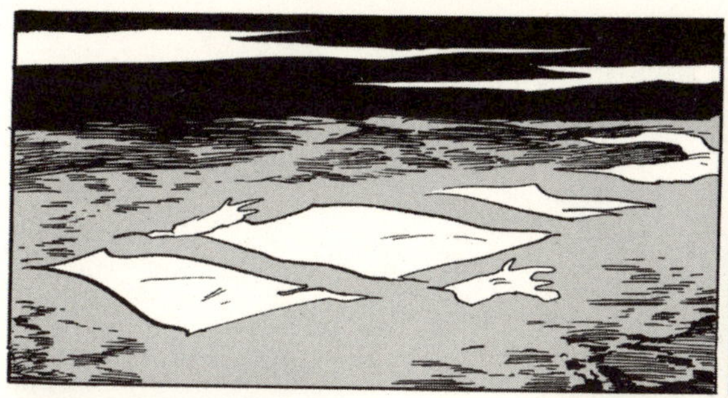

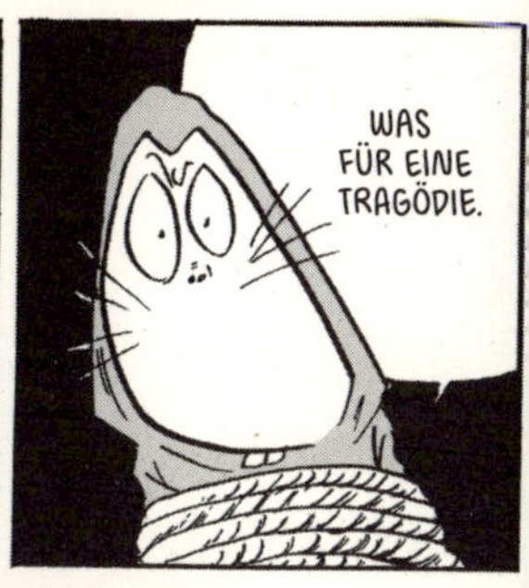

ABER ICH BIN UNSCHULDIG!

DU WIRST ZUM TODE VERURTEILT, RATTENMANN!

ZÜNDET DEN SCHEITERHAUFEN AN!

SCHLUSS JETZT! KEIN WORT MEHR!

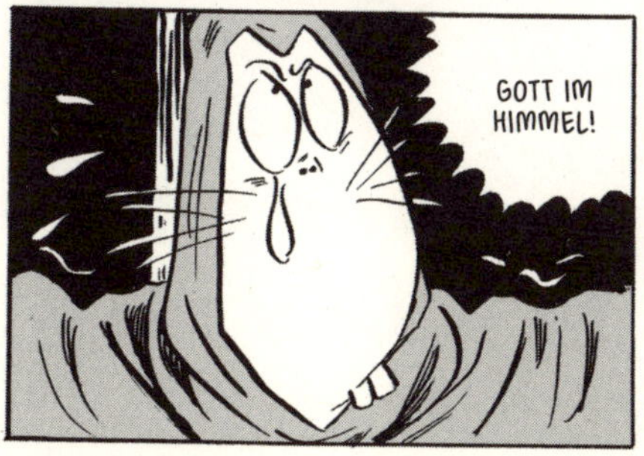

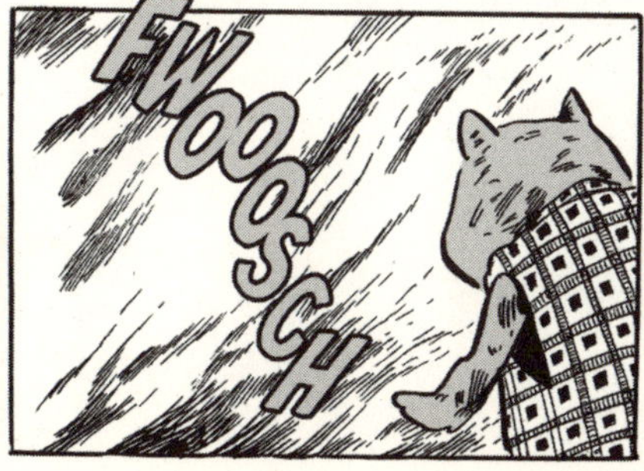

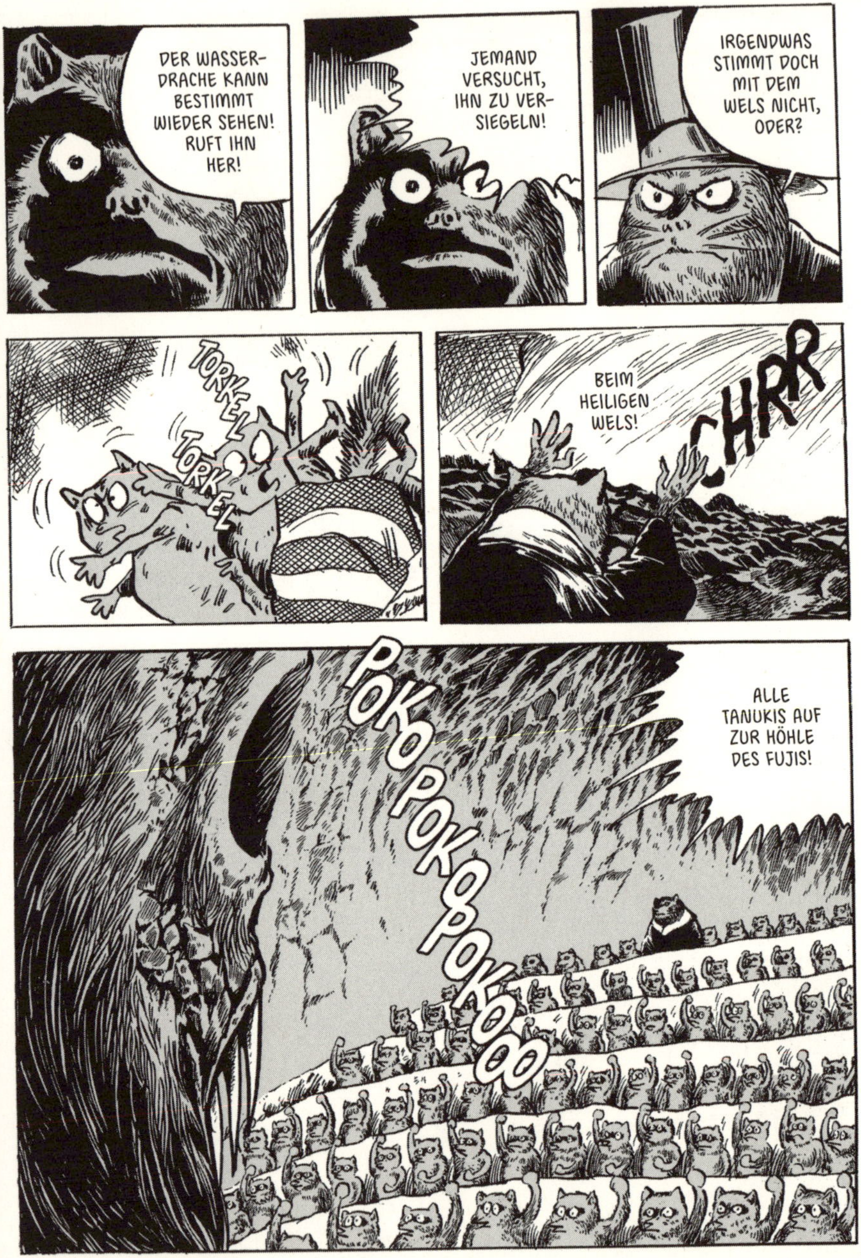

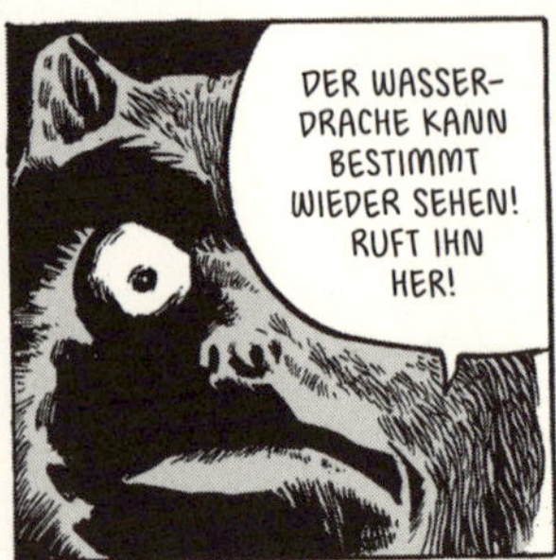

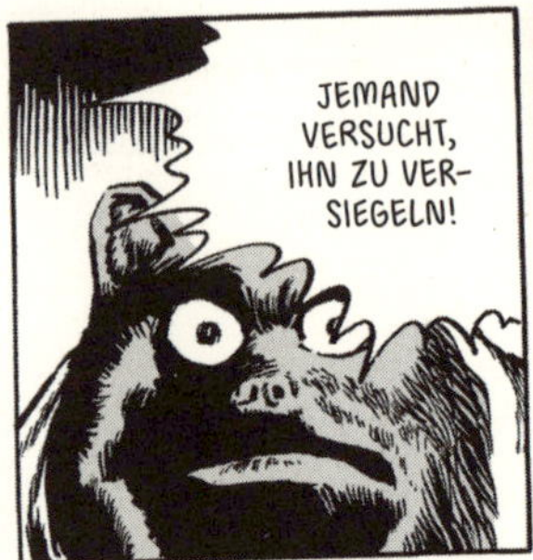

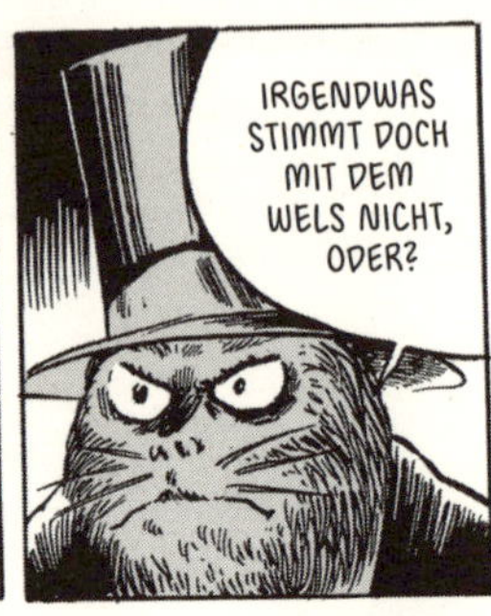

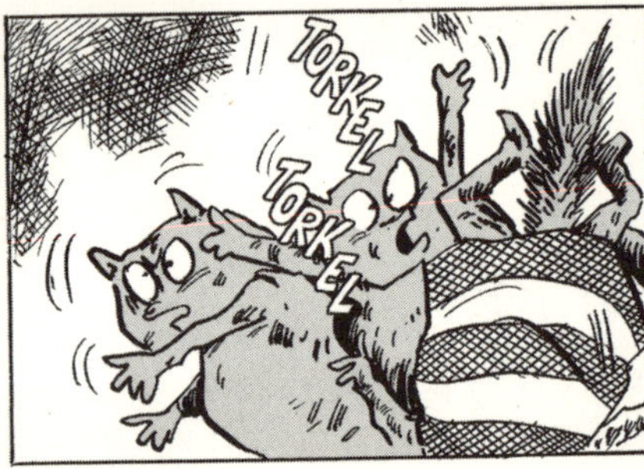

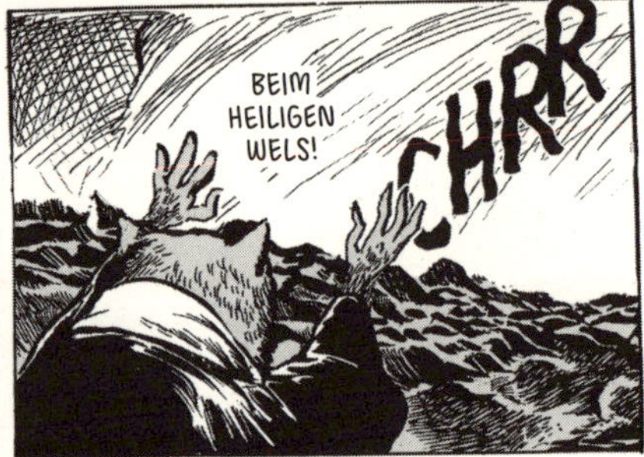

POKOPOKOPOKOOO

ALLE TANUKIS AUF ZUR HÖHLE DES FUJIS!

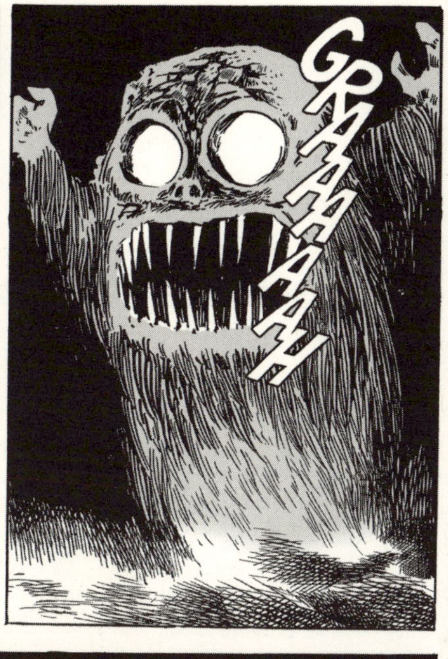

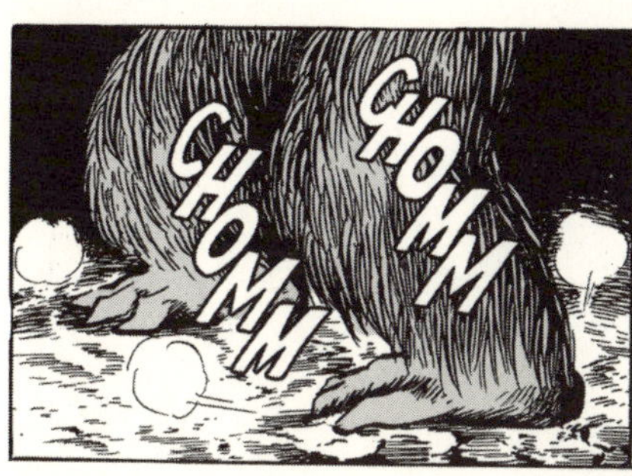

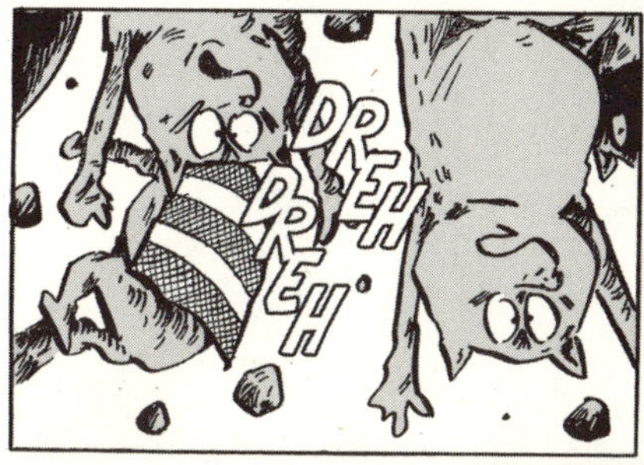

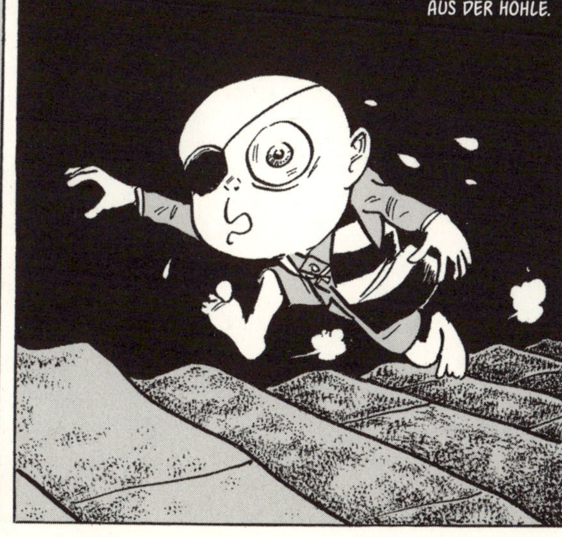

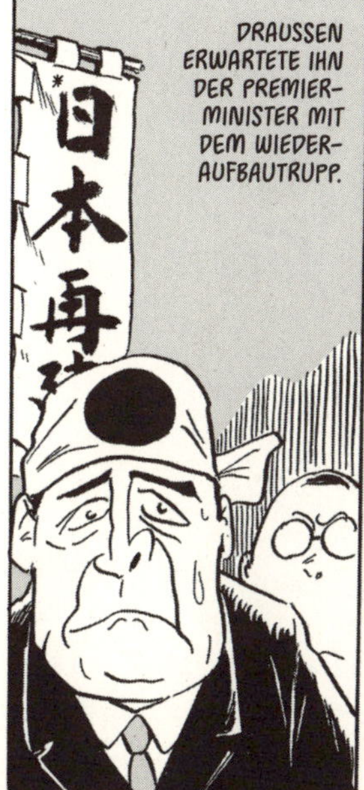

* WIEDERAUFBAUTRUPP

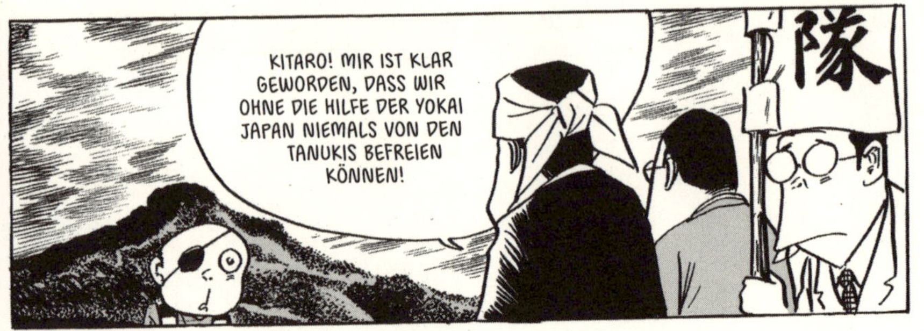
隊
KITARO! MIR IST KLAR GEWORDEN, DASS WIR OHNE DIE HILFE DER YOKAI JAPAN NIEMALS VON DEN TANUKIS BEFREIEN KÖNNEN!

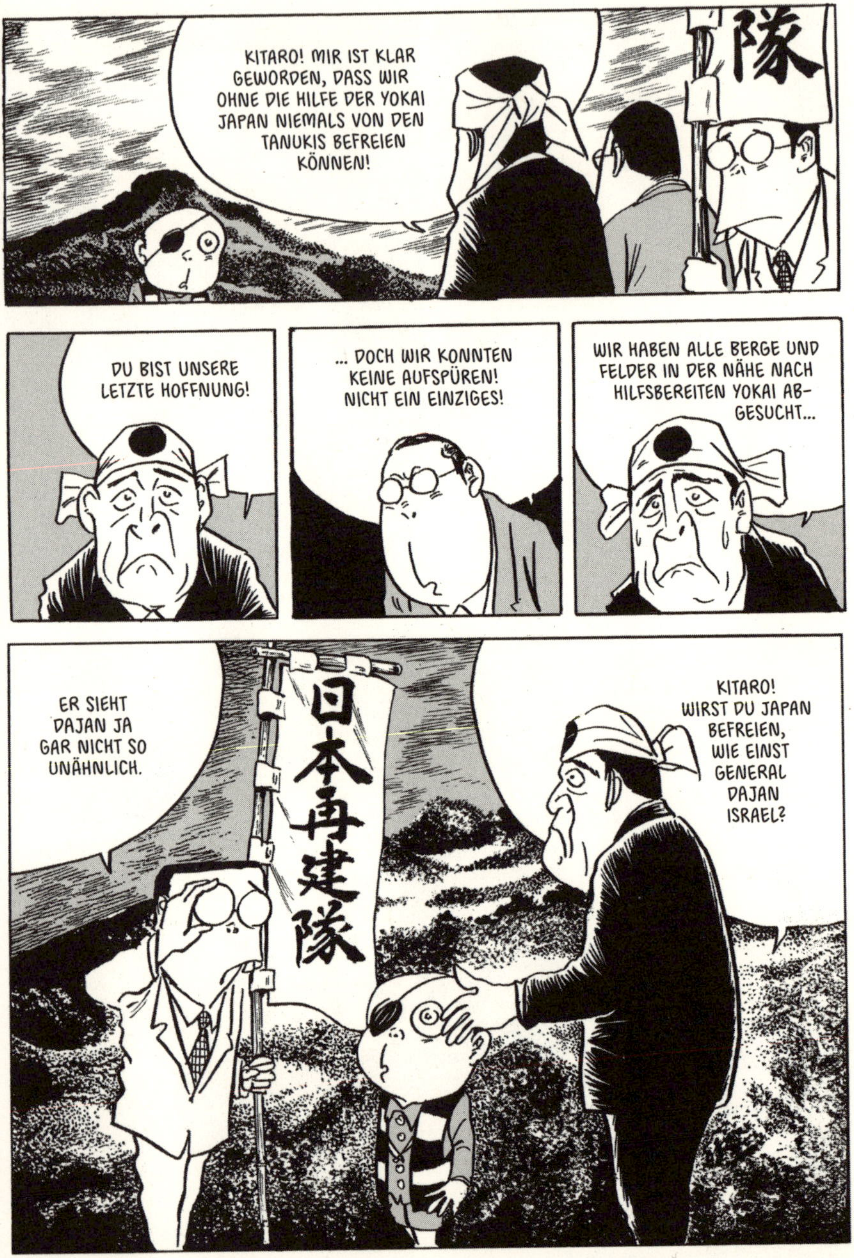

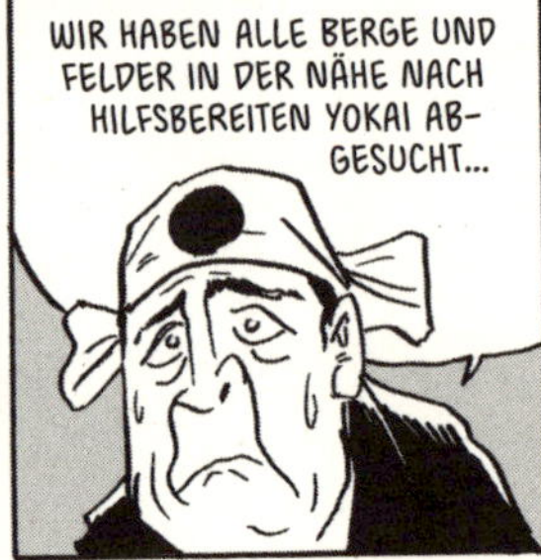
WIR HABEN ALLE BERGE UND FELDER IN DER NÄHE NACH HILFSBEREITEN YOKAI AB-GESUCHT...

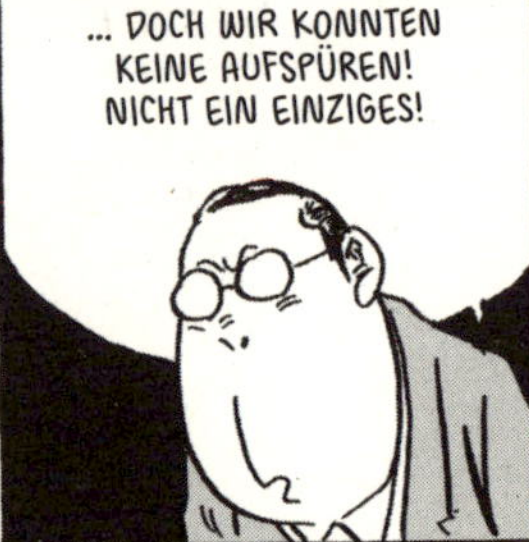
... DOCH WIR KONNTEN KEINE AUFSPÜREN! NICHT EIN EINZIGES!

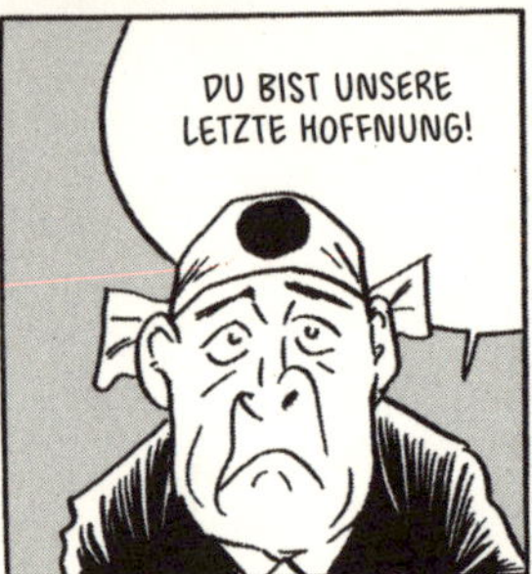
DU BIST UNSERE LETZTE HOFFNUNG!

KITARO! WIRST DU JAPAN BEFREIEN, WIE EINST GENERAL DAJAN ISRAEL?
日本再建隊
ER SIEHT DAJAN JA GAR NICHT SO UNÄHNLICH.

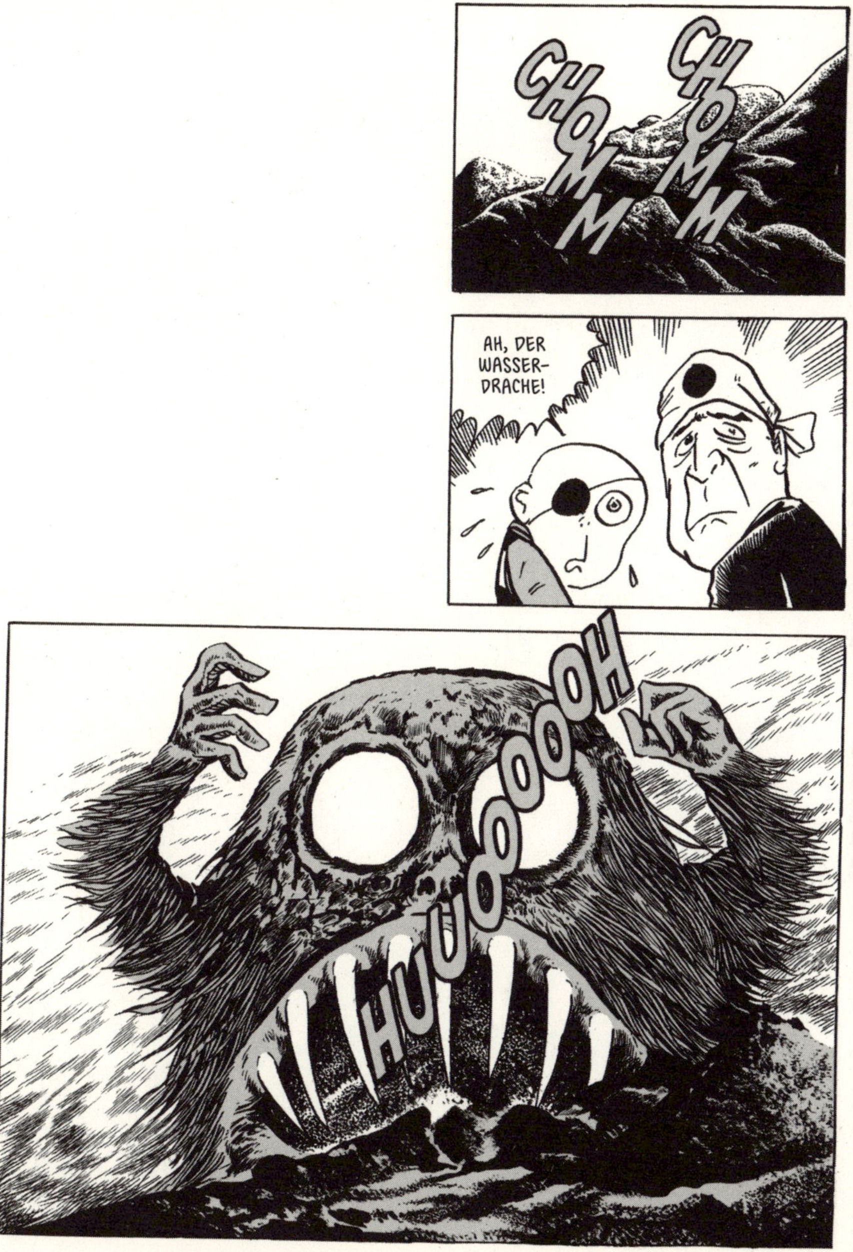

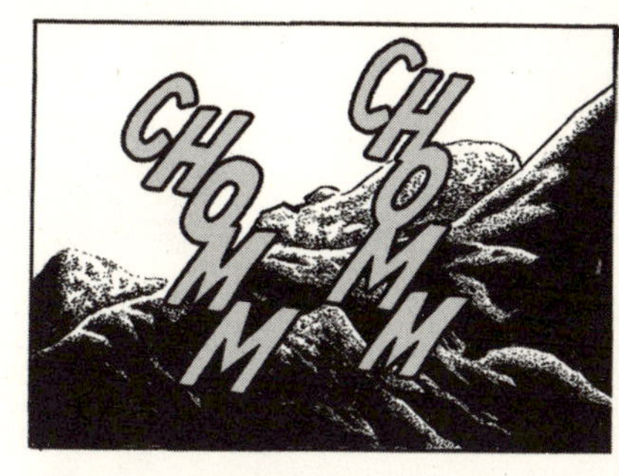

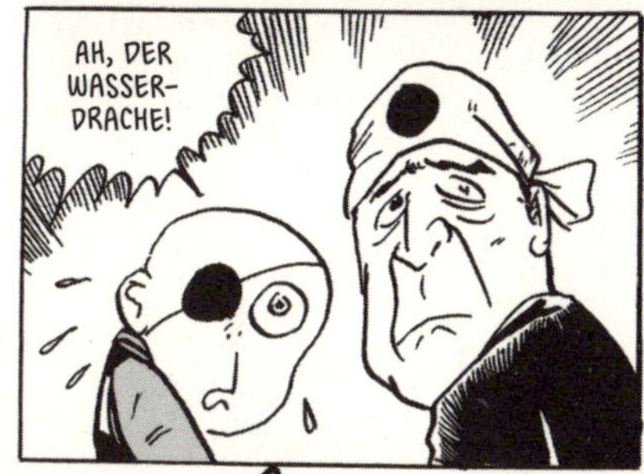

HUUOOOOOH

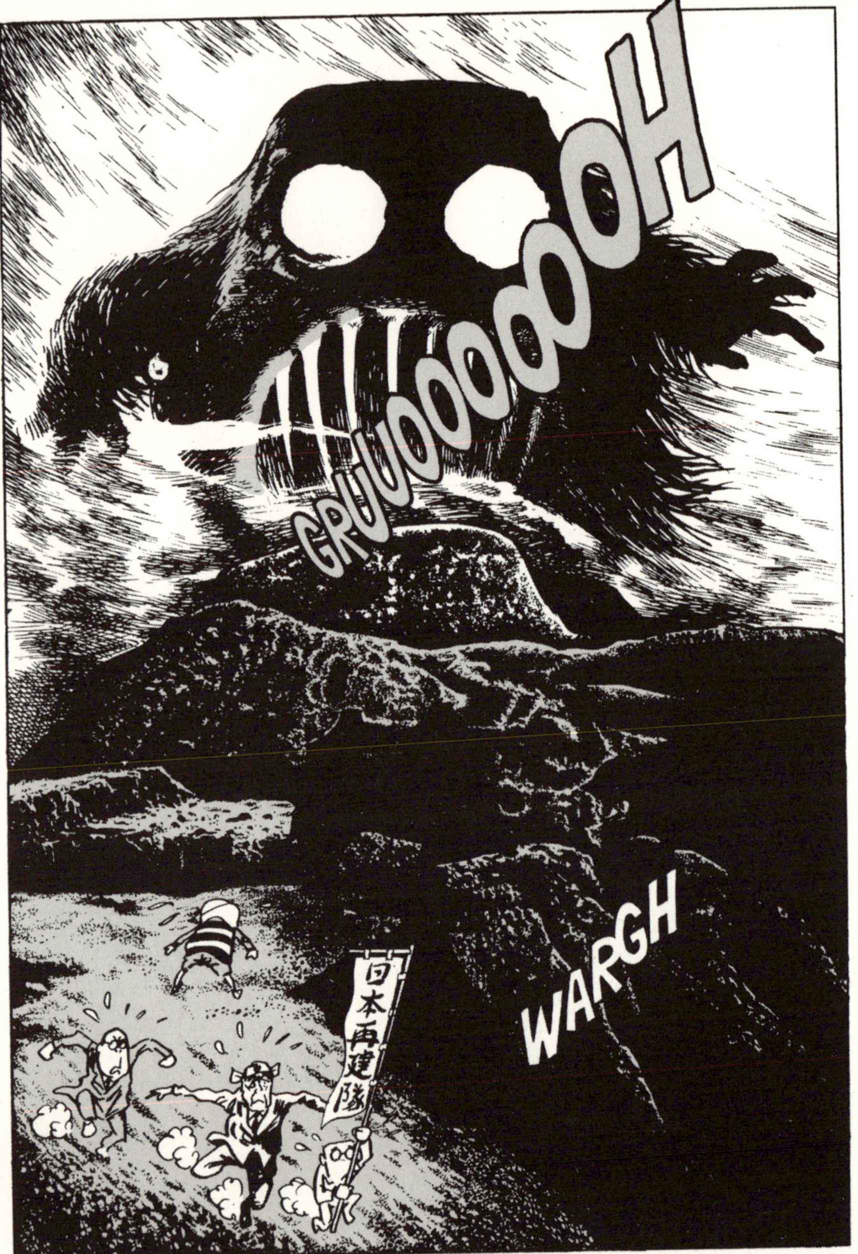
GRUUOOOOOOOH
WARGH
日本再建隊

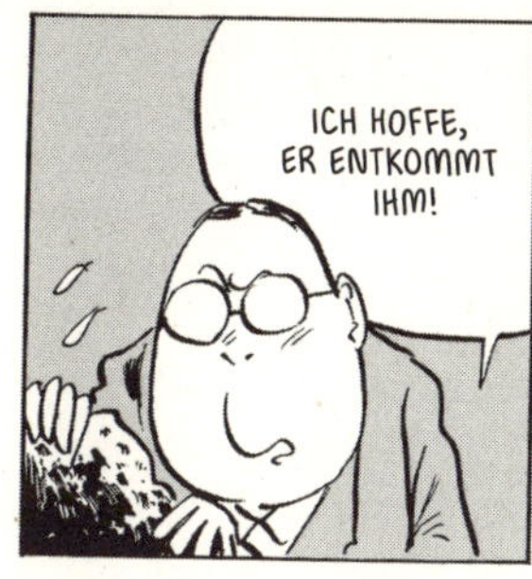
ICH HOFFE, ER ENTKOMMT IHM!

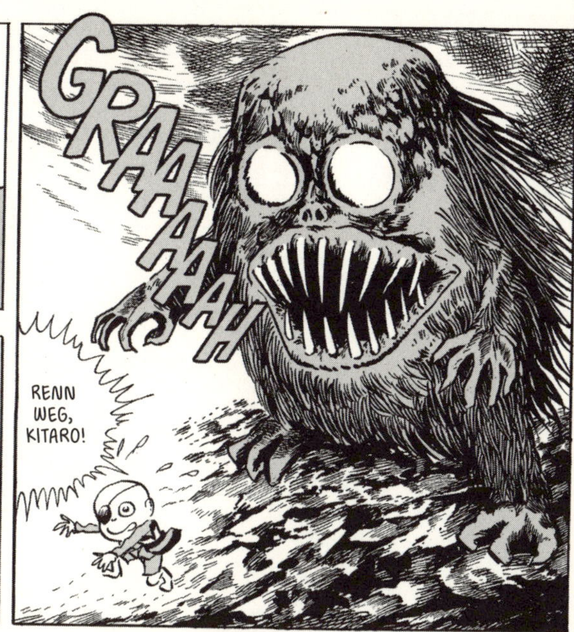
GRAAAAAH
RENN WEG, KITARO!

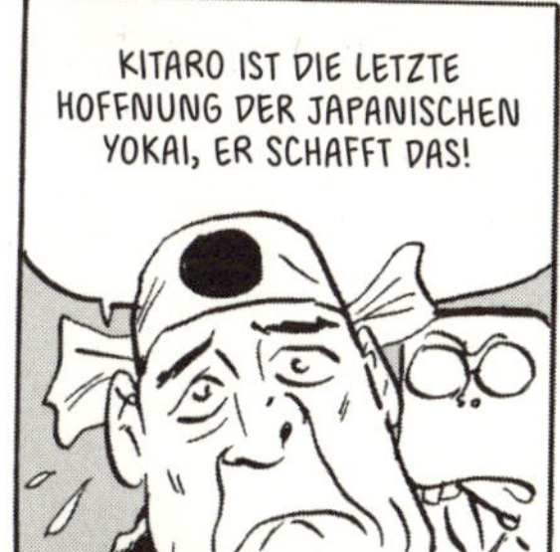
KITARO IST DIE LETZTE HOFFNUNG DER JAPANISCHEN YOKAI, ER SCHAFFT DAS!

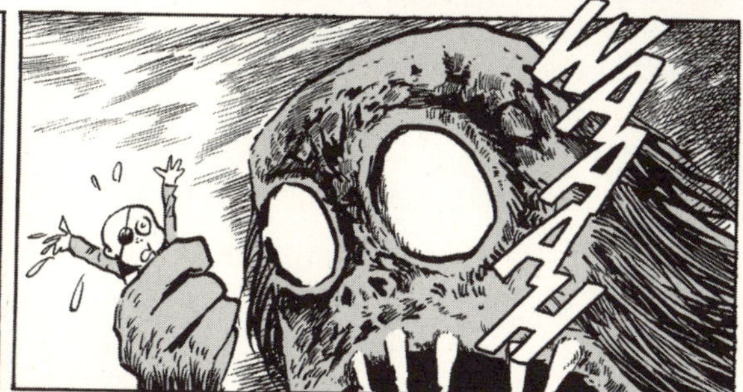
WAAAAAH

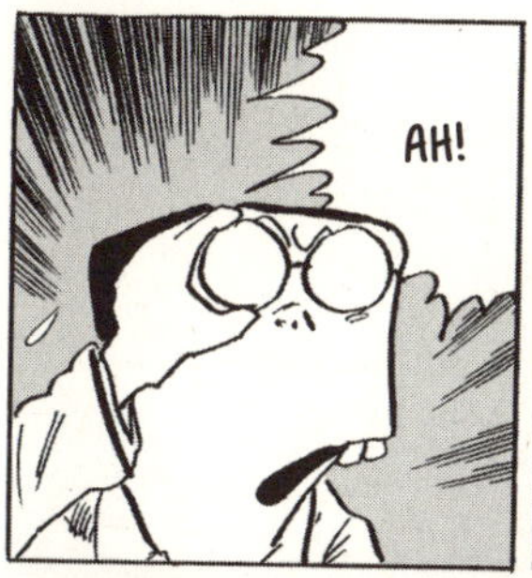
AH!

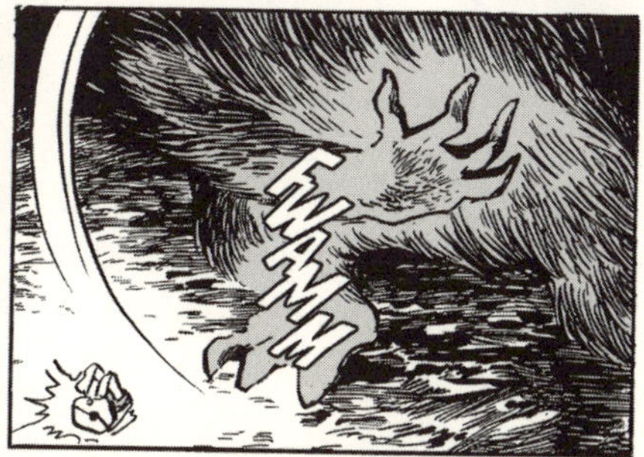
FWAMM

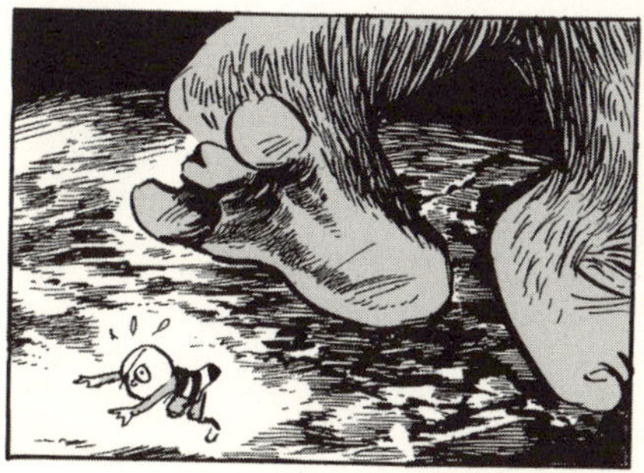

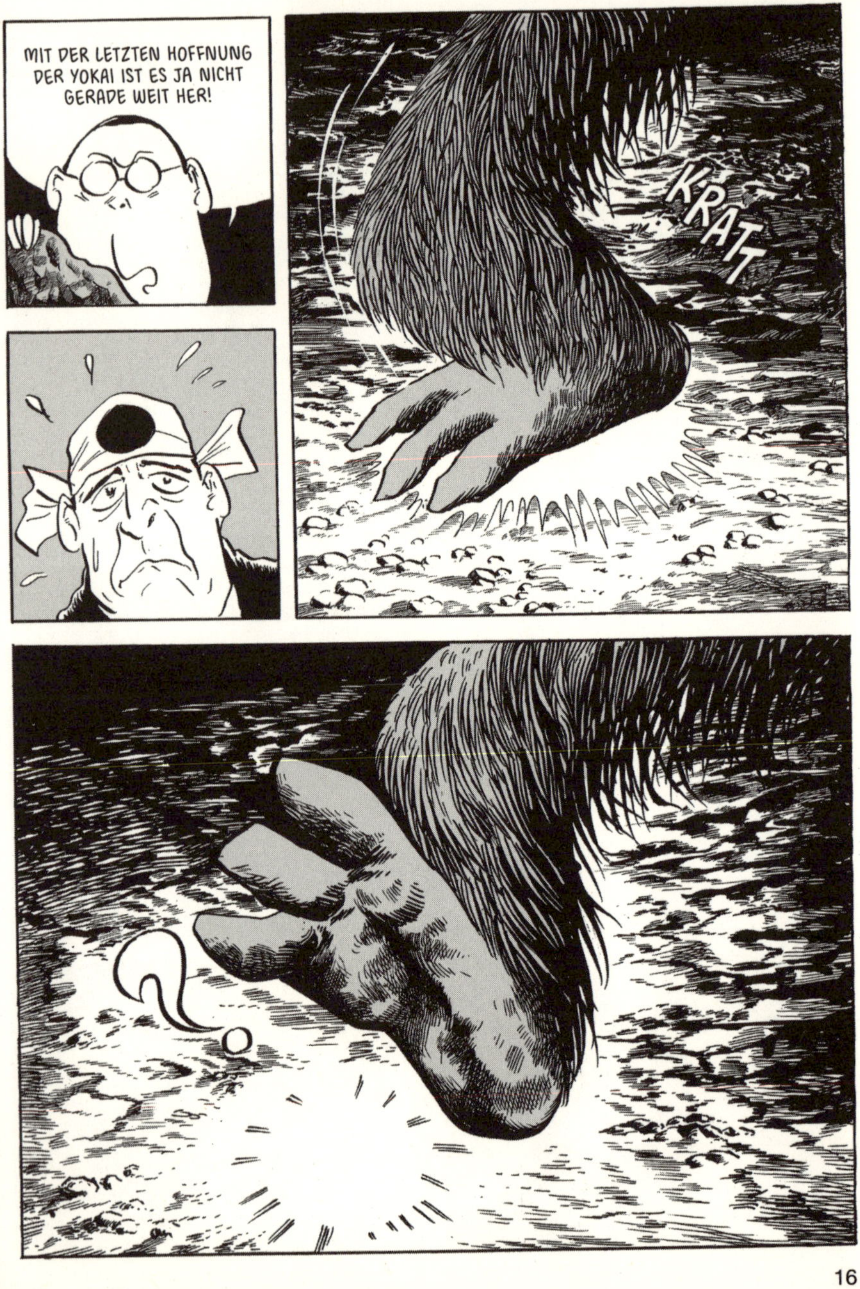

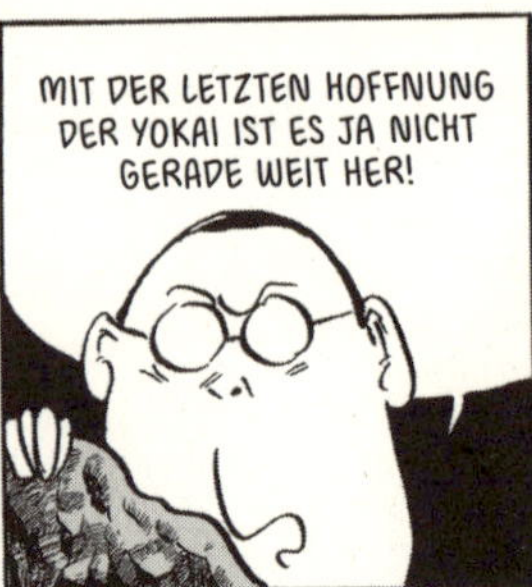
MIT DER LETZTEN HOFFNUNG DER YOKAI IST ES JA NICHT GERADE WEIT HER!

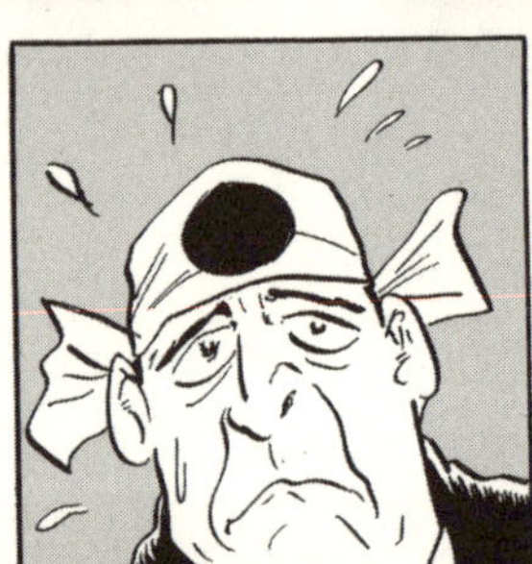

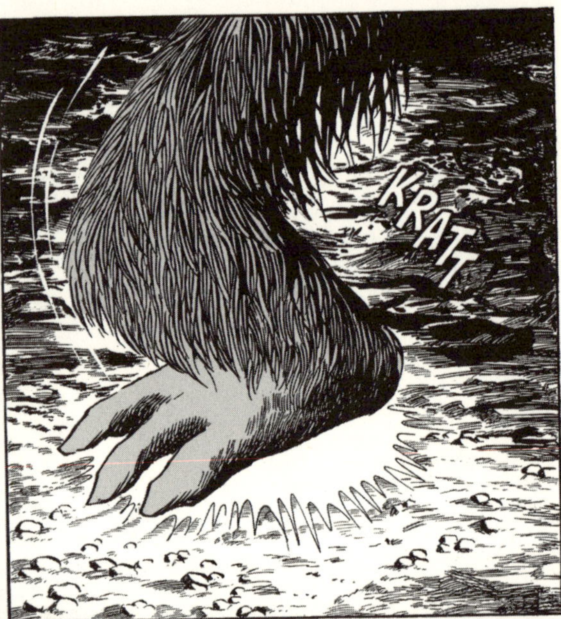
KRATT

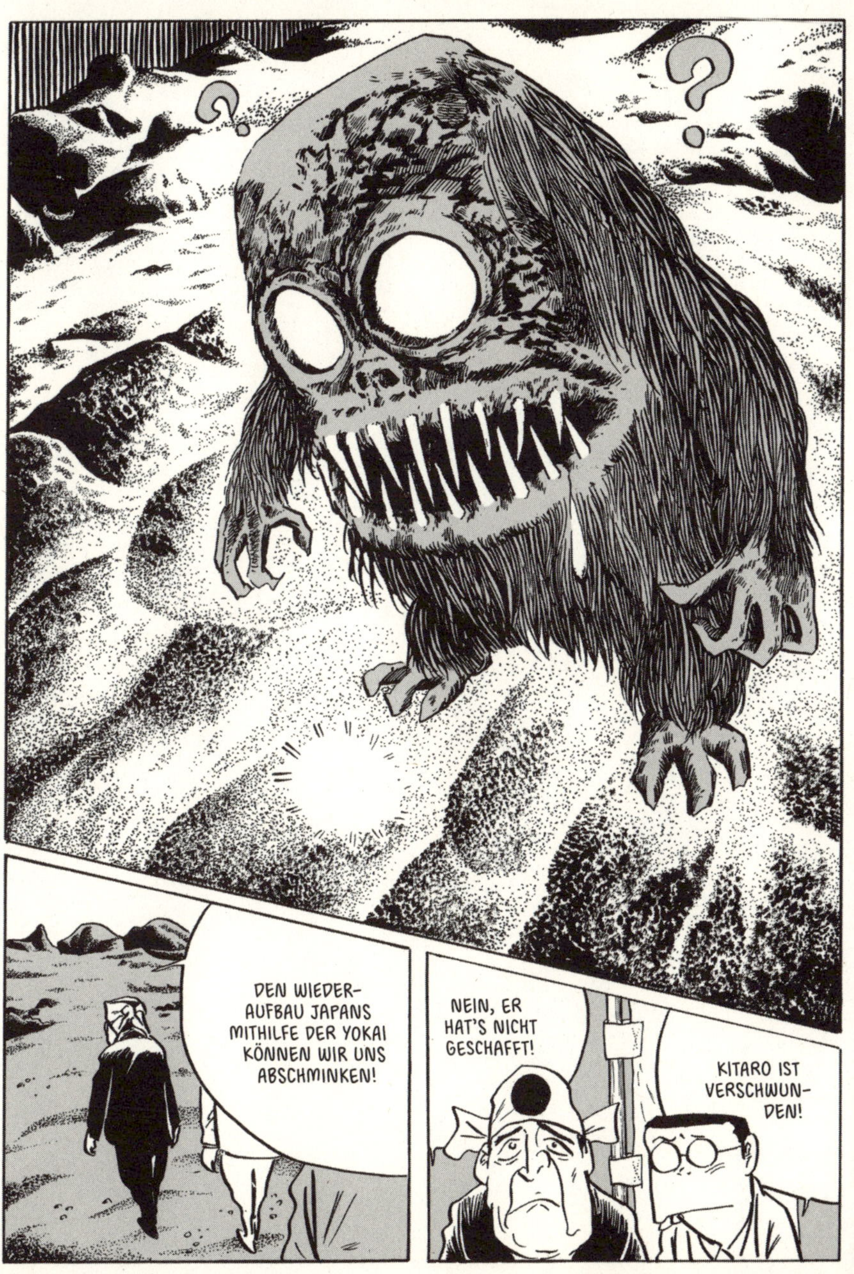
DEN WIEDER-AUFBAU JAPANS MITHILFE DER YOKAI KÖNNEN WIR UNS ABSCHMINKEN!
NEIN, ER HAT'S NICHT GESCHAFFT!
KITARO IST VERSCHWUN-DEN!

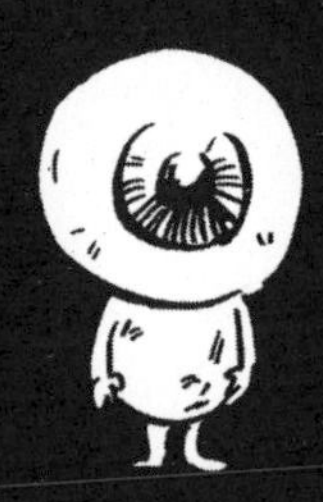

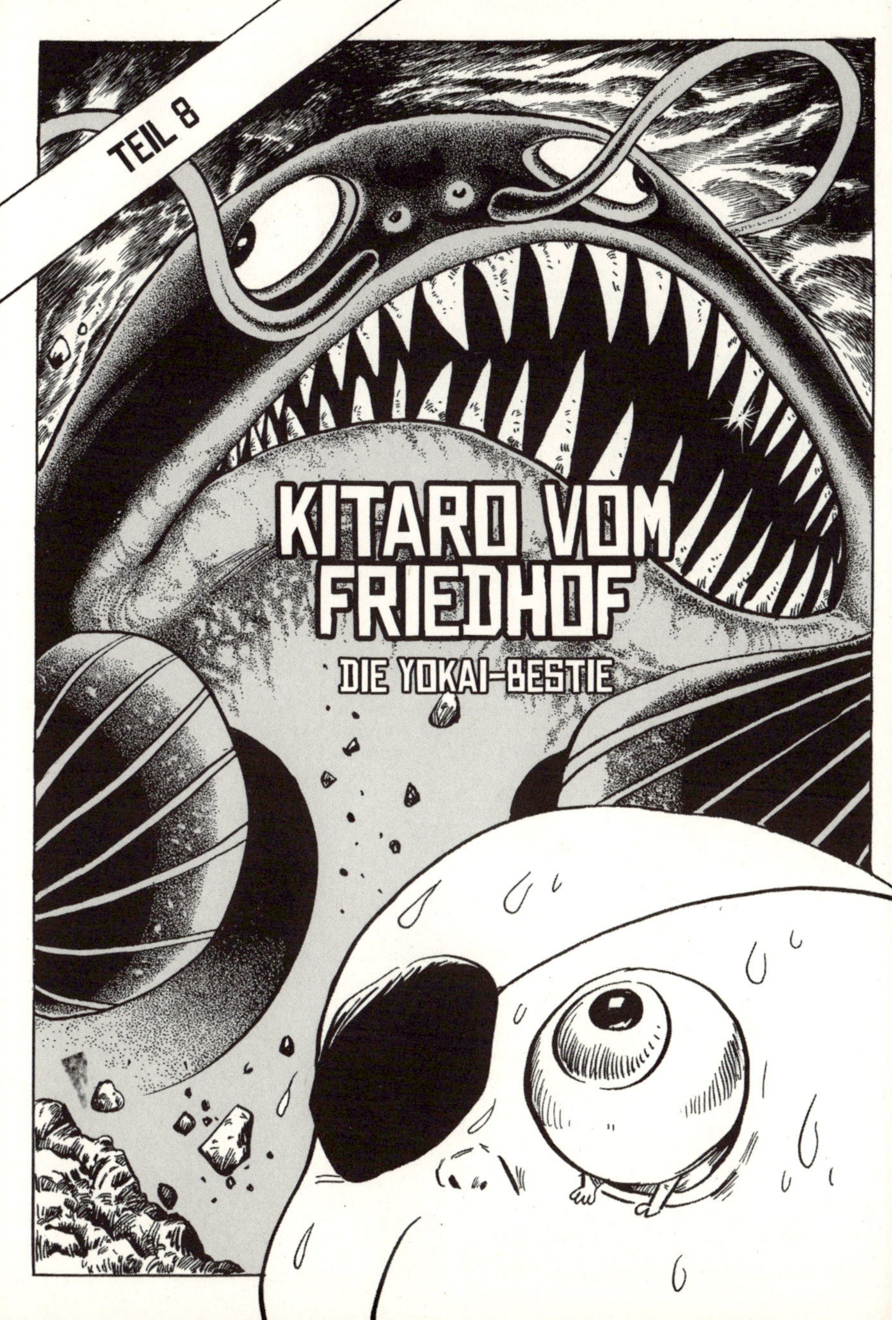
TEIL 8
KITARO VOM FRIEDHOF
DIE YOKAI-BESTIE

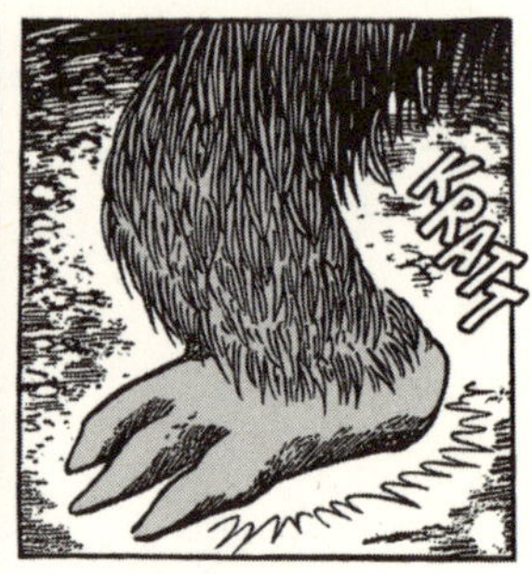

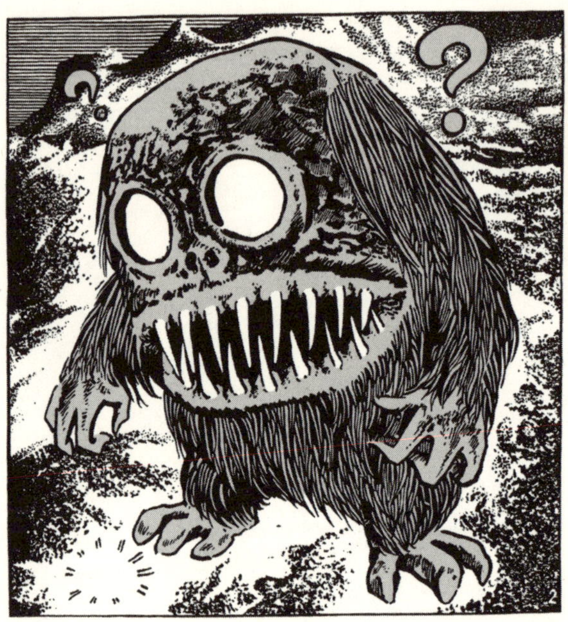

KITARO WAR EIGENTLICH VOM WASSERDRACHEN ZERTRAMPELT WORDEN, DOCH AUF UNERKLÄRLICHE WEISE WAR ER VERSCHWUNDEN.

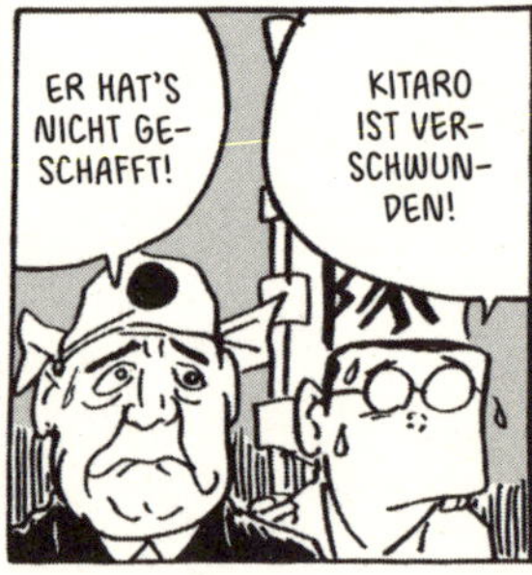

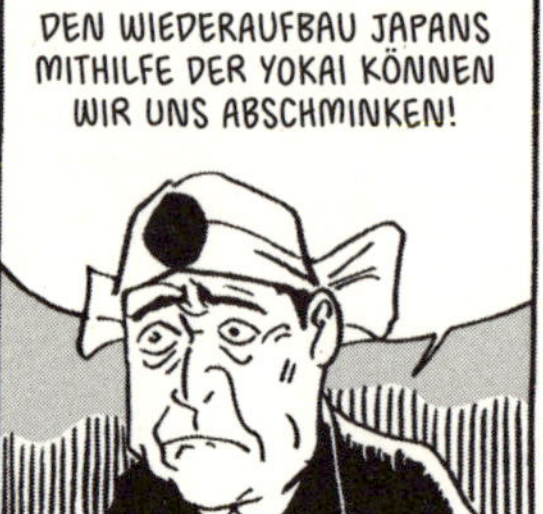

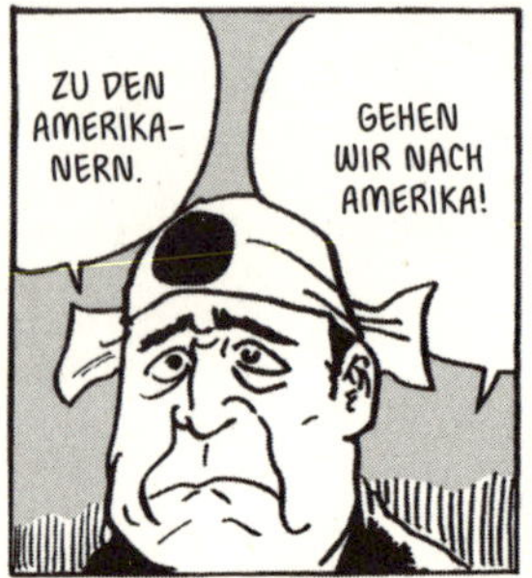

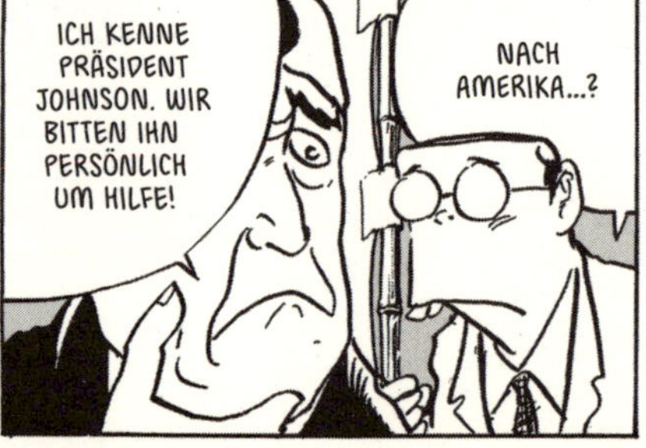

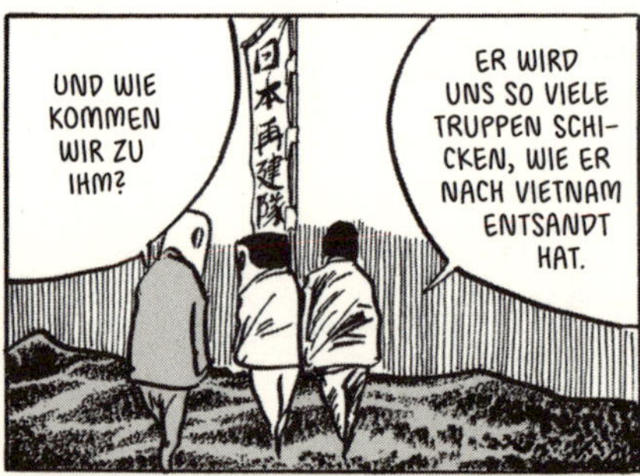

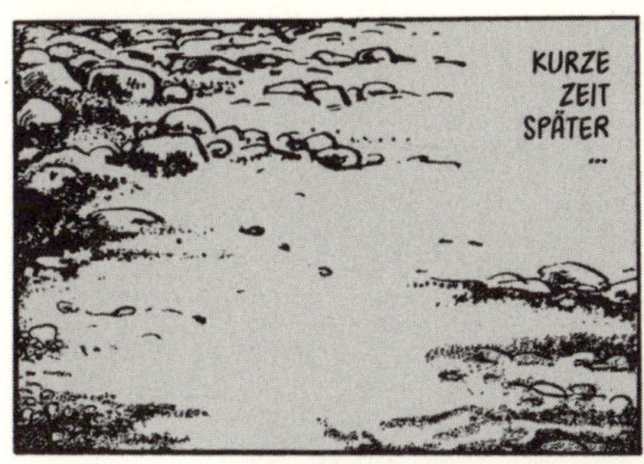
KURZE ZEIT SPÄTER ...

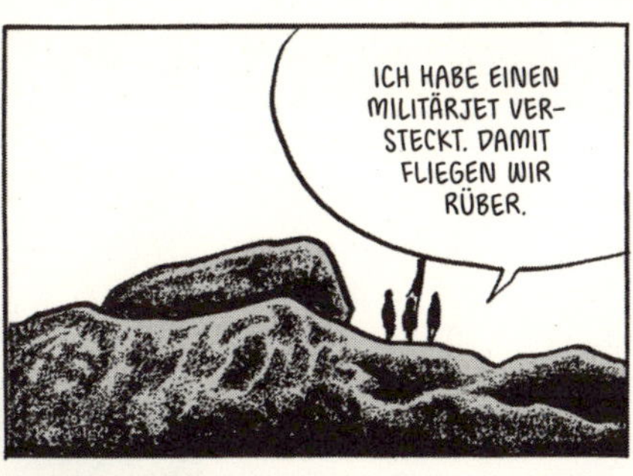
ICH HABE EINEN MILITÄRJET VERSTECKT. DAMIT FLIEGEN WIR RÜBER.

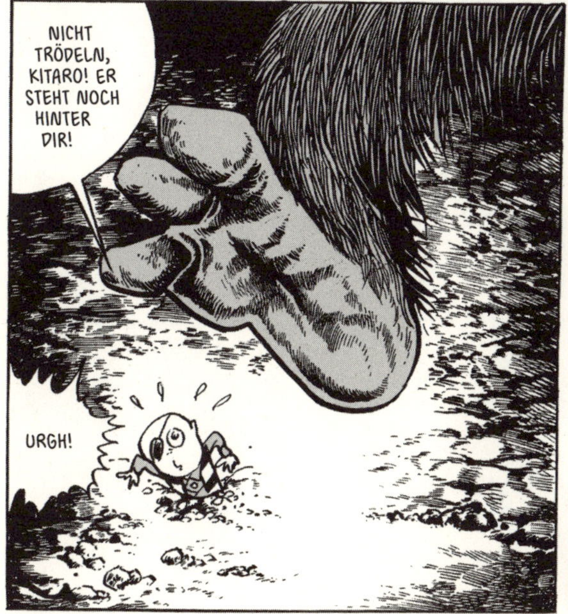
NICHT TRÖDELN, KITARO! ER STEHT NOCH HINTER DIR!
URGH!

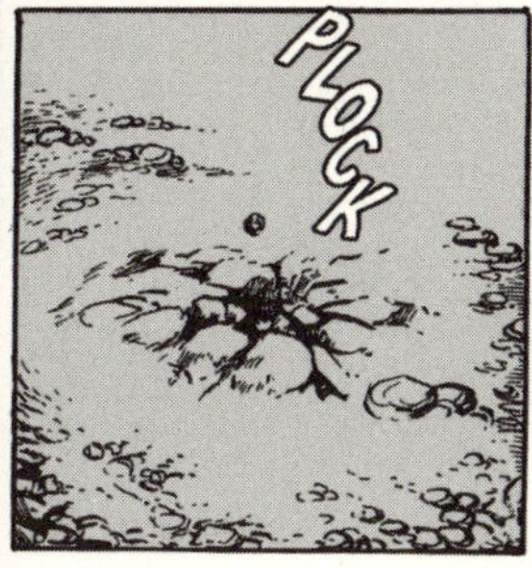
PLOCK

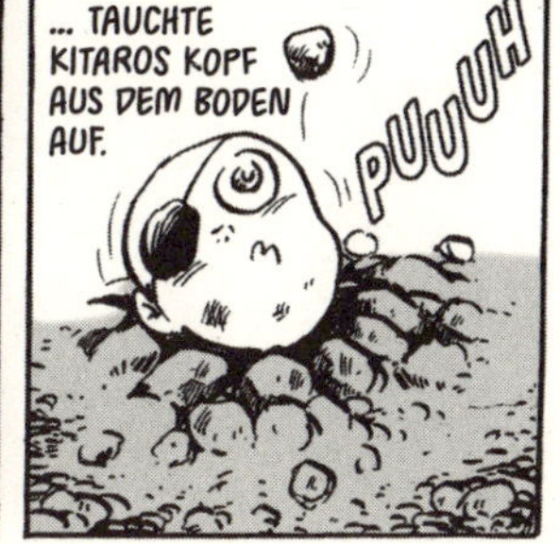
... TAUCHTE KITAROS KOPF AUS DEM BODEN AUF.
PUUUH

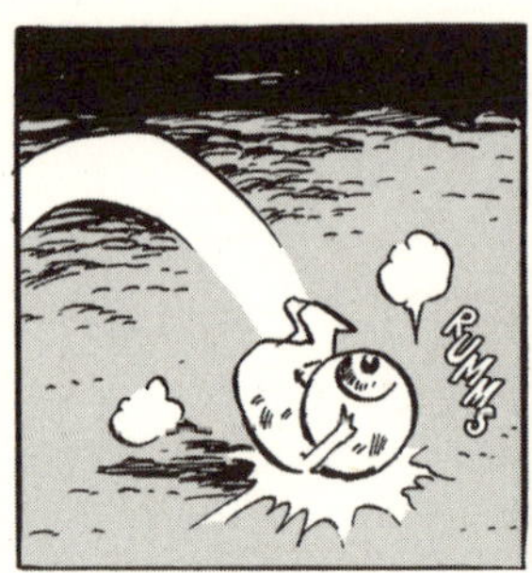
RUMMS

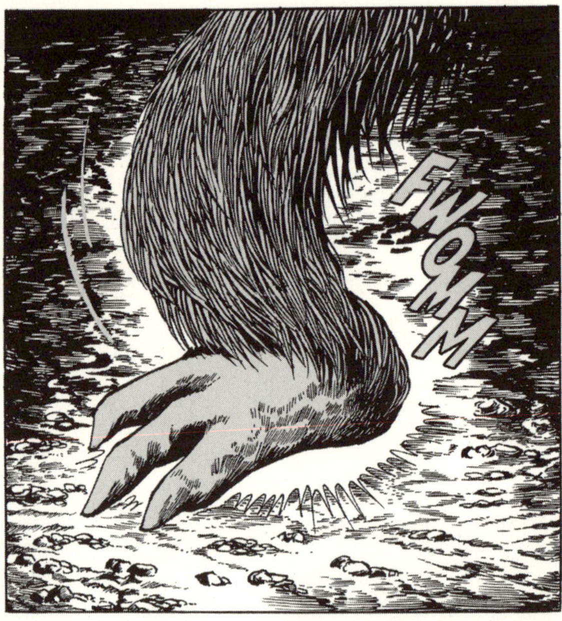
FWOMM

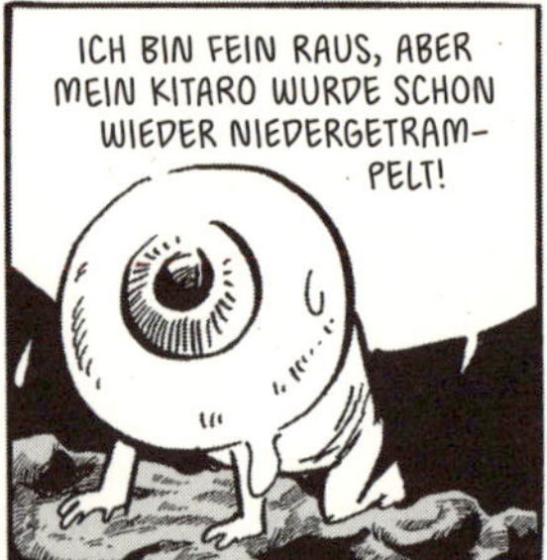
ICH BIN FEIN RAUS, ABER MEIN KITARO WURDE SCHON WIEDER NIEDERGETRAM-PELT!

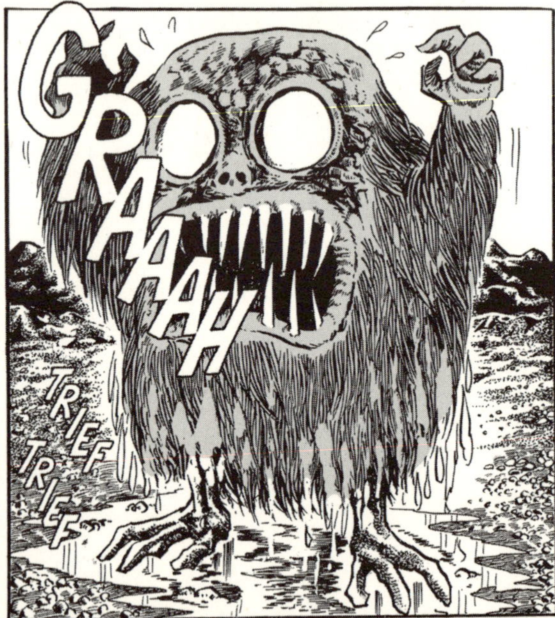
GRAAAH
TRIEF TRIEF

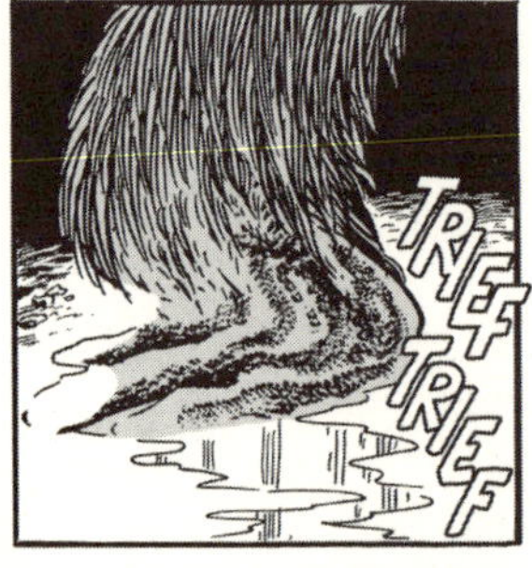
TRIEF TRIEF

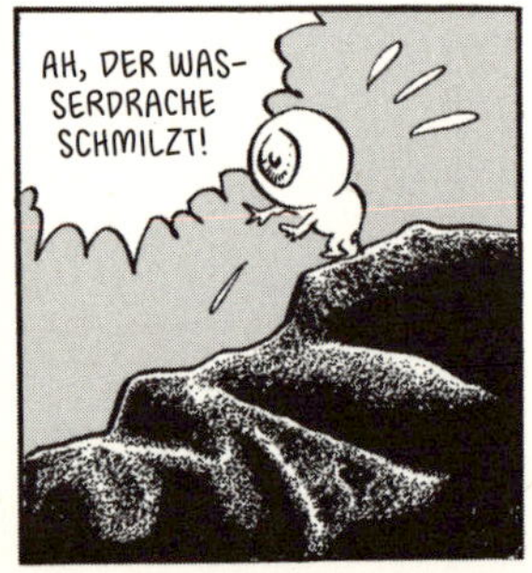
AH, DER WAS-SERDRACHE SCHMILZT!

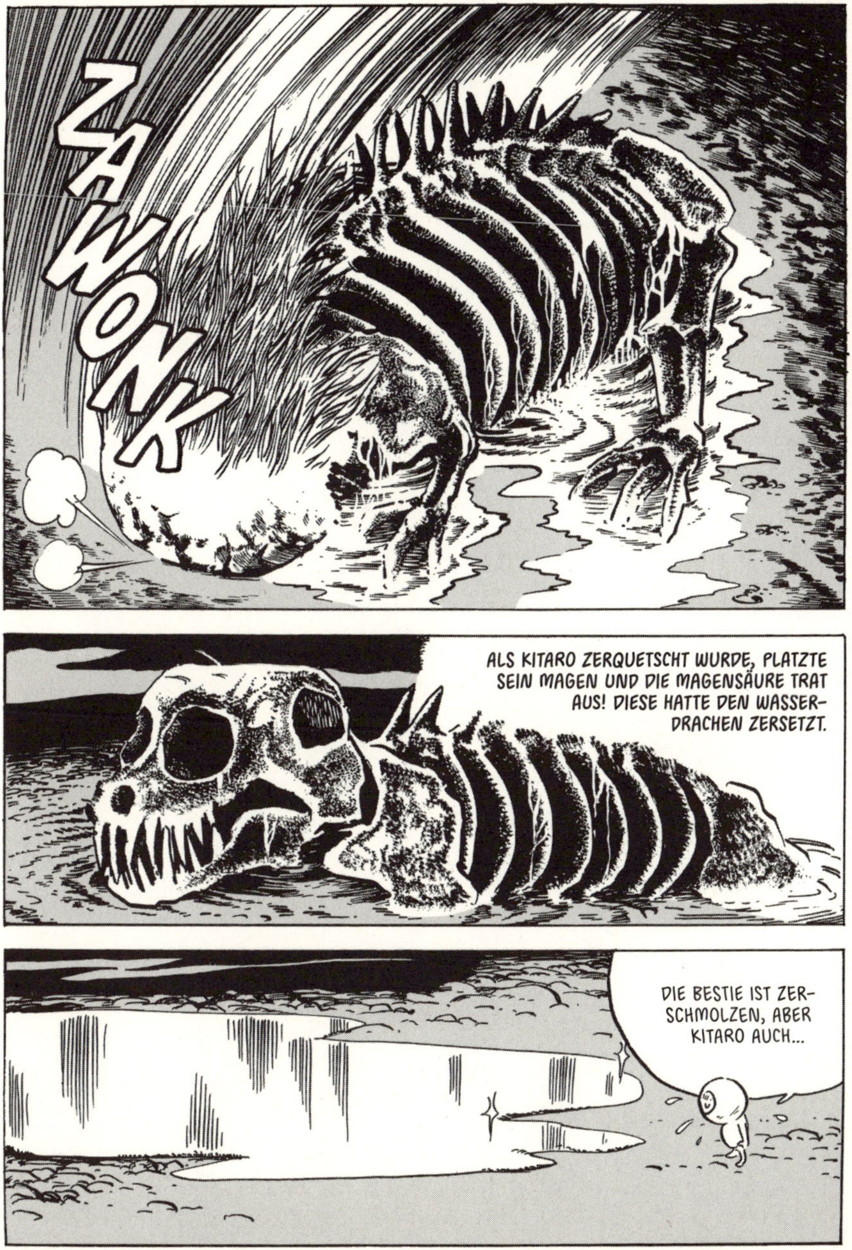

ZAWONK

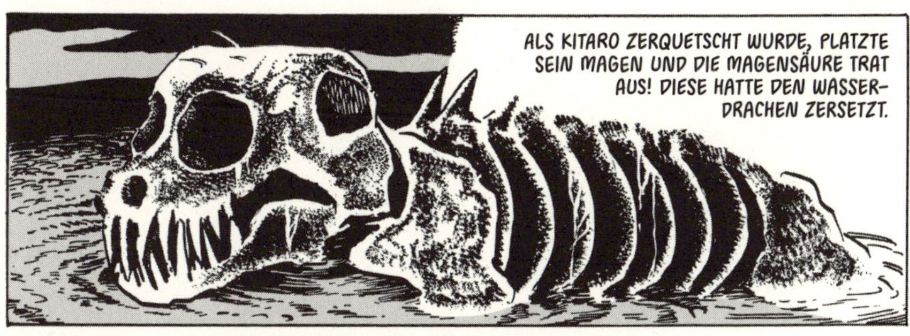
ALS KITARO ZERQUETSCHT WURDE, PLATZTE SEIN MAGEN UND DIE MAGENSÄURE TRAT AUS! DIESE HATTE DEN WASSER-DRACHEN ZERSETZT.

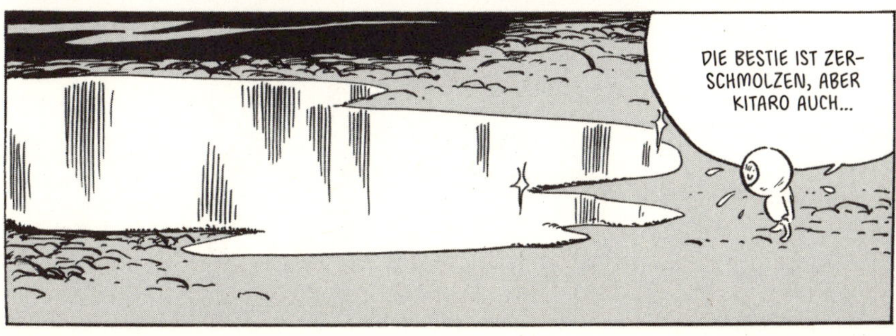
DIE BESTIE IST ZER-SCHMOLZEN, ABER KITARO AUCH...

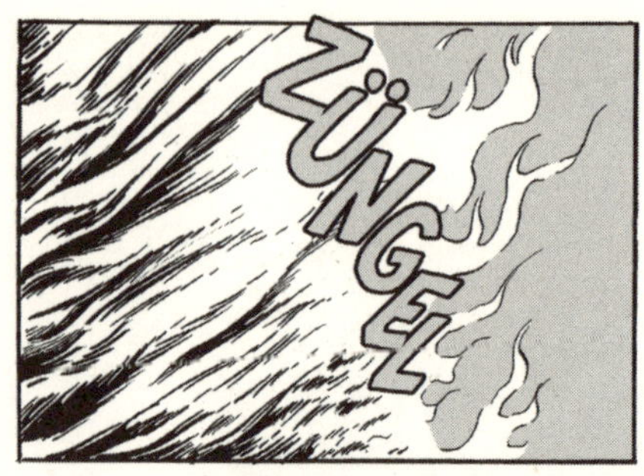

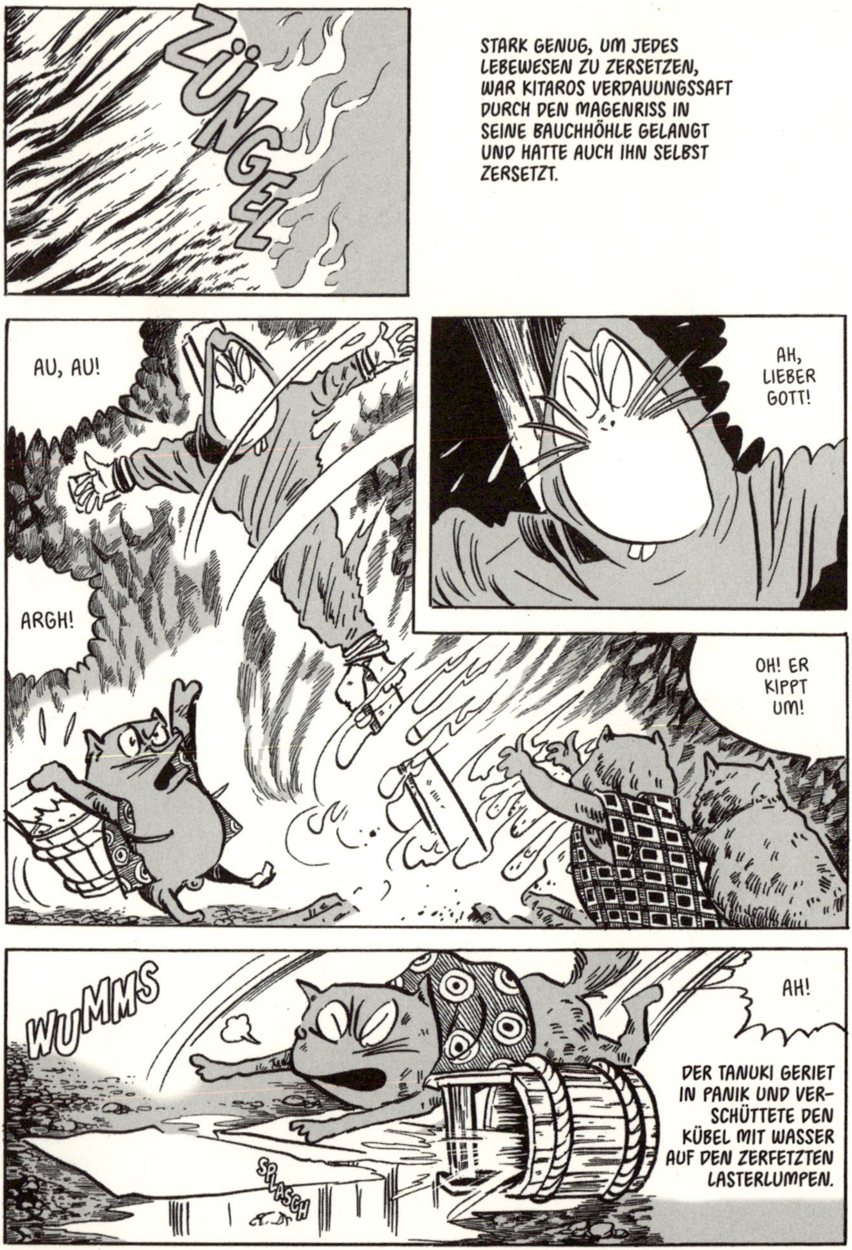

STARK GENUG, UM JEDES LEBEWESEN ZU ZERSETZEN, WAR KITAROS VERDAUUNGSSAFT DURCH DEN MAGENRISS IN SEINE BAUCHHÖHLE GELANGT UND HATTE AUCH IHN SELBST ZERSETZT.

AU, AU!

AH, LIEBER GOTT!

ARGH!

OH! ER KIPPT UM!

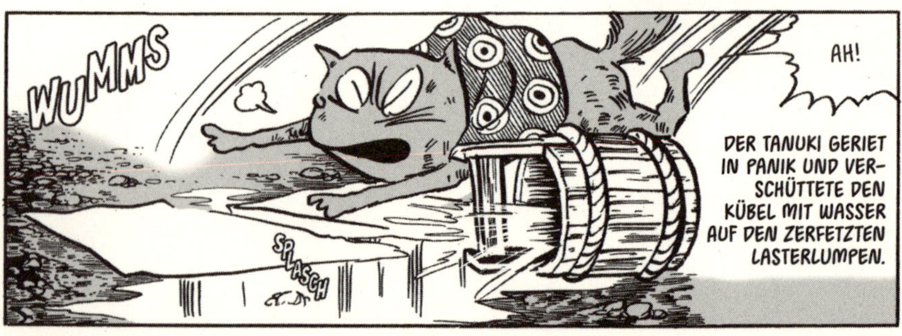

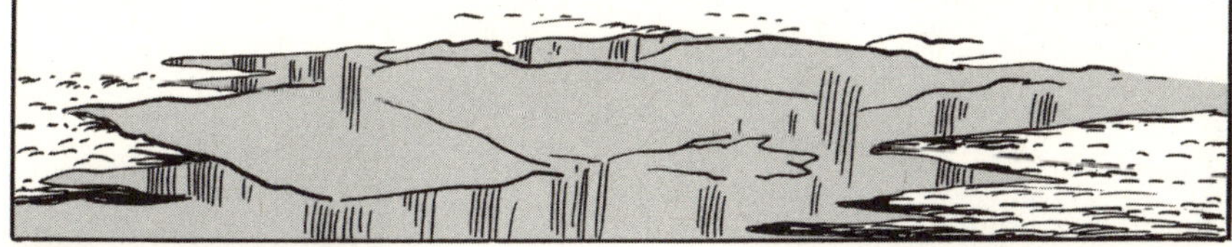
KAUM HATTE DER IN VIER TEILE ZERRISSENE LASTERLUMPEN DAS WASSER AUFGESOGEN...
... QUOLL SEIN KÖRPER SO WEIT AUF, DASS ER WIEDER EINS WURDE.

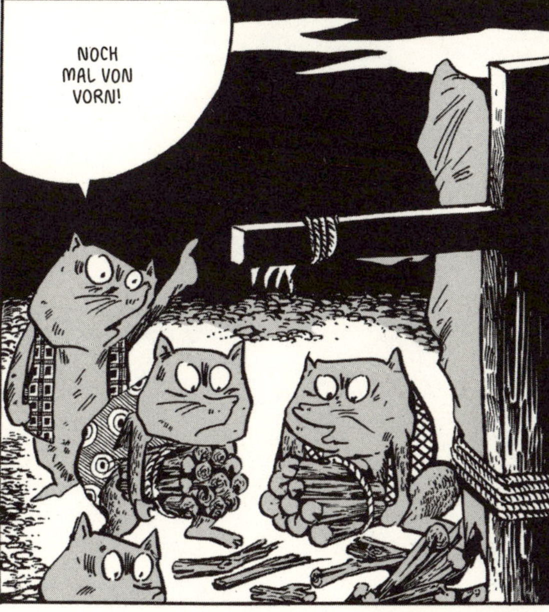
NOCH MAL VON VORN!

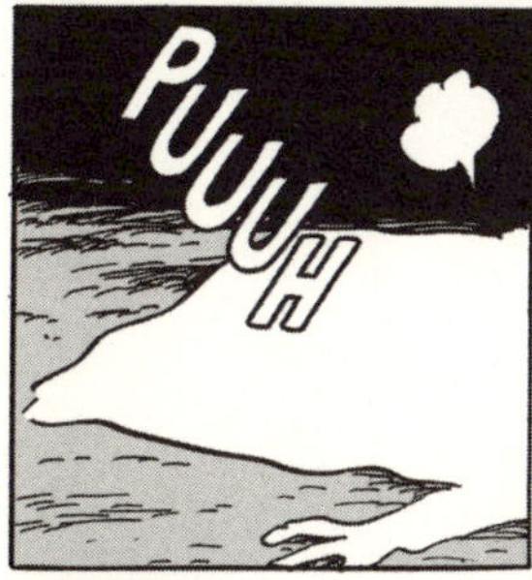
PUUUH

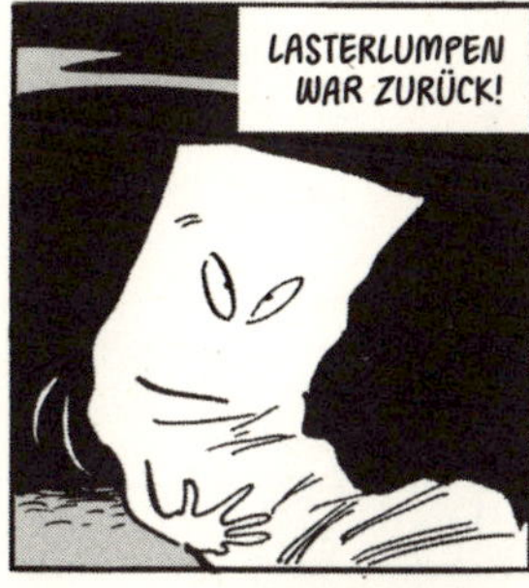
LASTERLUMPEN WAR ZURÜCK!

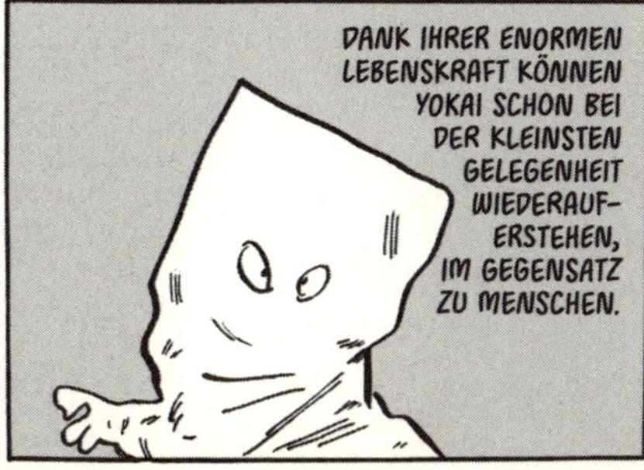
DANK IHRER ENORMEN LEBENSKRAFT KÖNNEN YOKAI SCHON BEI DER KLEINSTEN GELEGENHEIT WIEDERAUF-ERSTEHEN, IM GEGENSATZ ZU MENSCHEN.

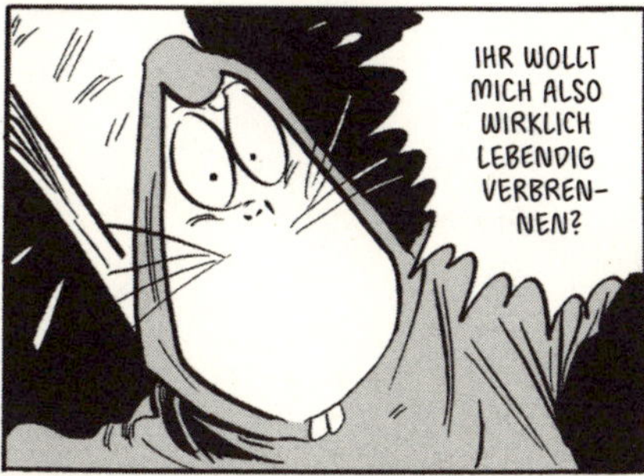
IHR WOLLT MICH ALSO WIRKLICH LEBENDIG VERBREN-NEN?

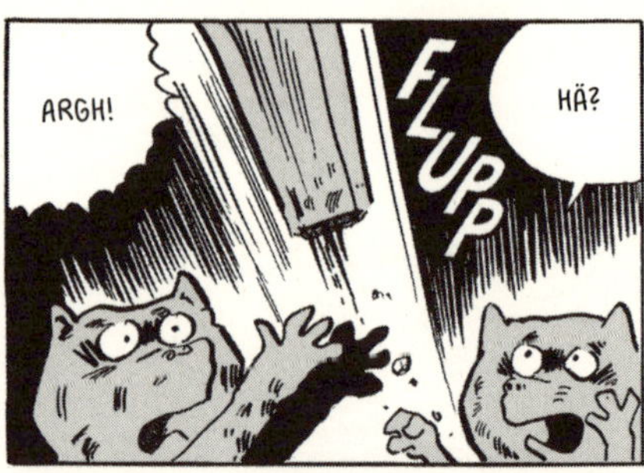
ARGH!
FLUPP
HÄ?

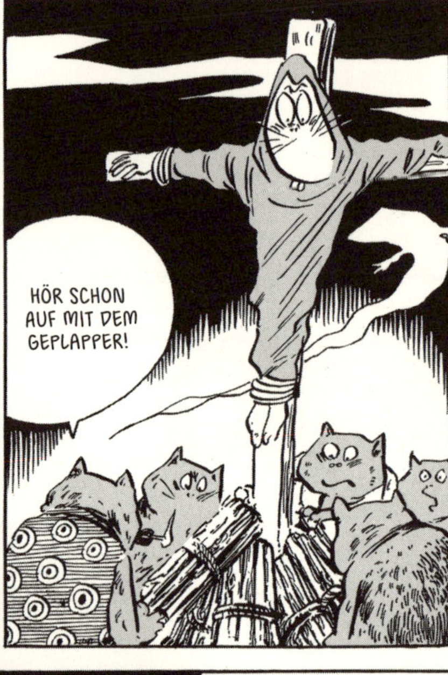
HÖR SCHON AUF MIT DEM GEPLAPPER!

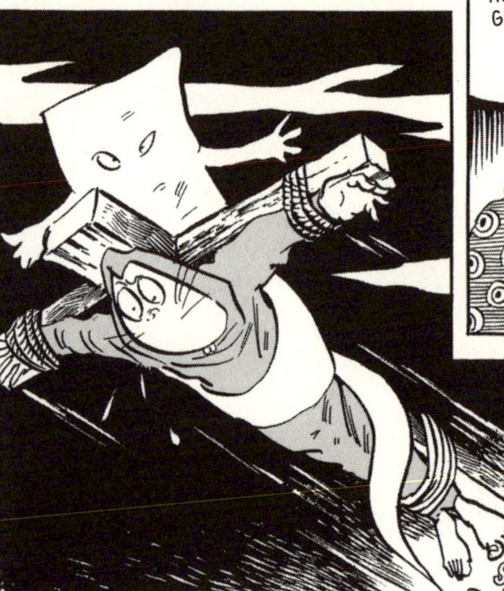
O NEIN! DER LENDENSCHURZ IST ZURÜCKGEKEHRT!
SSST

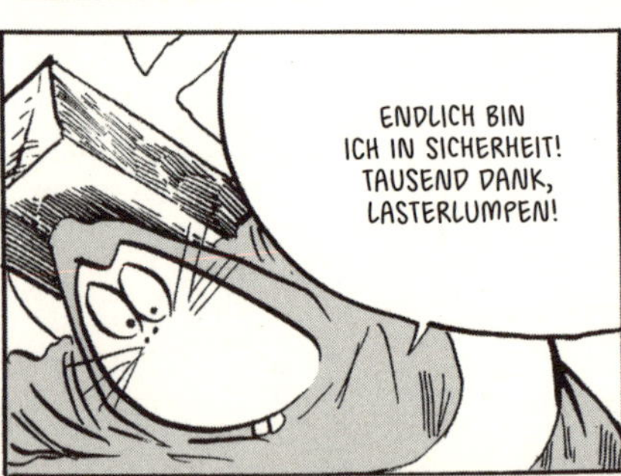
ENDLICH BIN ICH IN SICHERHEIT! TAUSEND DANK, LASTERLUMPEN!

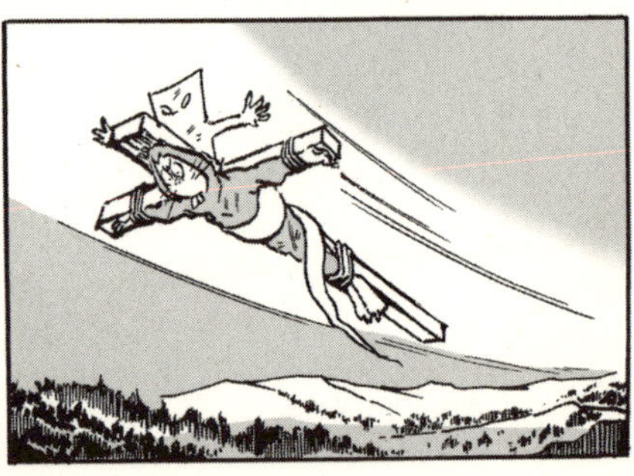

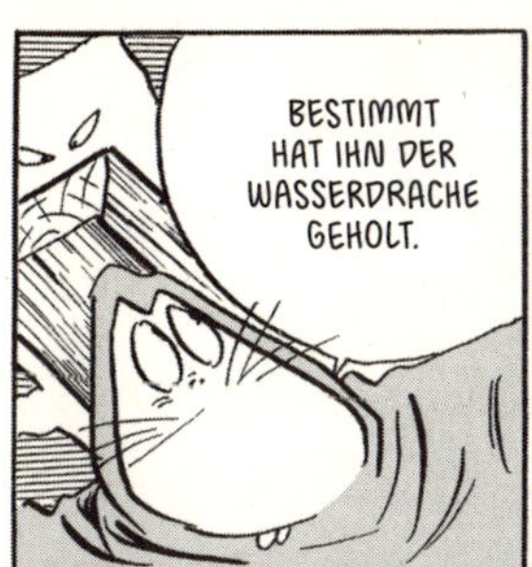
BESTIMMT
HAT IHN DER
WASSERDRACHE
GEHOLT.

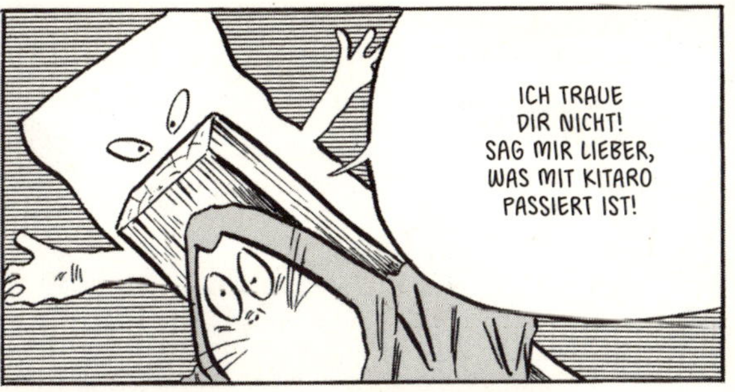
ICH TRAUE
DIR NICHT!
SAG MIR LIEBER,
WAS MIT KITARO
PASSIERT IST!

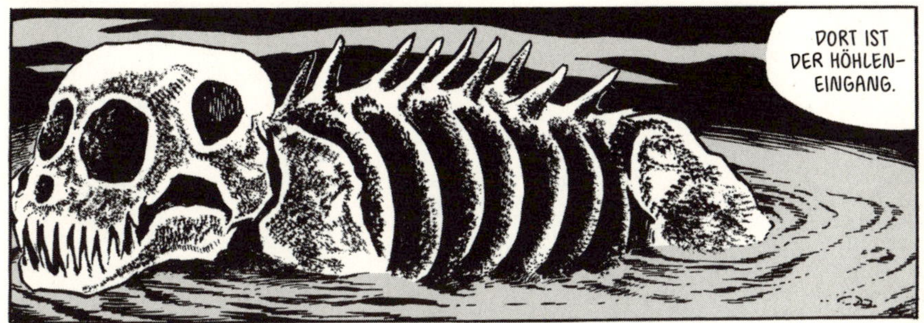
DORT IST
DER HÖHLEN-
EINGANG.

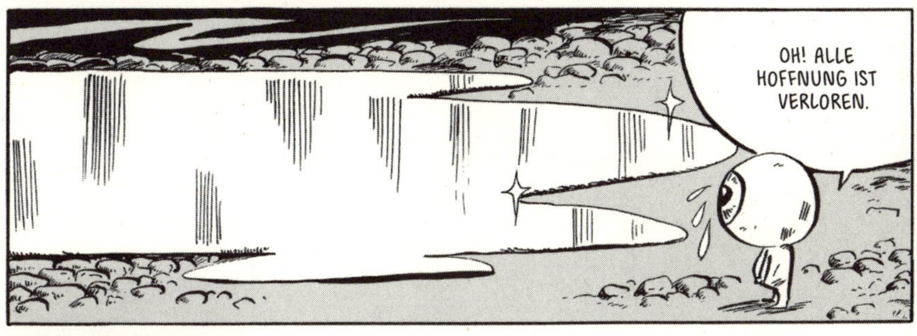
OH! ALLE
HOFFNUNG IST
VERLOREN.

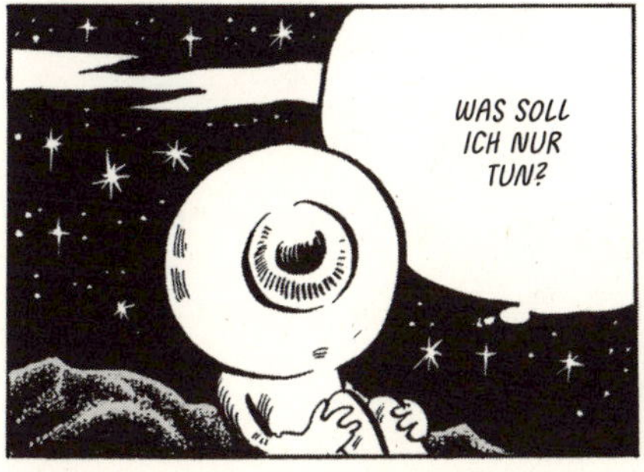
WAS SOLL
ICH NUR
TUN?

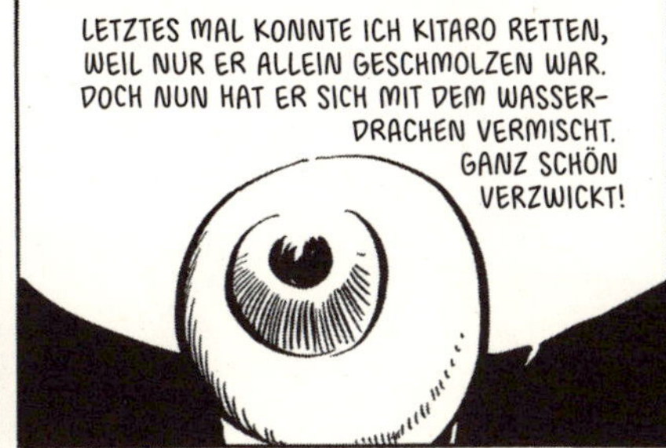
LETZTES MAL KONNTE ICH KITARO RETTEN,
WEIL NUR ER ALLEIN GESCHMOLZEN WAR.
DOCH NUN HAT ER SICH MIT DEM WASSER-
DRACHEN VERMISCHT.
GANZ SCHÖN
VERZWICKT!

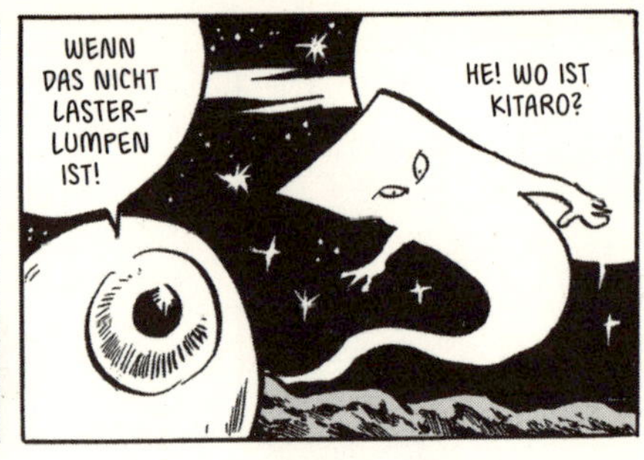

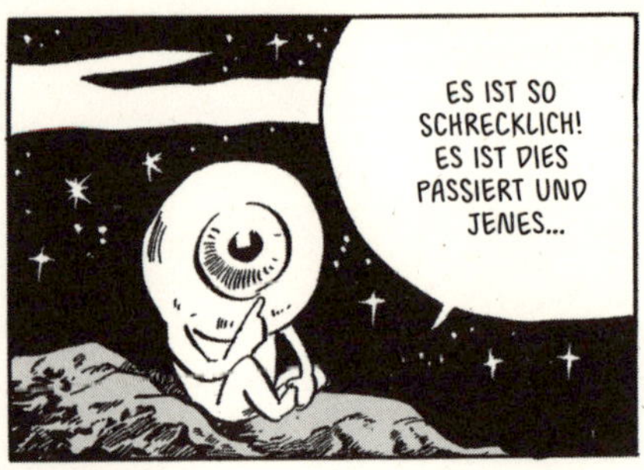

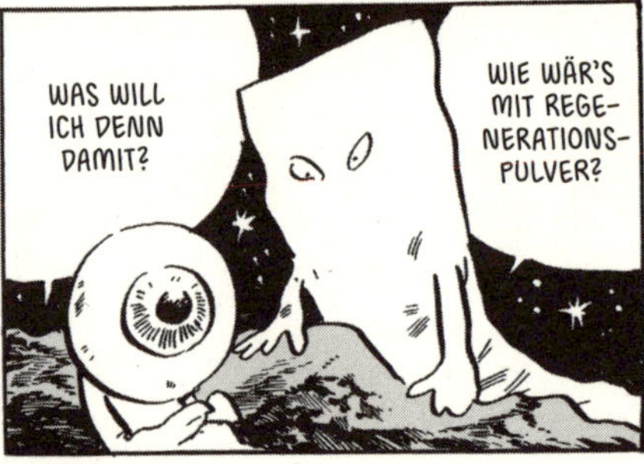

REGENERATIONSPULVER IST ALS ARZNEIMITTEL IN JEDEM YOKAI-HAUSHALT ZU FINDEN. ES KANN TÖDLICH VERLETZTE YOKAI WIEDERBELEBEN.

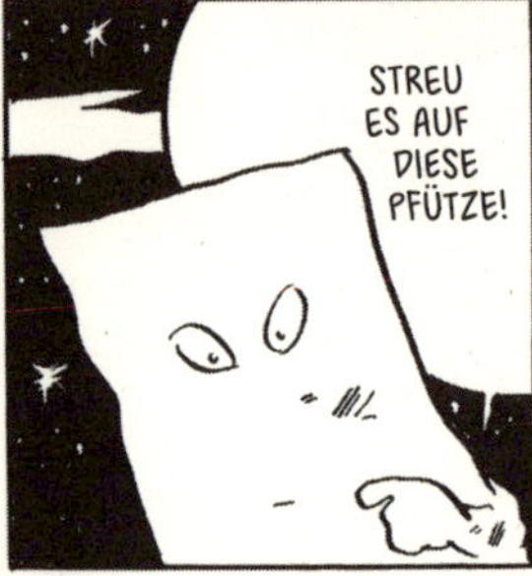

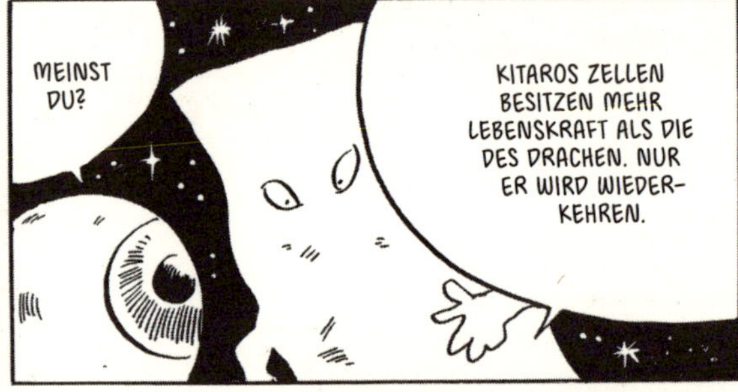

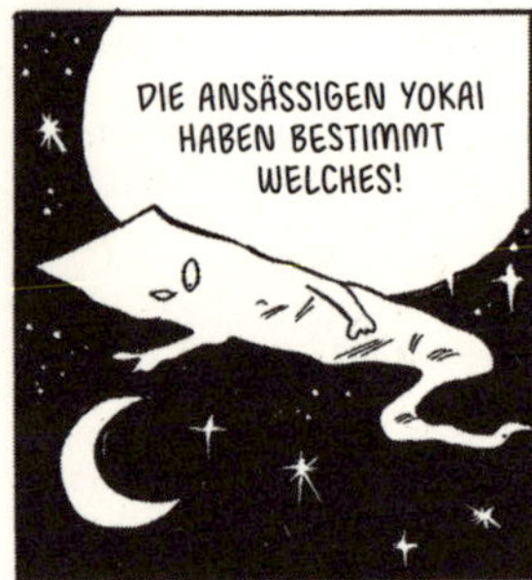

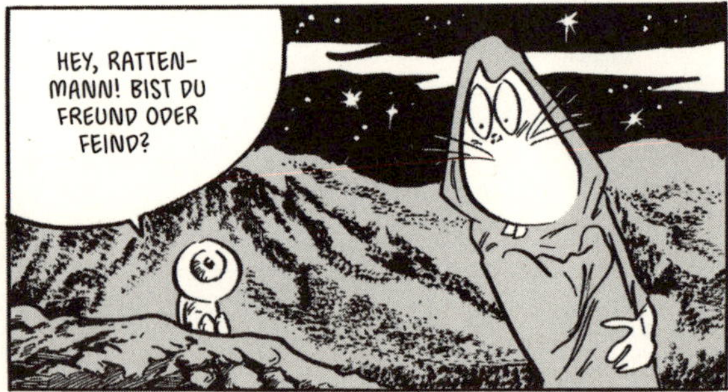

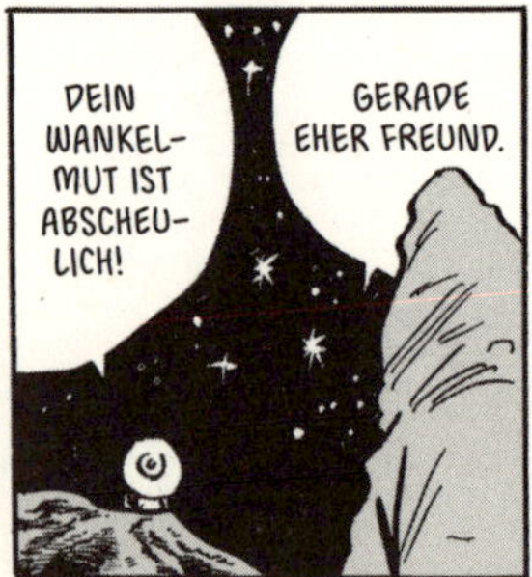

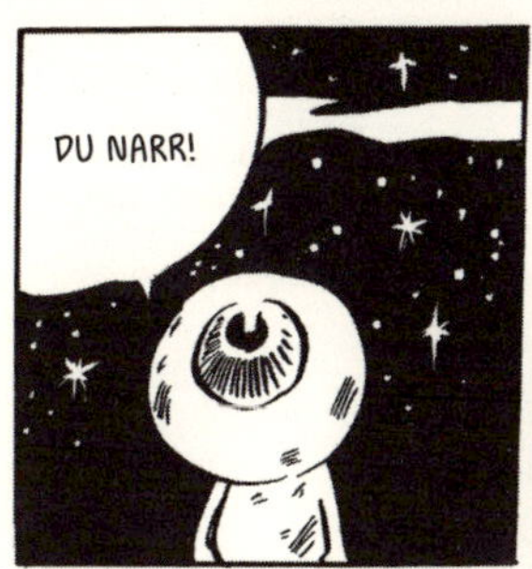

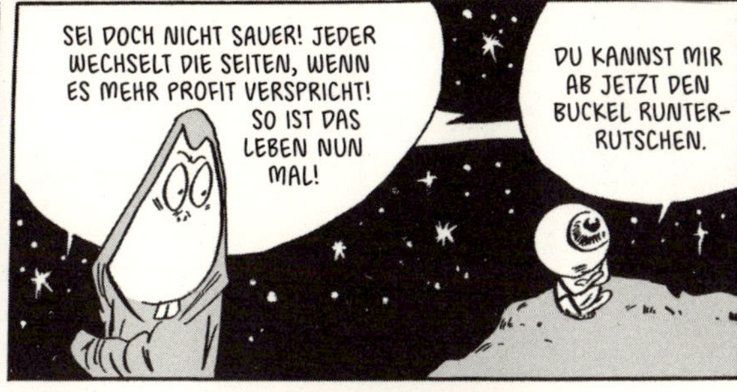

KAUM WAR DAS REGENERATIONSPULVER AUF DER PFÜTZE VERSTREUT, FING DIESE AN, WIE WILD ZU BLUBBERN. EIN TEIL DAVON SETZTE SICH IN BEWEGUNG UND DANN WAR EIN HERZSCHLAG ZU HÖREN. KITARO REGENERIERTE SICH MIT ATEMBERAUBENDER GESCHWINDIGKEIT.

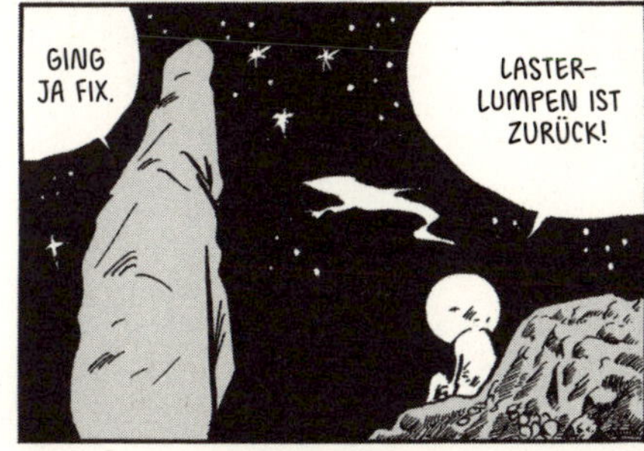

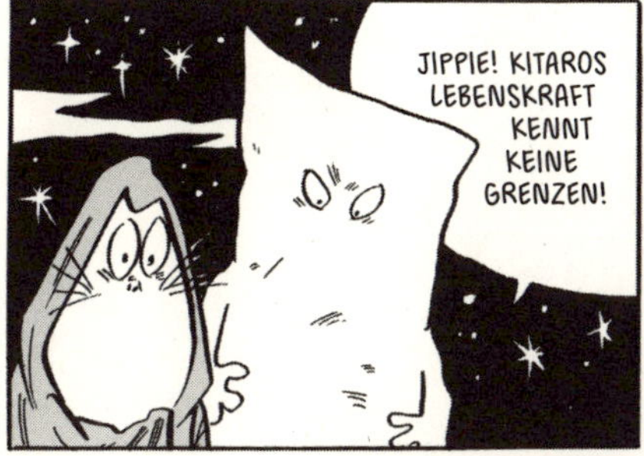

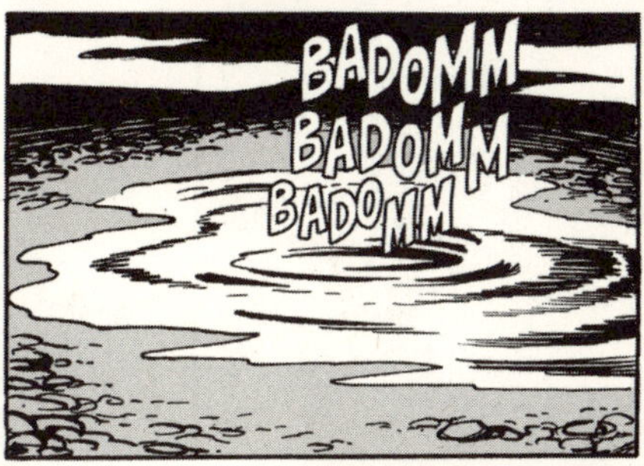

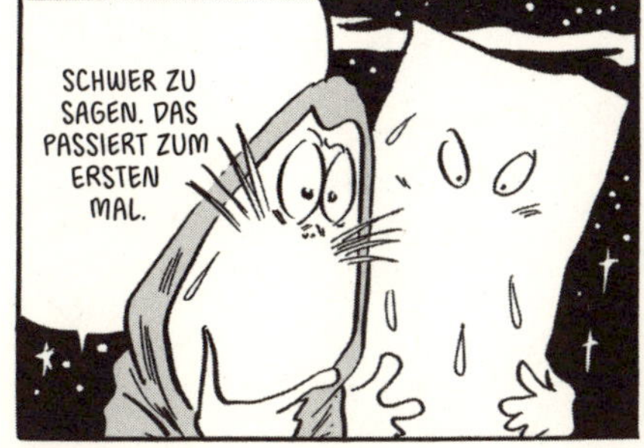

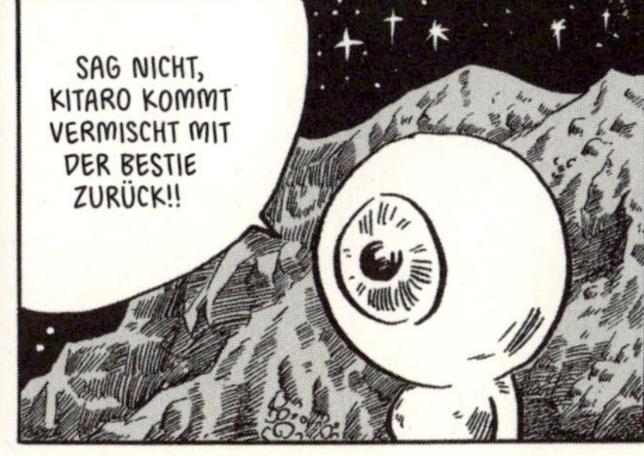

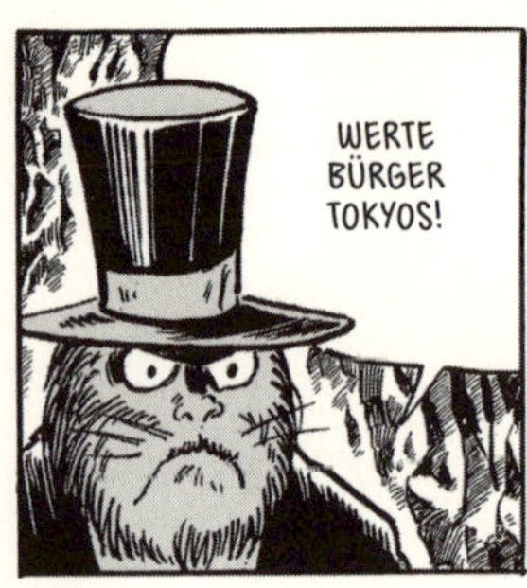
WERTE BÜRGER TOKYOS!

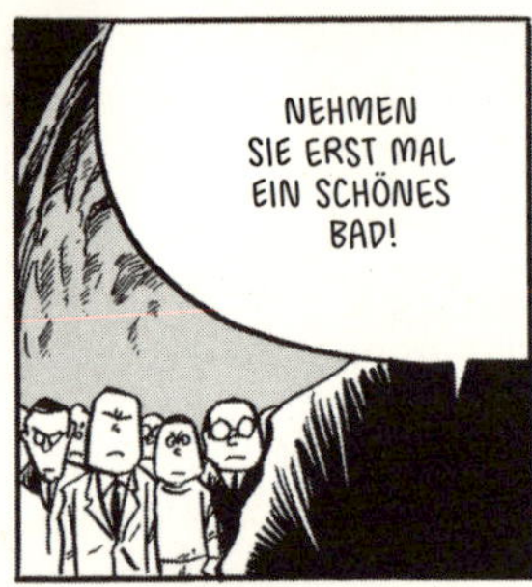
NEHMEN SIE ERST MAL EIN SCHÖNES BAD!

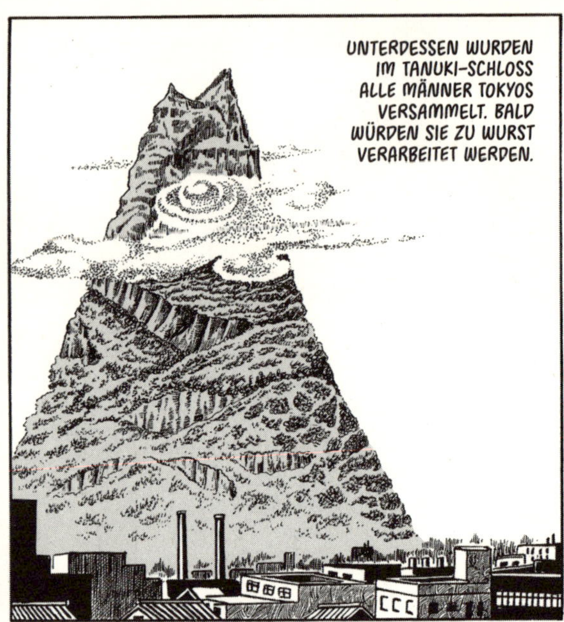
UNTERDESSEN WURDEN IM TANUKI-SCHLOSS ALLE MÄNNER TOKYOS VERSAMMELT. BALD WÜRDEN SIE ZU WURST VERARBEITET WERDEN.

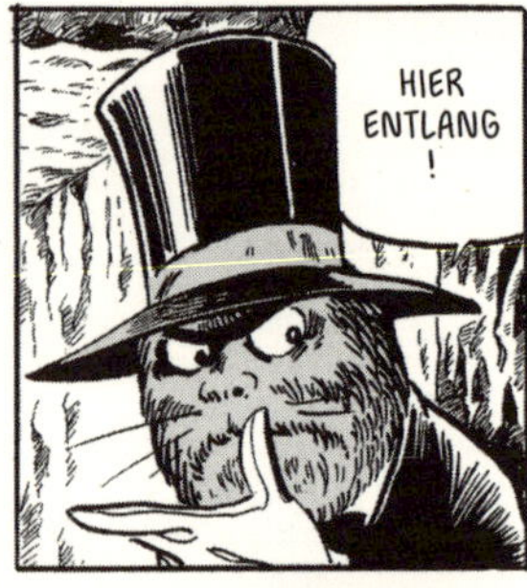
HIER ENTLANG!

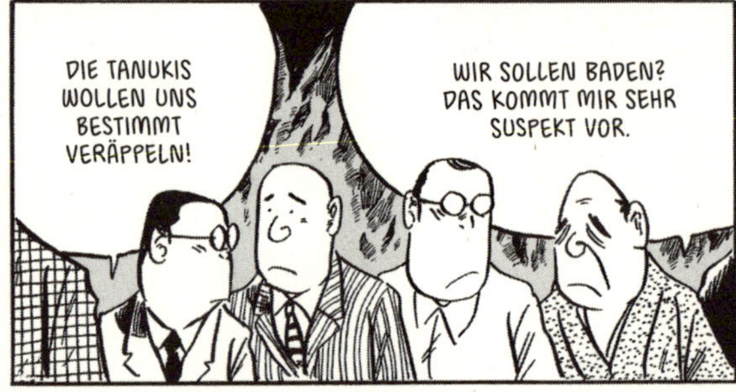
DIE TANUKIS WOLLEN UNS BESTIMMT VERÄPPELN!
WIR SOLLEN BADEN? DAS KOMMT MIR SEHR SUSPEKT VOR.

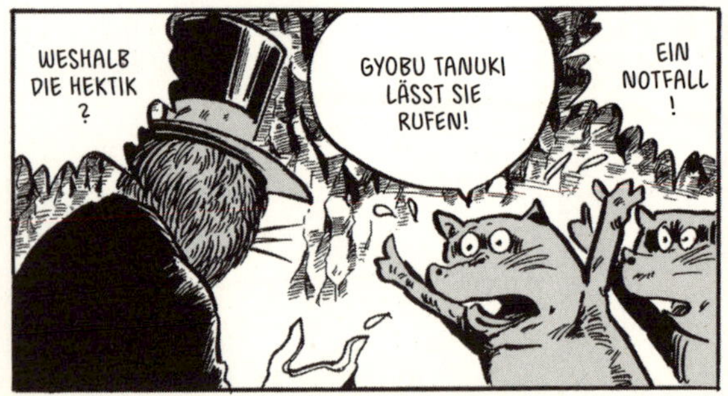
WESHALB DIE HEKTIK?
GYOBU TANUKI LÄSST SIE RUFEN!
EIN NOTFALL!

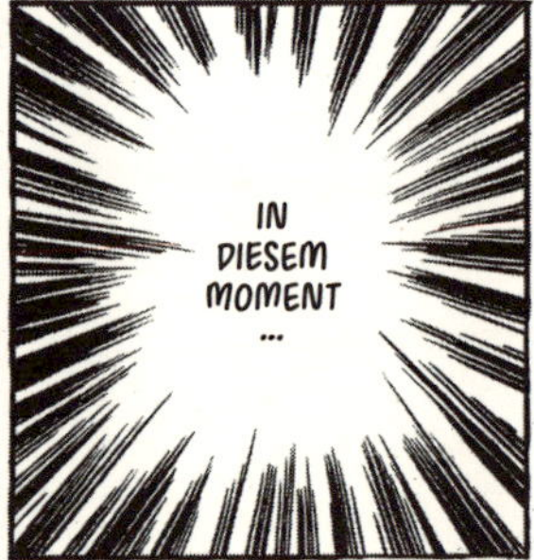
IN DIESEM MOMENT ...

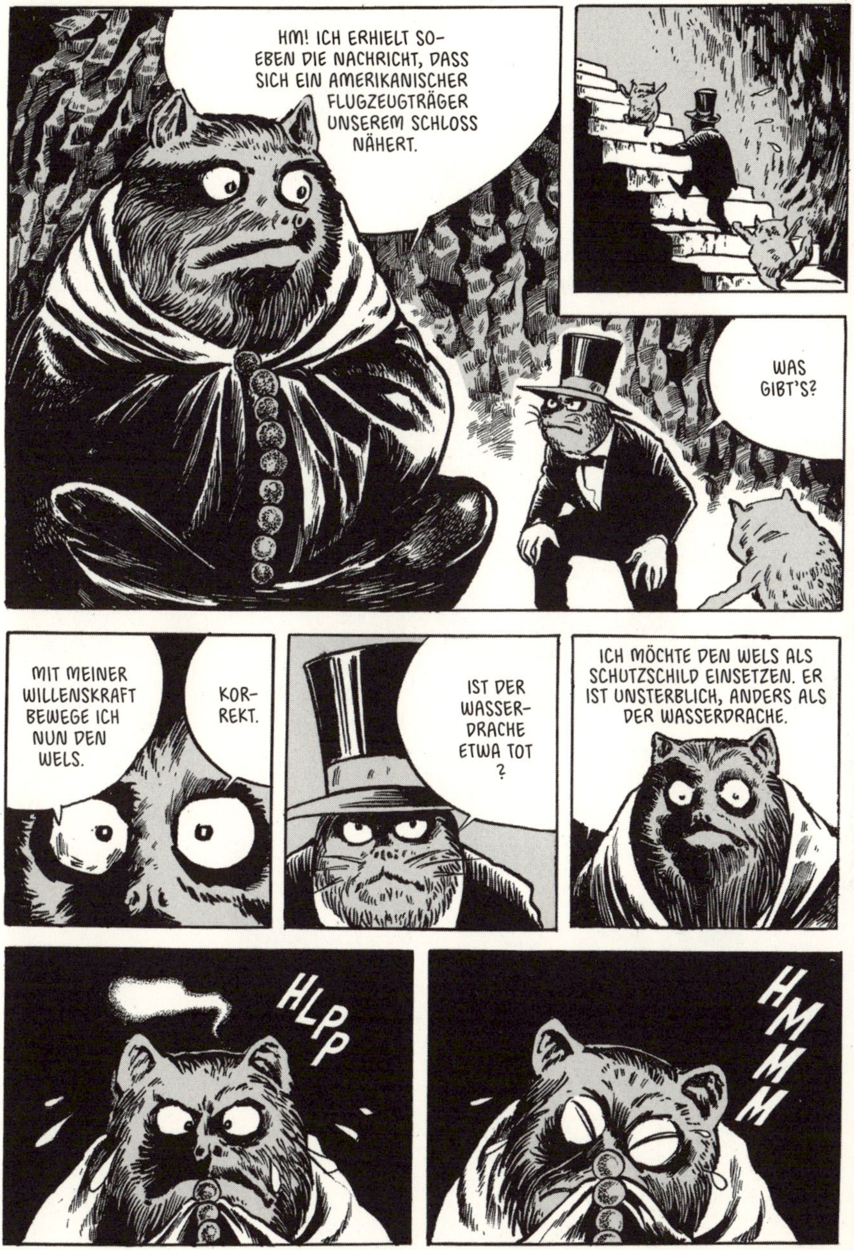

HM! ICH ERHIELT SO-
EBEN DIE NACHRICHT, DASS
SICH EIN AMERIKANISCHER
FLUGZEUGTRÄGER
UNSEREM SCHLOSS
NÄHERT.

WAS
GIBT'S?

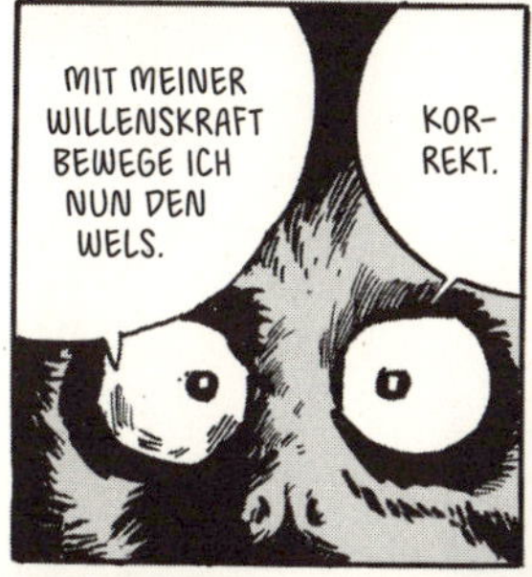

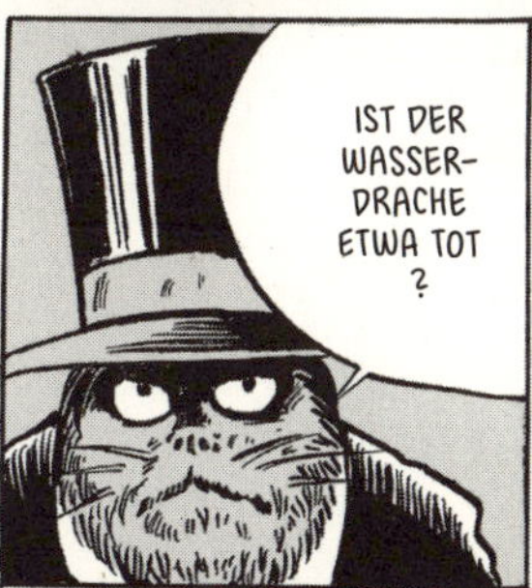

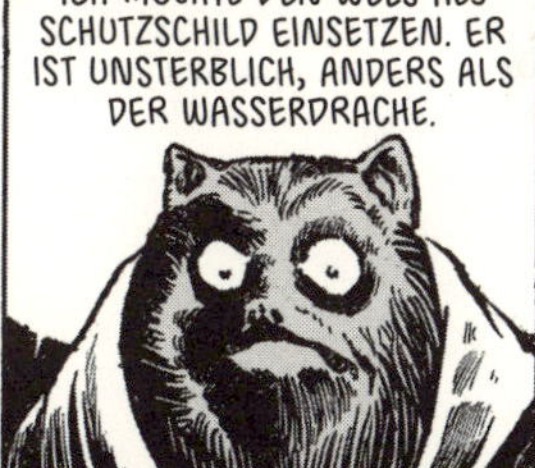

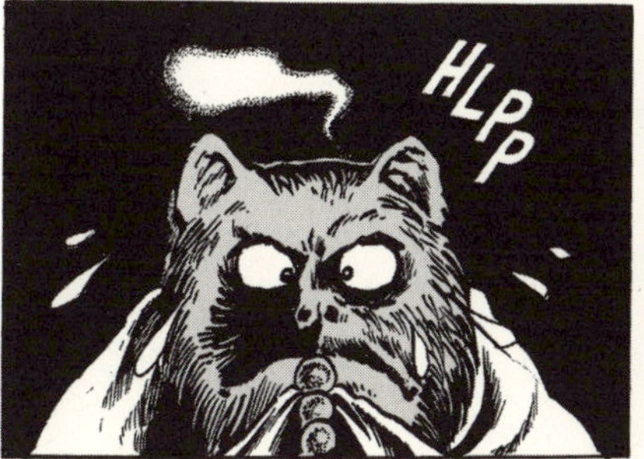

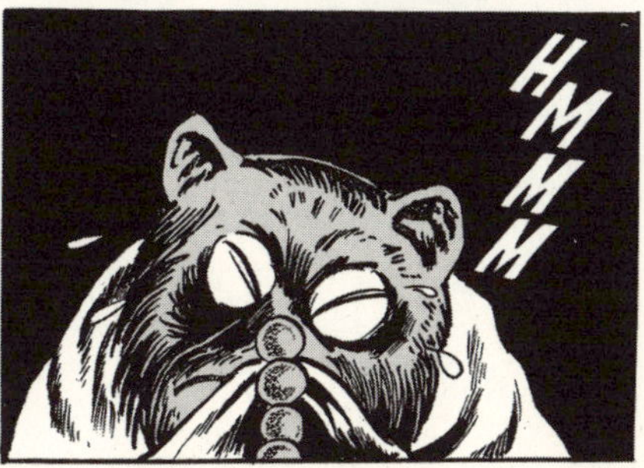

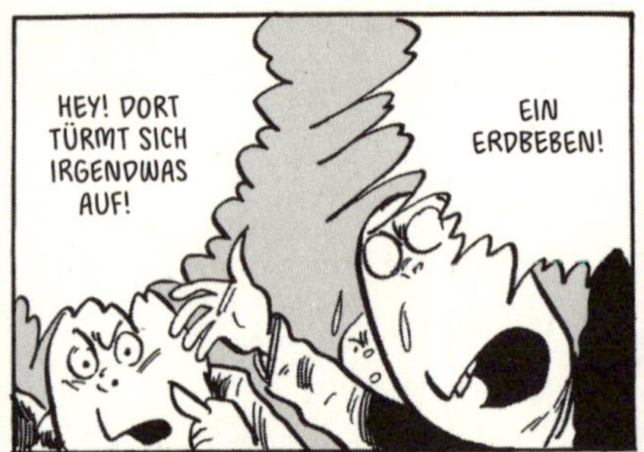
HEY! DORT TÜRMT SICH IRGENDWAS AUF!
EIN ERDBEBEN!

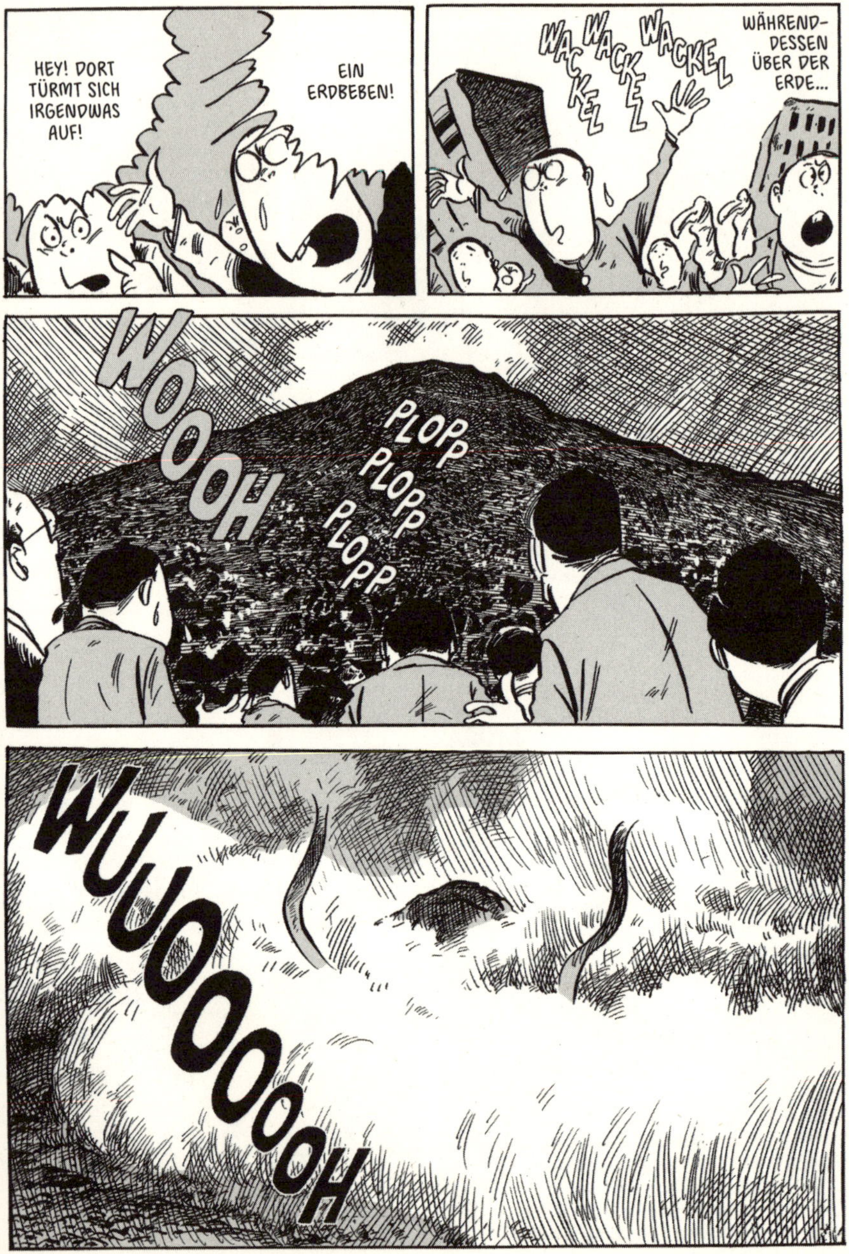

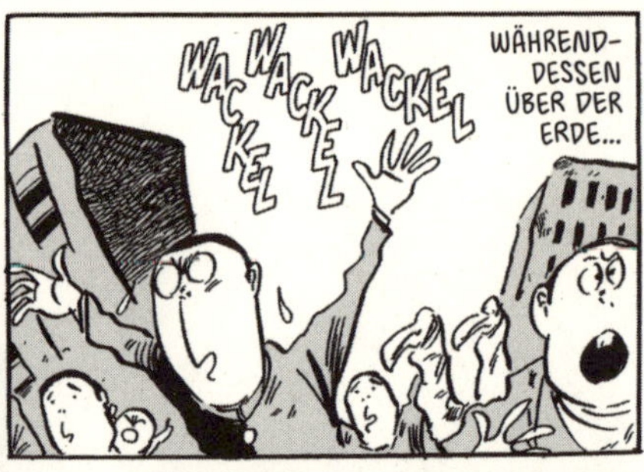
WÄHREND-DESSEN ÜBER DER ERDE...
WACKEL
WACKEL
WACKEL

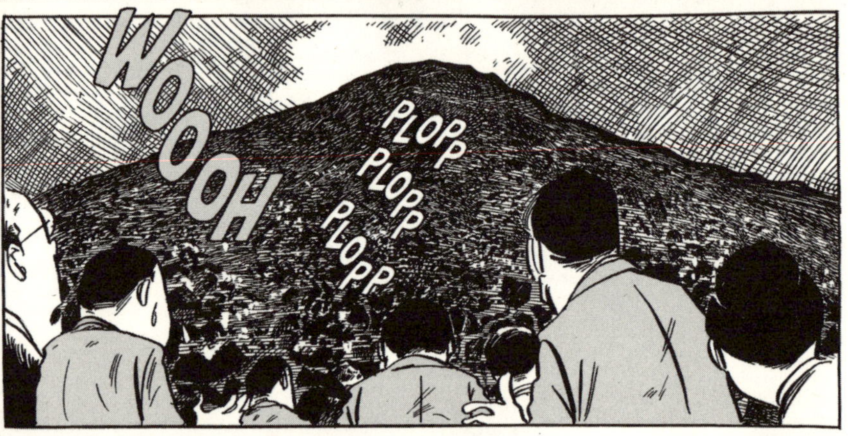
WOOOH
PLOPP
PLOPP
PLOPP

WUUOOOOOOH

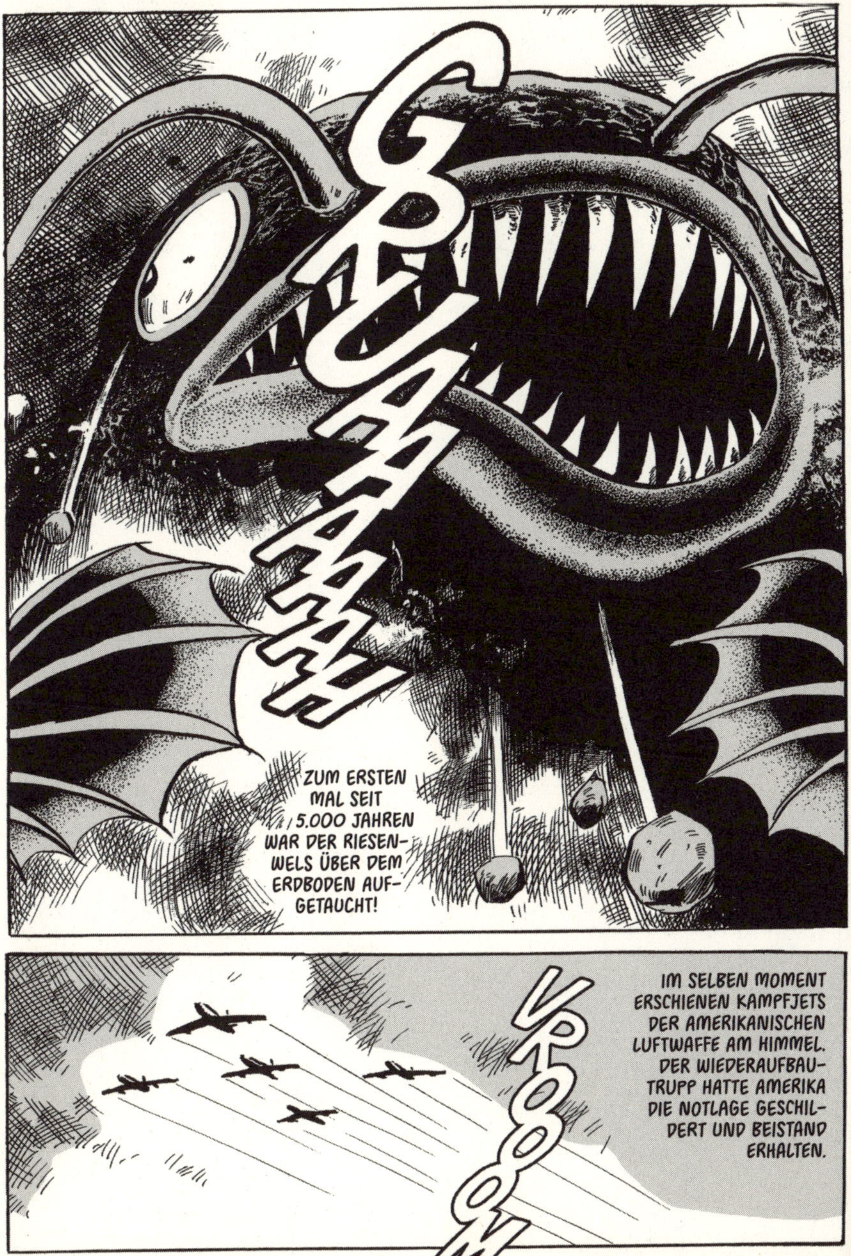

ZUM ERSTEN MAL SEIT 5.000 JAHREN WAR DER RIESENWELS ÜBER DEM ERDBODEN AUFGETAUCHT!

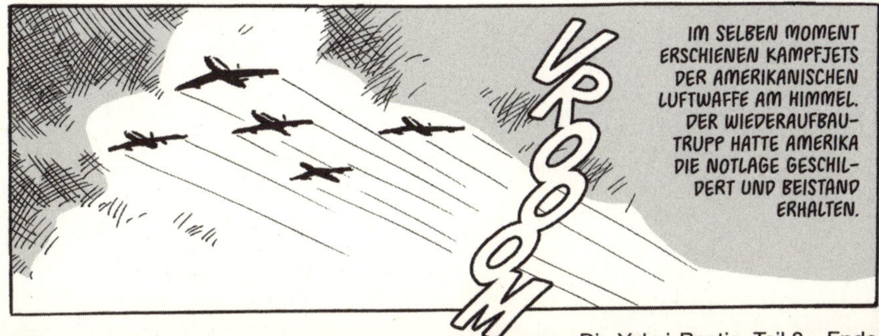

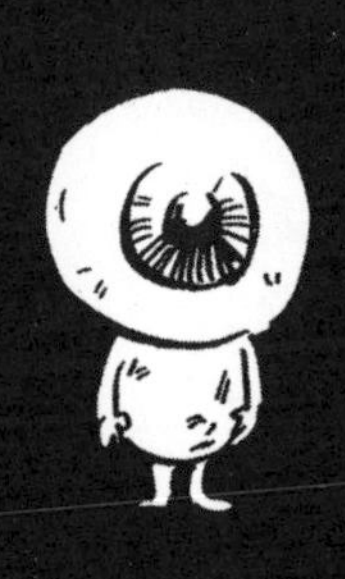

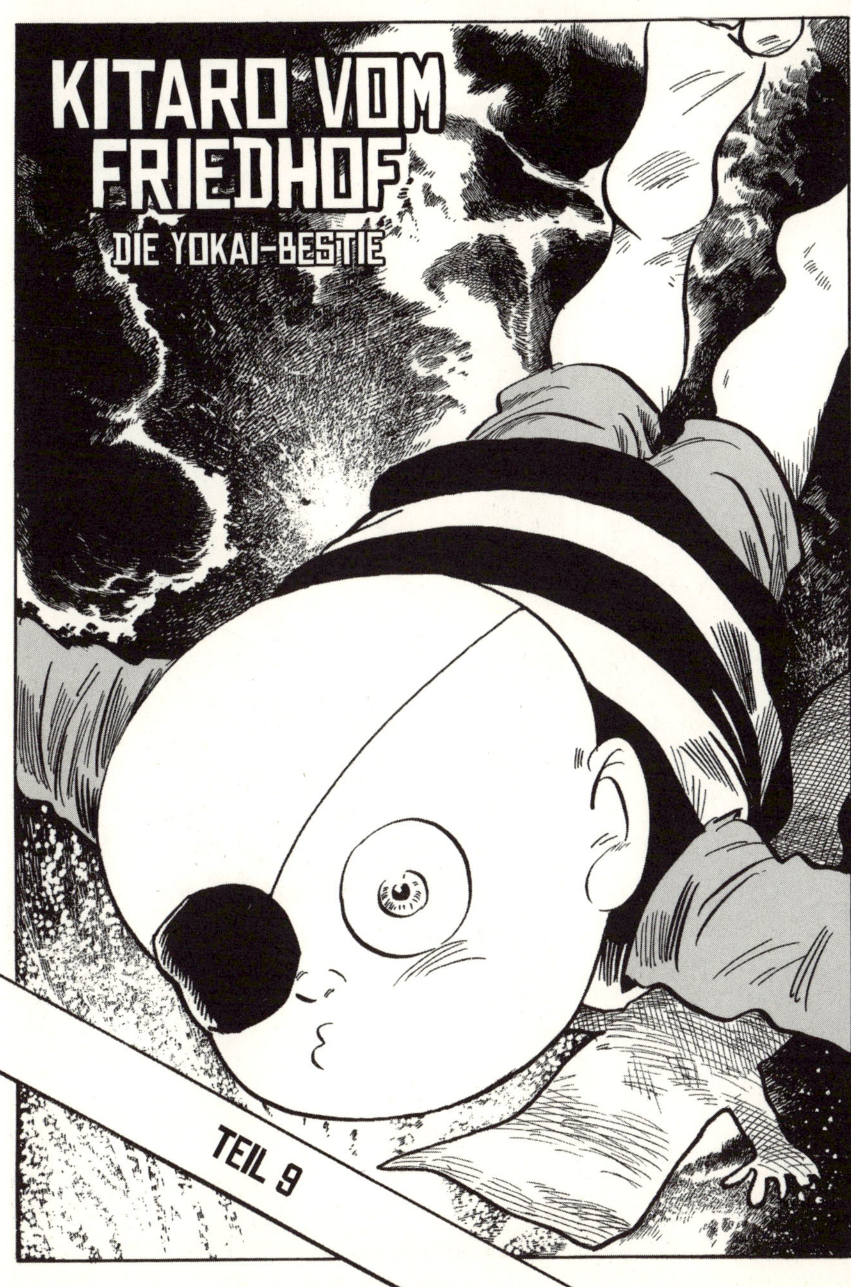
KITARO VOM FRIEDHOF
DIE YOKAI-BESTIE
TEIL 9

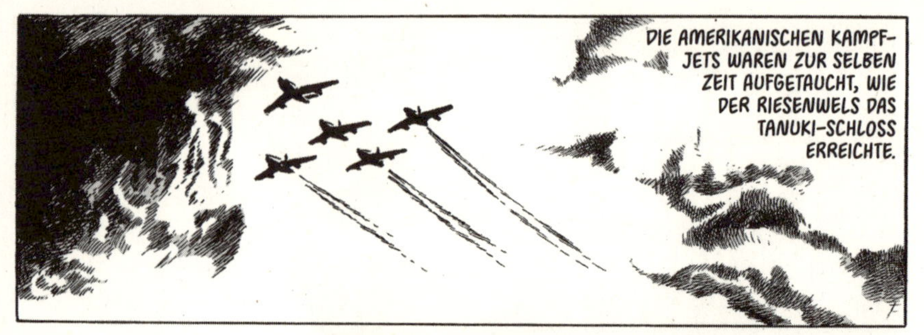
DIE AMERIKANISCHEN KAMPF-JETS WAREN ZUR SELBEN ZEIT AUFGETAUCHT, WIE DER RIESENWELS DAS TANUKI-SCHLOSS ERREICHTE.

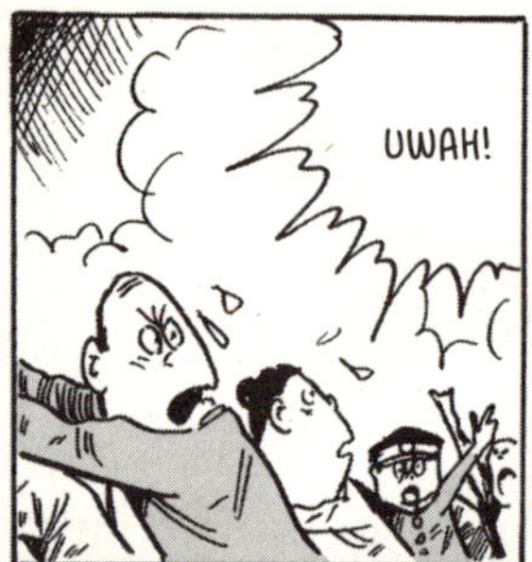
UWAH!

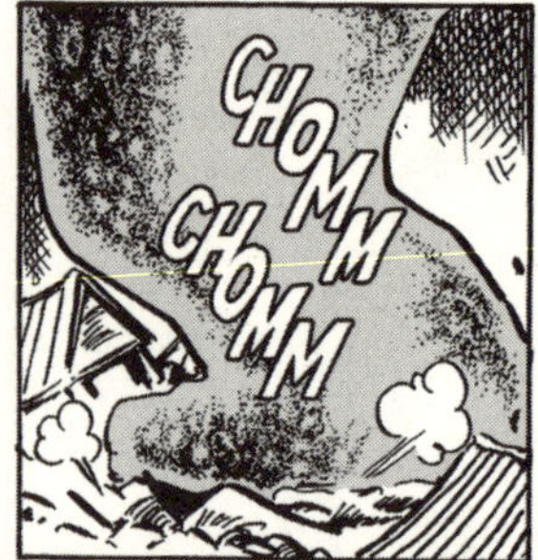
CHOMM
CHOMM

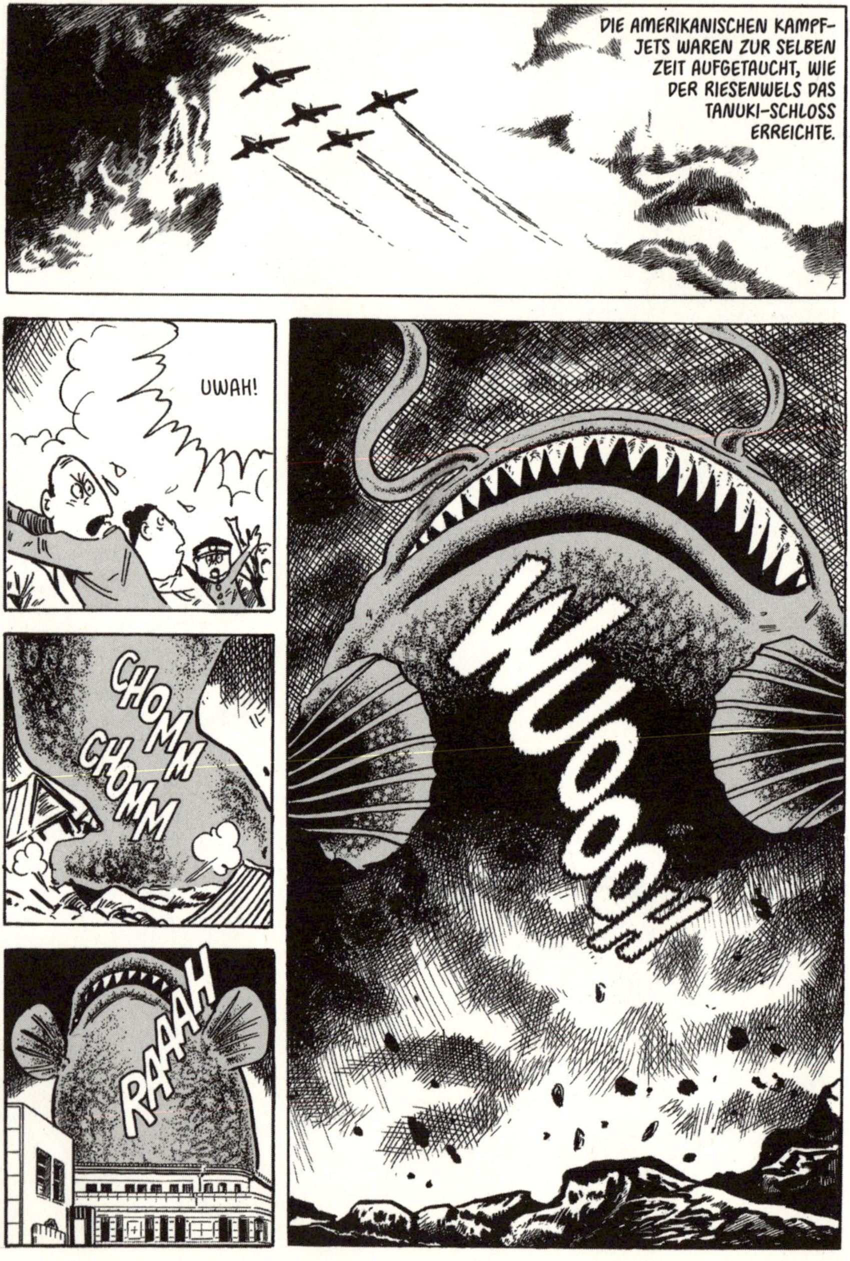

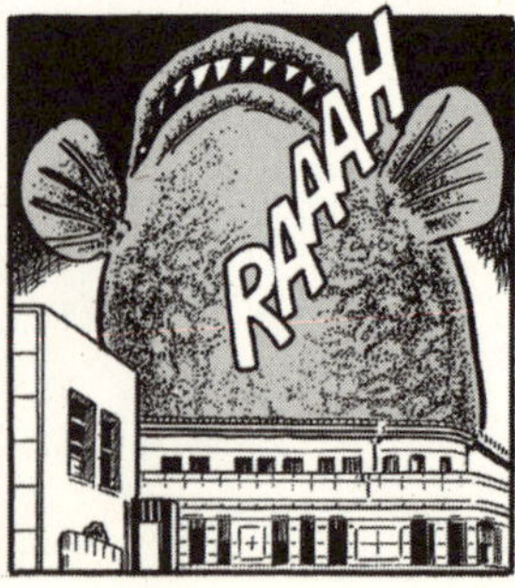
RAAAH

WUOOOH

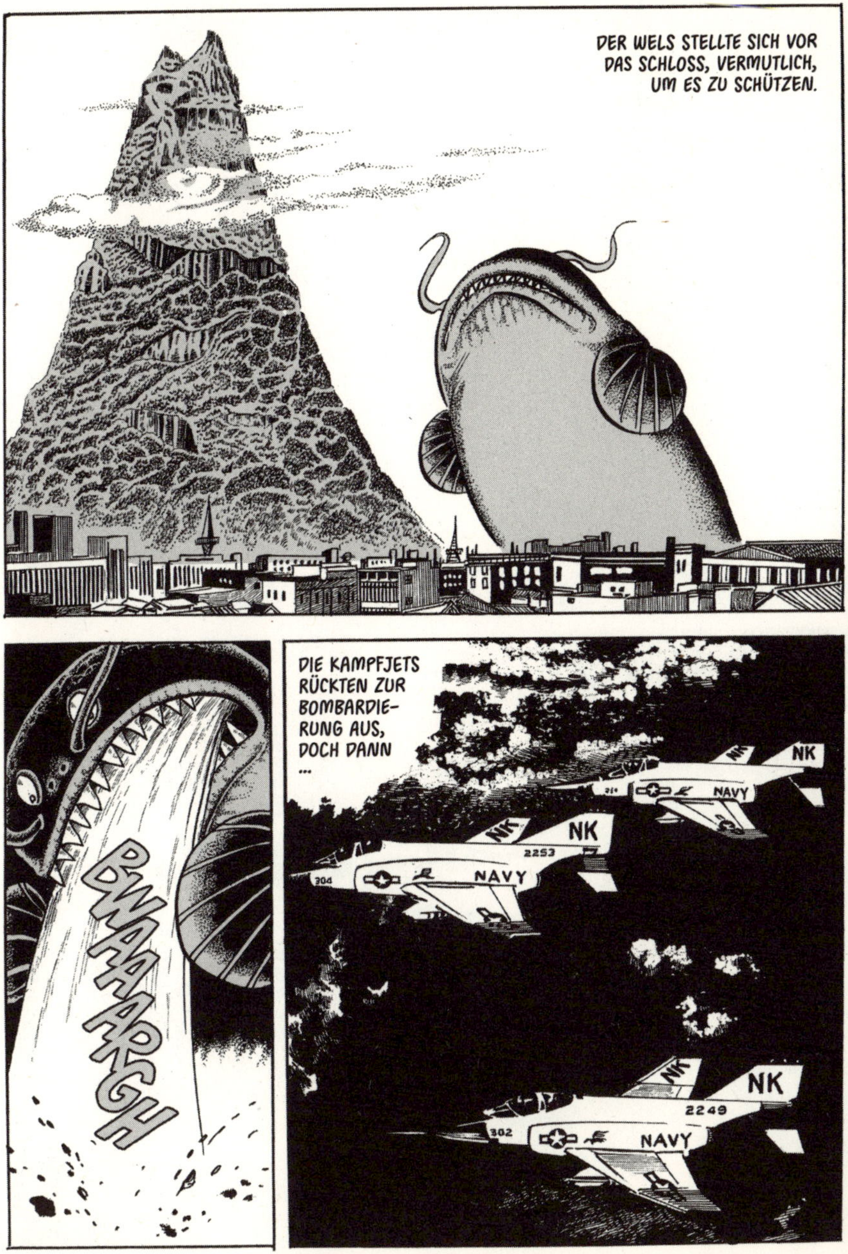

DER WELS STELLTE SICH VOR DAS SCHLOSS, VERMUTLICH, UM ES ZU SCHÜTZEN.

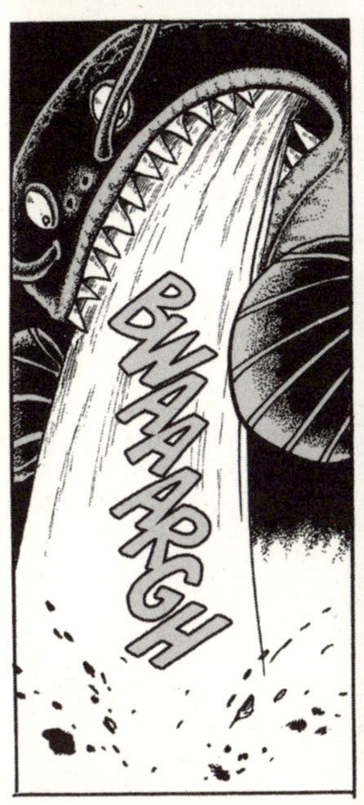

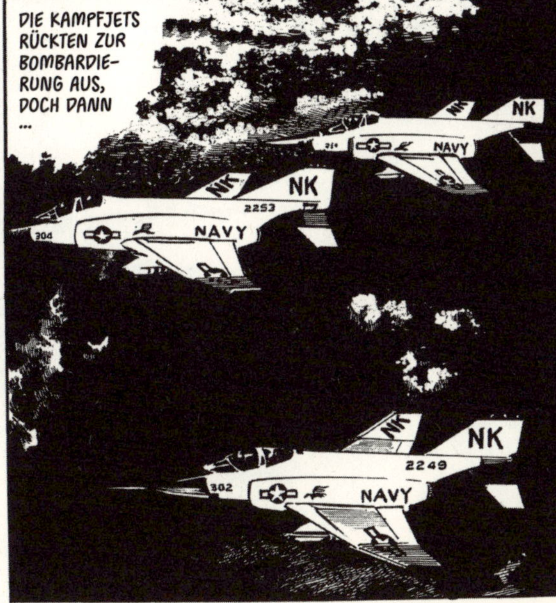

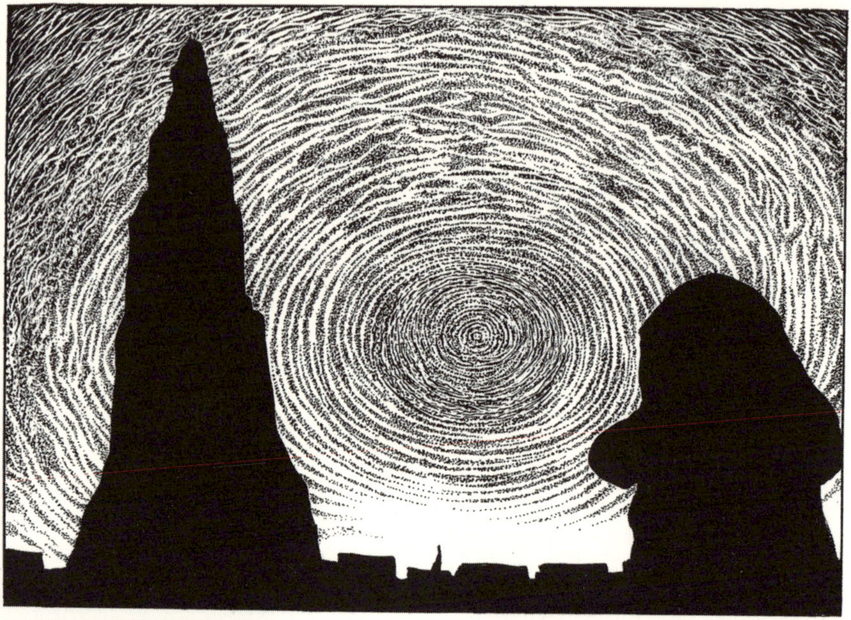

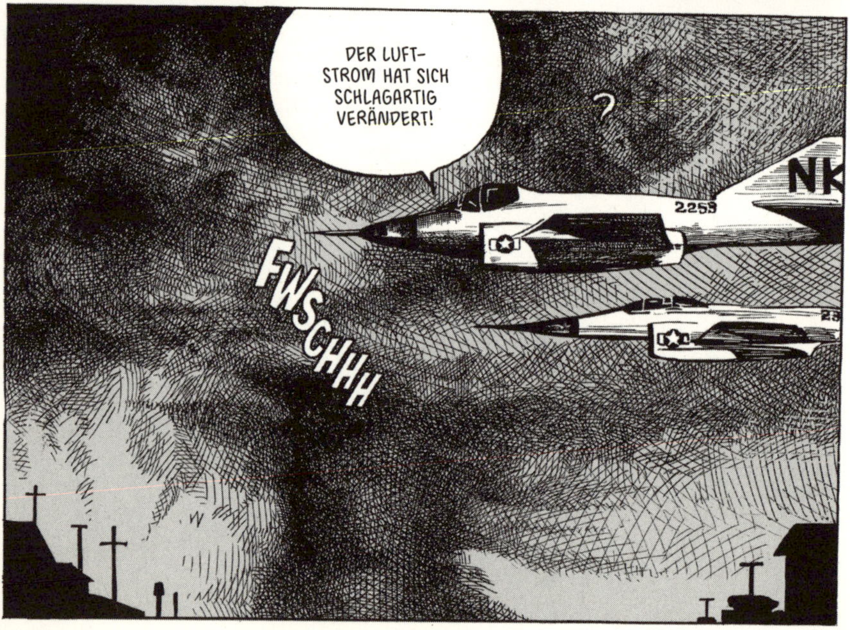

DER LUFT-
STROM HAT SICH
SCHLAGARTIG
VERÄNDERT!

?

NK

2259

FWSCHHH

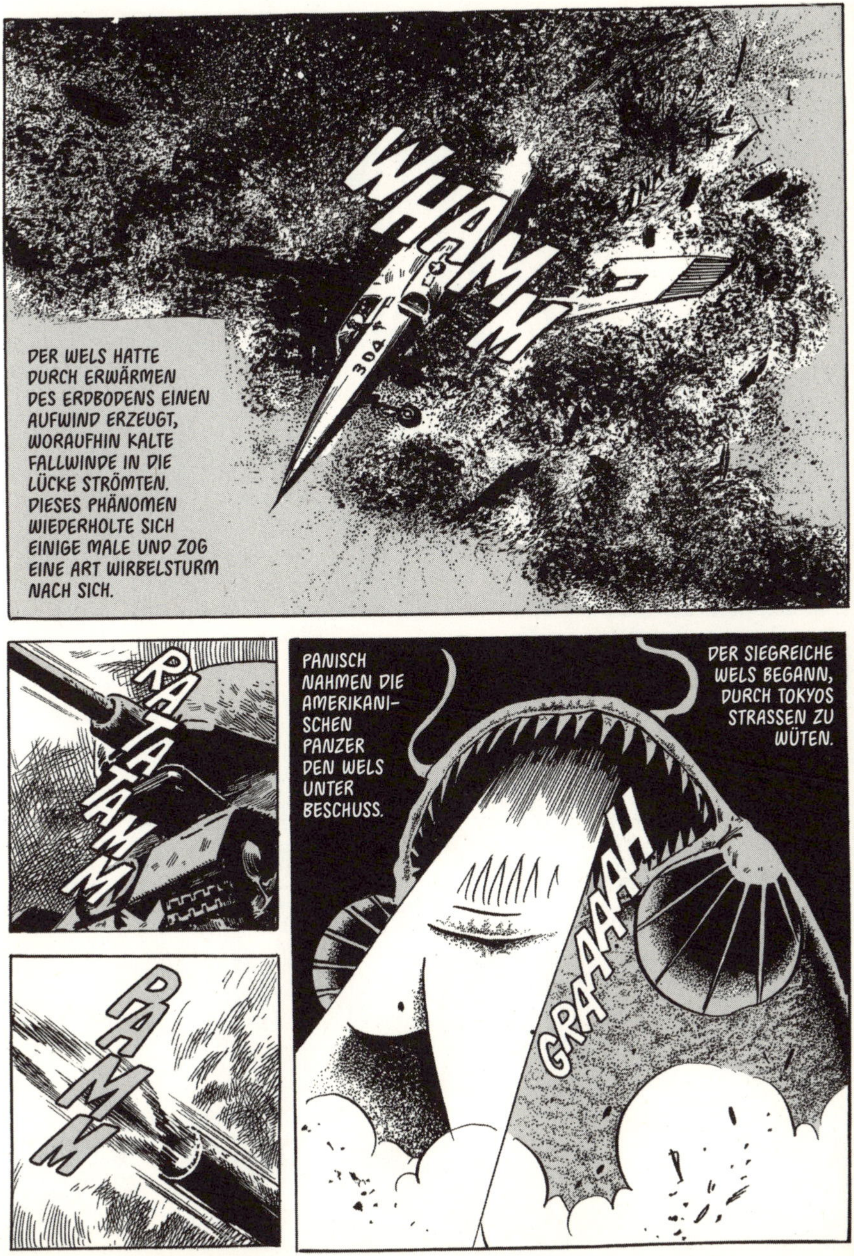

DER WELS HATTE DURCH ERWÄRMEN DES ERDBODENS EINEN AUFWIND ERZEUGT, WORAUFHIN KALTE FALLWINDE IN DIE LÜCKE STRÖMTEN. DIESES PHÄNOMEN WIEDERHOLTE SICH EINIGE MALE UND ZOG EINE ART WIRBELSTURM NACH SICH.

WHAMMM

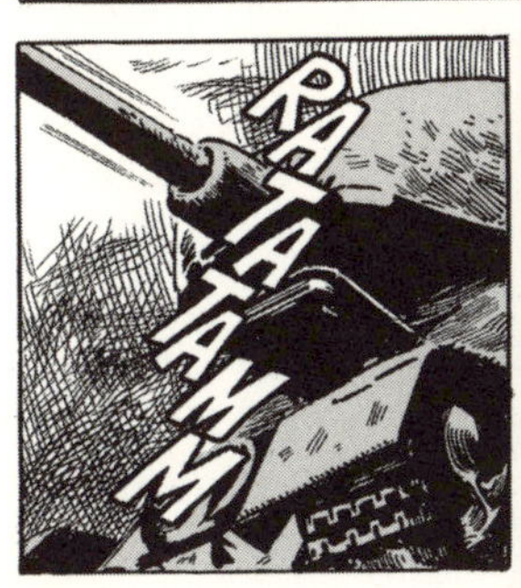

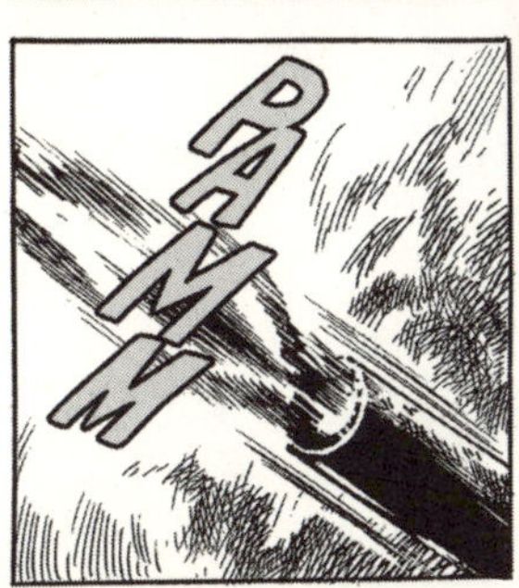

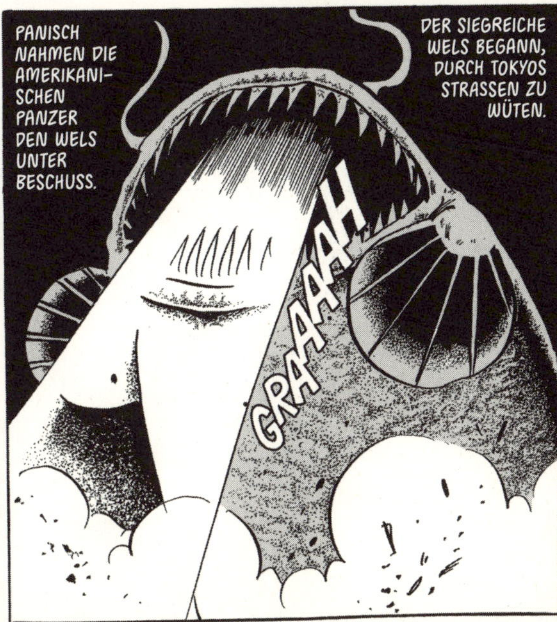

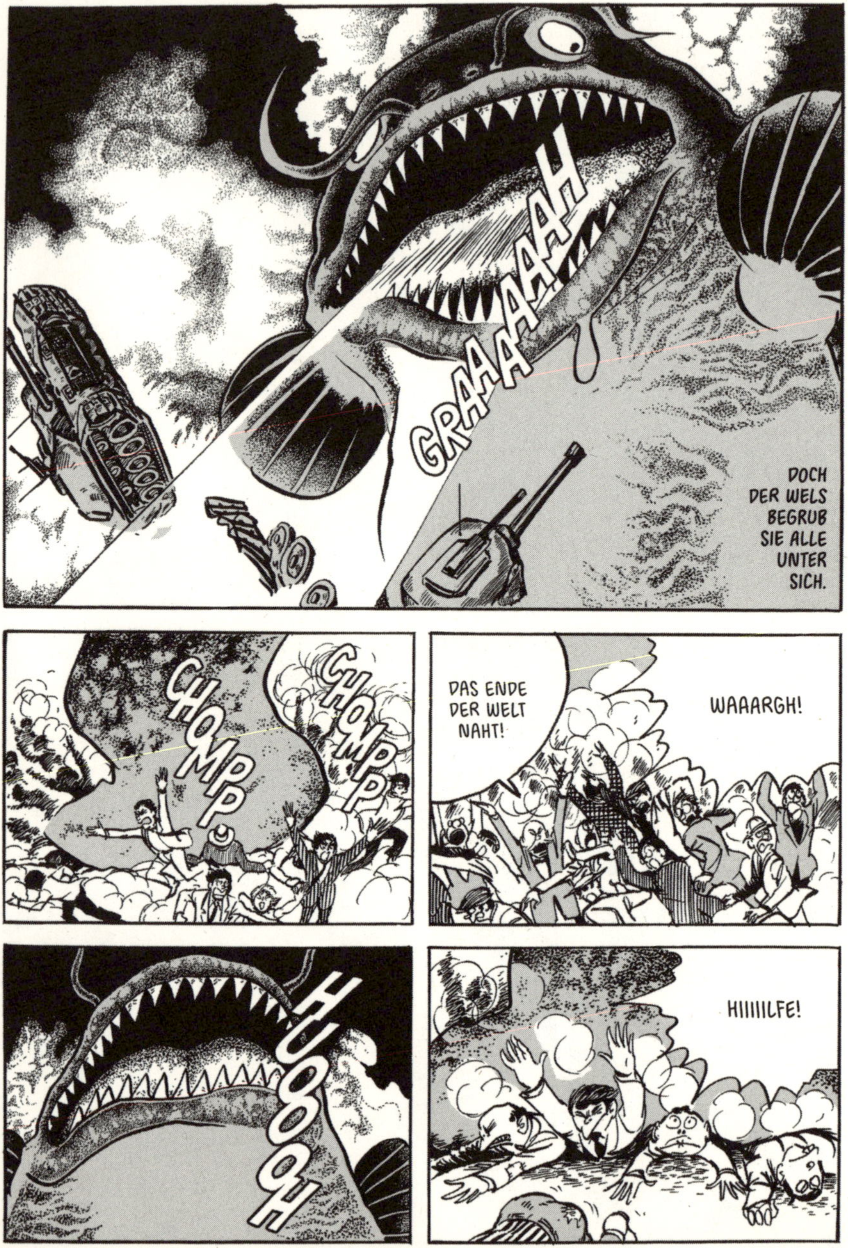

GRAAAAAH

DOCH DER WELS BEGRUB SIE ALLE UNTER SICH.

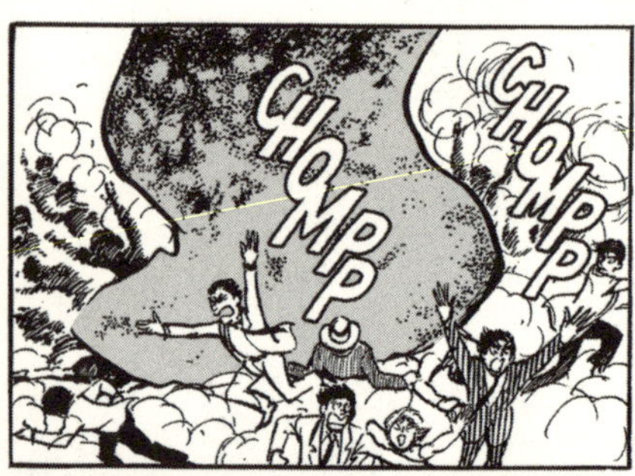

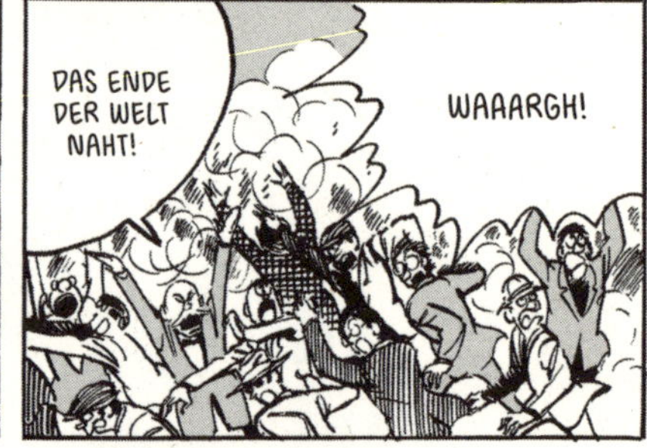

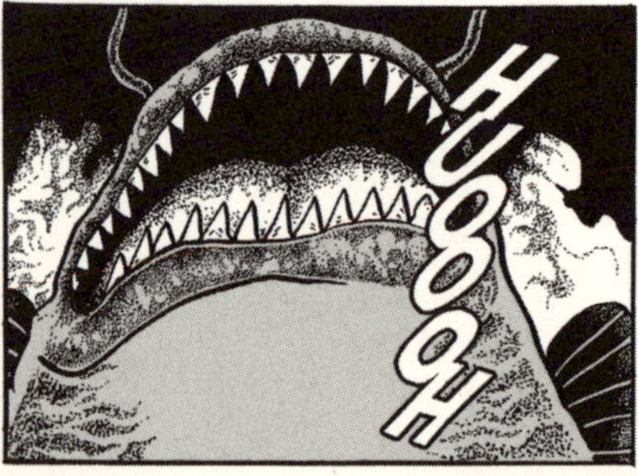

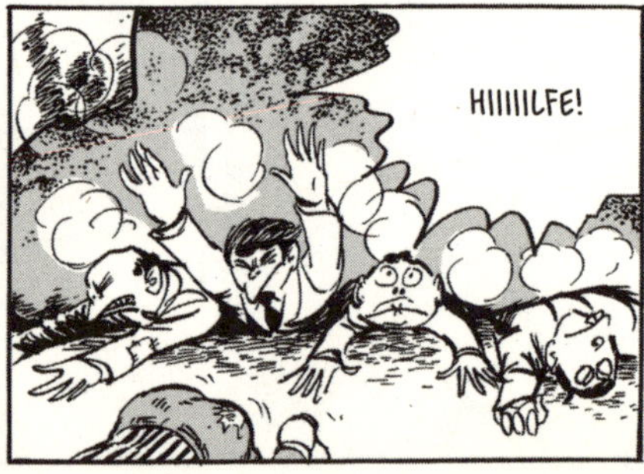

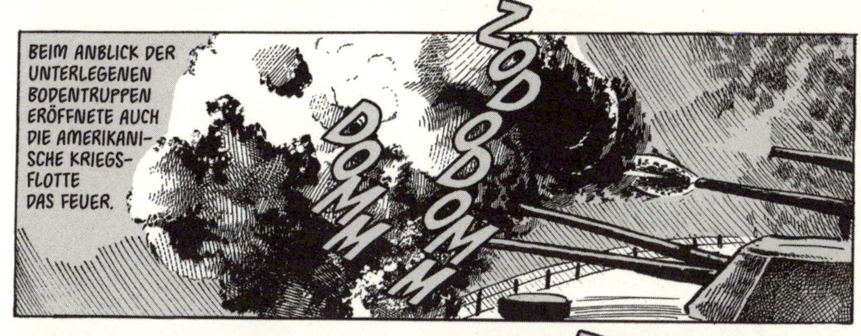
BEIM ANBLICK DER UNTERLEGENEN BODENTRUPPEN ERÖFFNETE AUCH DIE AMERIKANISCHE KRIEGSFLOTTE DAS FEUER.
ZODODOMM
DOMM

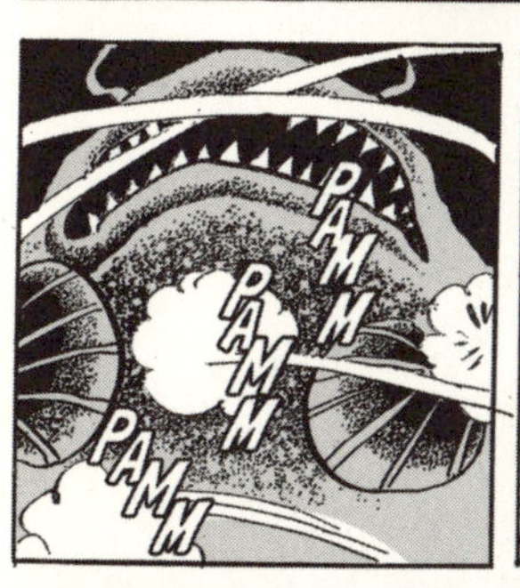
PAMM
PAMM
PAMM

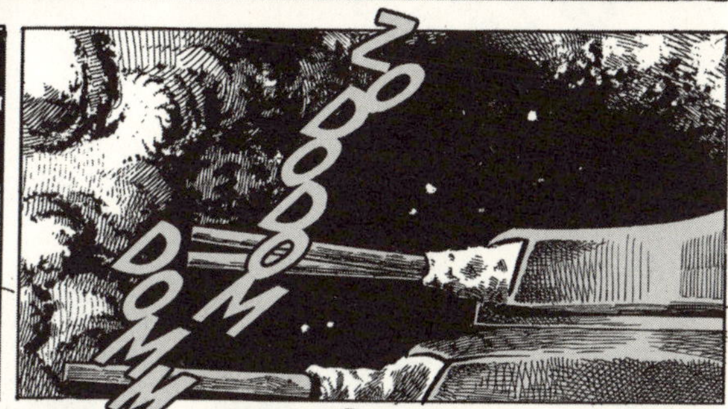
ZODODODOMM
DOMM

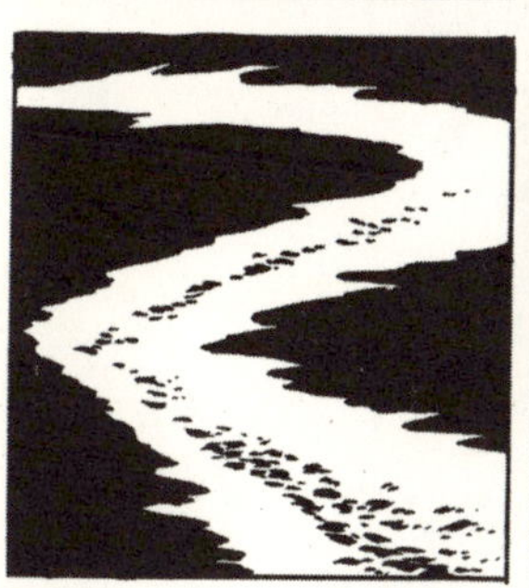

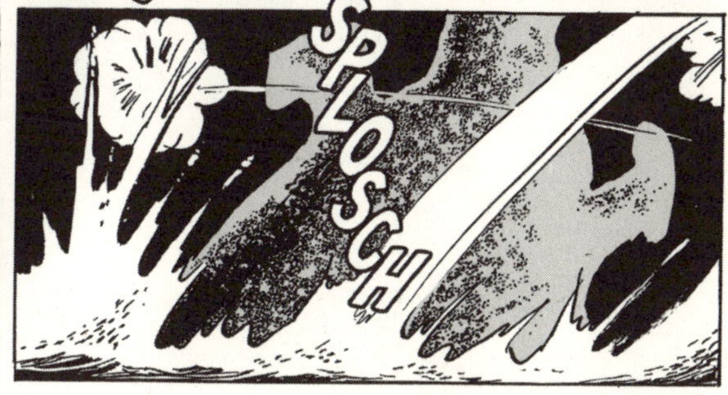
SPLOSCH

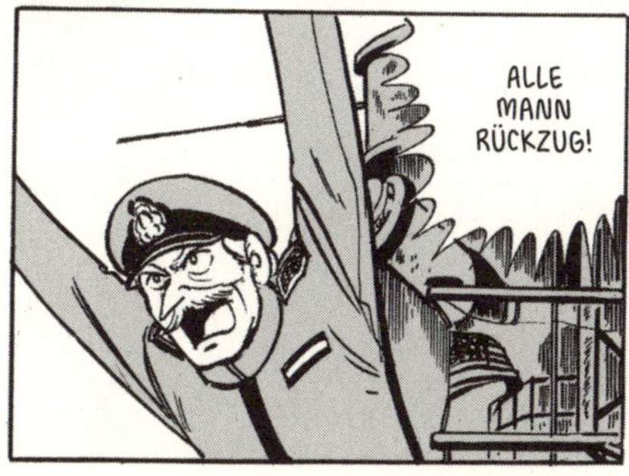
ALLE MANN RÜCKZUG!

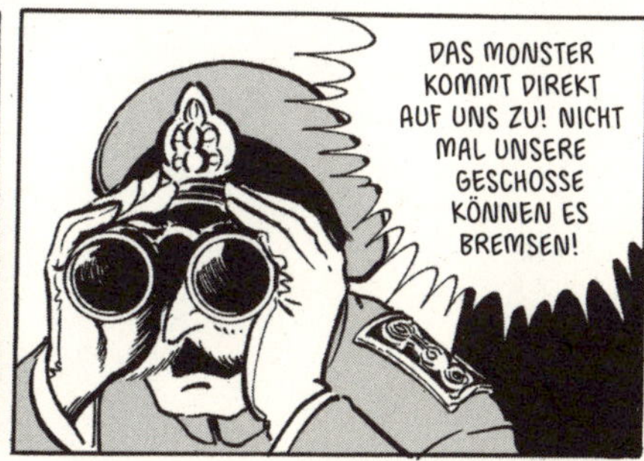
DAS MONSTER KOMMT DIREKT AUF UNS ZU! NICHT MAL UNSERE GESCHOSSE KÖNNEN ES BREMSEN!

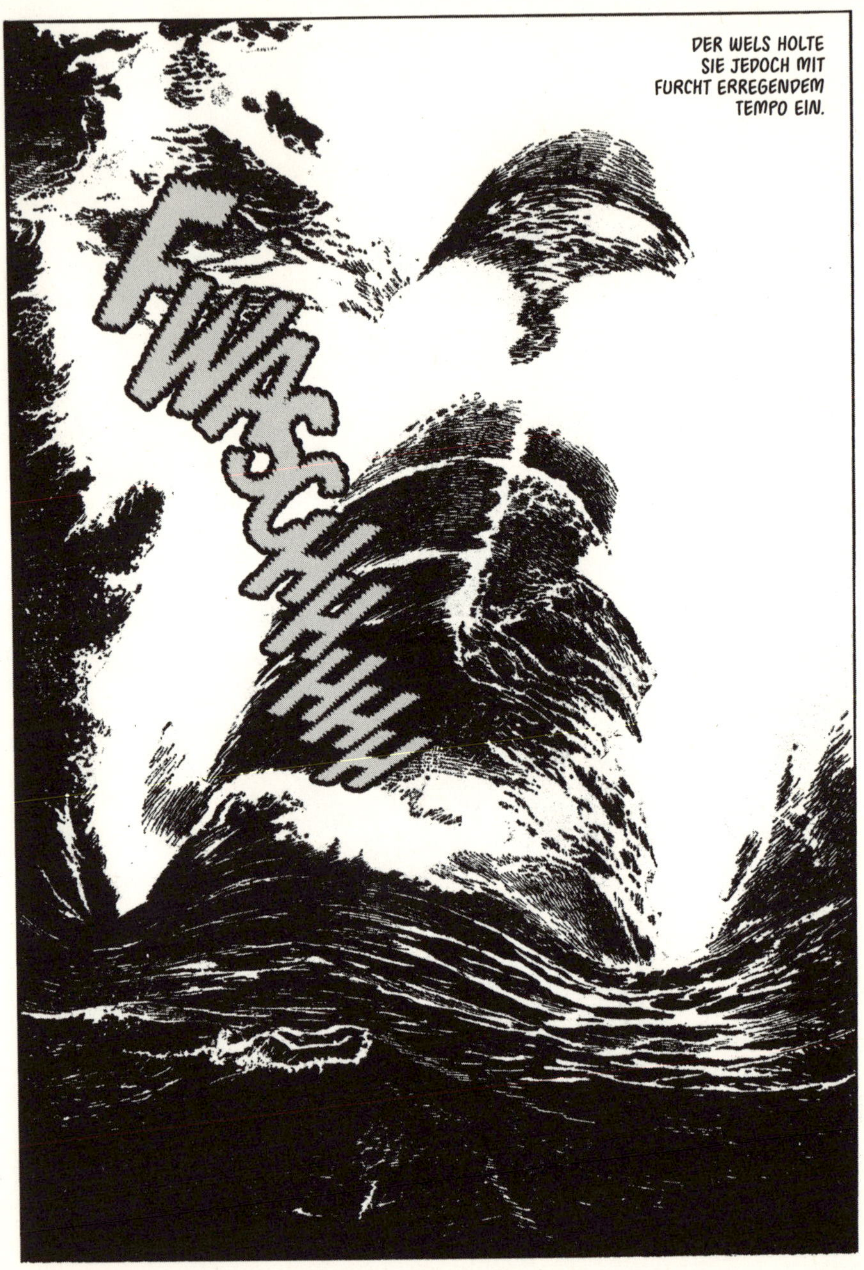
DER WELS HOLTE SIE JEDOCH MIT FURCHT ERREGENDEM TEMPO EIN.
FWASCHHHHH!

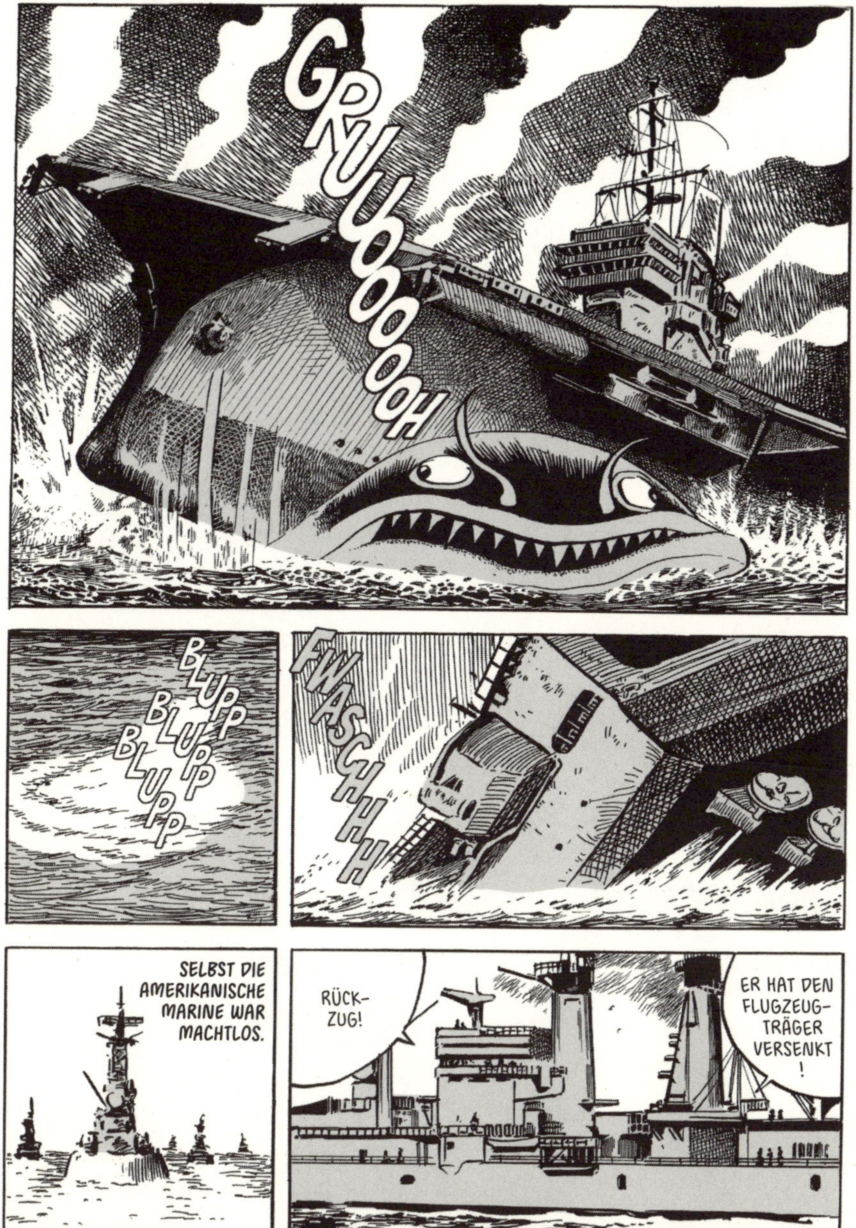

GRUUOOOOH

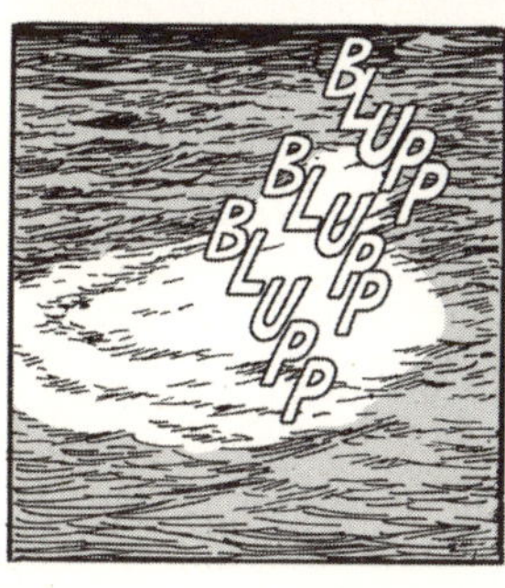
BLUPP
BLUPP
BLUPP

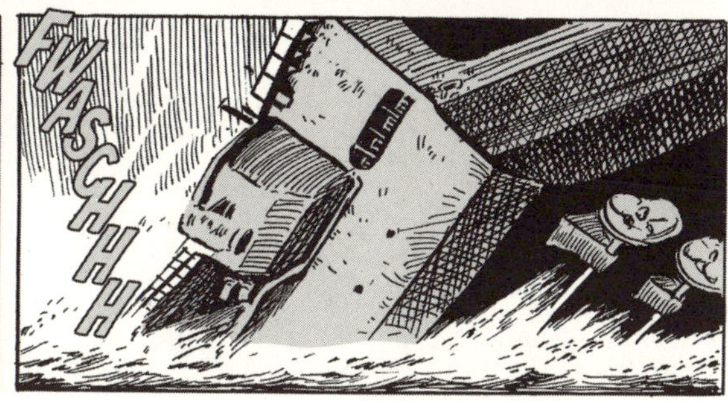
FWASCHHH

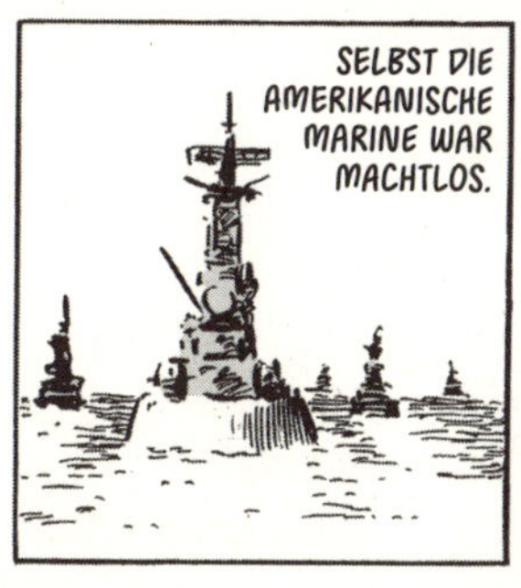
SELBST DIE AMERIKANISCHE MARINE WAR MACHTLOS.

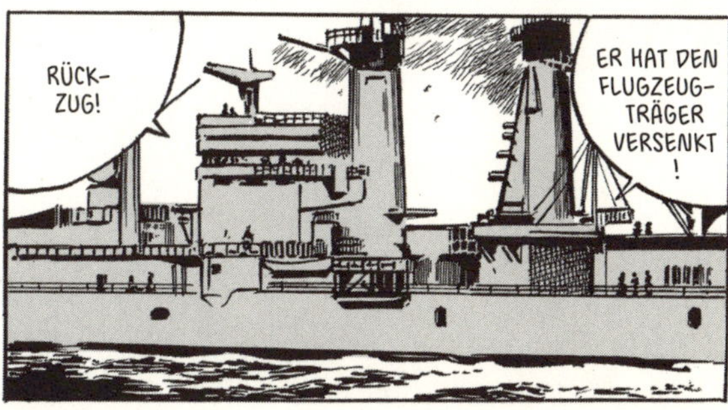
ER HAT DEN FLUGZEUG-TRÄGER VERSENKT!
RÜCK-ZUG!

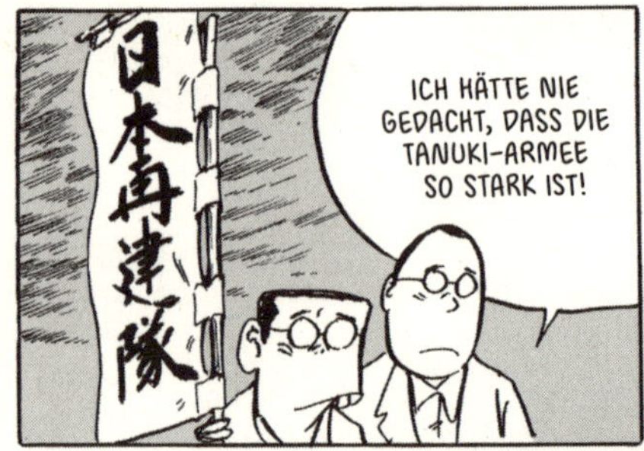
日本再建隊
ICH HÄTTE NIE GEDACHT, DASS DIE TANUKI-ARMEE SO STARK IST!

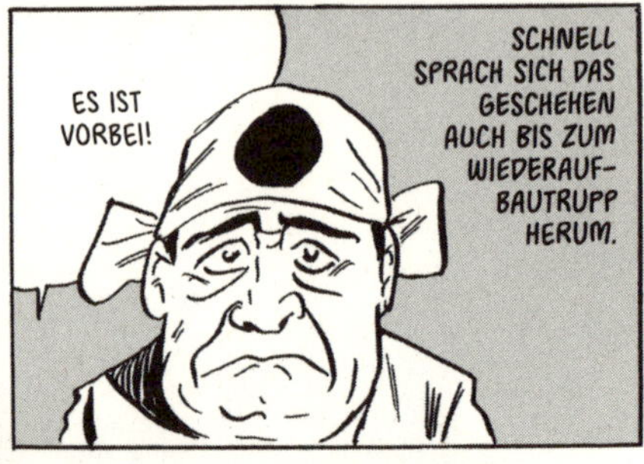
SCHNELL SPRACH SICH DAS GESCHEHEN AUCH BIS ZUM WIEDERAUF-BAUTRUPP HERUM.
ES IST VORBEI!

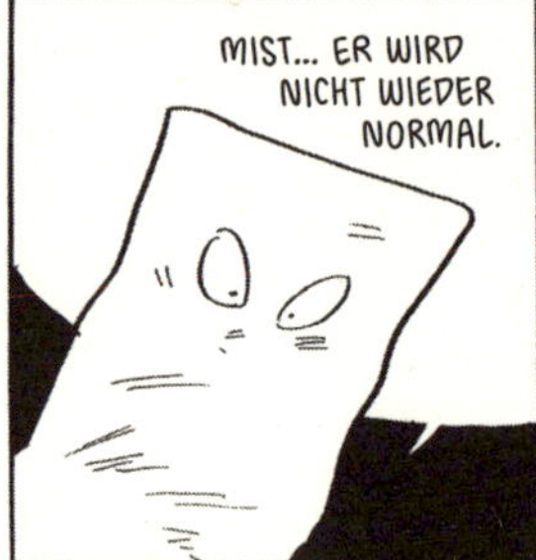
MIST... ER WIRD NICHT WIEDER NORMAL.

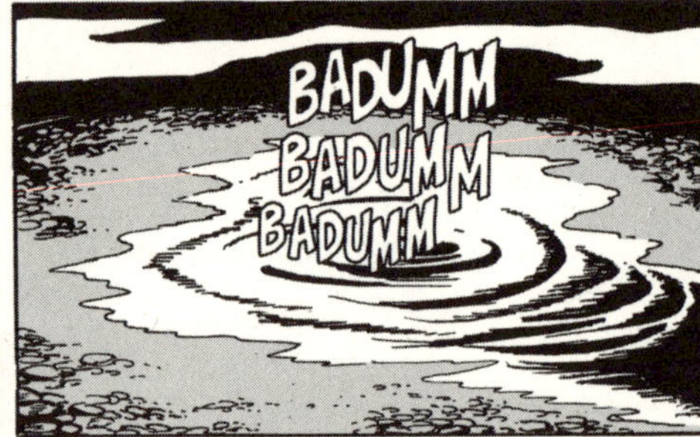
KITARO HATTE SICH DERWEIL NOCH IMMER NICHT WIEDER VERFES-TIGT.
BADUMM
BADUMM
BADUMM

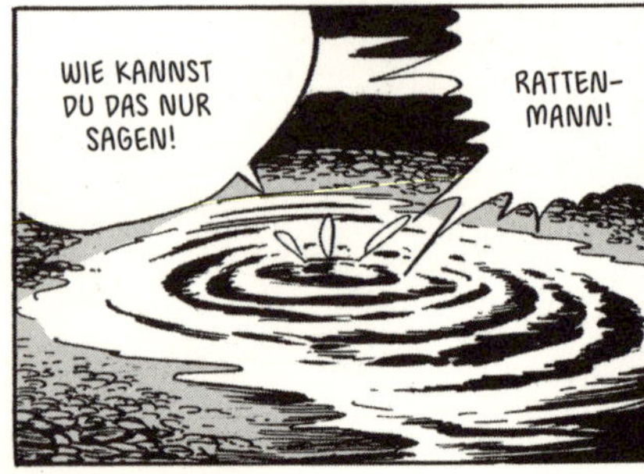
RATTEN-MANN!
WIE KANNST DU DAS NUR SAGEN!

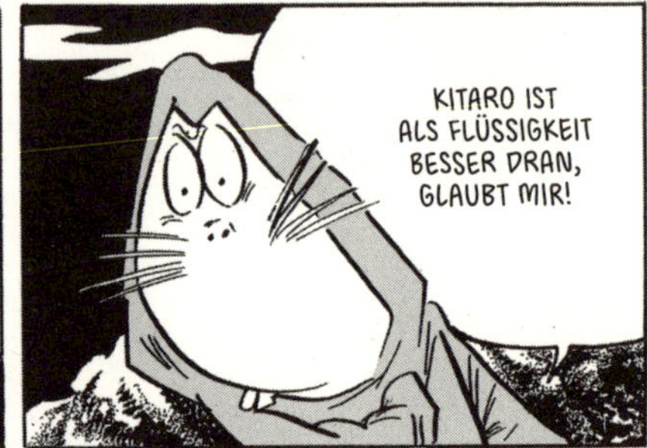
KITARO IST ALS FLÜSSIGKEIT BESSER DRAN, GLAUBT MIR!

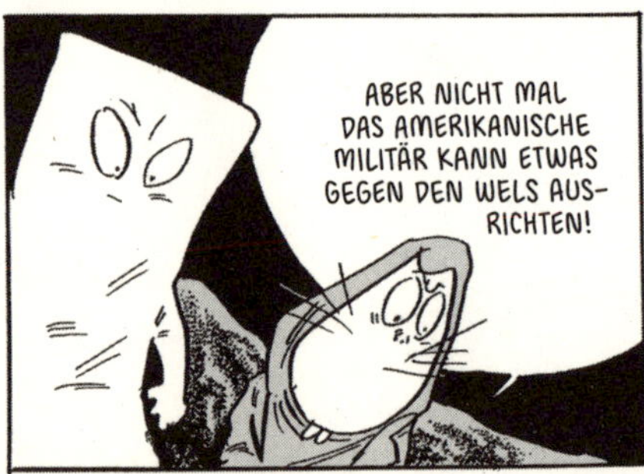
ABER NICHT MAL DAS AMERIKANISCHE MILITÄR KANN ETWAS GEGEN DEN WELS AUS-RICHTEN!

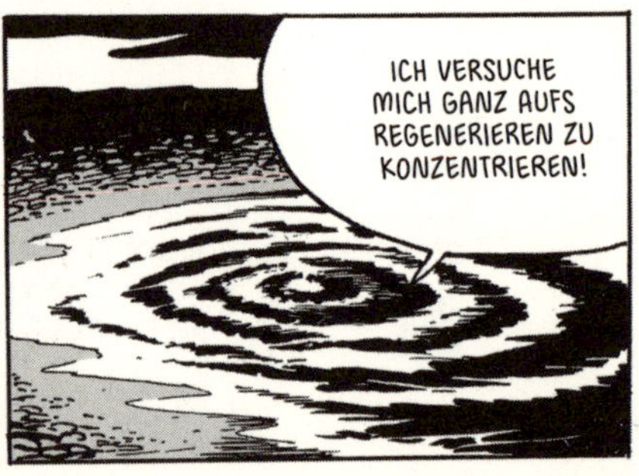
ICH VERSUCHE MICH GANZ AUFS REGENERIEREN ZU KONZENTRIEREN!

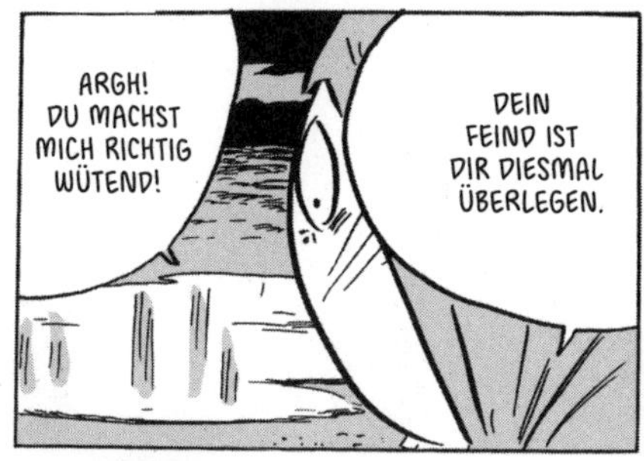
ARGH! DU MACHST MICH RICHTIG WÜTEND!
DEIN FEIND IST DIR DIESMAL ÜBERLEGEN.

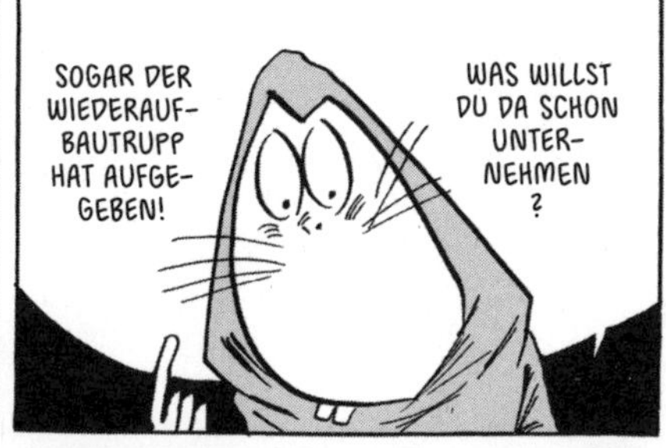
SOGAR DER WIEDERAUF-BAUTRUPP HAT AUFGE-GEBEN!
WAS WILLST DU DA SCHON UNTER-NEHMEN ?

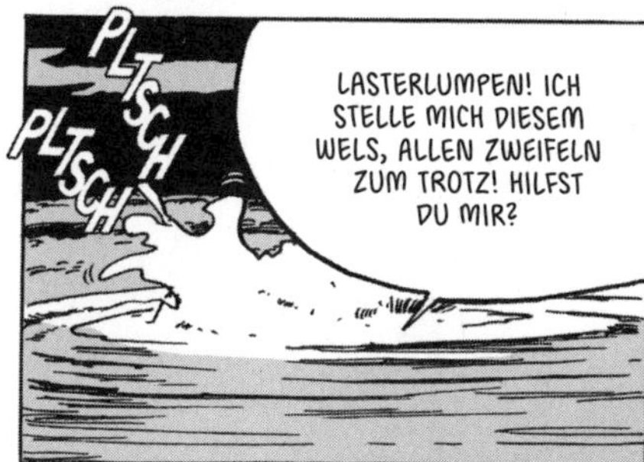
PLTSCH
PLTSCH
LASTERLUMPEN! ICH STELLE MICH DIESEM WELS, ALLEN ZWEIFELN ZUM TROTZ! HILFST DU MIR?

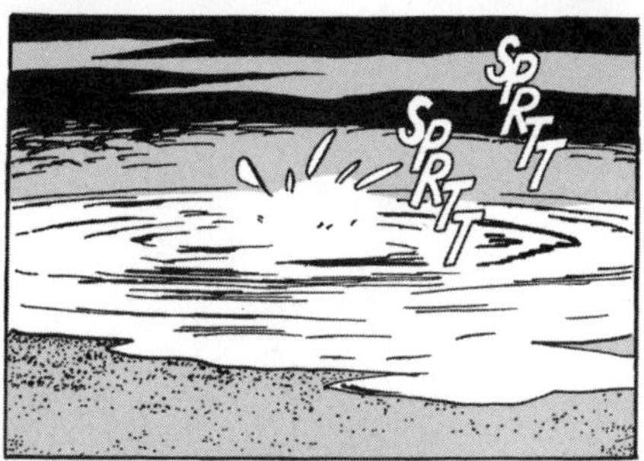
SPRTT
SPRTT

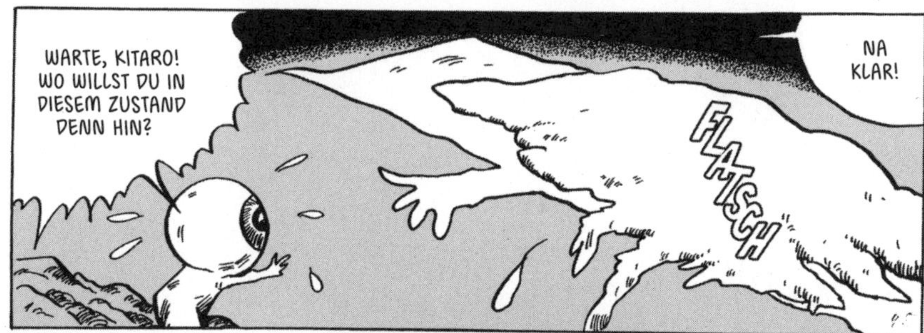
NA KLAR!
FLATSCH
WARTE, KITARO! WO WILLST DU IN DIESEM ZUSTAND DENN HIN?

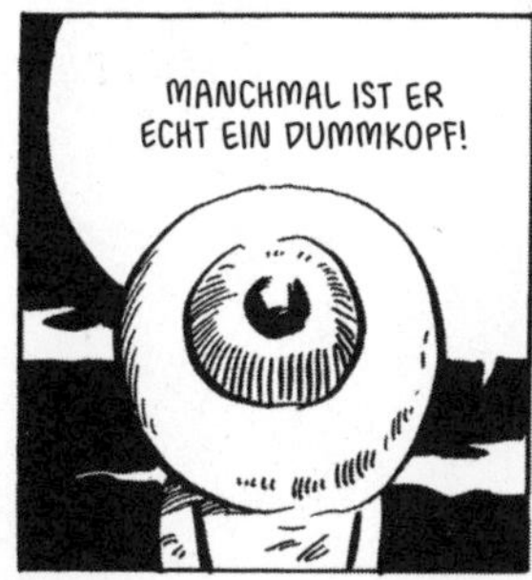
MANCHMAL IST ER ECHT EIN DUMMKOPF!

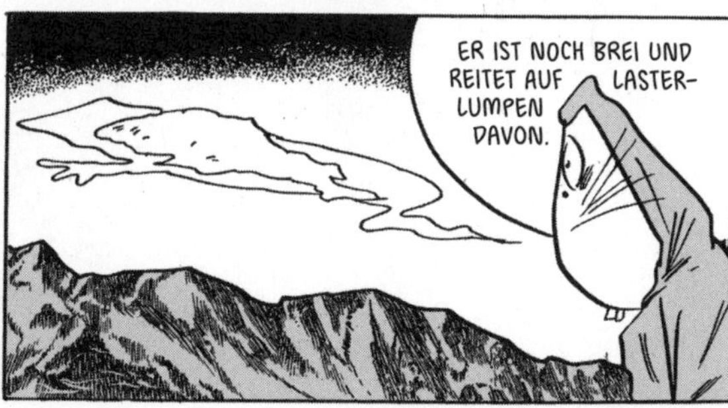
ER IST NOCH BREI UND REITET AUF LASTER-LUMPEN DAVON.

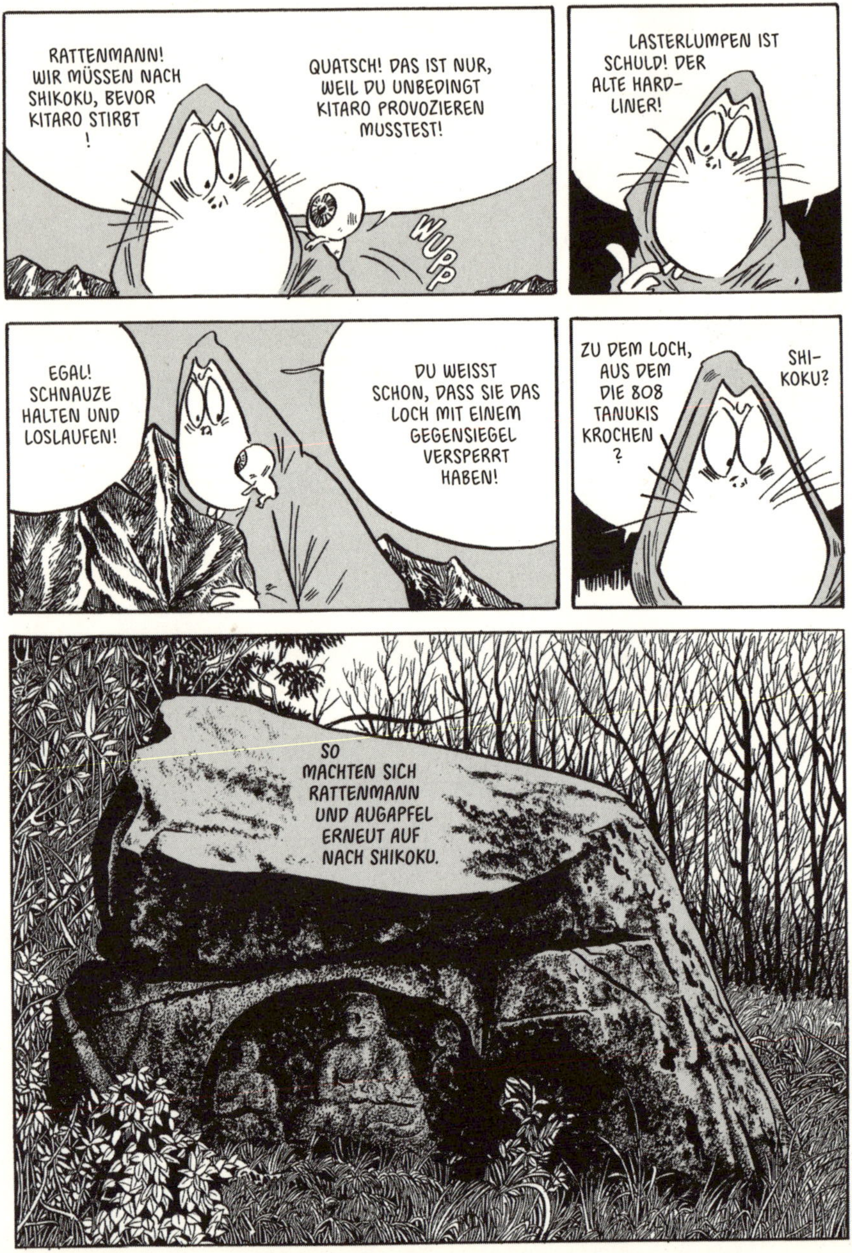

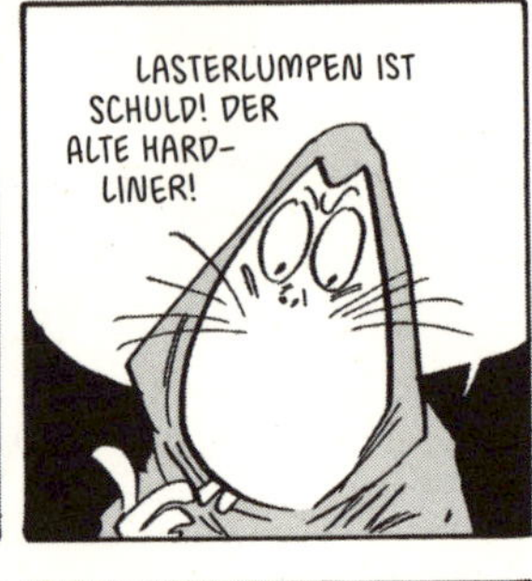

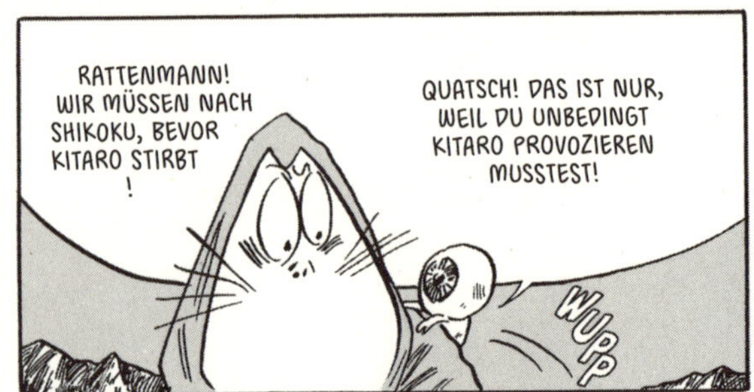

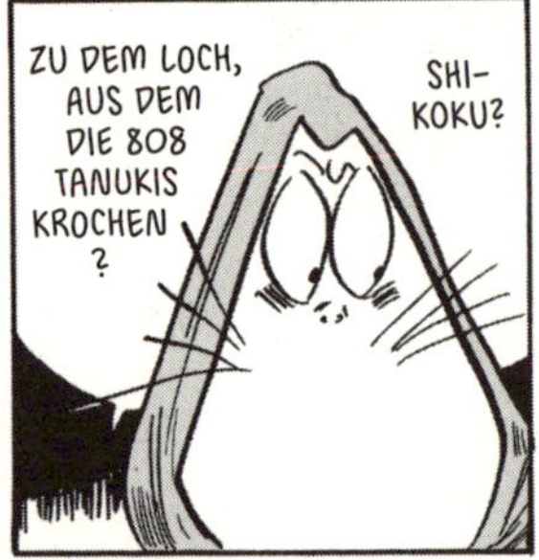

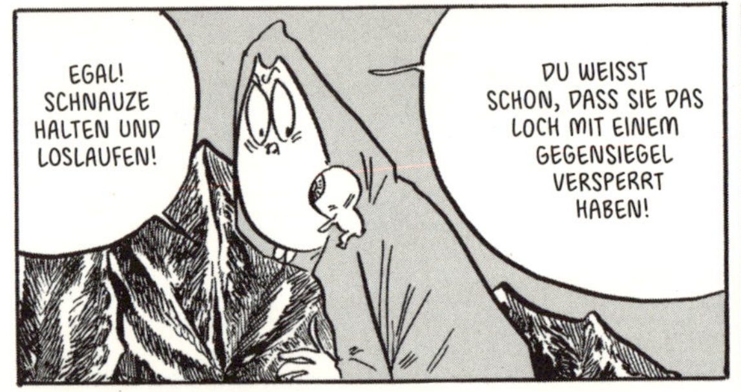

SO MACHTEN SICH RATTENMANN UND AUGAPFEL ERNEUT AUF NACH SHIKOKU.

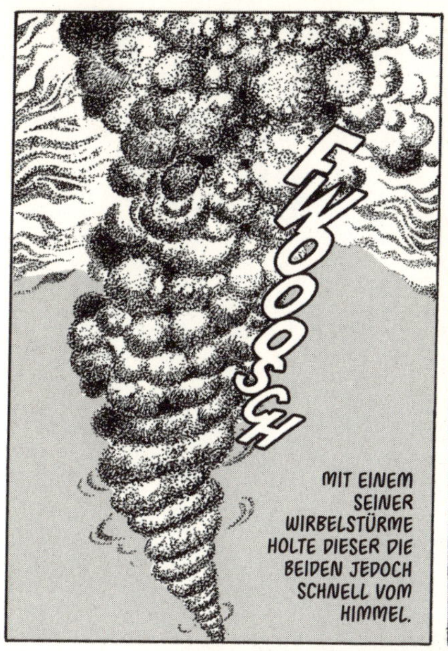
FWOOOSCH
MIT EINEM SEINER WIRBELSTÜRME HOLTE DIESER DIE BEIDEN JEDOCH SCHNELL VOM HIMMEL.

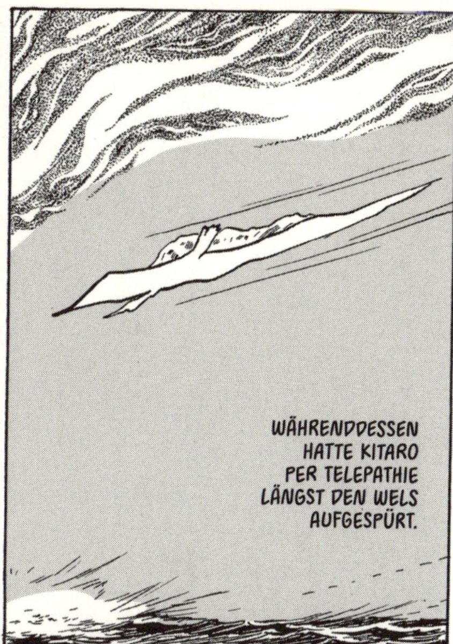
WÄHRENDDESSEN HATTE KITARO PER TELEPATHIE LÄNGST DEN WELS AUFGESPÜRT.

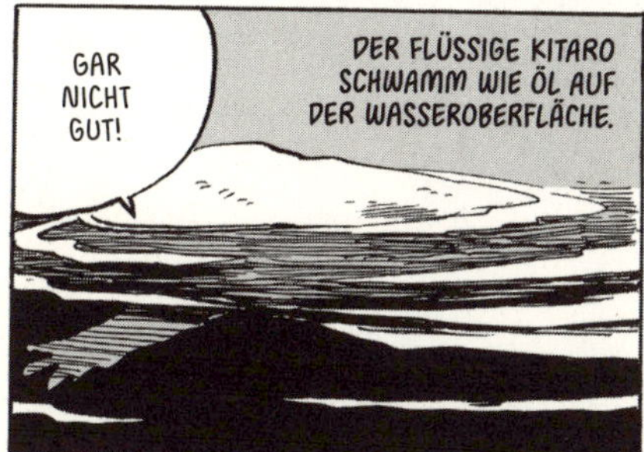
DER FLÜSSIGE KITARO SCHWAMM WIE ÖL AUF DER WASSEROBERFLÄCHE.
GAR NICHT GUT!

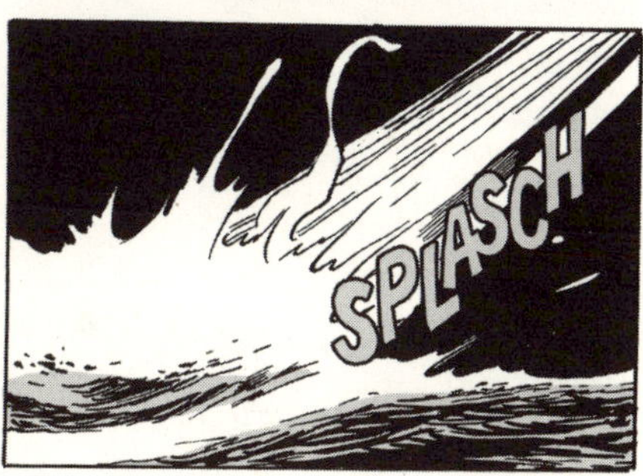
SPLASCH

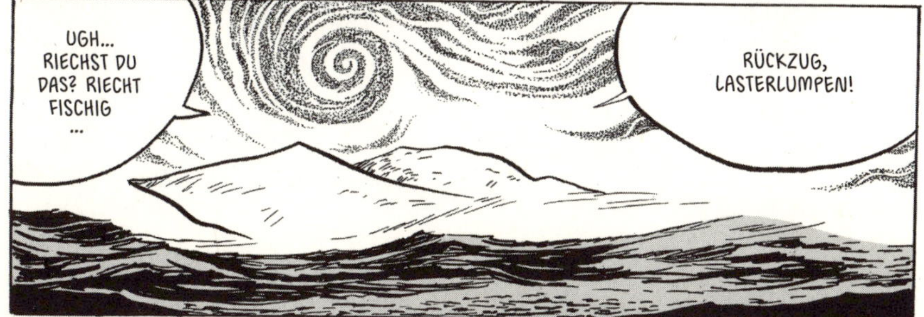
UGH... RIECHST DU DAS? RIECHT FISCHIG ...
RÜCKZUG, LASTERLUMPEN!

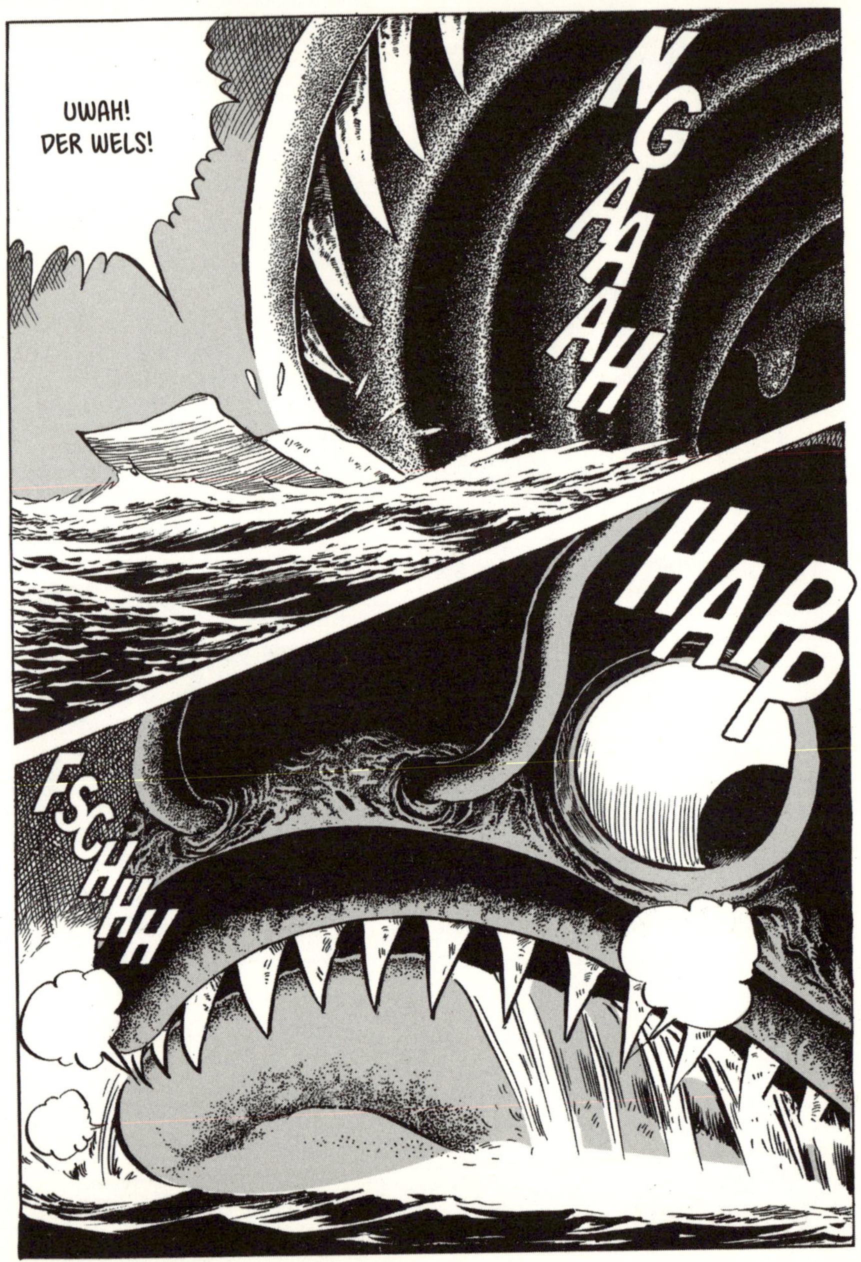

Die Yokai-Bestie, Teil 9 – Ende

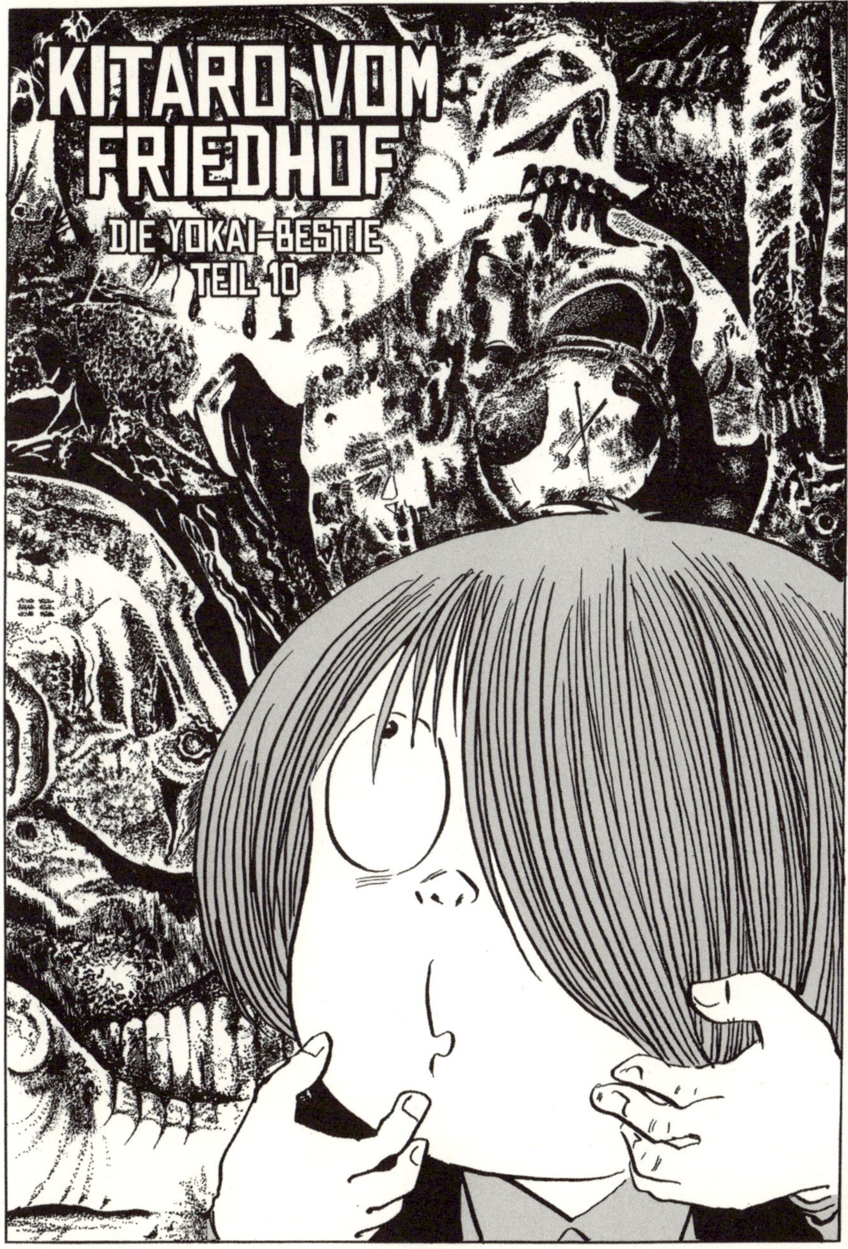
KITARO VOM FRIEDHOF
DIE YOKAI-BESTIE
TEIL 10

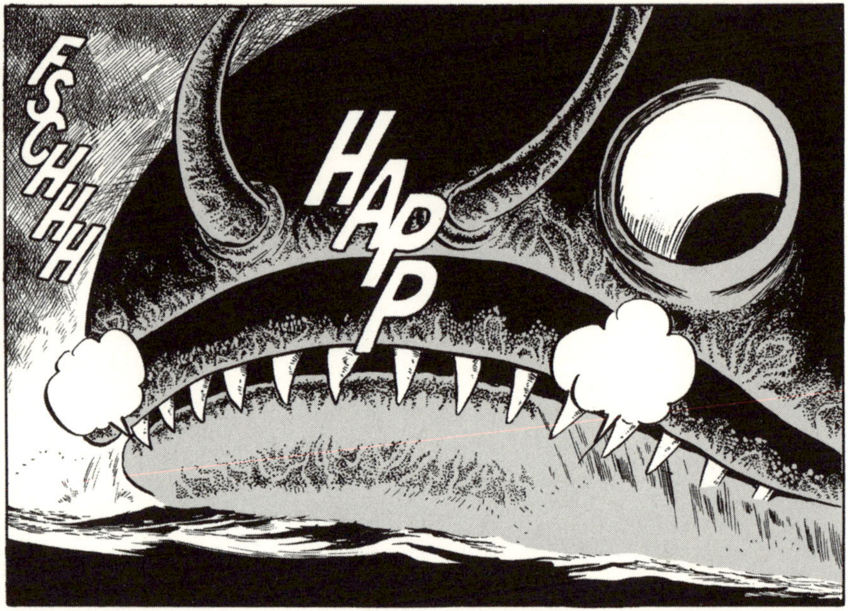

FSCHHH

HAPP

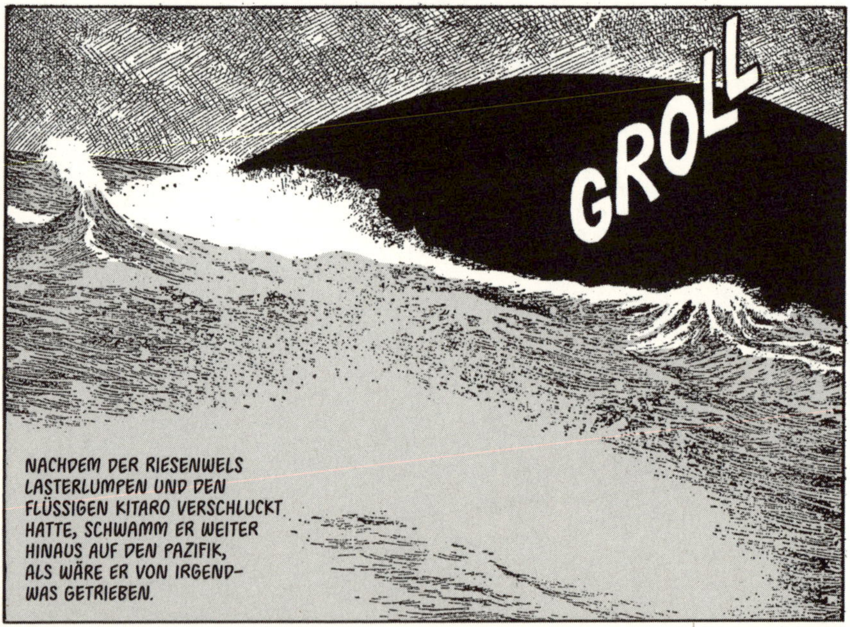

GROLL

NACHDEM DER RIESENWELS LASTERLUMPEN UND DEN FLÜSSIGEN KITARO VERSCHLUCKT HATTE, SCHWAMM ER WEITER HINAUS AUF DEN PAZIFIK, ALS WÄRE ER VON IRGEND-WAS GETRIEBEN.

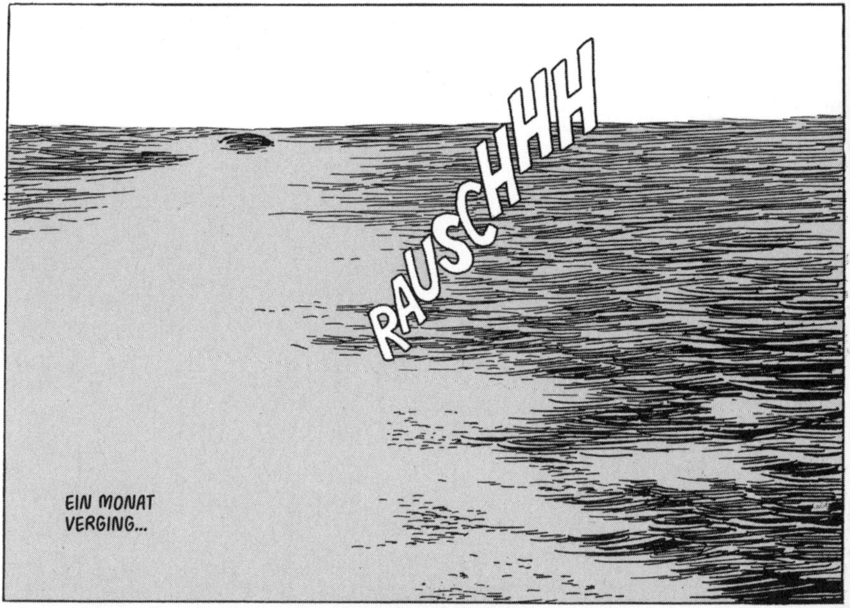

RAUSCHHH

EIN MONAT VERGING...

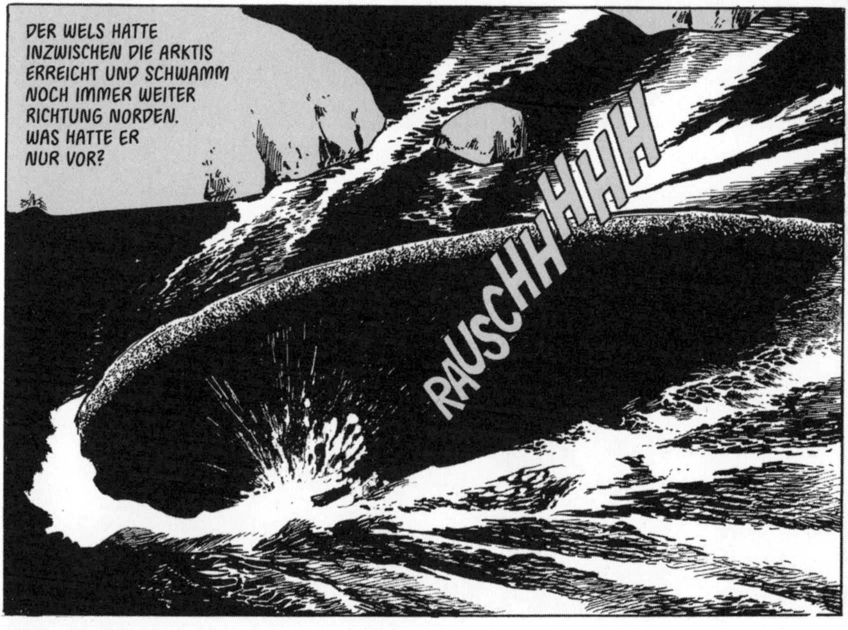

DER WELS HATTE INZWISCHEN DIE ARKTIS ERREICHT UND SCHWAMM NOCH IMMER WEITER RICHTUNG NORDEN. WAS HATTE ER NUR VOR?

RAUSCHHHHHH

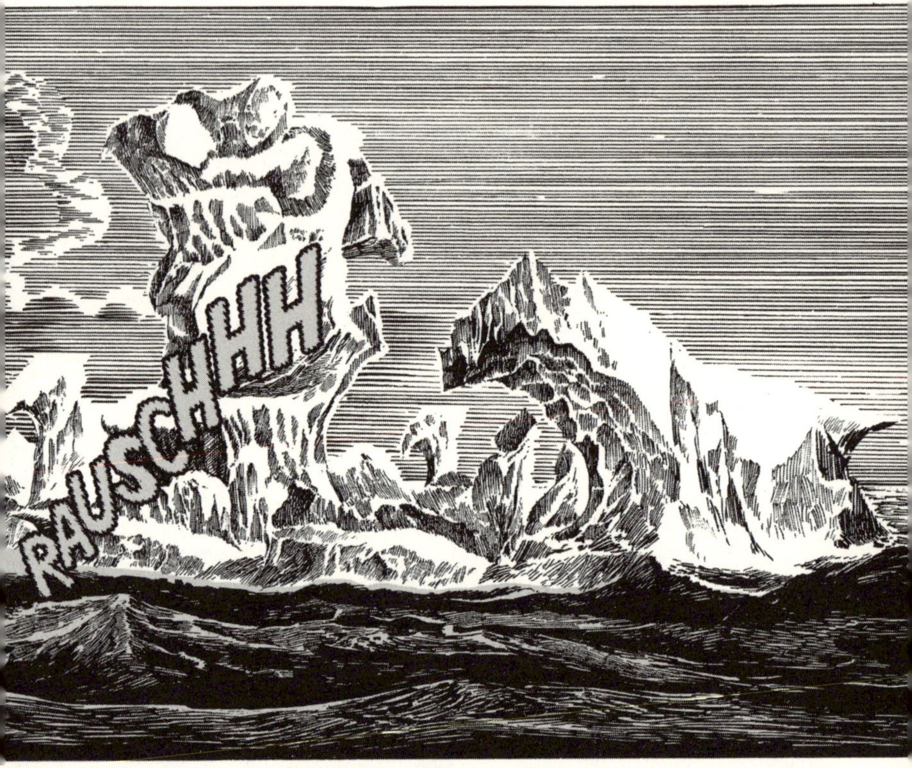

RAUSCHHH

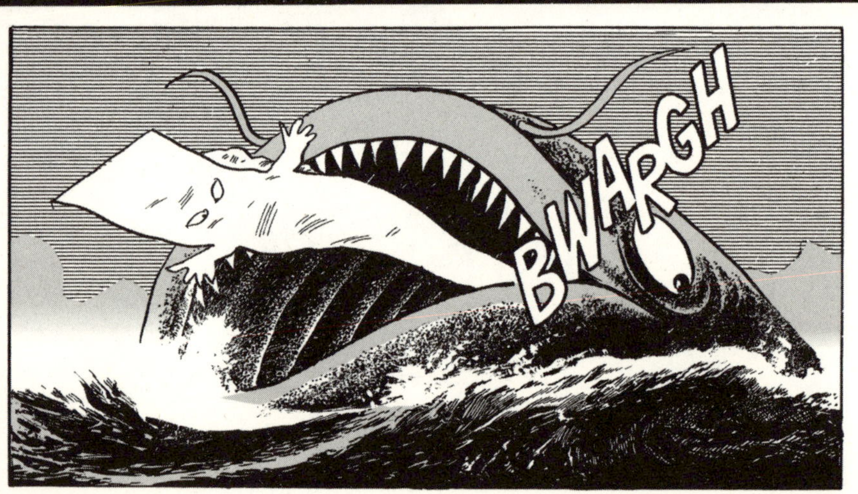

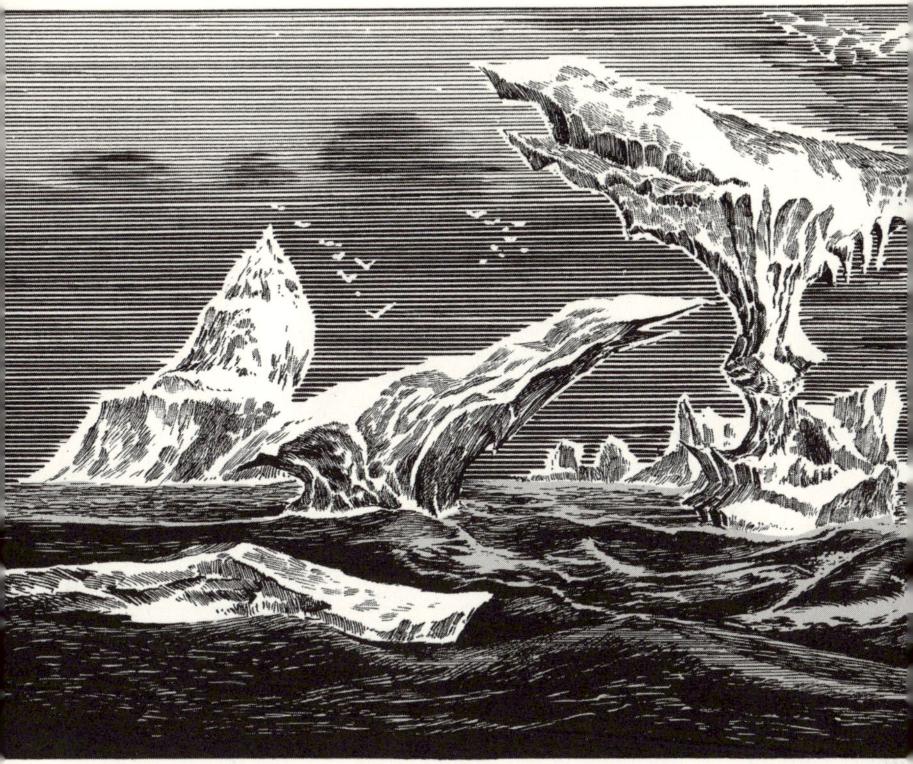

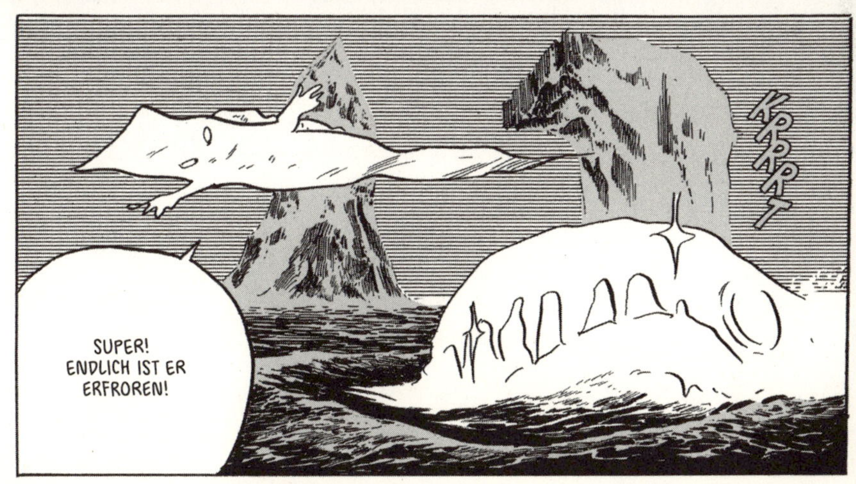
KRRRT
SUPER! ENDLICH IST ER ERFROREN!

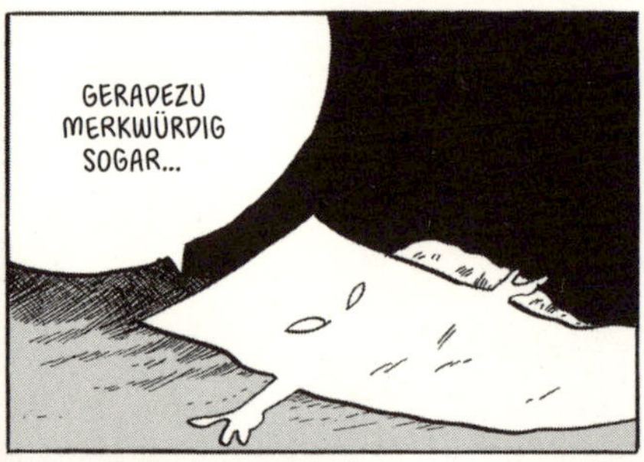

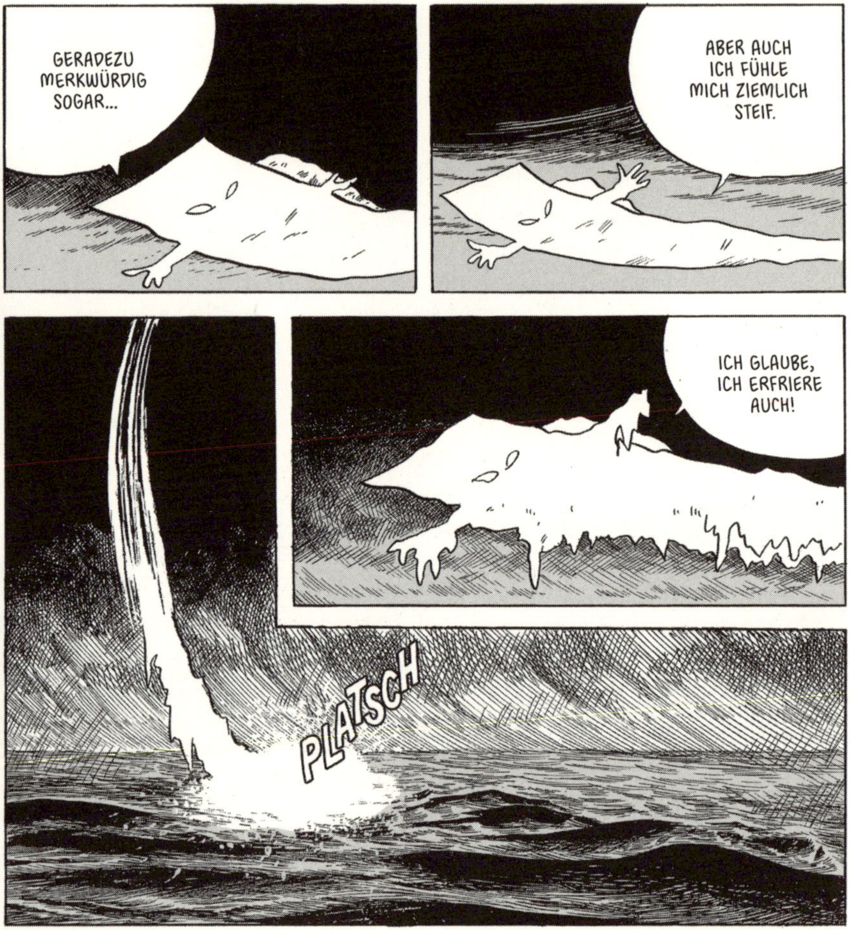

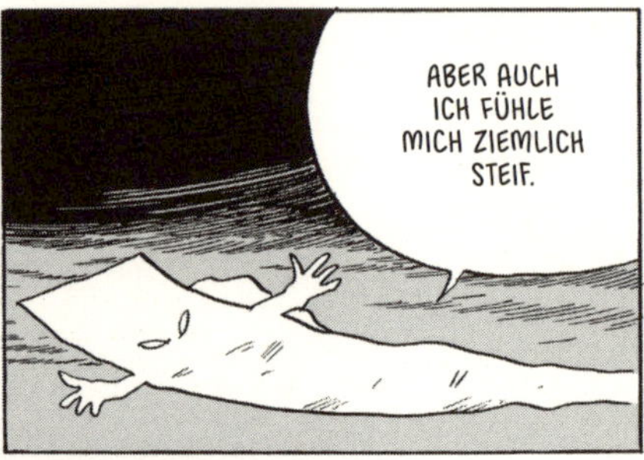

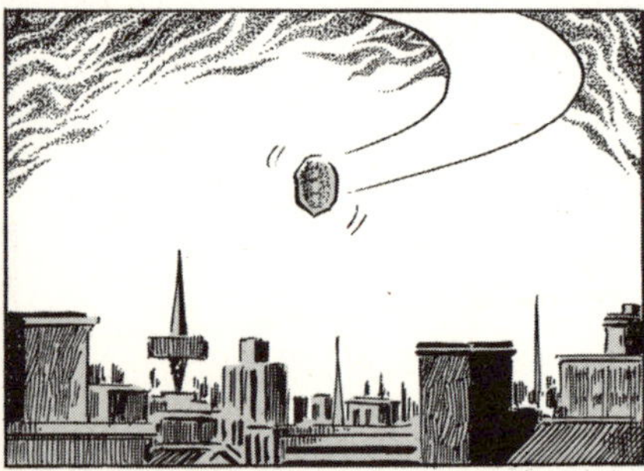

FRÜHER WAR KITAROS VATER EINMAL IN EINEN VAMPIR EINGEDRUNGEN UND HATTE DESSEN GEHIRN MANIPULIERT. GENAU DAS TAT JETZT AUCH KITARO. ER WAR IN FLÜSSIGER FORM IN DEN KREISLAUF DES WELSES GELANGT UND HATTE DESSEN GEHIRN KONTROLLIERT. ER BRACHTE IHN DAZU, IN DIE MINUS 30 GRAD KALTE ARKTIS ZU SCHWIMMEN, WO ER ELENDIG ERFROR!

DUMMERWEISE MACHTE DIE KÄLTE ABER AUCH NICHT VOR DEN BEIDEN HALT, UND SO STÜRZTEN LASTER-LUMPEN UND KITARO HINAB INS EISIGE WASSER.

ZURÜCK NACH TOKYO...

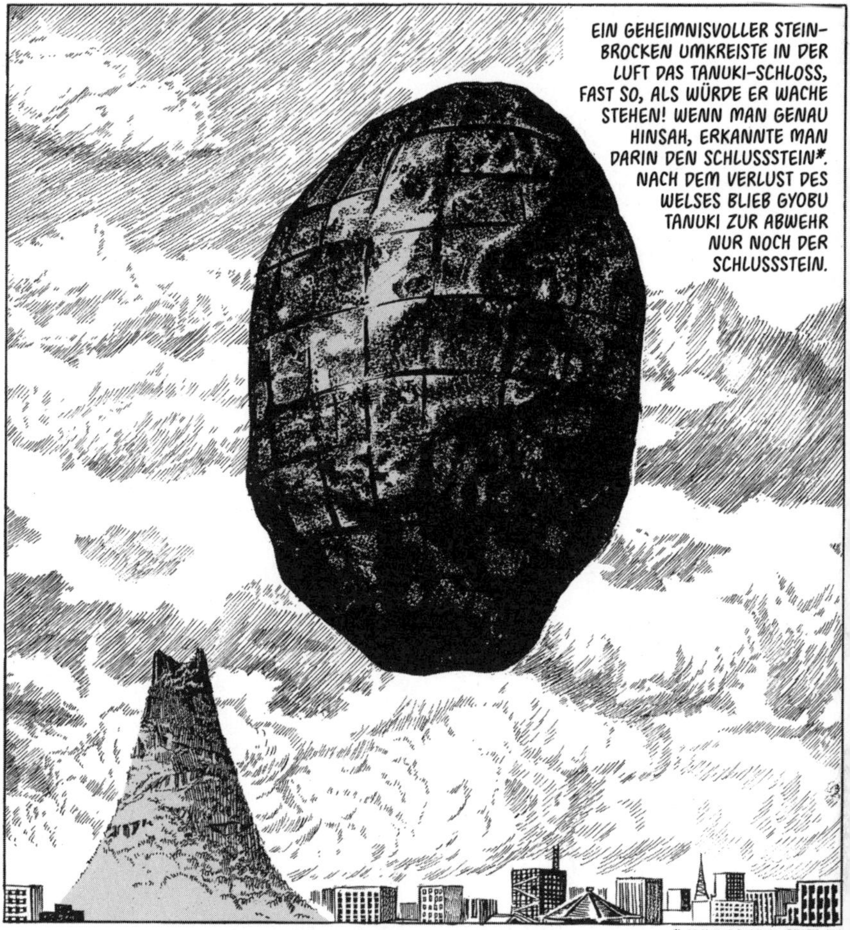

EIN GEHEIMNISVOLLER STEINBROCKEN UMKREISTE IN DER LUFT DAS TANUKI-SCHLOSS, FAST SO, ALS WÜRDE ER WACHE STEHEN! WENN MAN GENAU HINSAH, ERKANNTE MAN DARIN DEN SCHLUSSSTEIN*. NACH DEM VERLUST DES WELSES BLIEB GYOBU TANUKI ZUR ABWEHR NUR NOCH DER SCHLUSSSTEIN.

* SIEHE BAND 4, SEITE 181

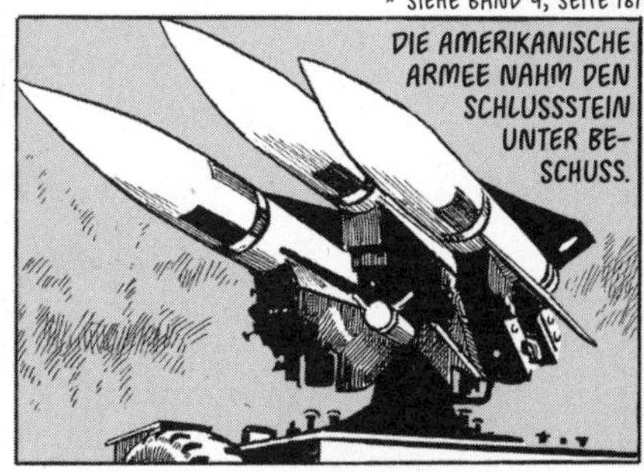

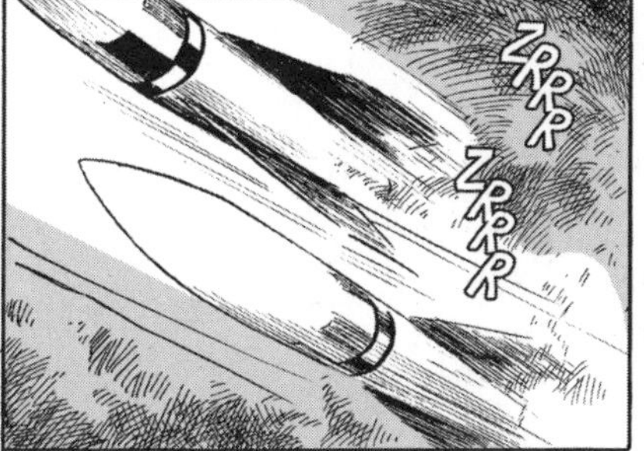

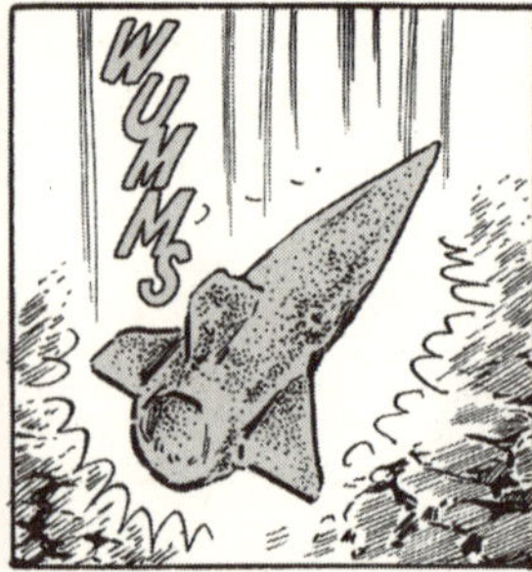

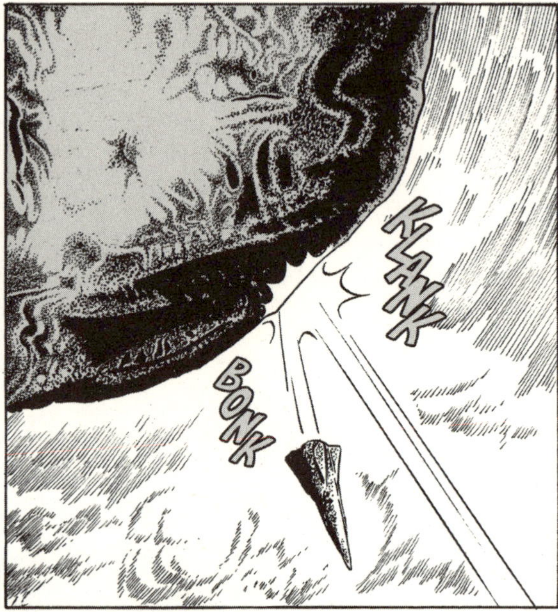

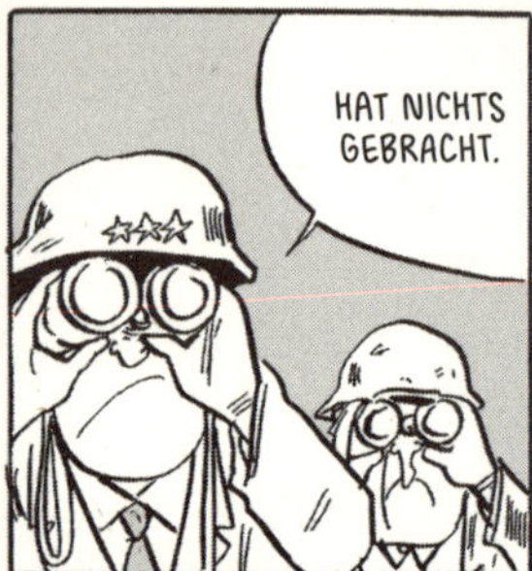

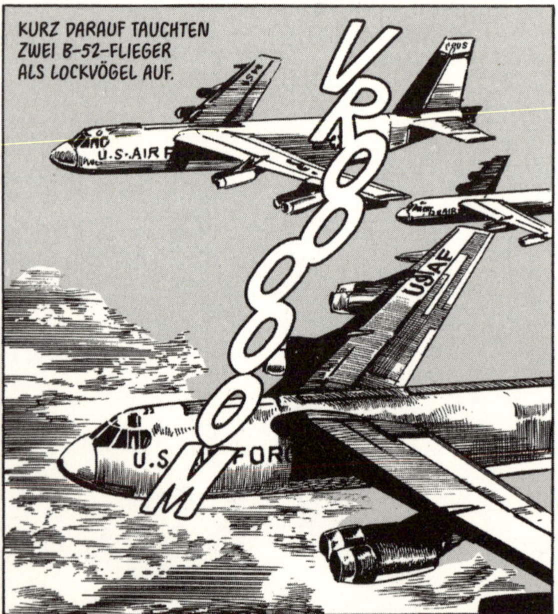

GYOBU TANUKI HATTE DEN STEIN MIT EINEM ZAUBER BELEGT, DER BEI BERÜHRUNG ALLES VERSTEINERTE. UND NUN, DA DER STEIN AUCH NOCH FLIEGEN KONNTE, WAR SELBST DIE AMERIKANISCHE ARMEE MACHTLOS DAGEGEN.

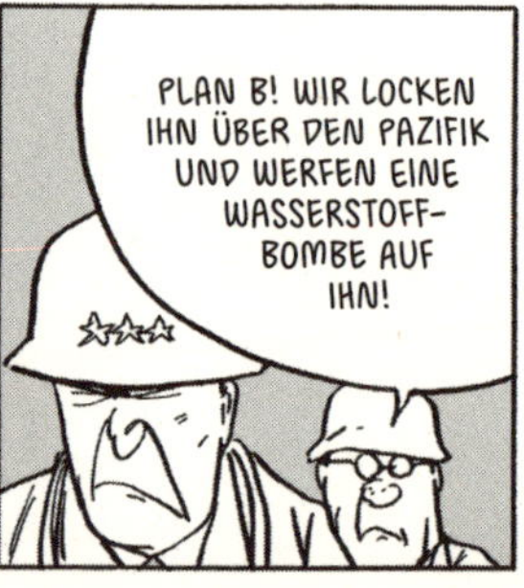

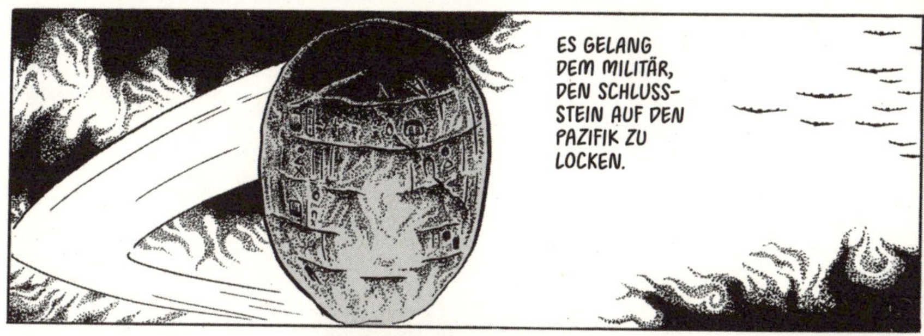

DORT WARTETE EIN WEITERES GESCHWADER, DAS DIE WASSERSTOFF-BOMBE ÜBER DEM STEIN ABWARF. UNTER GROSSEM GETÖSE STÜRZTE DER SCHLUSSSTEIN HINAB INS MEER.

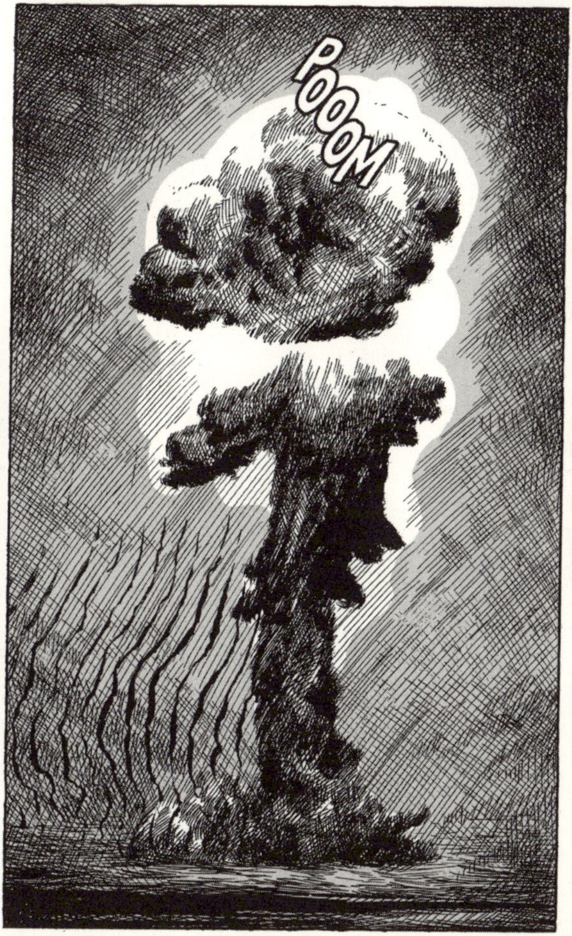

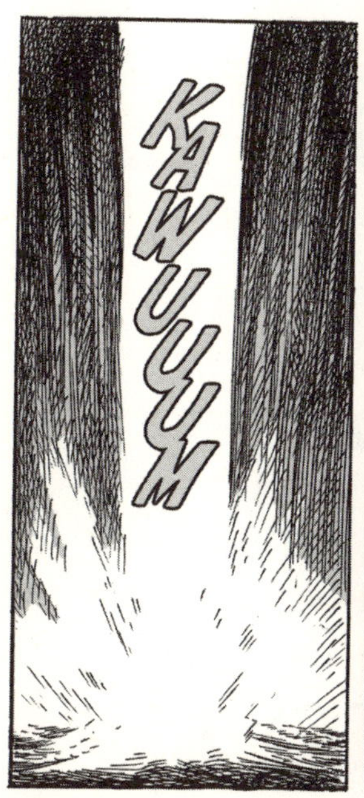

POOOM

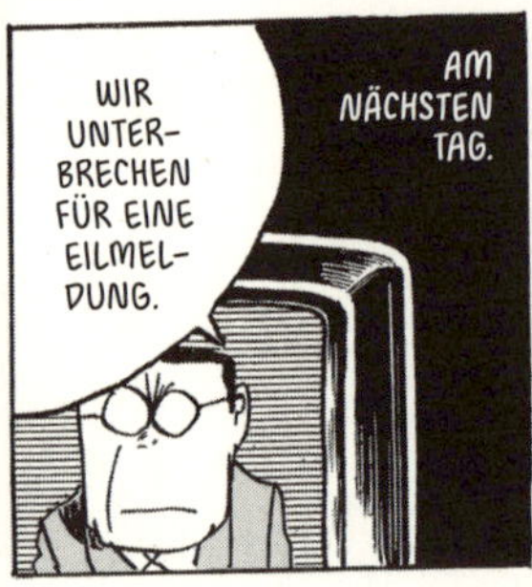
AM NÄCHSTEN TAG.
WIR UNTER-BRECHEN FÜR EINE EILMEL-DUNG.

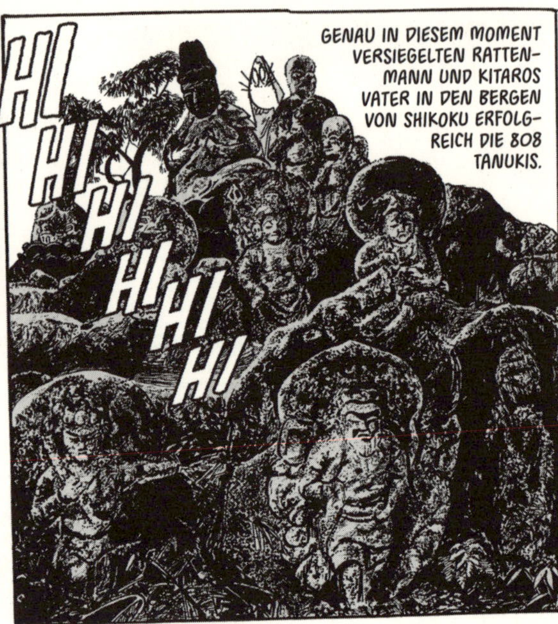
GENAU IN DIESEM MOMENT VERSIEGELTEN RATTEN-MANN UND KITAROS VATER IN DEN BERGEN VON SHIKOKU ERFOLG-REICH DIE 808 TANUKIS.
HI HI HI HI HI HI

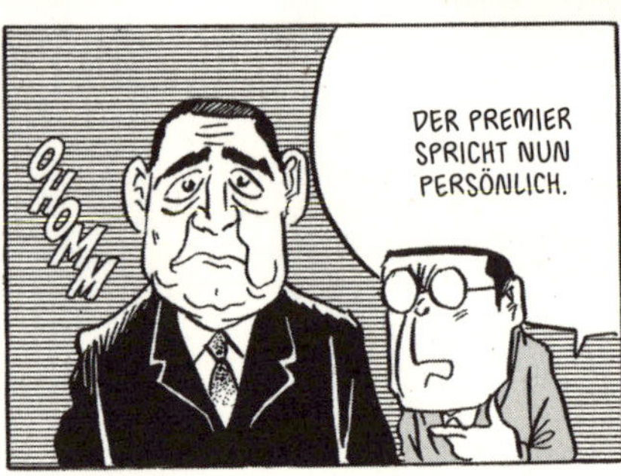
DANK DER HILFE DES AMERIKANISCHEN MILITÄRS KONNTEN DIE TANUKIS, DIE UNSER LAND BESETZT HATTEN, ZURÜCK ZU STEIN VERWAN-DELT UND IN IHREM ERDLOCH VERSIEGELT WERDEN.
DER PREMIER SPRICHT NUN PERSÖNLICH.
OHOMM

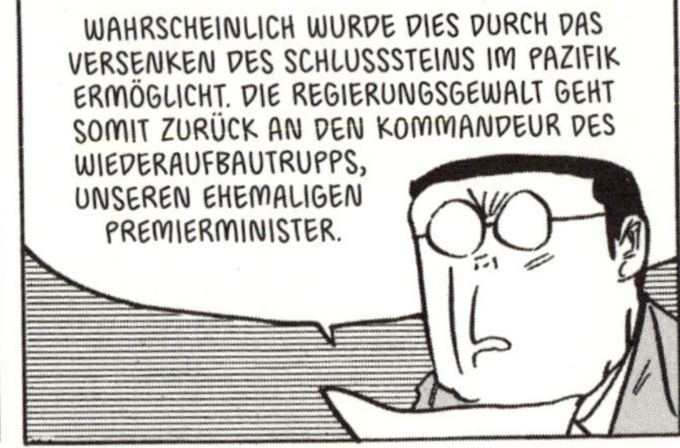
WAHRSCHEINLICH WURDE DIES DURCH DAS VERSENKEN DES SCHLUSSSTEINS IM PAZIFIK ERMÖGLICHT. DIE REGIERUNGSGEWALT GEHT SOMIT ZURÜCK AN DEN KOMMANDEUR DES WIEDERAUFBAUTRUPPS, UNSEREN EHEMALIGEN PREMIERMINISTER.

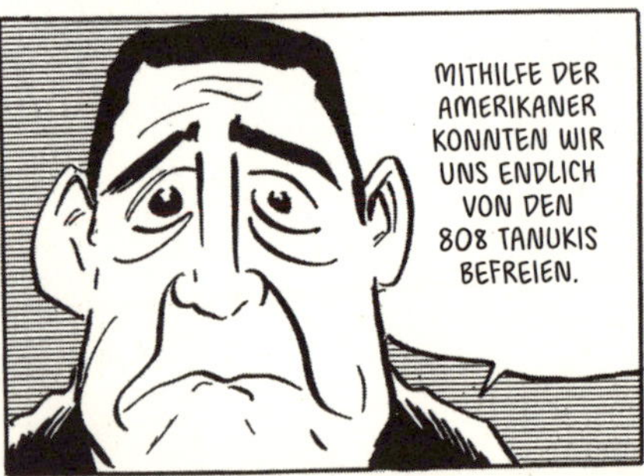
MITHILFE DER AMERIKANER KONNTEN WIR UNS ENDLICH VON DEN 808 TANUKIS BEFREIEN.

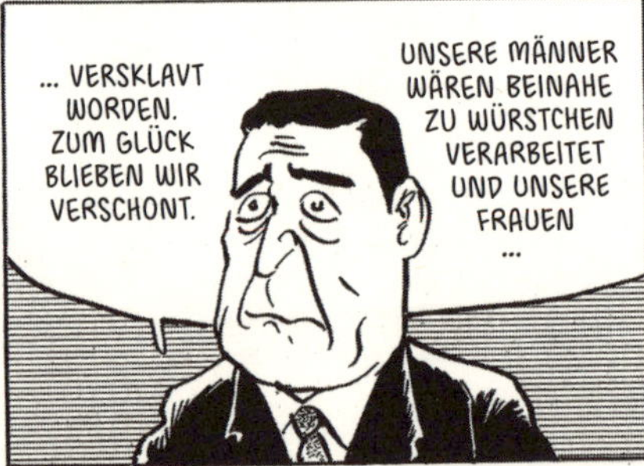
UNSERE MÄNNER WÄREN BEINAHE ZU WÜRSTCHEN VERARBEITET UND UNSERE FRAUEN ...
... VERSKLAVT WORDEN. ZUM GLÜCK BLIEBEN WIR VERSCHONT.

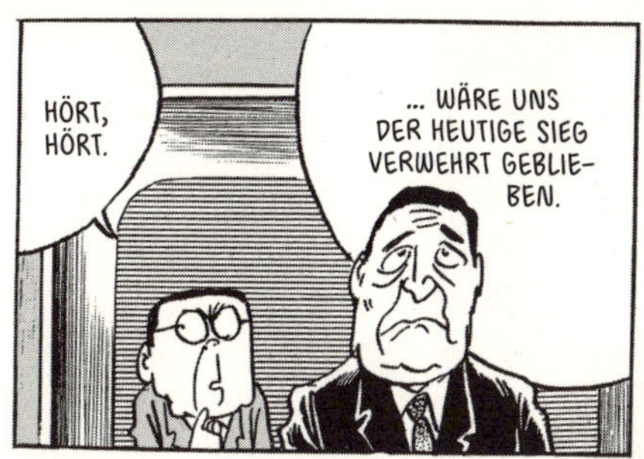
HÖRT, HÖRT.
... WÄRE UNS DER HEUTIGE SIEG VERWEHRT GEBLIEBEN.

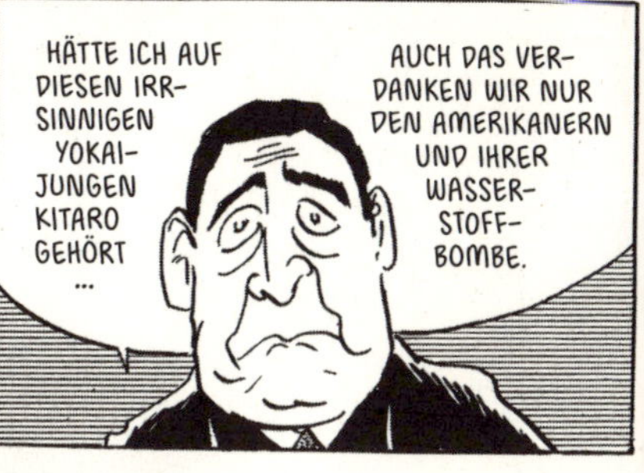
HÄTTE ICH AUF DIESEN IRRSINNIGEN YOKAI-JUNGEN KITARO GEHÖRT ...
AUCH DAS VERDANKEN WIR NUR DEN AMERIKANERN UND IHRER WASSERSTOFFBOMBE.

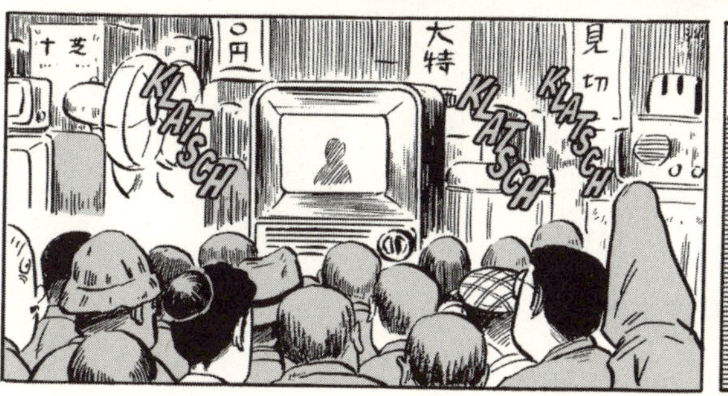
KLATSCH
KLATSCH
KLATSCH

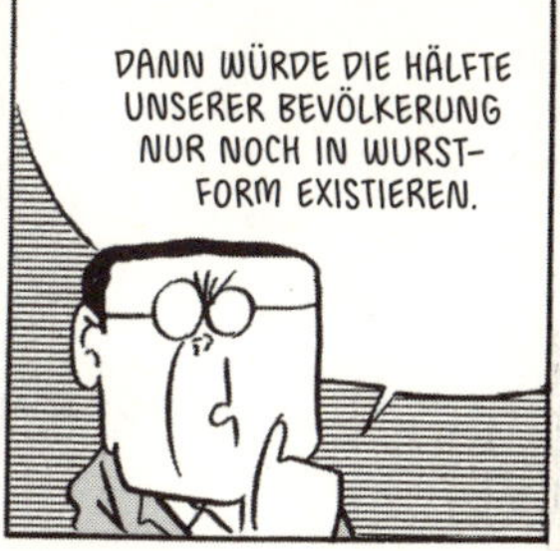
DANN WÜRDE DIE HÄLFTE UNSERER BEVÖLKERUNG NUR NOCH IN WURSTFORM EXISTIEREN.

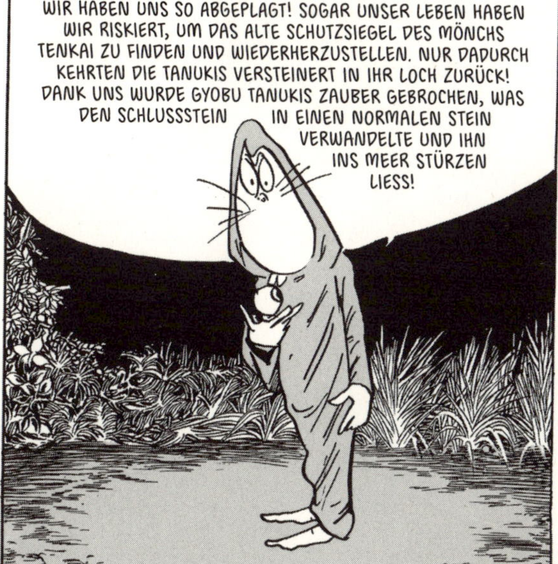
WIR HABEN UNS SO ABGEPLAGT! SOGAR UNSER LEBEN HABEN WIR RISKIERT, UM DAS ALTE SCHUTZSIEGEL DES MÖNCHS TENKAI ZU FINDEN UND WIEDERHERZUSTELLEN. NUR DADURCH KEHRTEN DIE TANUKIS VERSTEINERT IN IHR LOCH ZURÜCK! DANK UNS WURDE GYOBU TANUKIS ZAUBER GEBROCHEN, WAS DEN SCHLUSSSTEIN IN EINEN NORMALEN STEIN VERWANDELTE UND IHN INS MEER STÜRZEN LIESS!

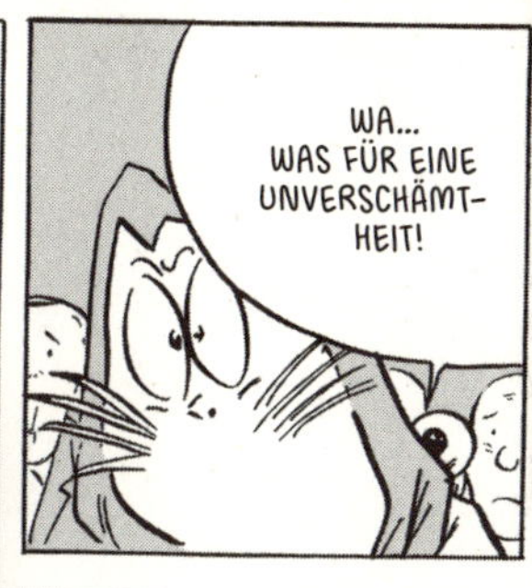
WA... WAS FÜR EINE UNVERSCHÄMTHEIT!

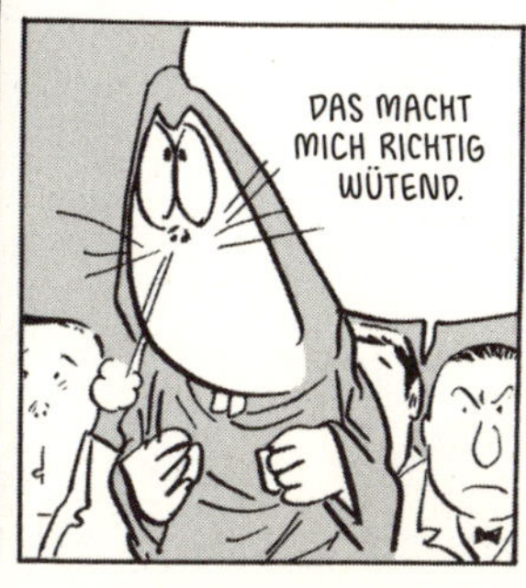
DAS MACHT MICH RICHTIG WÜTEND.

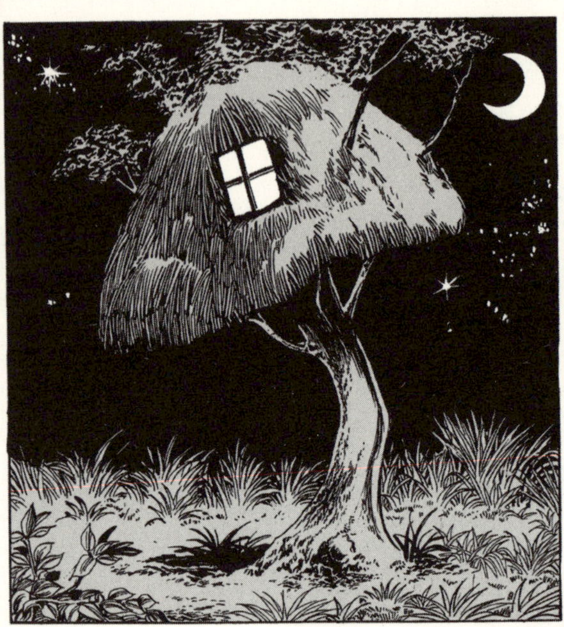

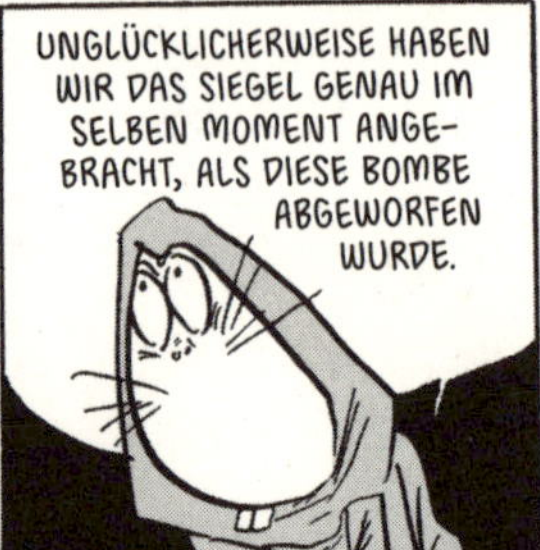
UNGLÜCKLICHERWEISE HABEN WIR DAS SIEGEL GENAU IM SELBEN MOMENT ANGE-BRACHT, ALS DIESE BOMBE ABGEWORFEN WURDE.

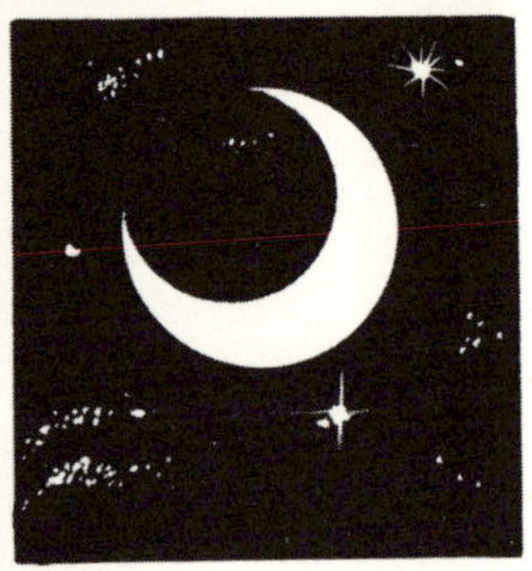

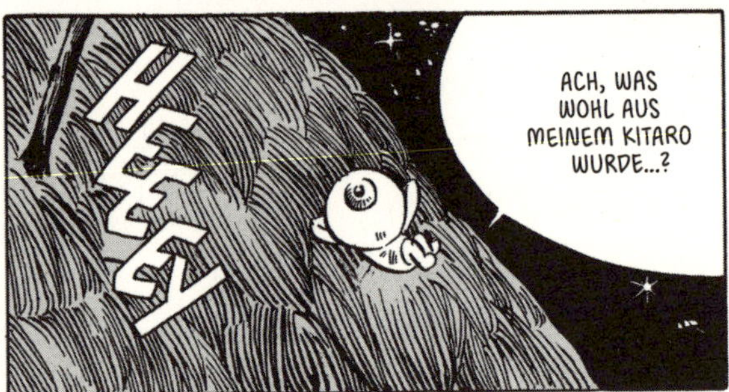
ACH, WAS WOHL AUS MEINEM KITARO WURDE...?
HEEEY

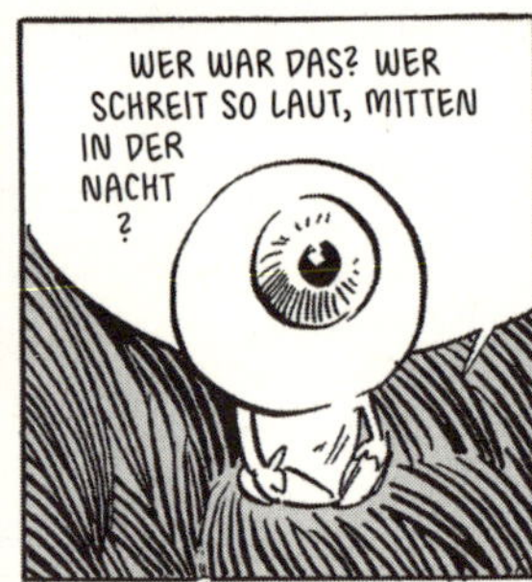
WER WAR DAS? WER SCHREIT SO LAUT, MITTEN IN DER NACHT?

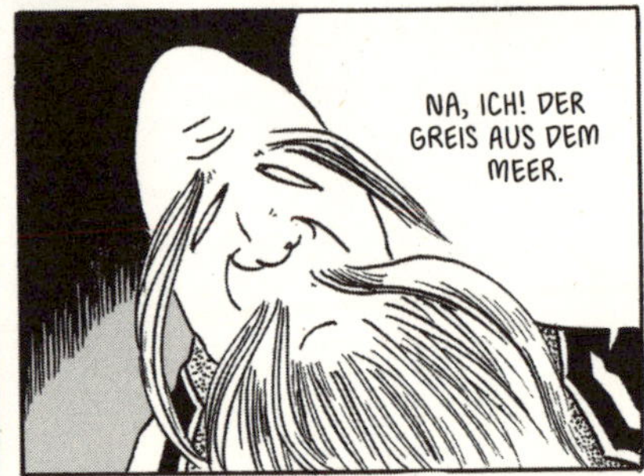
NA, ICH! DER GREIS AUS DEM MEER.

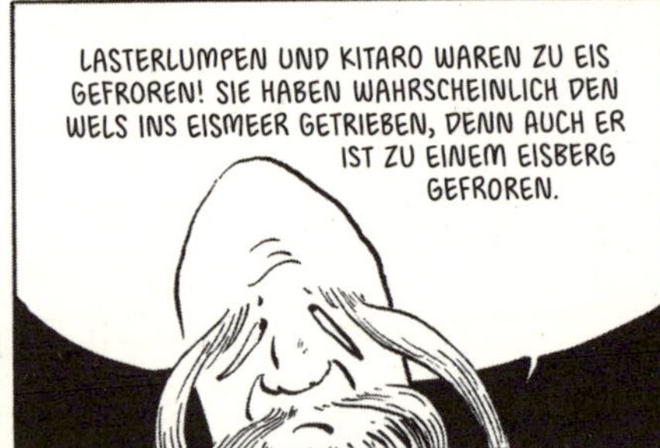
LASTERLUMPEN UND KITARO WAREN ZU EIS GEFROREN! SIE HABEN WAHRSCHEINLICH DEN WELS INS EISMEER GETRIEBEN, DENN AUCH ER IST ZU EINEM EISBERG GEFROREN.

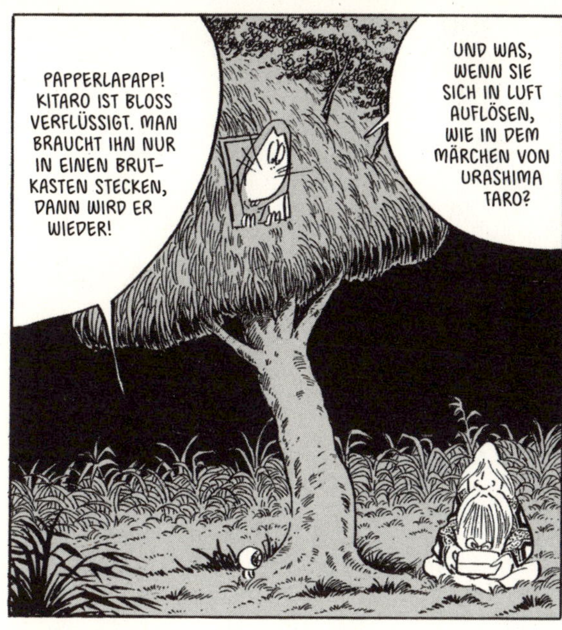
UND WAS, WENN SIE SICH IN LUFT AUFLÖSEN, WIE IN DEM MÄRCHEN VON URASHIMA TARO?
PAPPERLAPAPP! KITARO IST BLOSS VERFLÜSSIGT. MAN BRAUCHT IHN NUR IN EINEN BRUT-KASTEN STECKEN, DANN WIRD ER WIEDER!
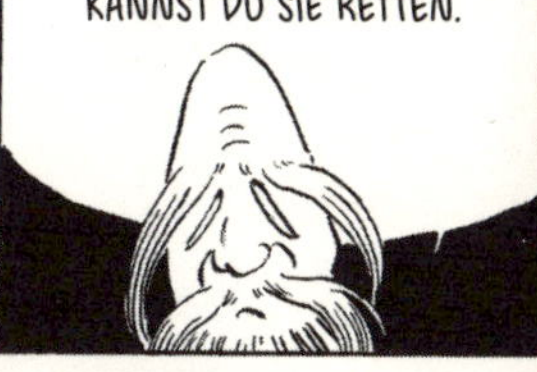
ICH HAB DIE BEIDEN PULVERISIERT UND IN URASHIMAS KÄSTCHEN GEPACKT. HOFFENTLICH KANNST DU SIE RETTEN.
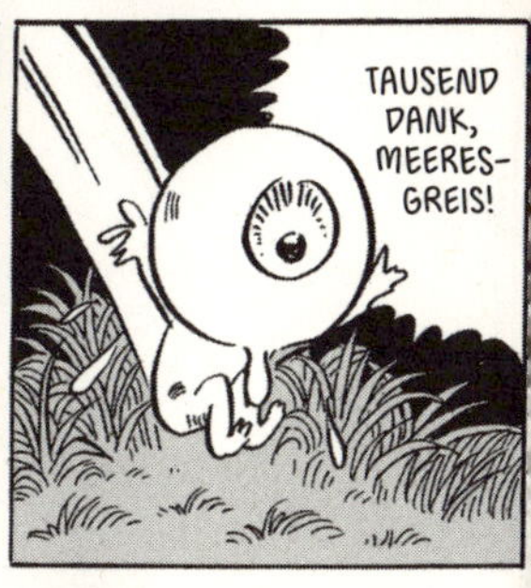
TAUSEND DANK, MEERES-GREIS!
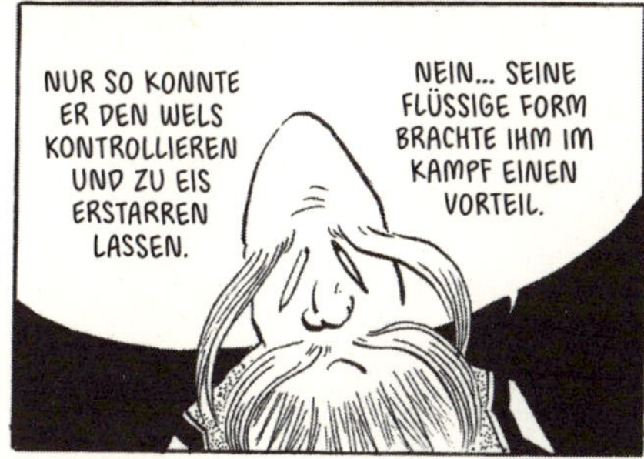
NEIN... SEINE FLÜSSIGE FORM BRACHTE IHM IM KAMPF EINEN VORTEIL.
NUR SO KONNTE ER DEN WELS KONTROLLIEREN UND ZU EIS ERSTARREN LASSEN.
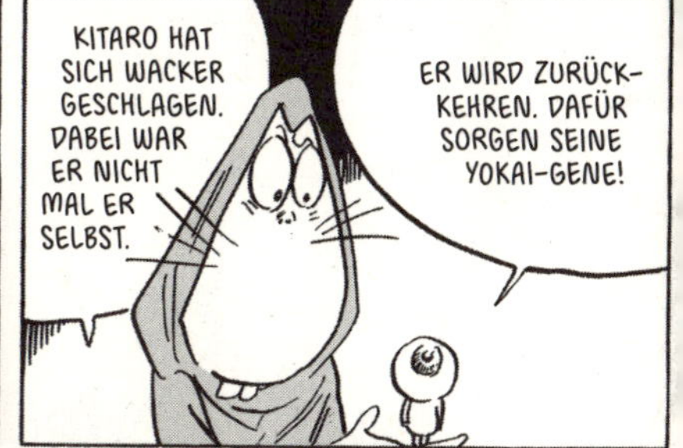
ER WIRD ZURÜCK-KEHREN. DAFÜR SORGEN SEINE YOKAI-GENE!
KITARO HAT SICH WACKER GESCHLAGEN. DABEI WAR ER NICHT MAL ER SELBST.
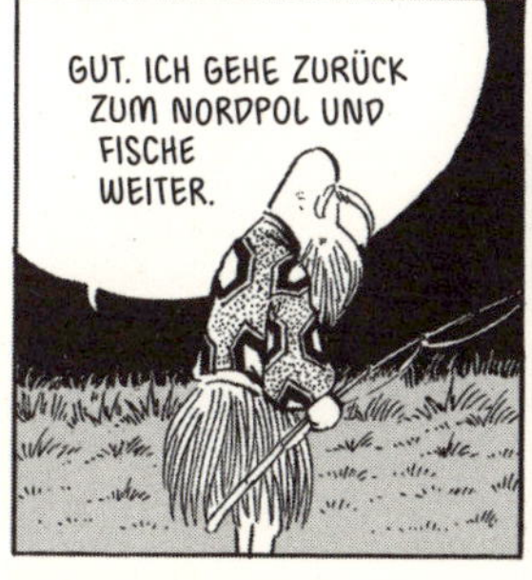
GUT. ICH GEHE ZURÜCK ZUM NORDPOL UND FISCHE WEITER.
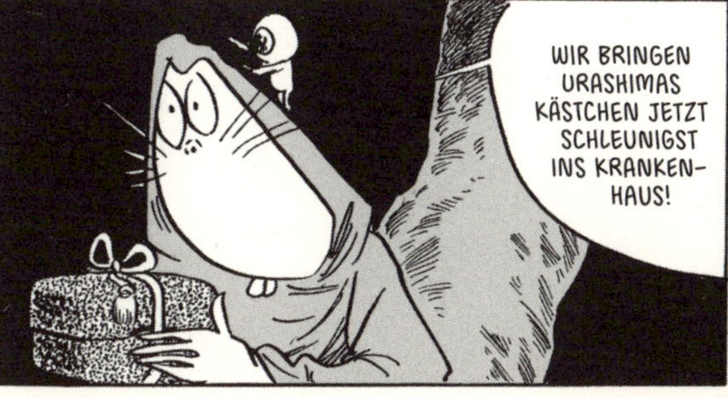
WIR BRINGEN URASHIMAS KÄSTCHEN JETZT SCHLEUNIGST INS KRANKEN-HAUS!

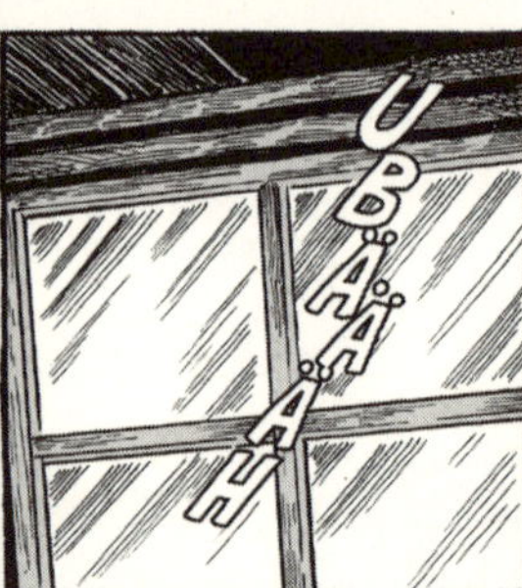
UBÄÄÄH

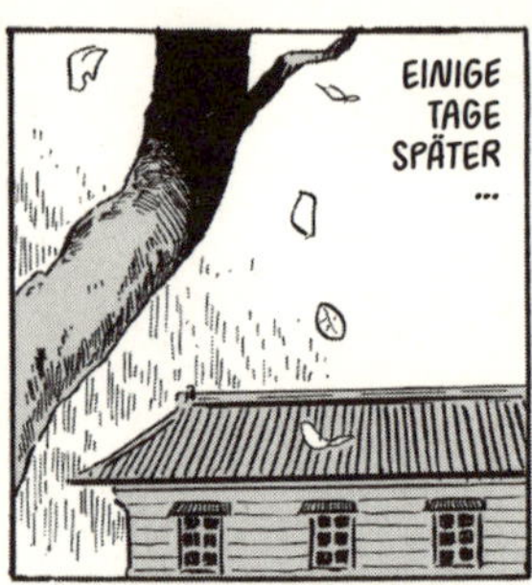
EINIGE TAGE SPÄTER ...

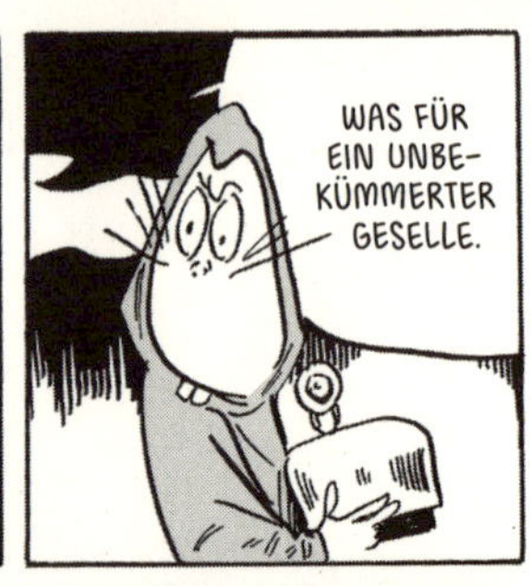
WAS FÜR EIN UNBE-KÜMMERTER GESELLE.

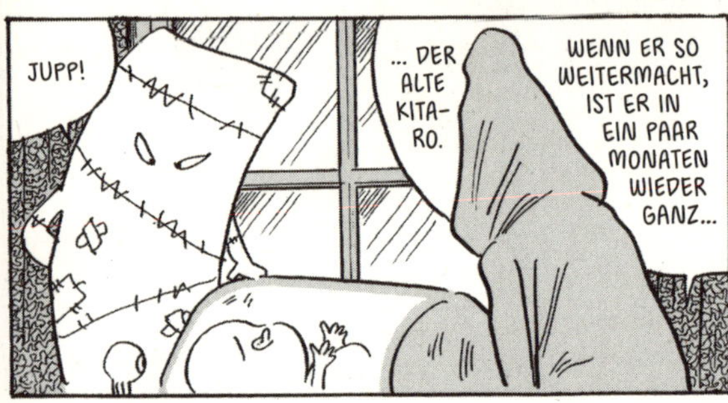
JUPP!
... DER ALTE KITA-RO.
WENN ER SO WEITERMACHT, IST ER IN EIN PAAR MONATEN WIEDER GANZ...

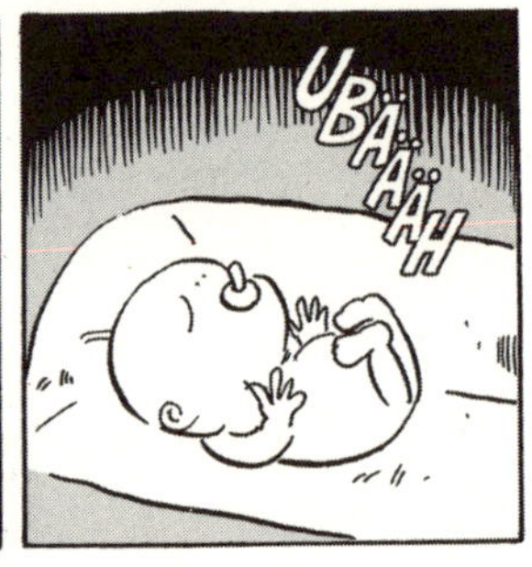
UBÄÄH

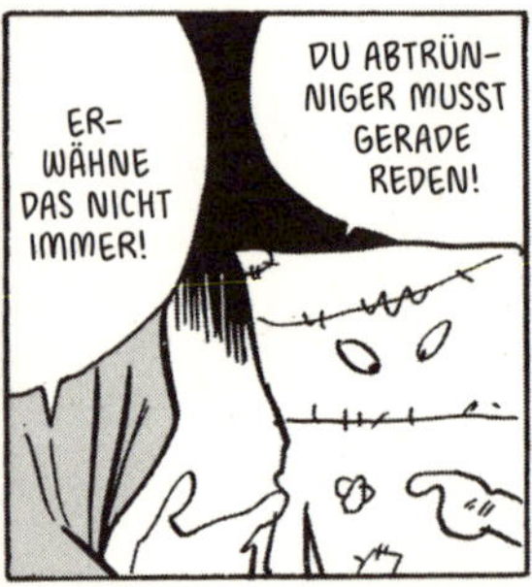
ER-WÄHNE DAS NICHT IMMER!
DU ABTRÜN-NIGER MUSST GERADE REDEN!

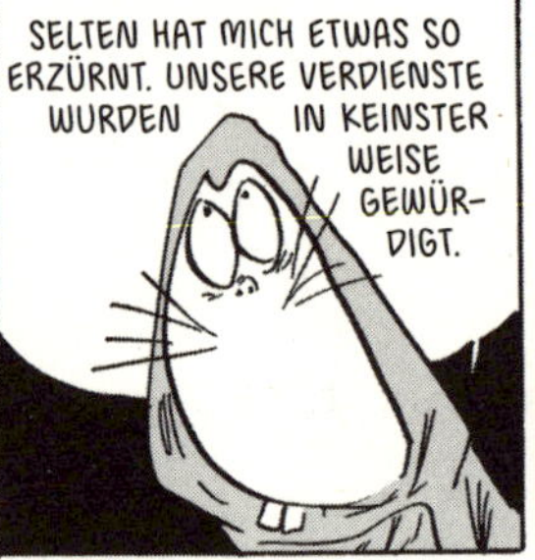
SELTEN HAT MICH ETWAS SO ERZÜRNT. UNSERE VERDIENSTE WURDEN IN KEINSTER WEISE GEWÜR-DIGT.

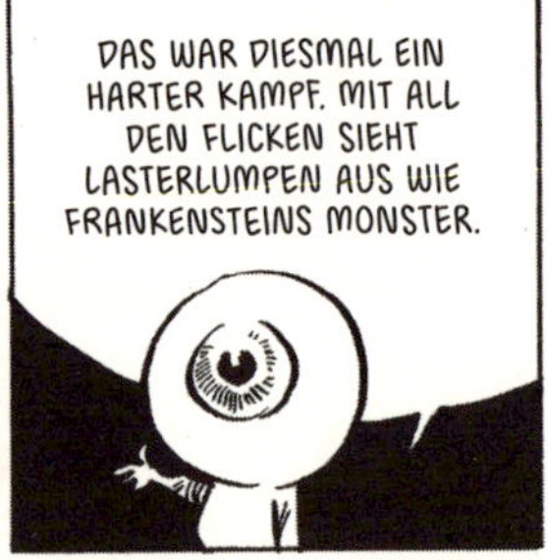
DAS WAR DIESMAL EIN HARTER KAMPF. MIT ALL DEN FLICKEN SIEHT LASTERLUMPEN AUS WIE FRANKENSTEINS MONSTER.

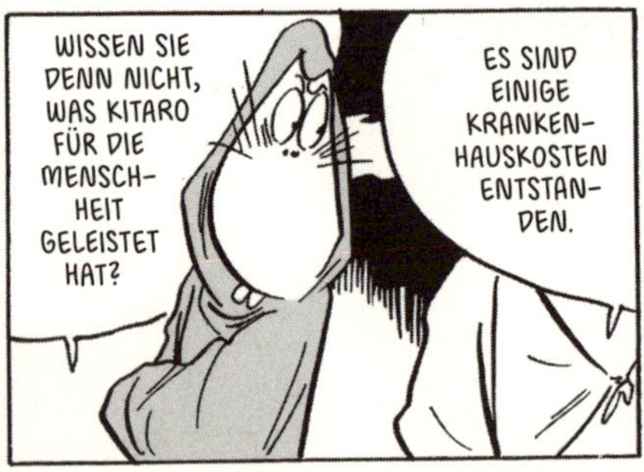
WISSEN SIE DENN NICHT, WAS KITARO FÜR DIE MENSCH-HEIT GELEISTET HAT?
ES SIND EINIGE KRANKEN-HAUSKOSTEN ENTSTAN-DEN.

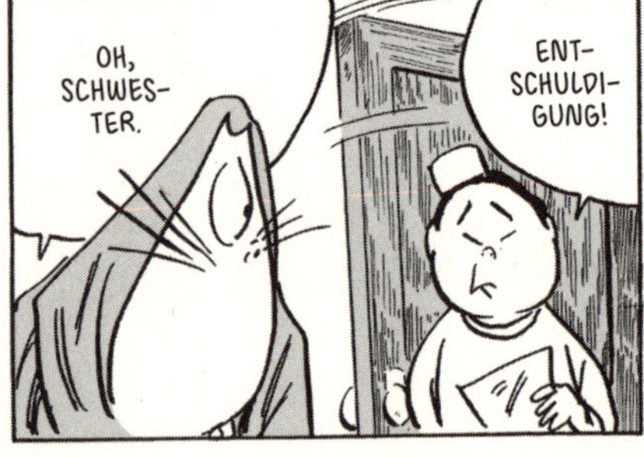
OH, SCHWES-TER.
ENT-SCHULDI-GUNG!

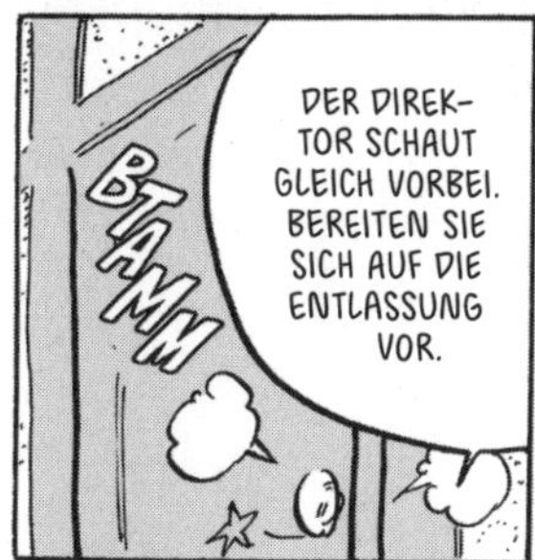
BTAMM
DER DIREKTOR SCHAUT GLEICH VORBEI. BEREITEN SIE SICH AUF DIE ENTLASSUNG VOR.

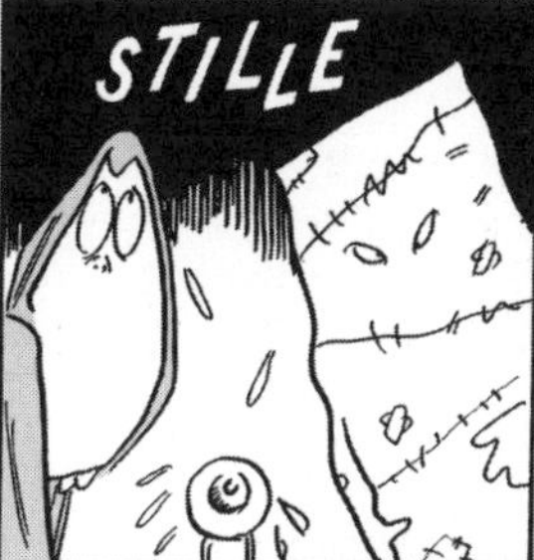
STILLE

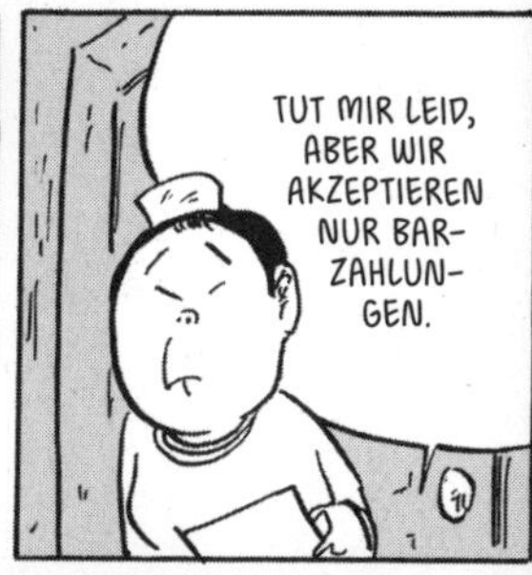
TUT MIR LEID, ABER WIR AKZEPTIEREN NUR BARZAHLUNGEN.

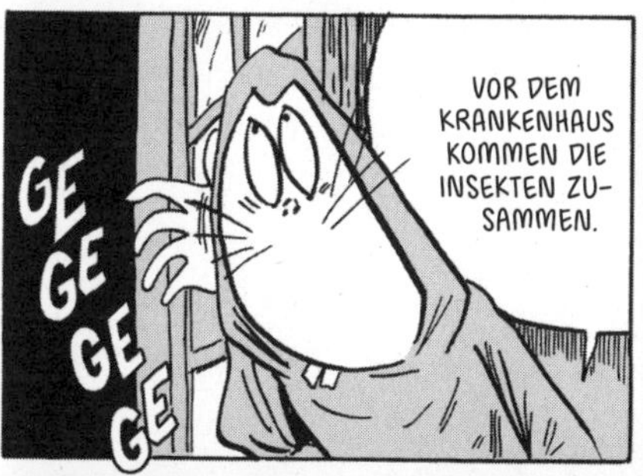
VOR DEM KRANKENHAUS KOMMEN DIE INSEKTEN ZUSAMMEN.
GE GE GE GE

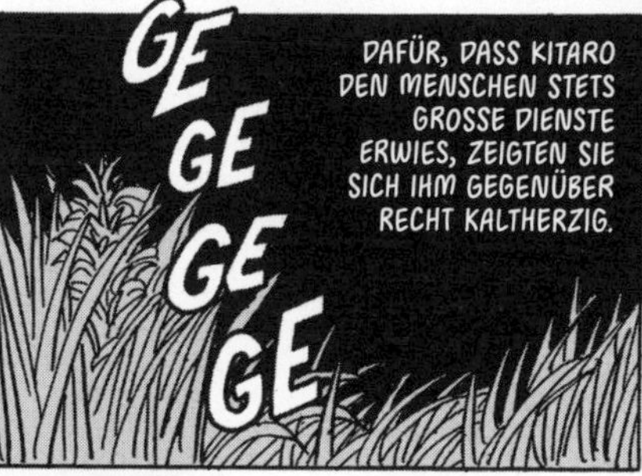
DAFÜR, DASS KITARO DEN MENSCHEN STETS GROSSE DIENSTE ERWIES, ZEIGTEN SIE SICH IHM GEGENÜBER RECHT KALTHERZIG.
GE GE GE GE

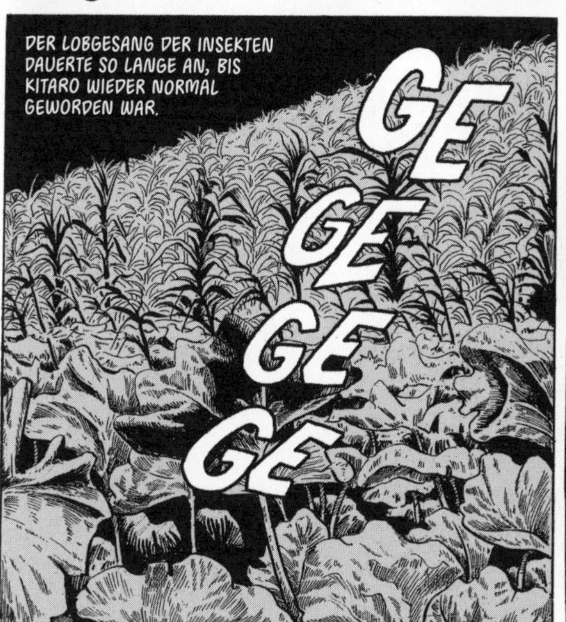
DER LOBGESANG DER INSEKTEN DAUERTE SO LANGE AN, BIS KITARO WIEDER NORMAL GEWORDEN WAR.
GE GE GE GE

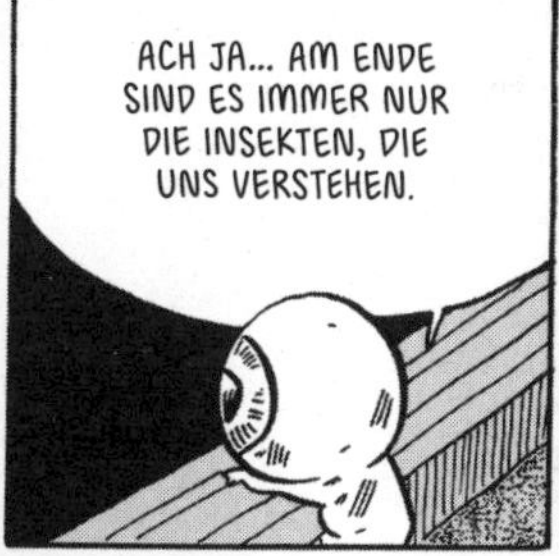
ACH JA... AM ENDE SIND ES IMMER NUR DIE INSEKTEN, DIE UNS VERSTEHEN.

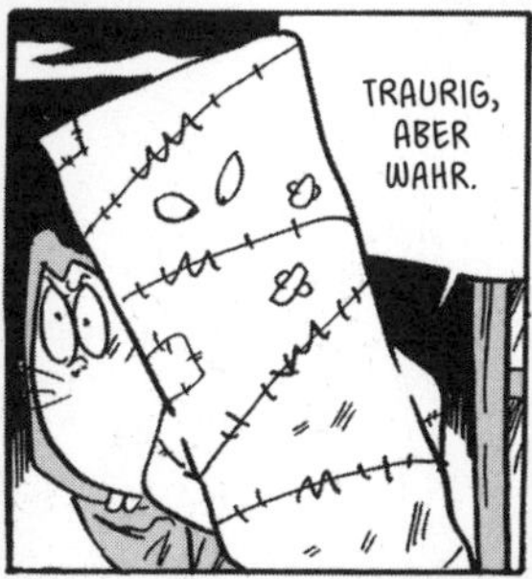
TRAURIG, ABER WAHR.

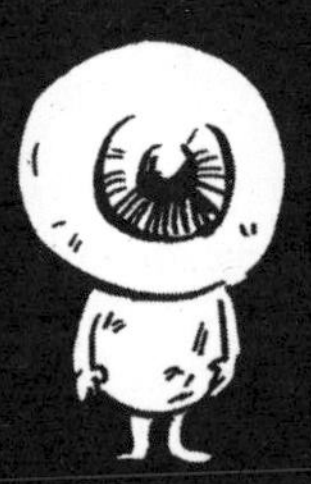

KITARO VOM FRIEDHOF

DER SCHAU-AUF-MÖNCH

TEIL 1

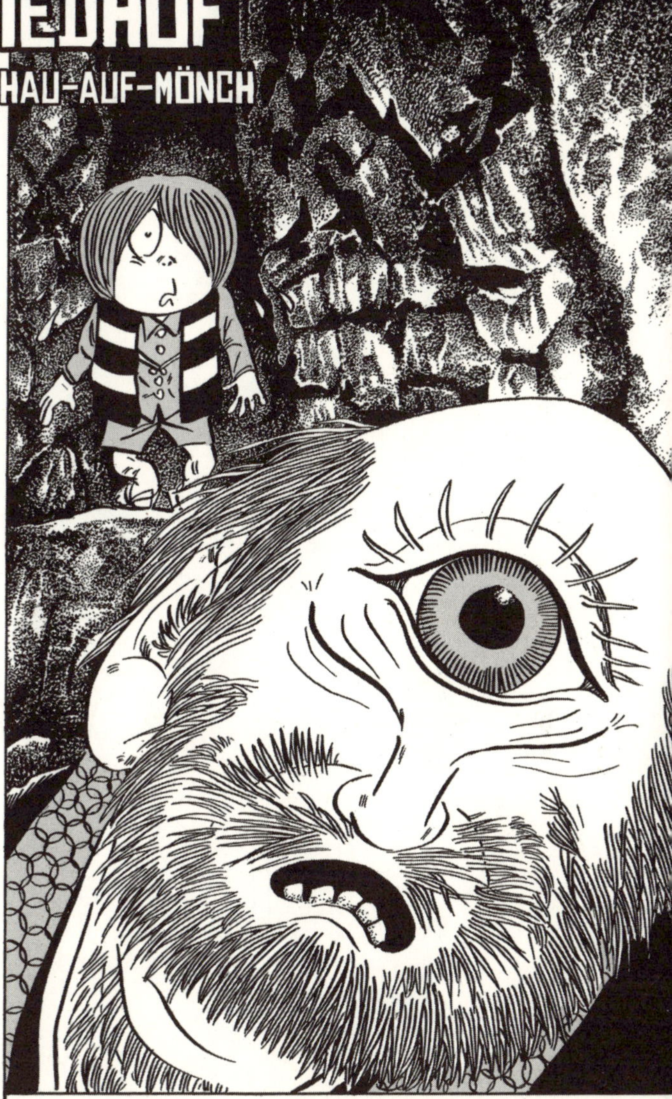

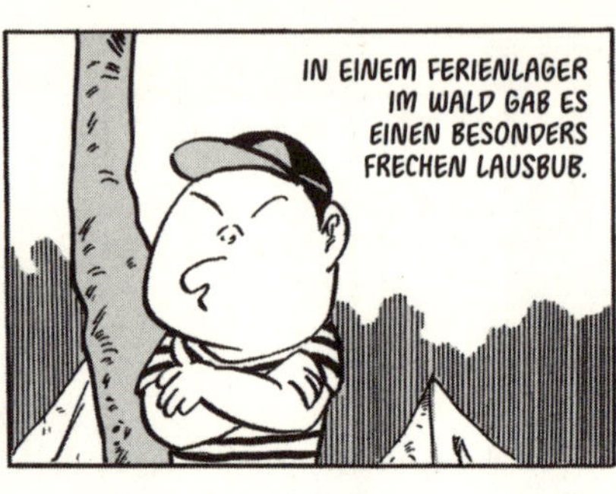

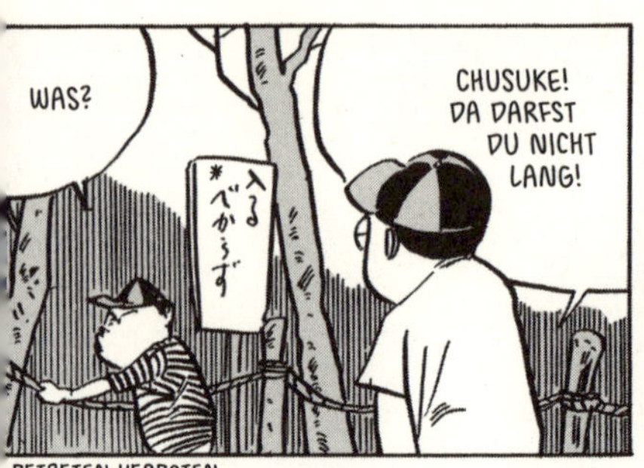

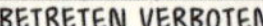
BETRETEN VERBOTEN

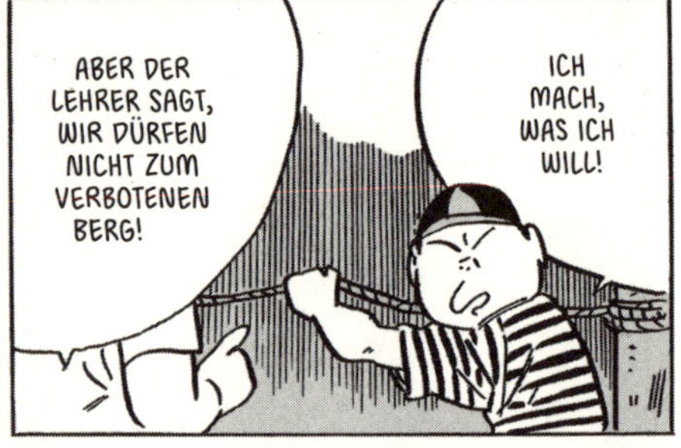

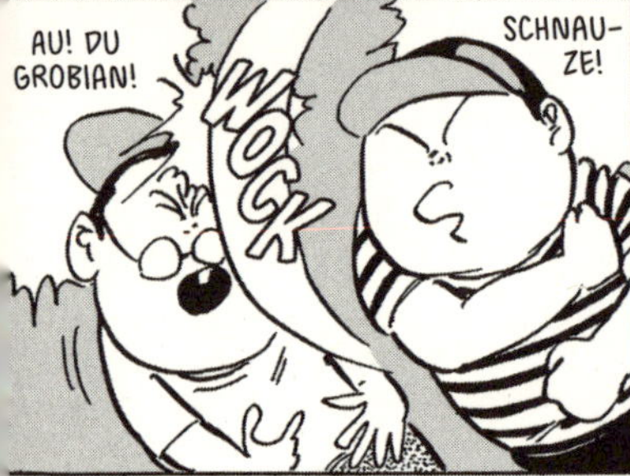

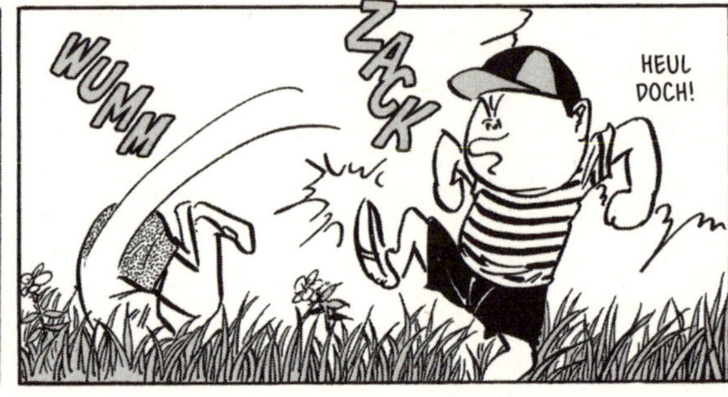

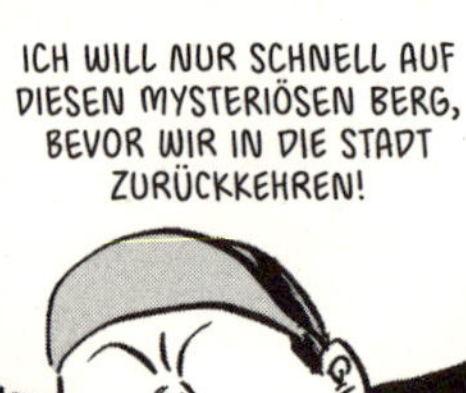

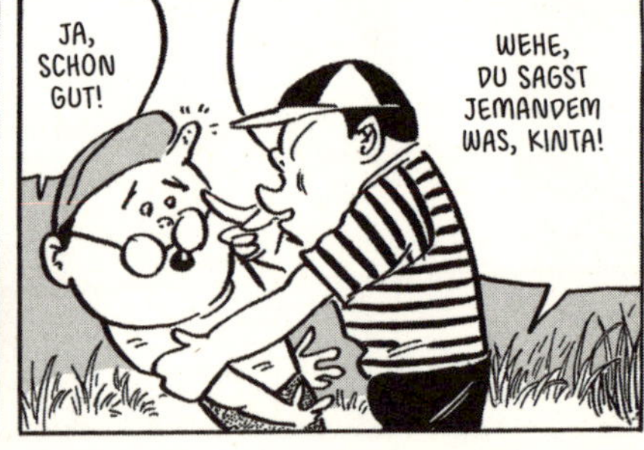

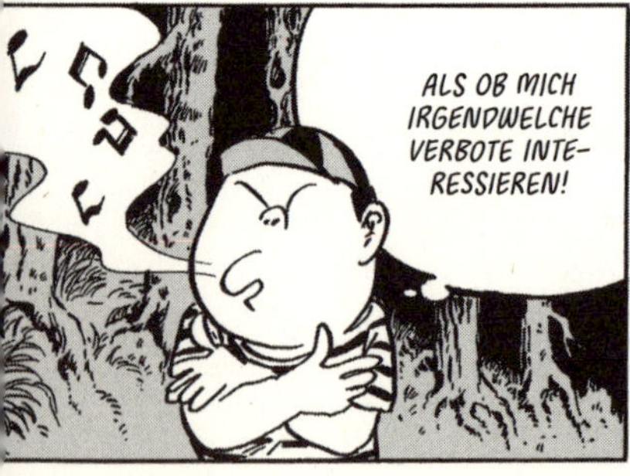

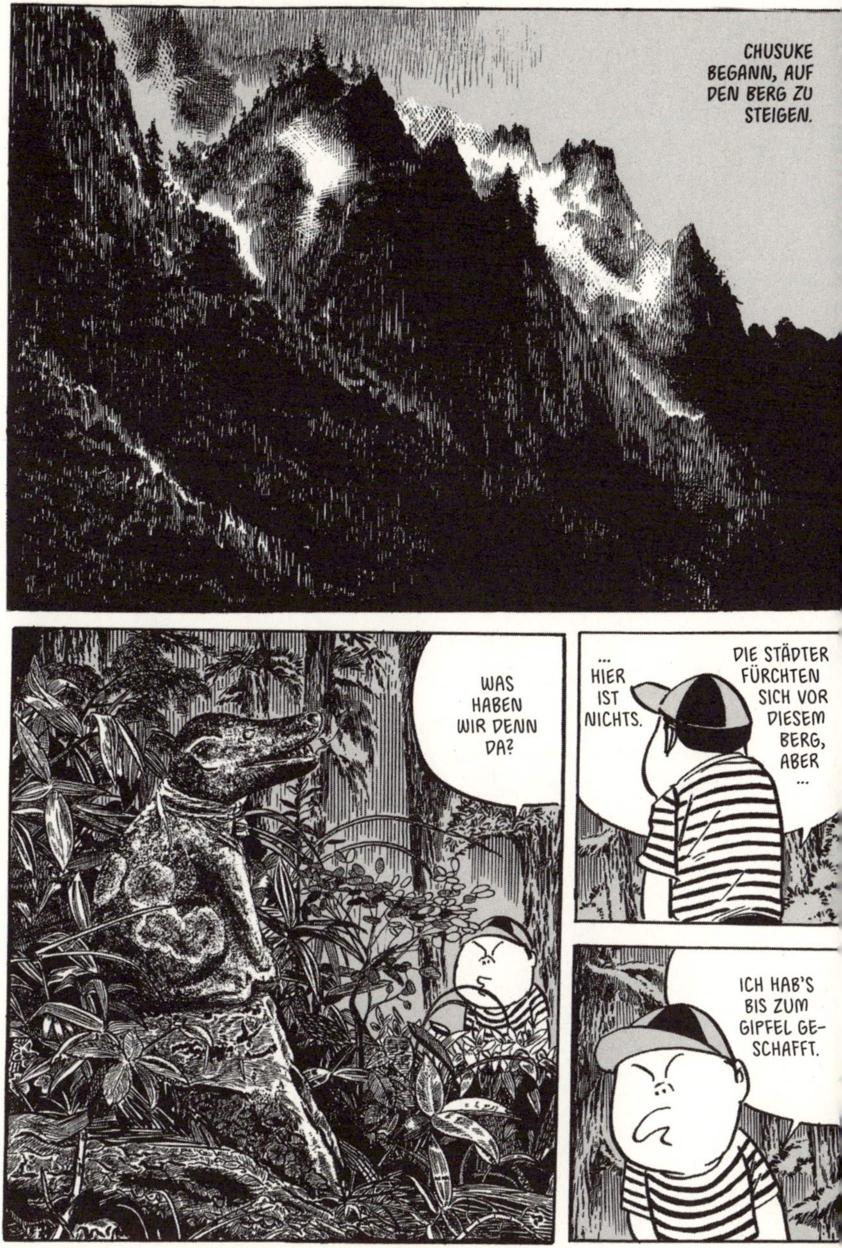

CHUSUKE BEGANN, AUF DEN BERG ZU STEIGEN.

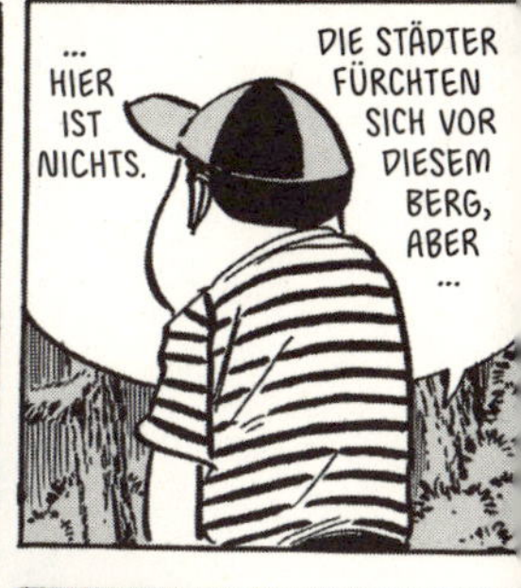

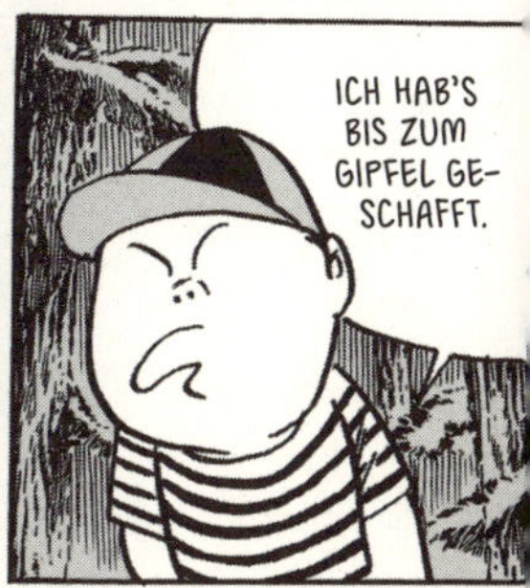

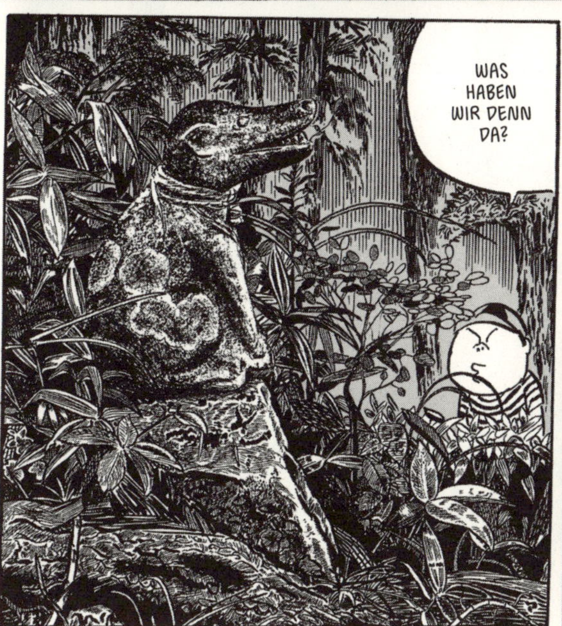

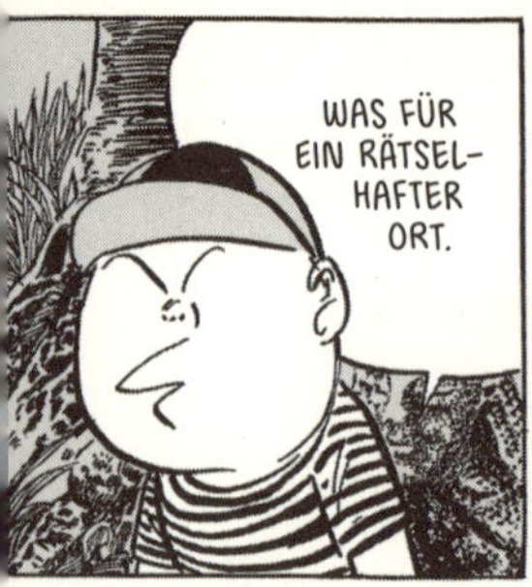

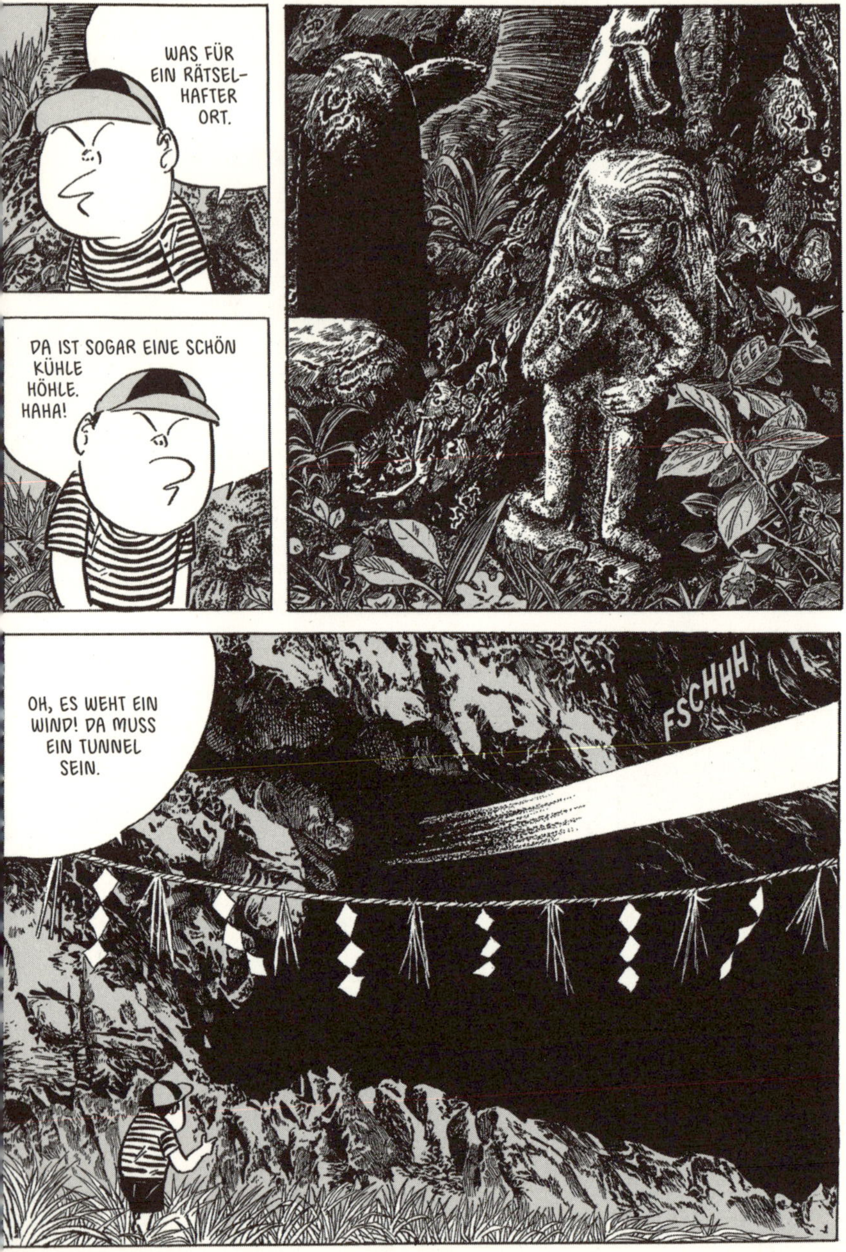

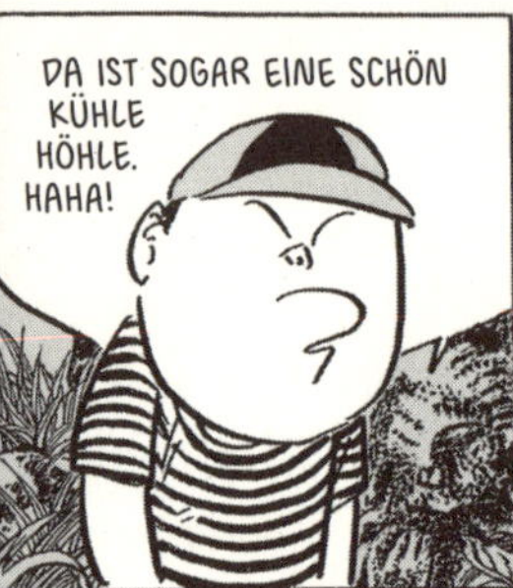

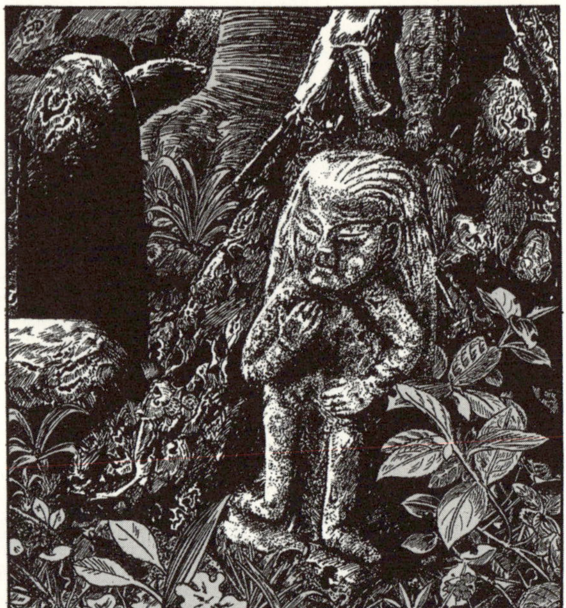

OH, ES WEHT EIN WIND! DA MUSS EIN TUNNEL SEIN.

FSCHHH

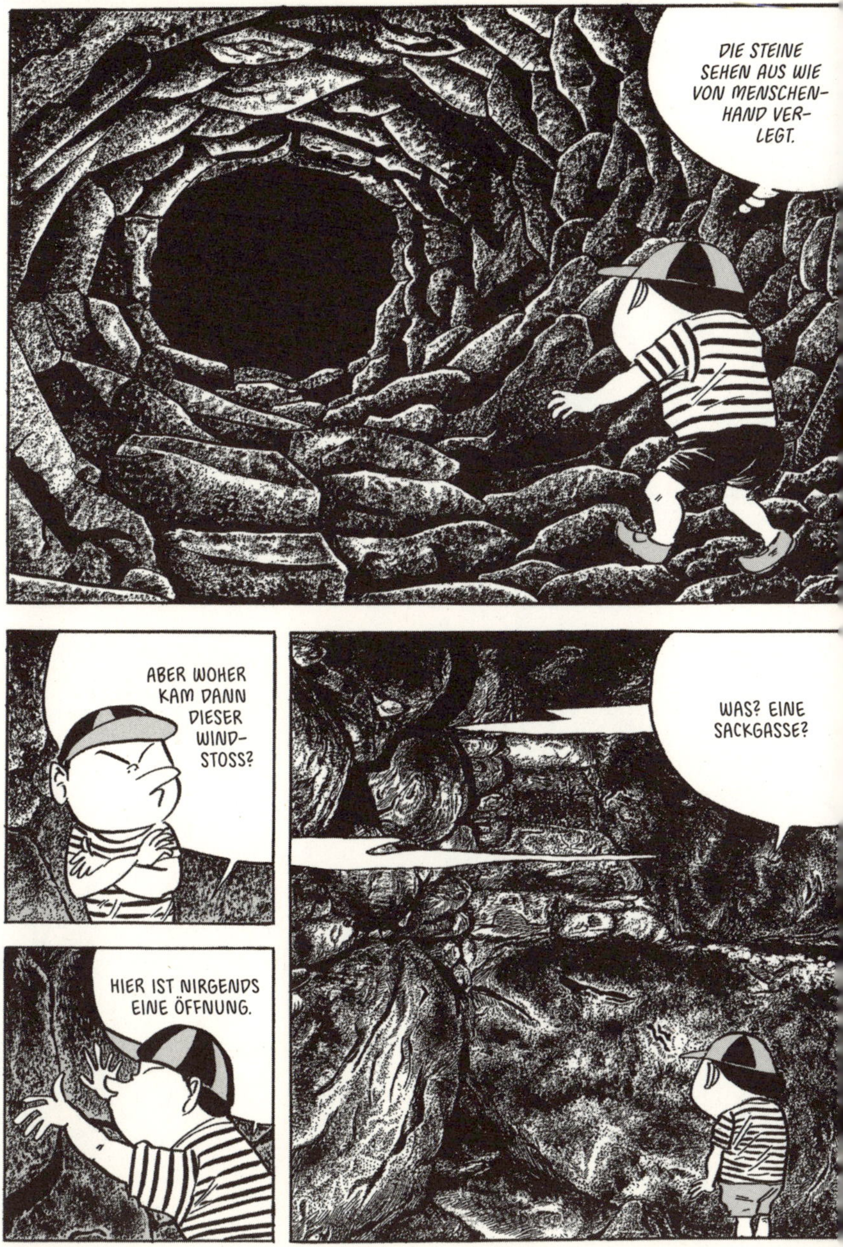

DIE STEINE
SEHEN AUS WIE
VON MENSCHEN-
HAND VER-
LEGT.

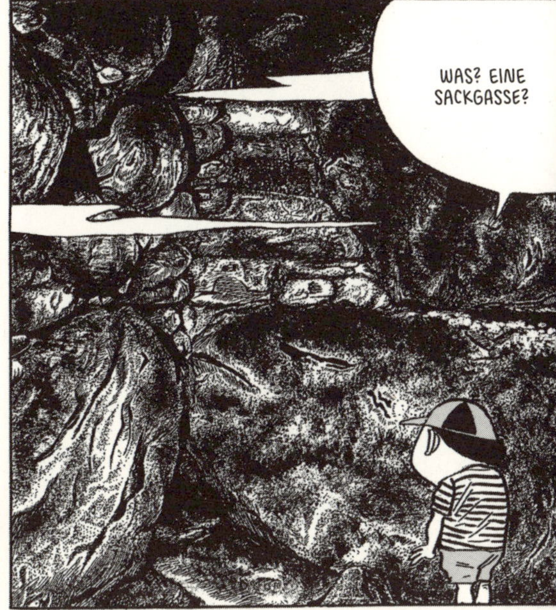

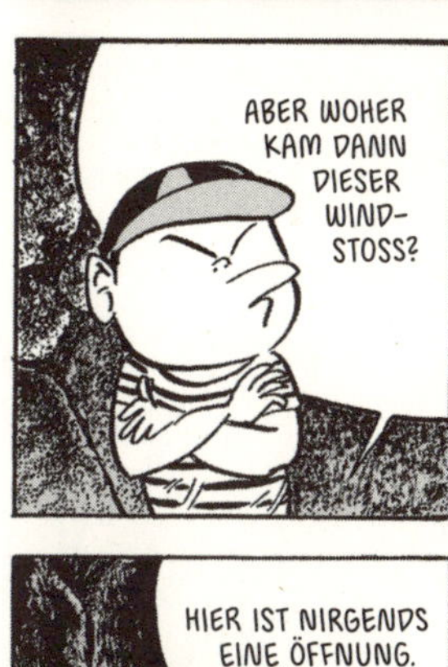

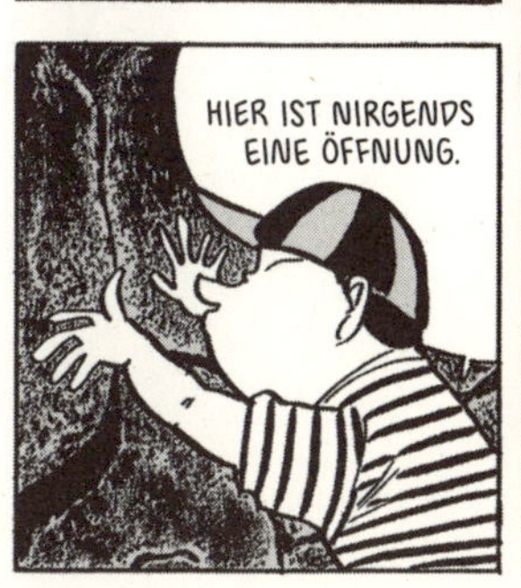

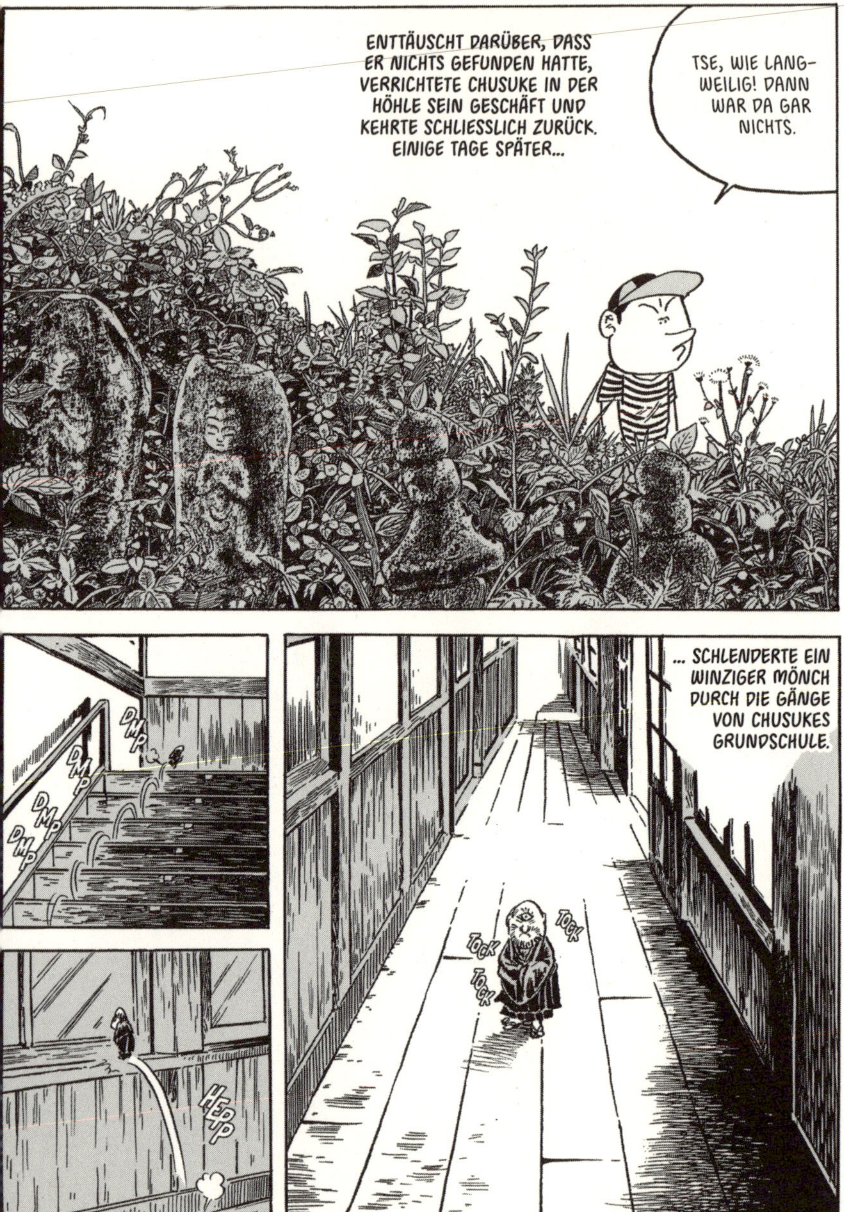

ENTTÄUSCHT DARÜBER, DASS ER NICHTS GEFUNDEN HATTE, VERRICHTETE CHUSUKE IN DER HÖHLE SEIN GESCHÄFT UND KEHRTE SCHLIESSLICH ZURÜCK. EINIGE TAGE SPÄTER...

TSE, WIE LANGWEILIG! DANN WAR DA GAR NICHTS.

DMP DMP DMP DMP

HEPP

... SCHLENDERTE EIN WINZIGER MÖNCH DURCH DIE GÄNGE VON CHUSUKES GRUNDSCHULE.

TOCK TOCK TOCK

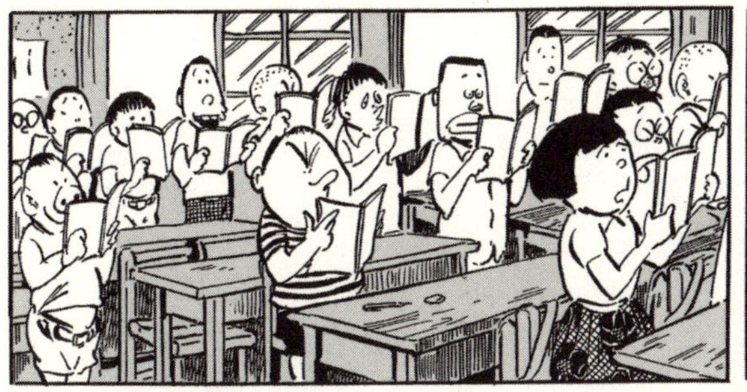

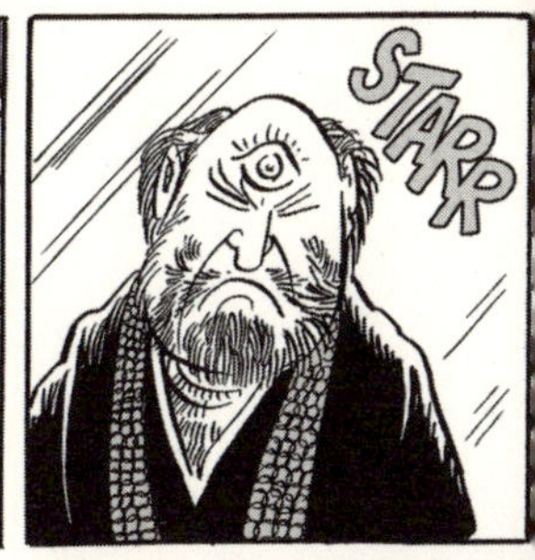

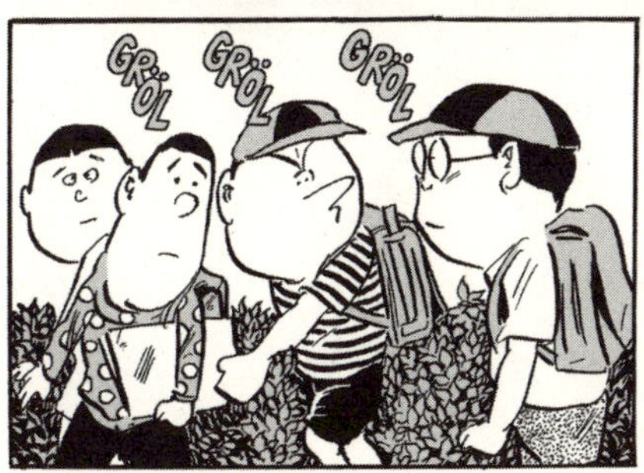

ES WAR GERADE UNTERRICHT UND NIEMAND BEMERKTE DEN MÖNCH. ER LIESS CHUSUKE JEDOCH NICHT AUS DEN AUGEN. AUF DEM HEIMWEG ...

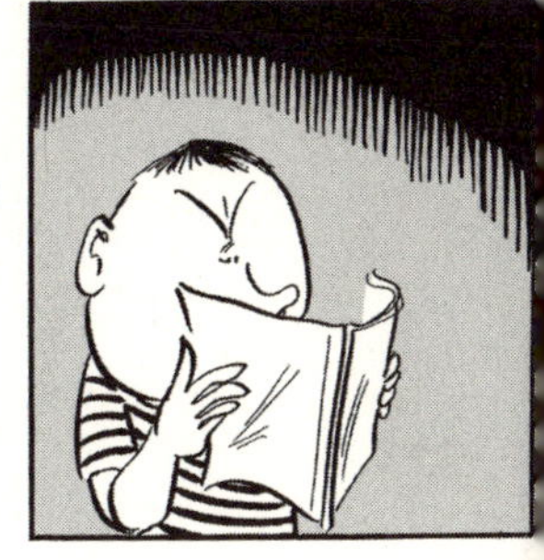

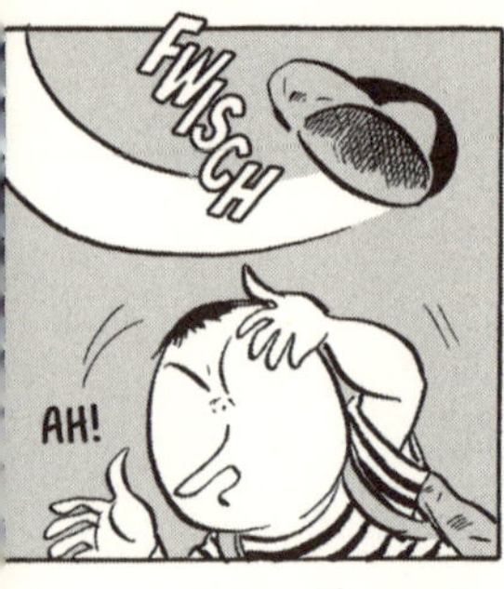
FWISCH
AH!

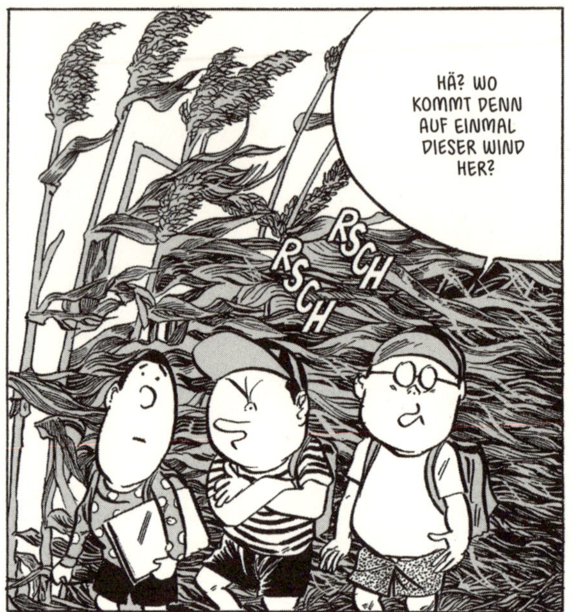
HÄ? WO KOMMT DENN AUF EINMAL DIESER WIND HER?
RSCH
RSCH

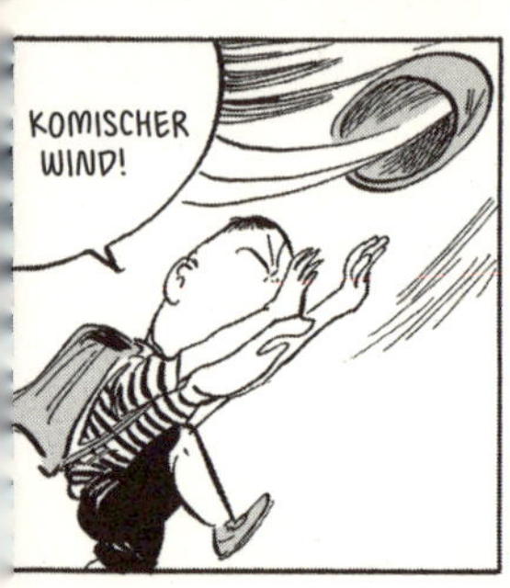
KOMISCHER WIND!

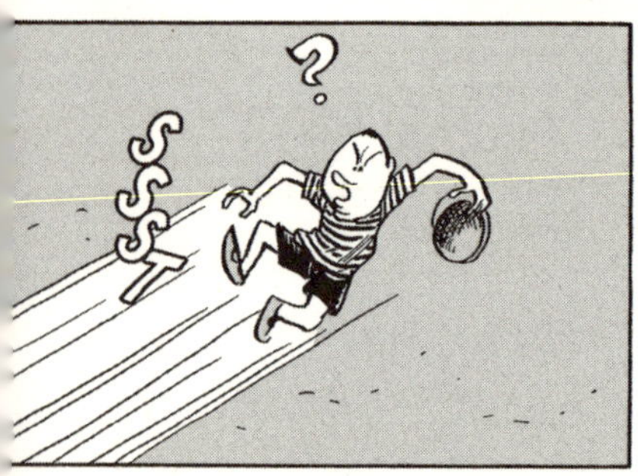
?
SSST

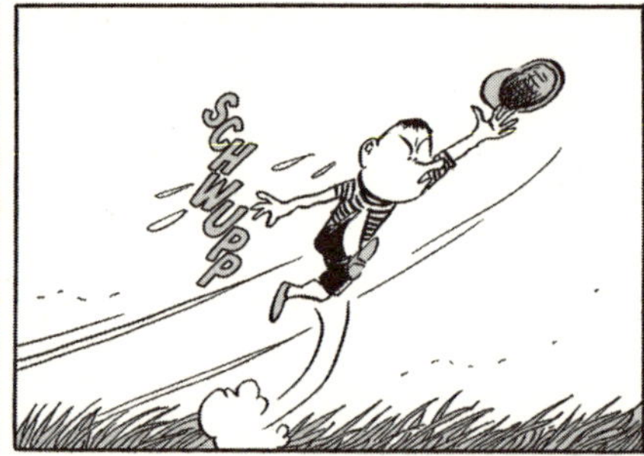
SCHWUPP

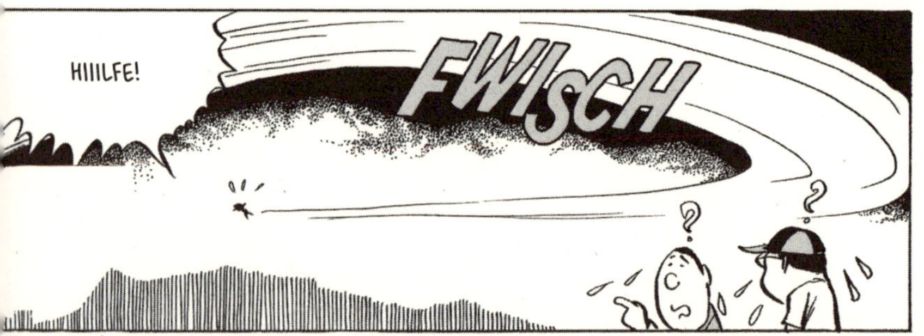
HIIILFE!
FWISCH
?
?

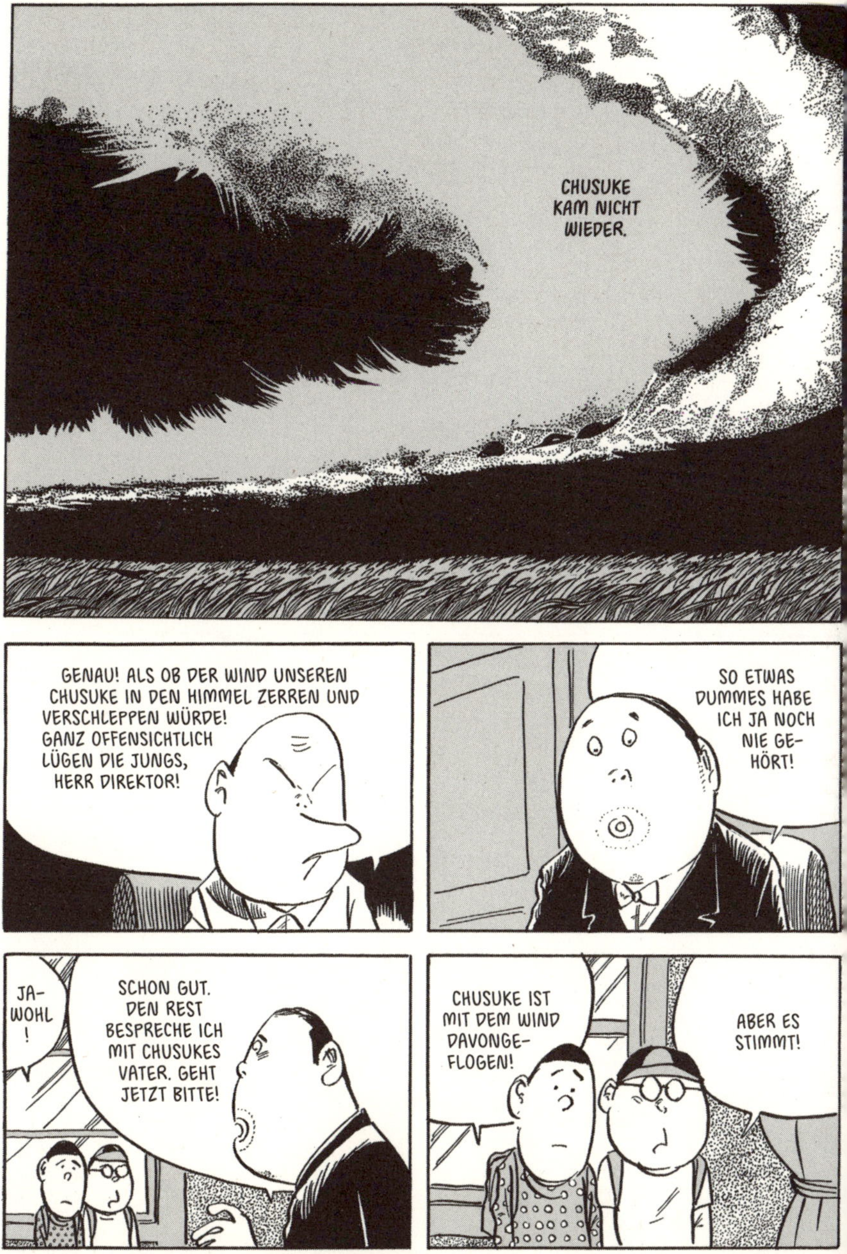

CHUSUKE
KAM NICHT
WIEDER.

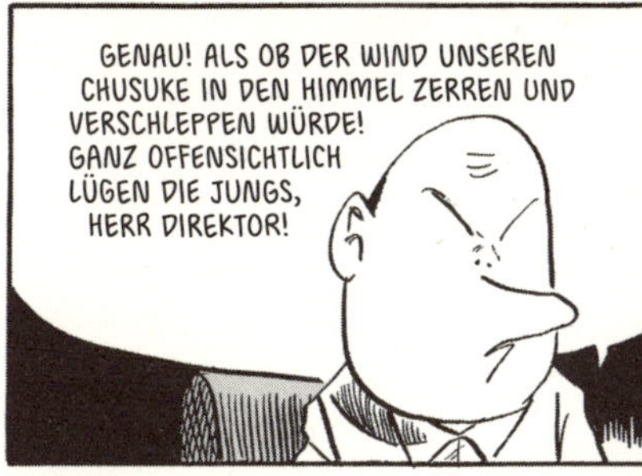

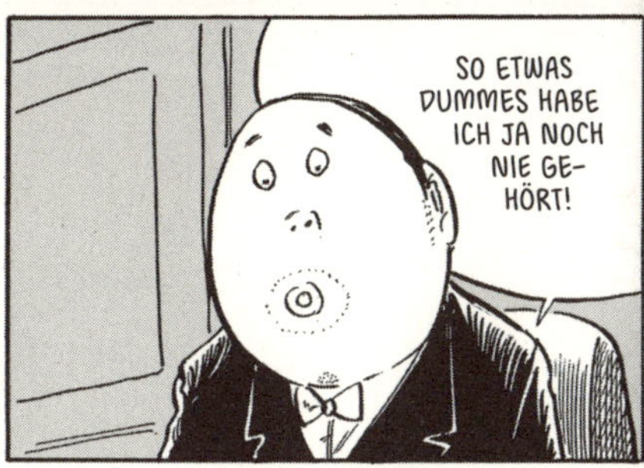

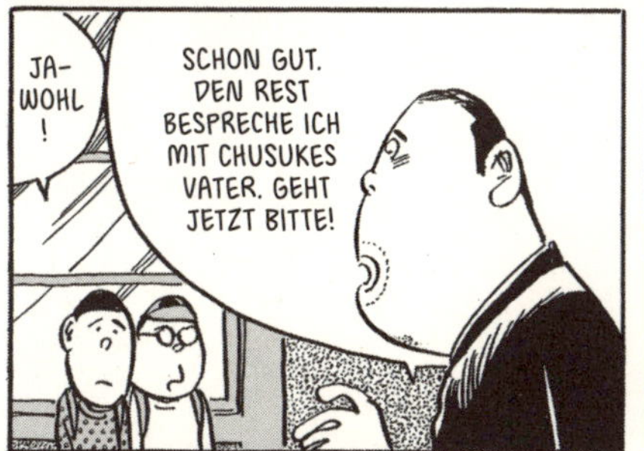

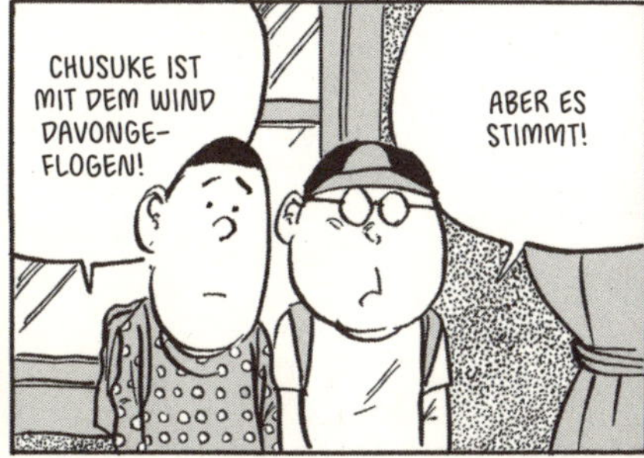

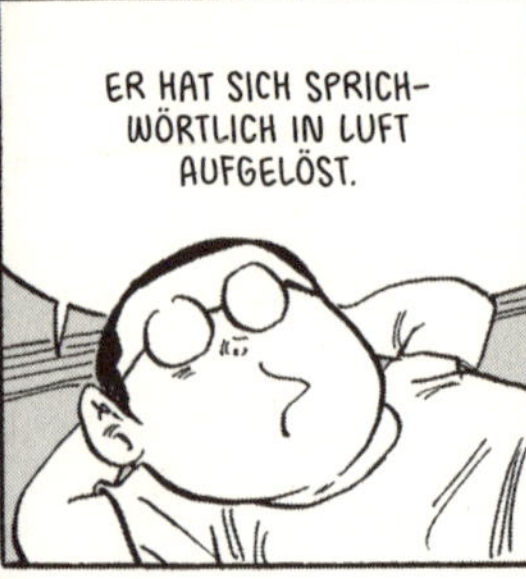
ER HAT SICH SPRICH-WÖRTLICH IN LUFT AUFGELÖST.
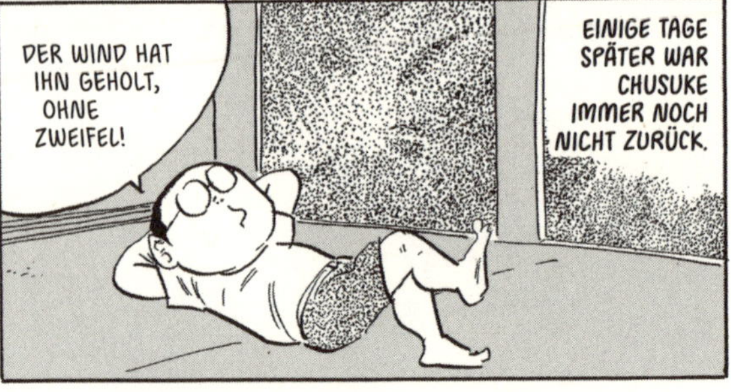
DER WIND HAT IHN GEHOLT, OHNE ZWEIFEL!
EINIGE TAGE SPÄTER WAR CHUSUKE IMMER NOCH NICHT ZURÜCK.
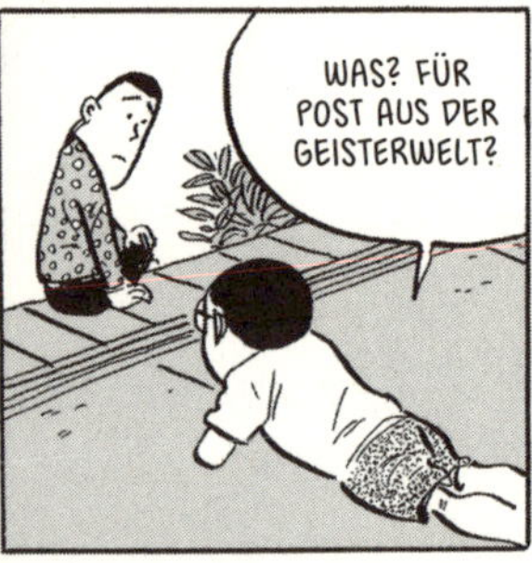
WAS? FÜR POST AUS DER GEISTERWELT?
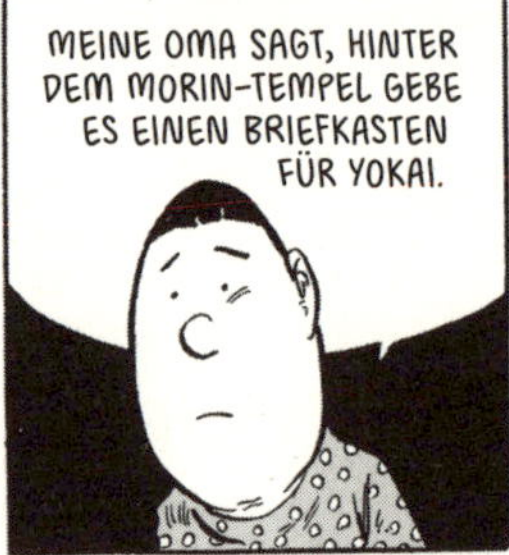
MEINE OMA SAGT, HINTER DEM MORIN-TEMPEL GEBE ES EINEN BRIEFKASTEN FÜR YOKAI.
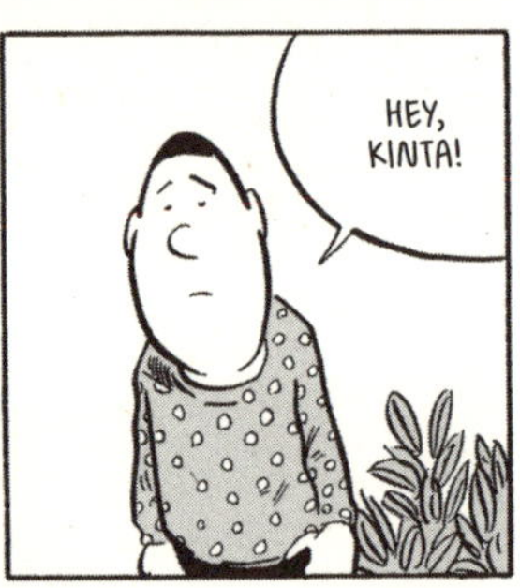
HEY, KINTA!
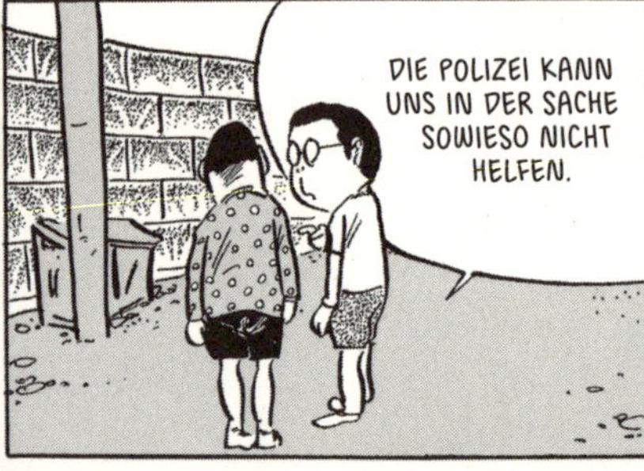
DIE POLIZEI KANN UNS IN DER SACHE SOWIESO NICHT HELFEN.
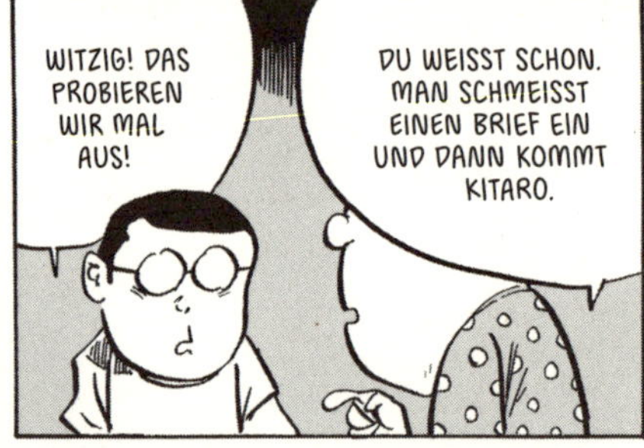
DU WEISST SCHON. MAN SCHMEISST EINEN BRIEF EIN UND DANN KOMMT KITARO.
WITZIG! DAS PROBIEREN WIR MAL AUS!
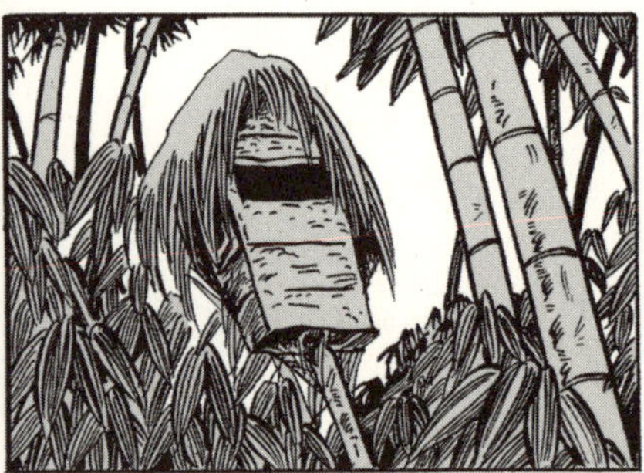
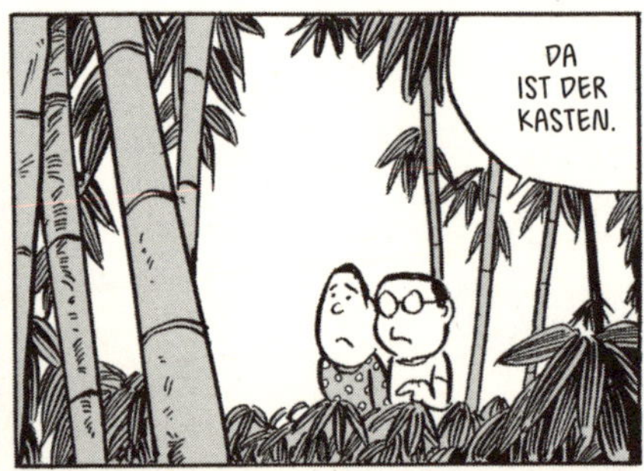
DA IST DER KASTEN.

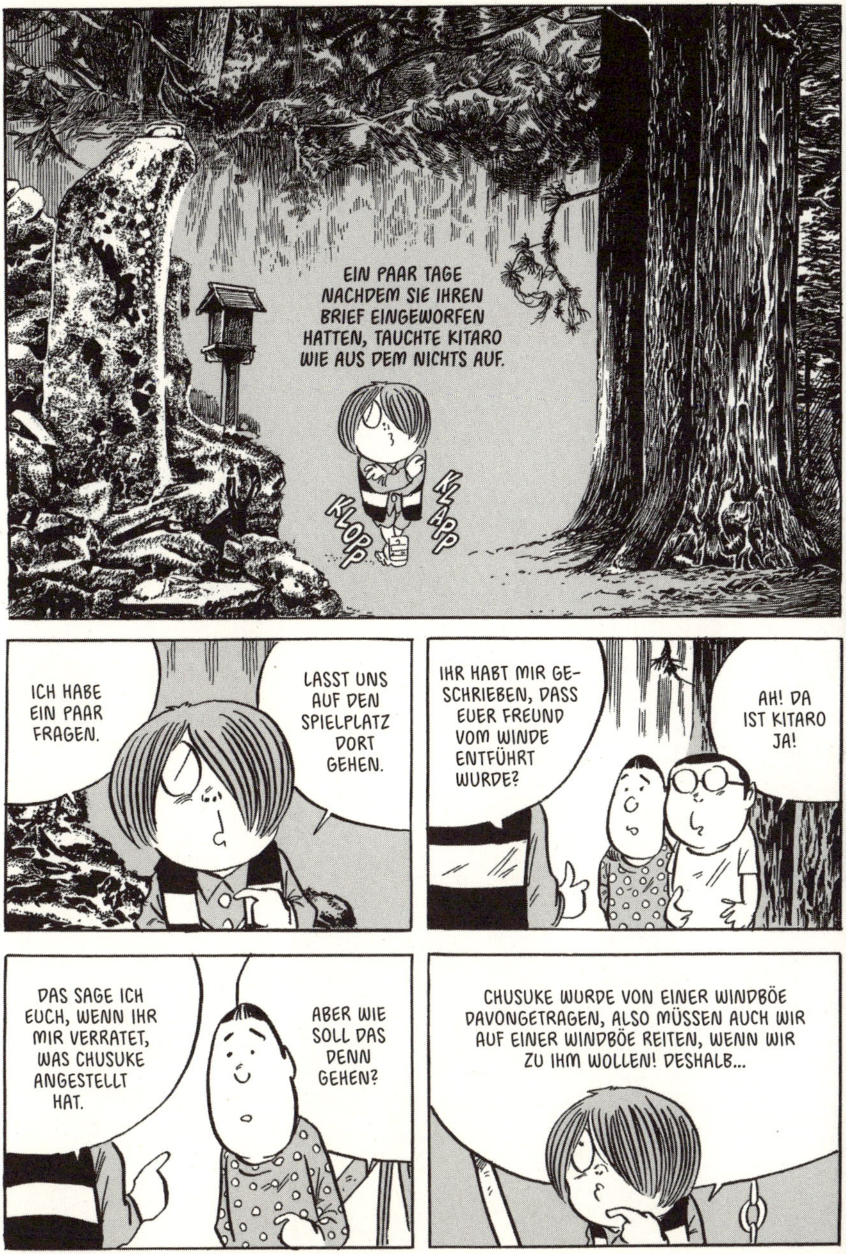

EIN PAAR TAGE NACHDEM SIE IHREN BRIEF EINGEWORFEN HATTEN, TAUCHTE KITARO WIE AUS DEM NICHTS AUF.

KLOPP

KLAPP

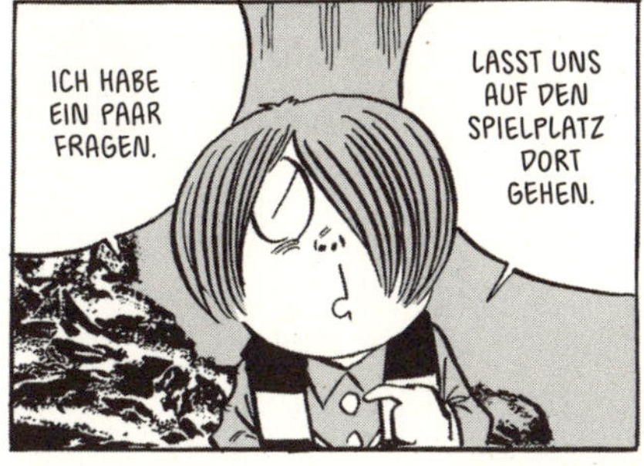

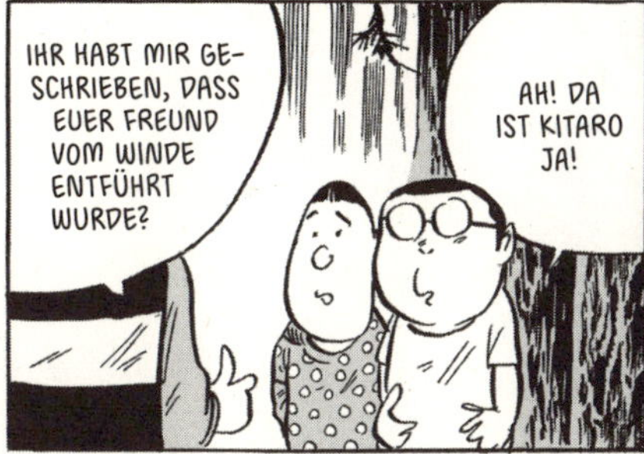

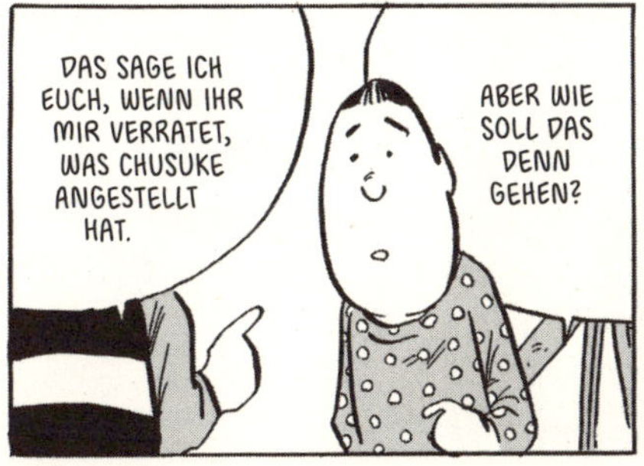

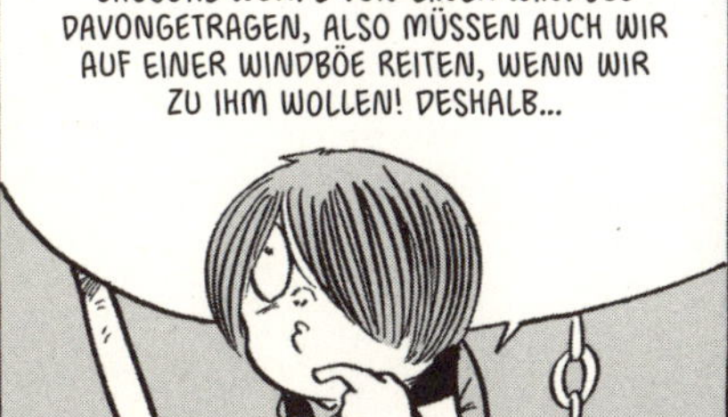

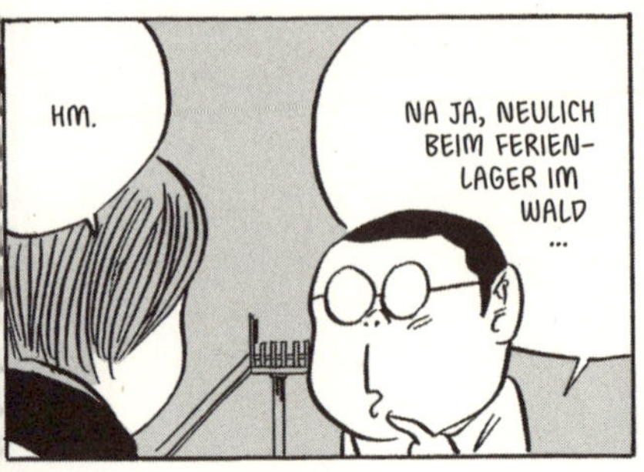
HM.
NA JA, NEULICH BEIM FERIEN-LAGER IM WALD …

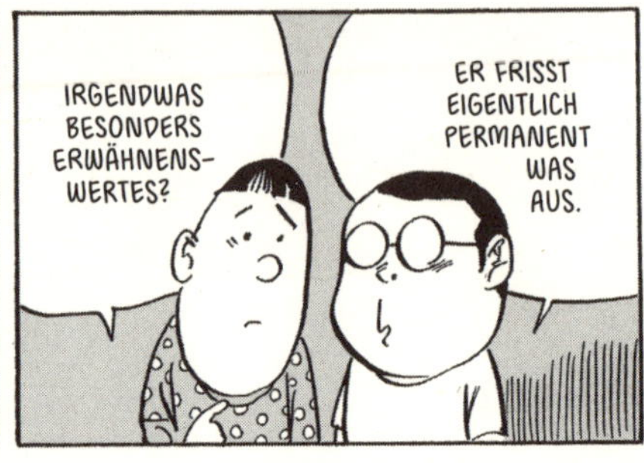
ER FRISST EIGENTLICH PERMANENT WAS AUS.
IRGENDWAS BESONDERS ERWÄHNENS-WERTES?

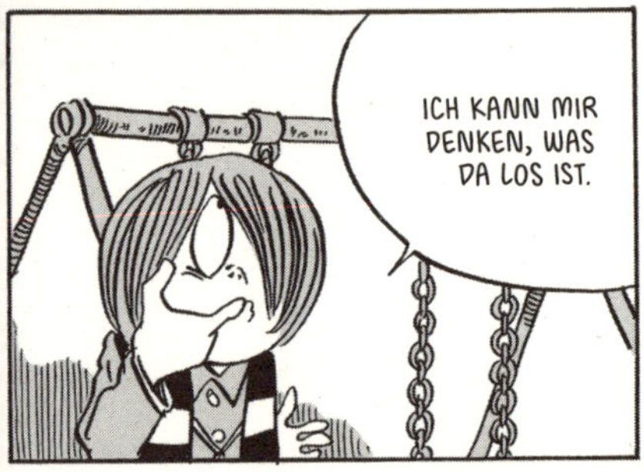
ICH KANN MIR DENKEN, WAS DA LOS IST.

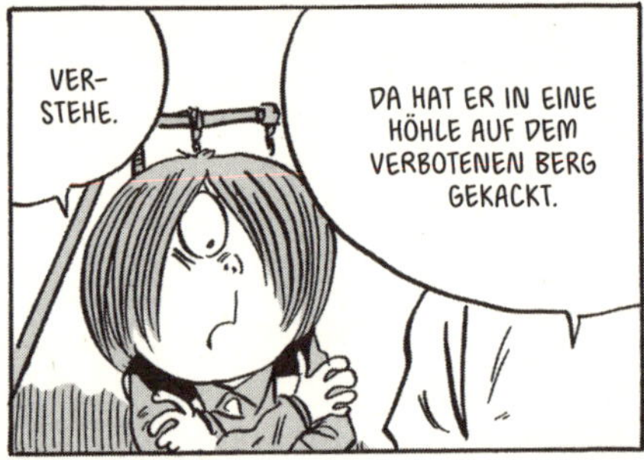
DA HAT ER IN EINE HÖHLE AUF DEM VERBOTENEN BERG GEKACKT.
VER-STEHE.

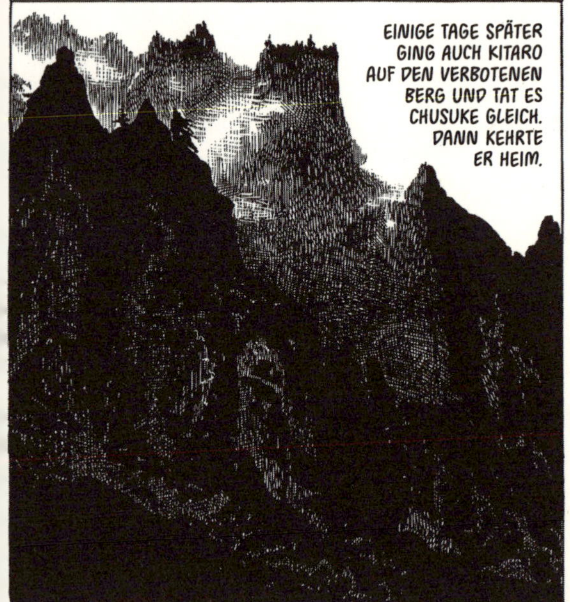
EINIGE TAGE SPÄTER GING AUCH KITARO AUF DEN VERBOTENEN BERG UND TAT ES CHUSUKE GLEICH. DANN KEHRTE ER HEIM.

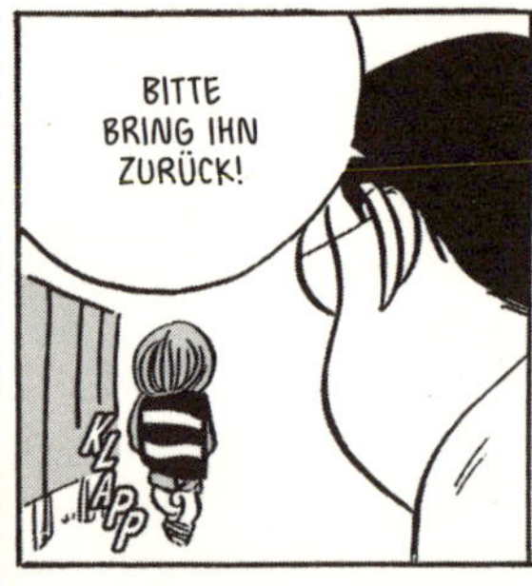
BITTE BRING IHN ZURÜCK!
KLAPP

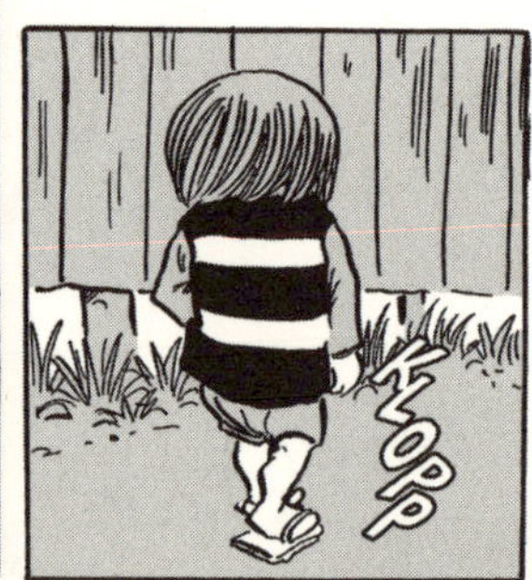
KLOPP

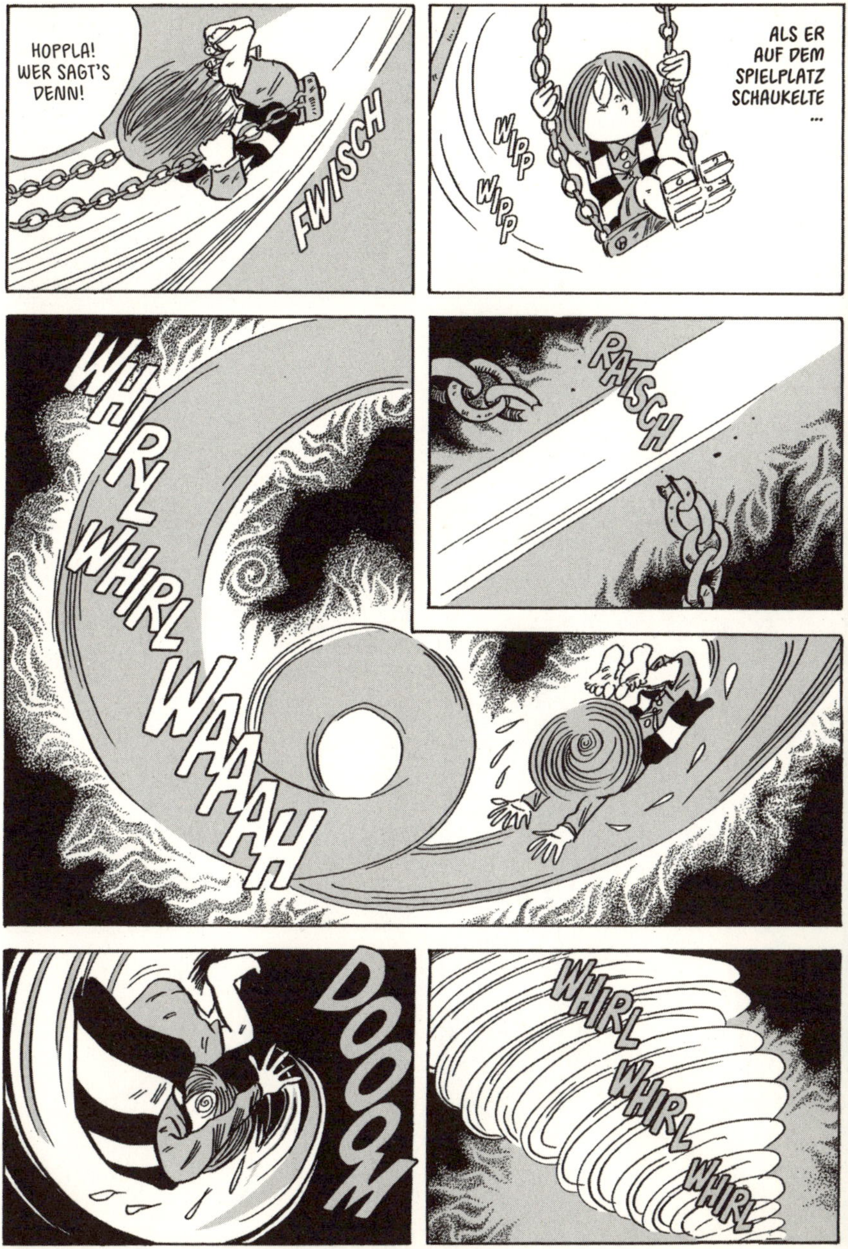

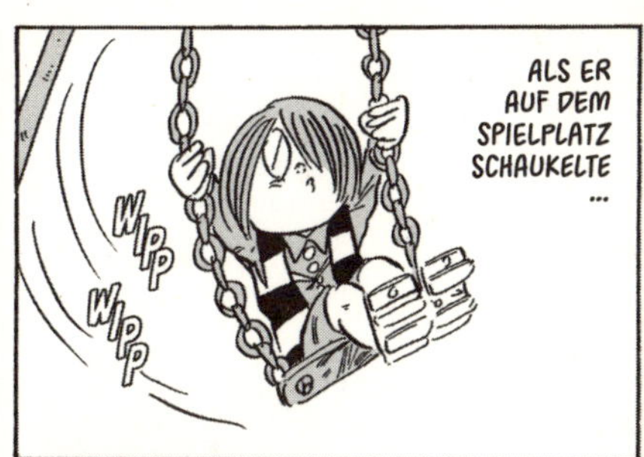
ALS ER AUF DEM SPIELPLATZ SCHAUKELTE ...
WIPP
WIPP

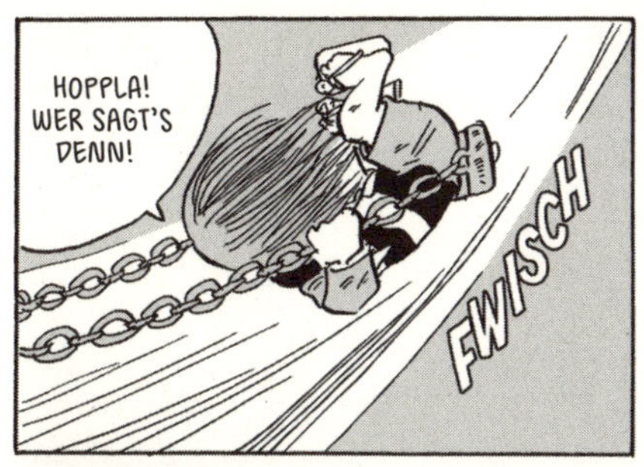
HOPPLA! WER SAGT'S DENN!
FWISCH

RATSCH

WHIRL
WHIRL
WAAAAH

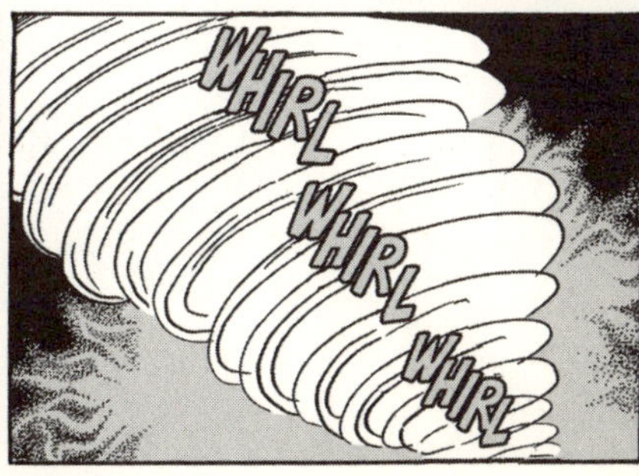
WHIRL
WHIRL
WHIRL

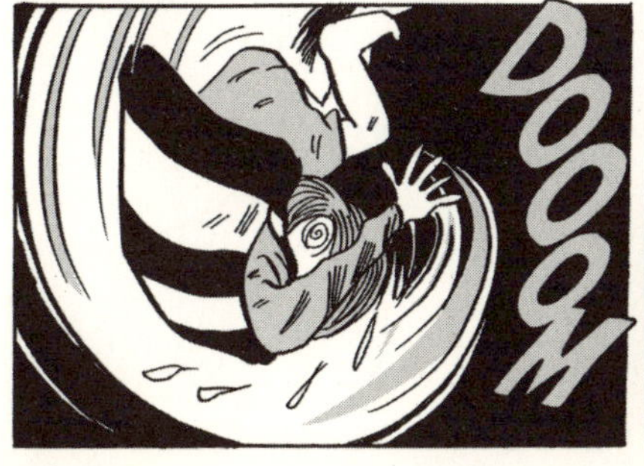
DOOOM

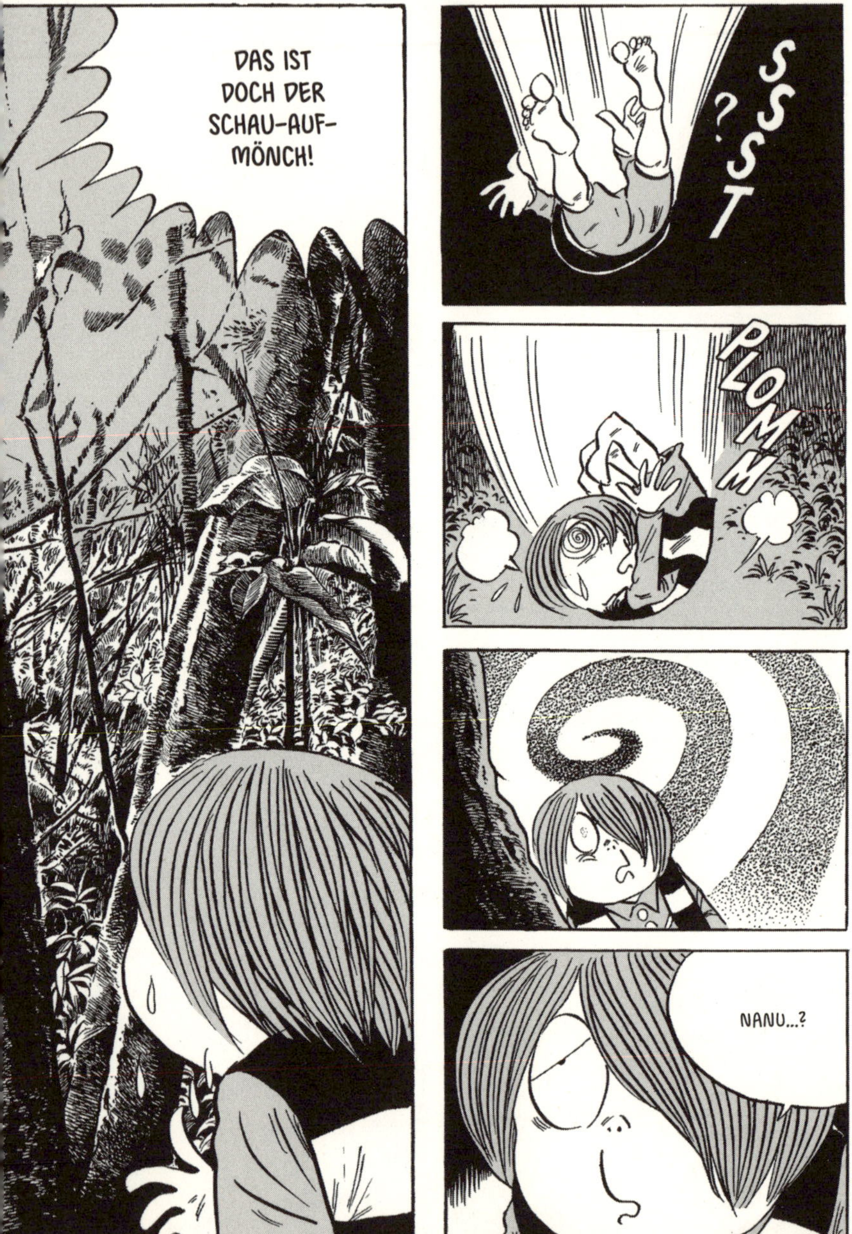

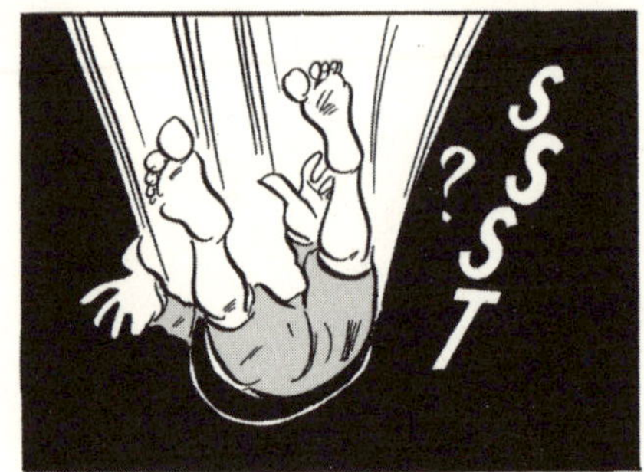

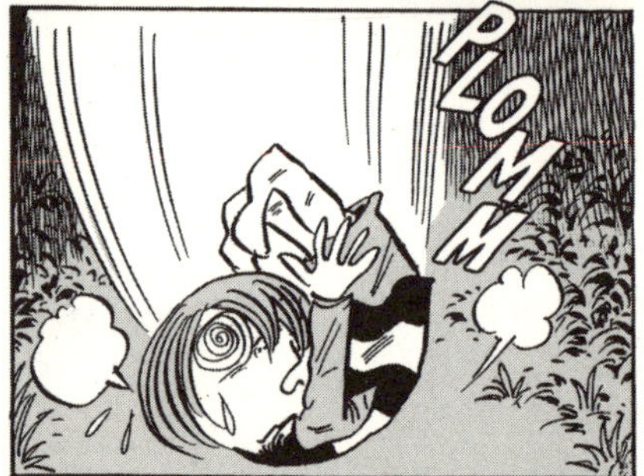

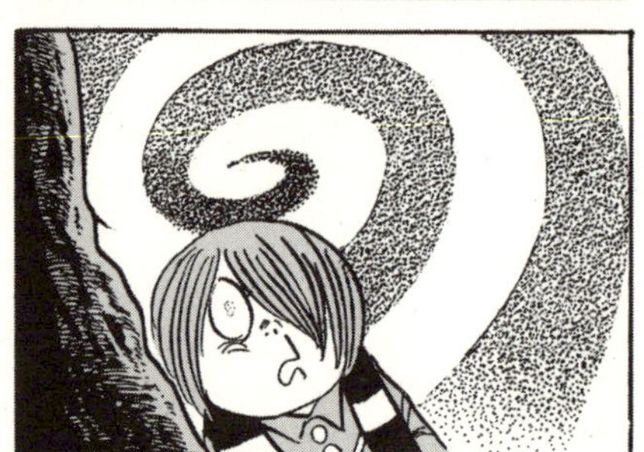

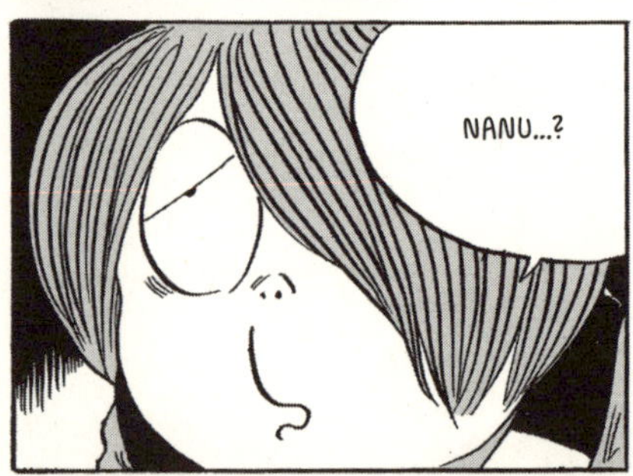

DAS IST DOCH DER SCHAU-AUF-MÖNCH!

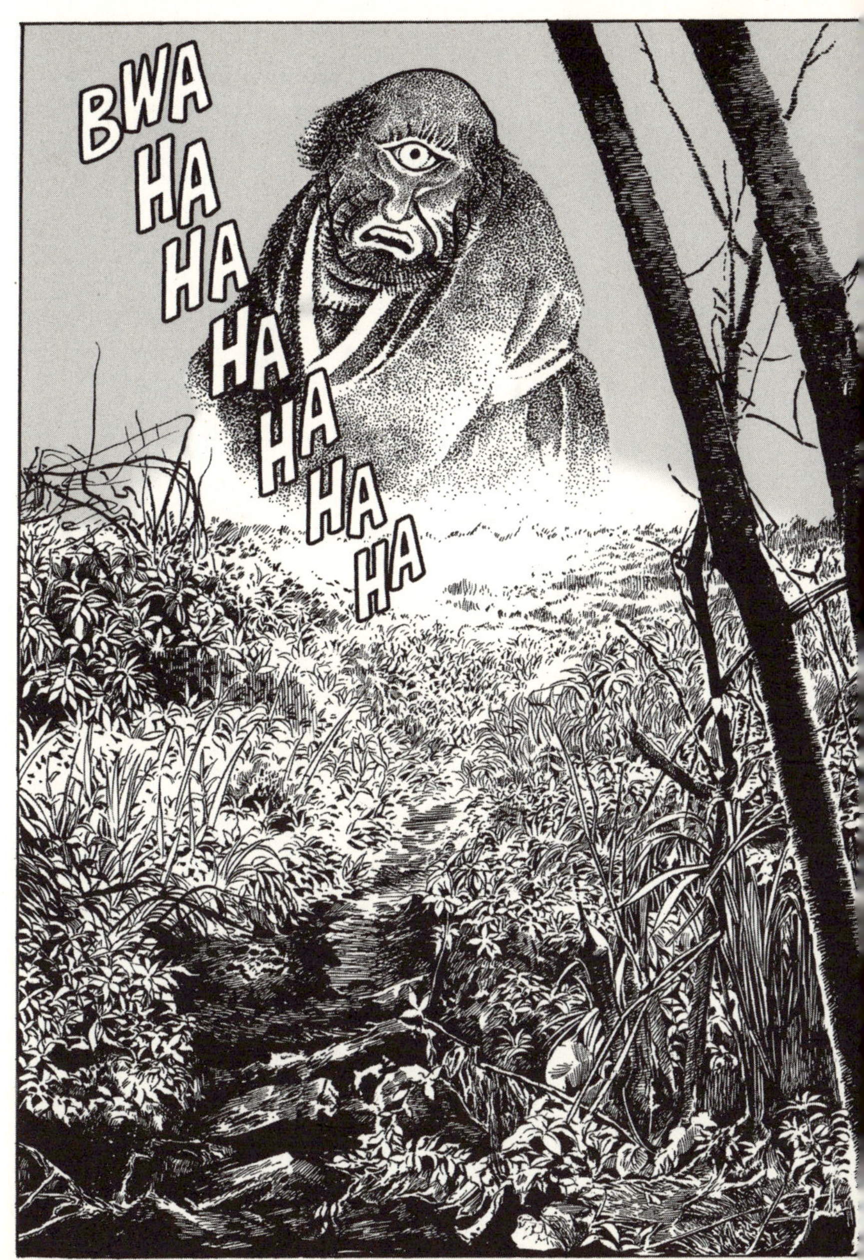

Der Schau-auf-Mönch, Teil 1 – Ende

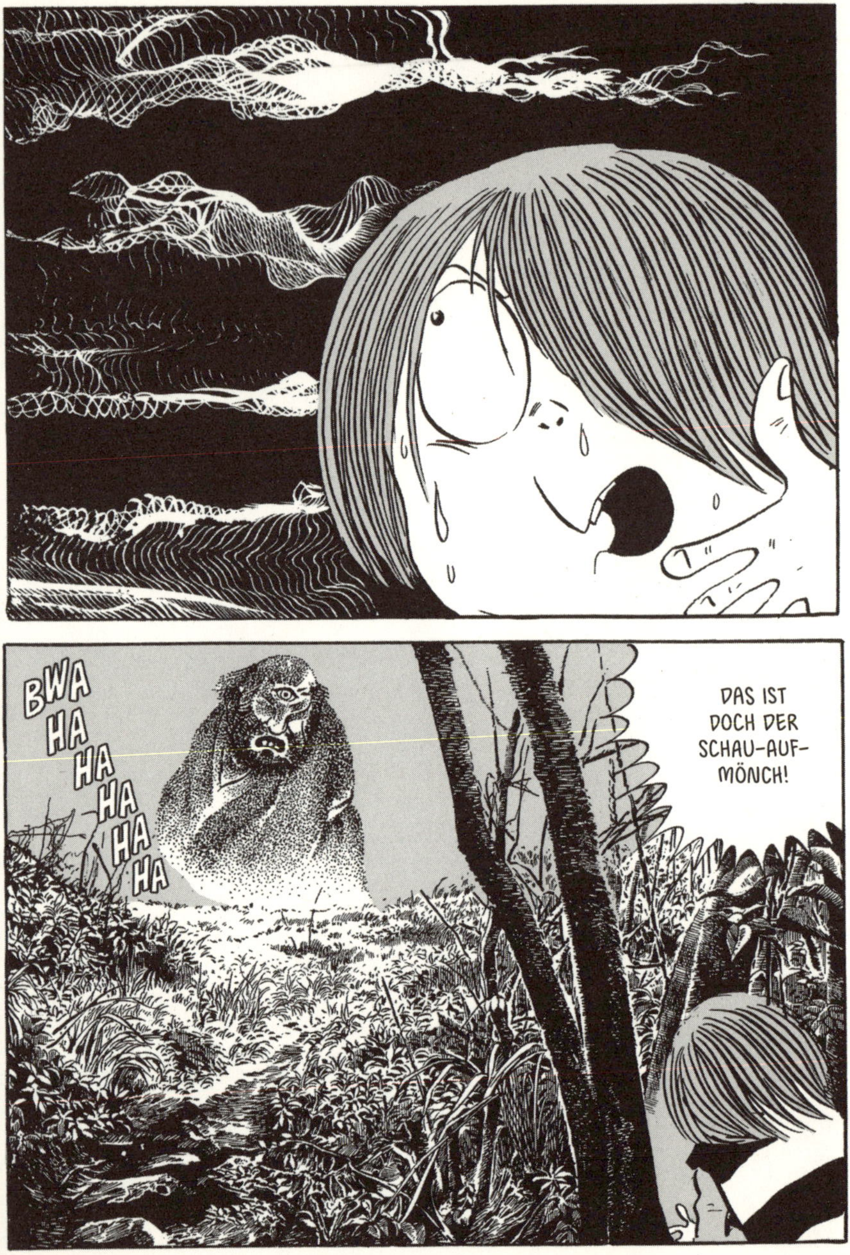

BWA HA HA HA HA HA
DAS IST DOCH DER SCHAU-AUF-MÖNCH!

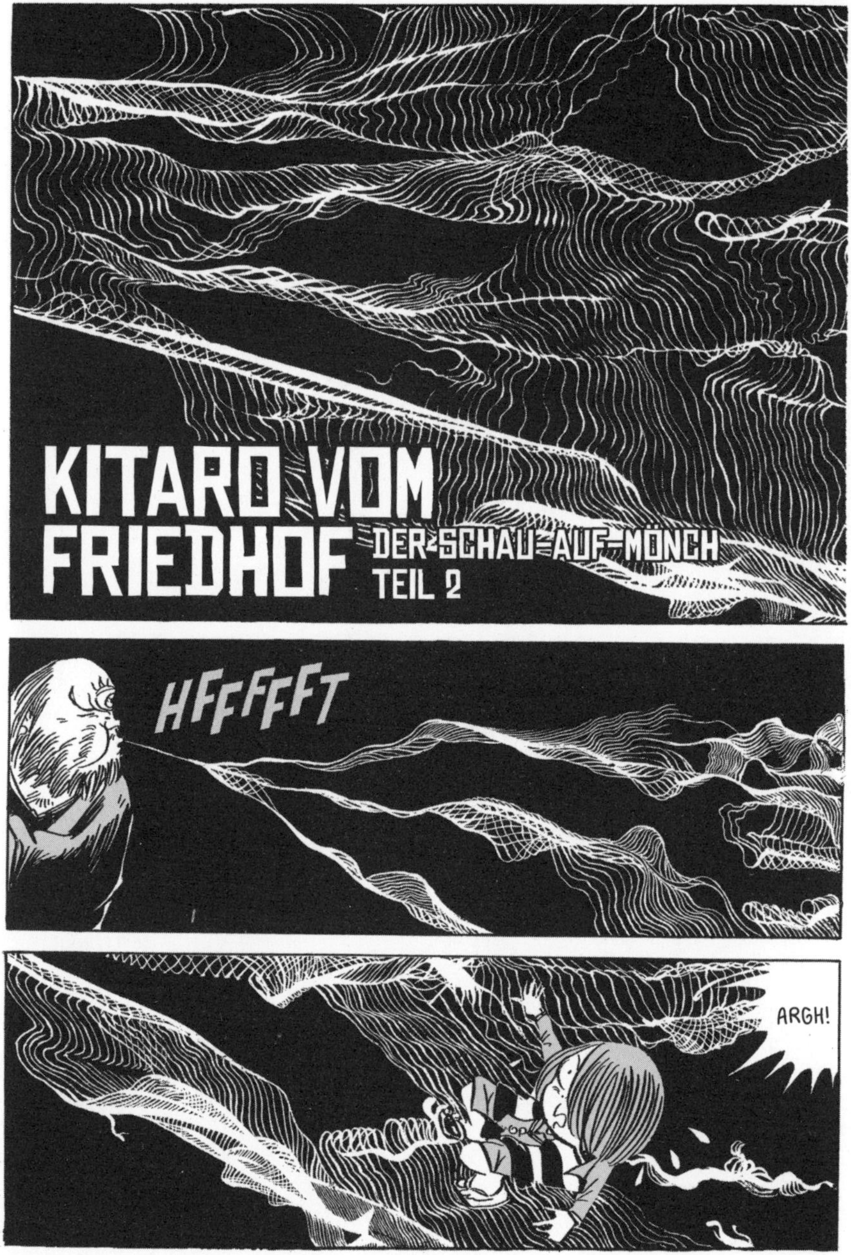

KITARO VOM FRIEDHOF

DER SCHAU-AUF-MÖNCH TEIL 2

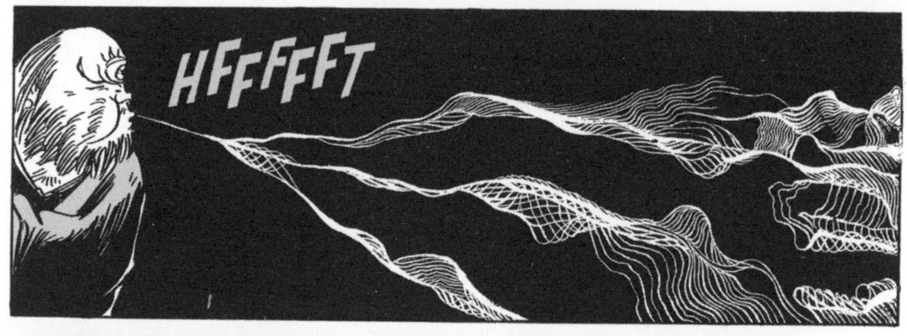

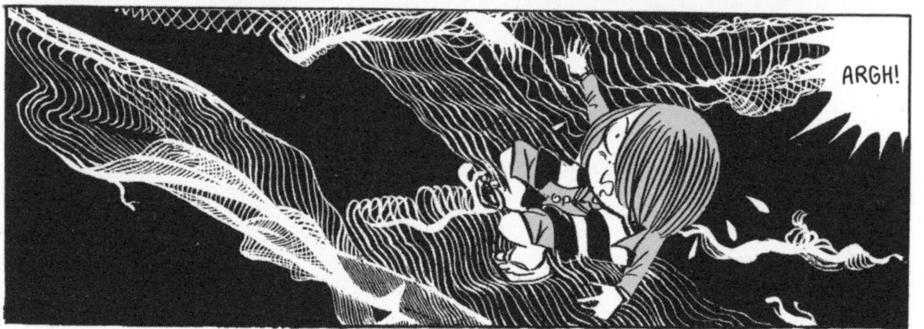

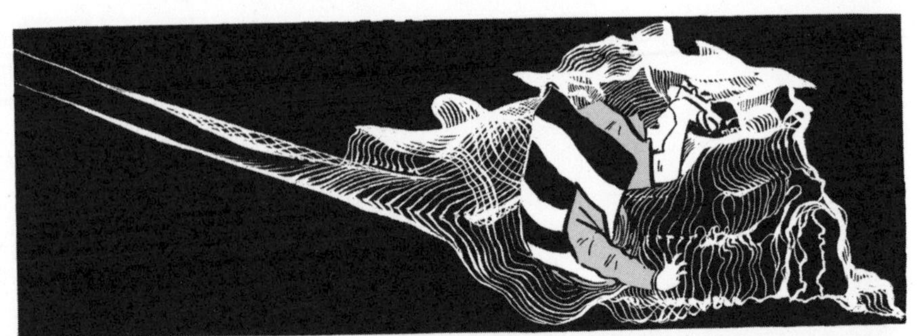

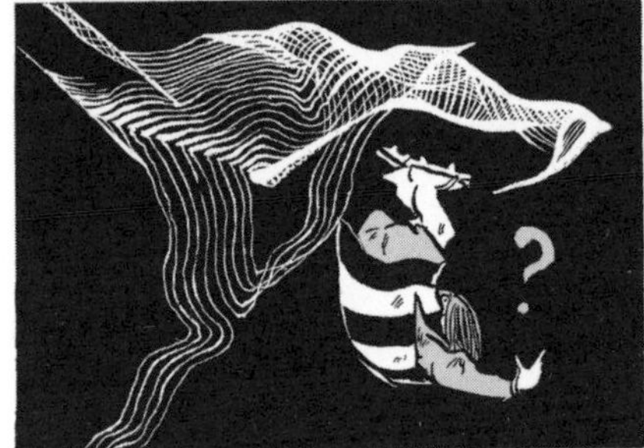
?

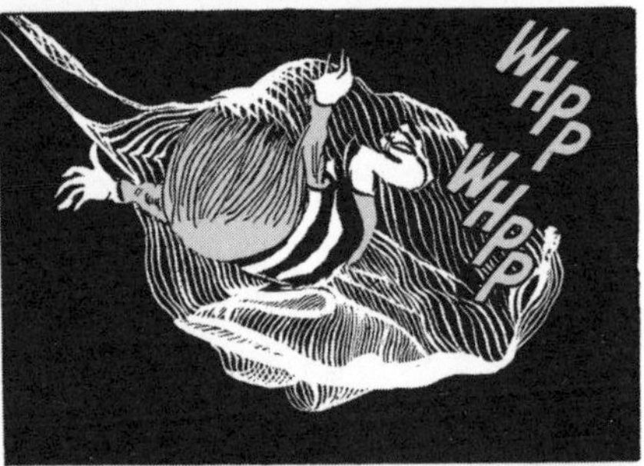
WHPP
WHPP

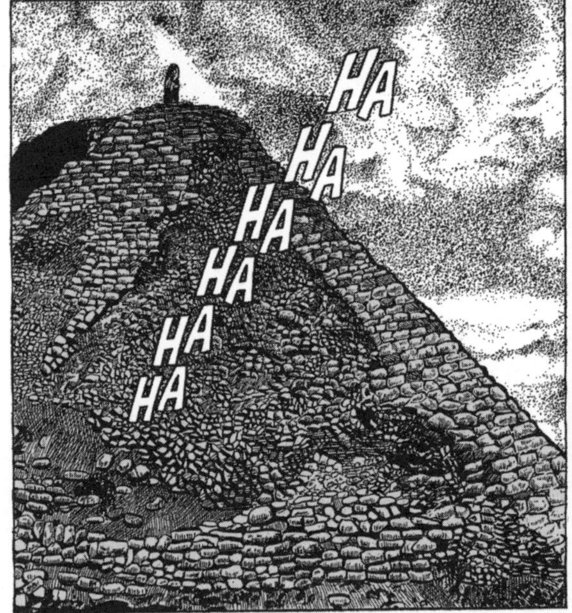
HA
HA
HA
HA
HA
HA

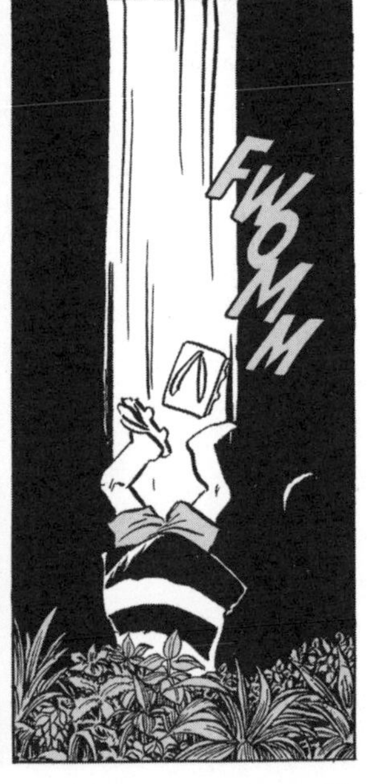
FWOMM

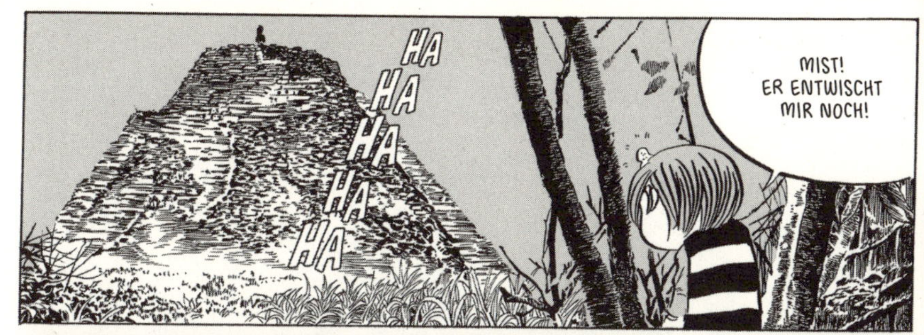
HA HA HA HA HA
MIST! ER ENTWISCHT MIR NOCH!

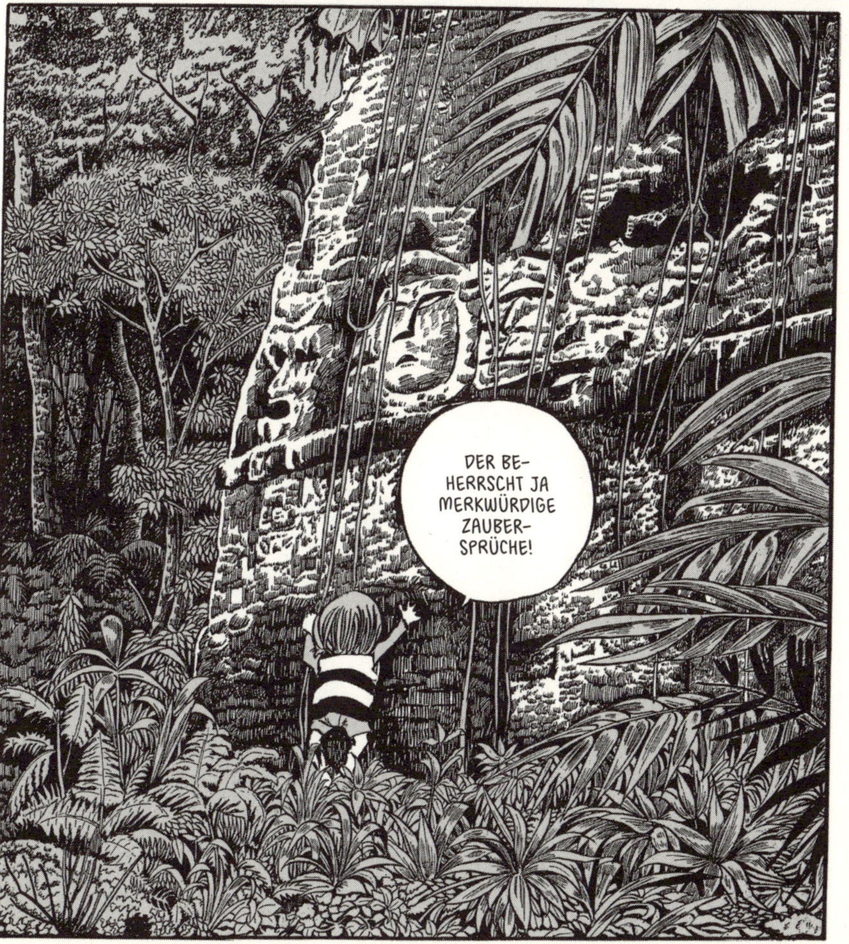

DER BEHERRSCHT JA MERKWÜRDIGE ZAUBERSPRÜCHE!

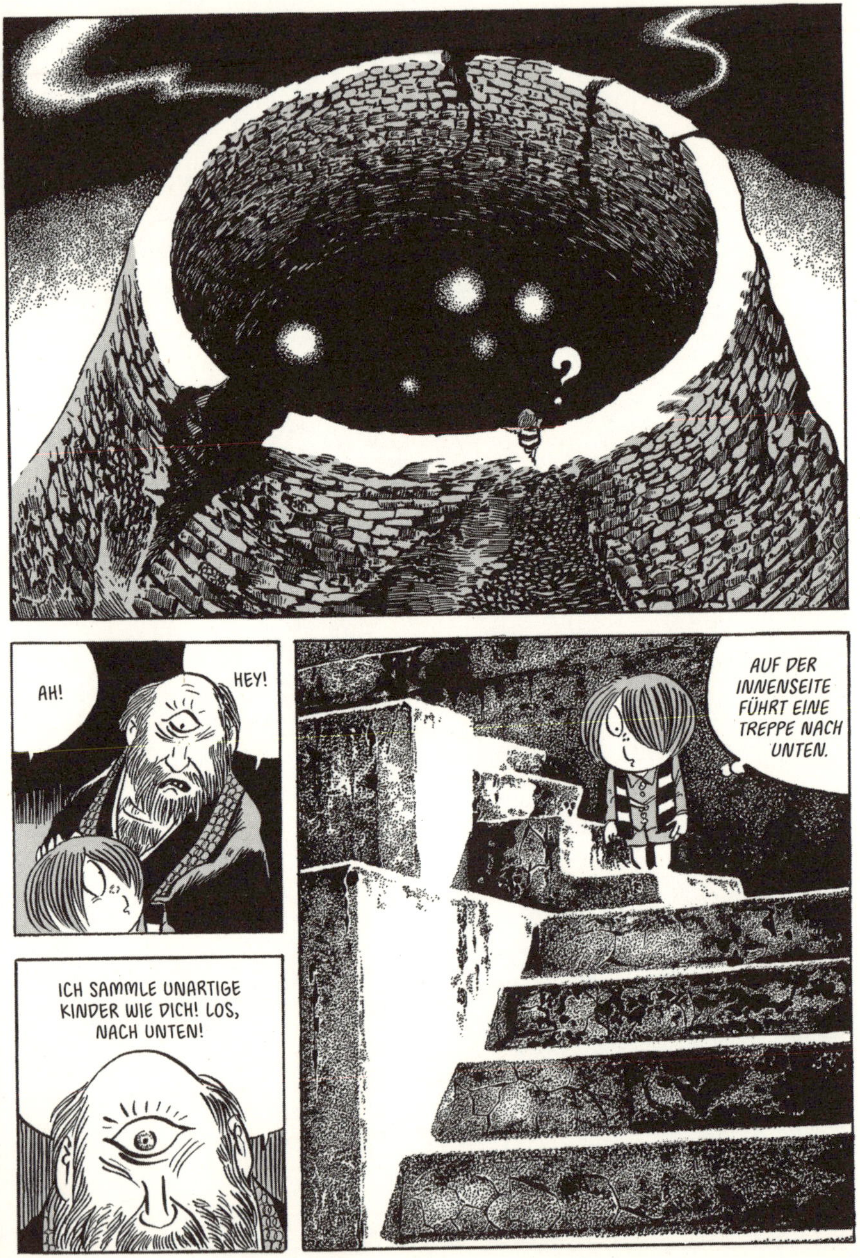

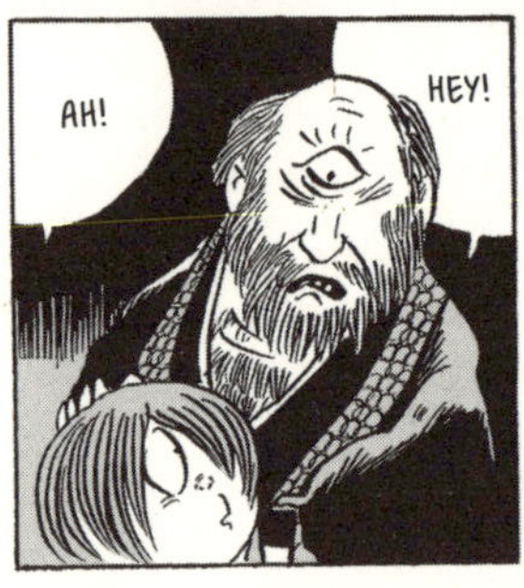
AH!
HEY!

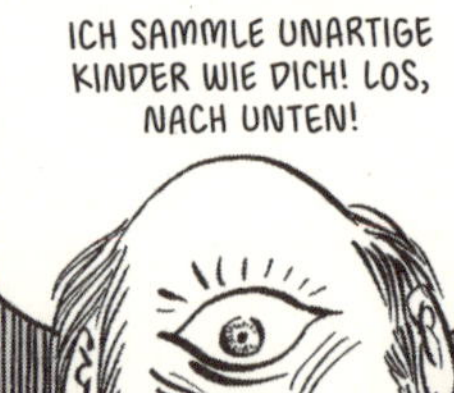
ICH SAMMLE UNARTIGE KINDER WIE DICH! LOS, NACH UNTEN!

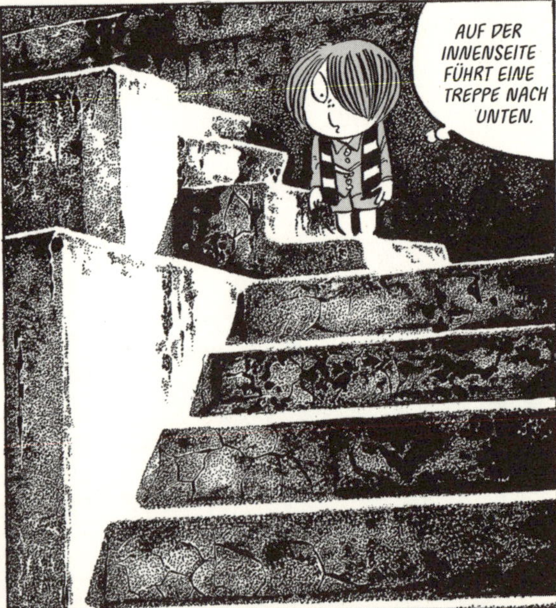
AUF DER INNENSEITE FÜHRT EINE TREPPE NACH UNTEN.

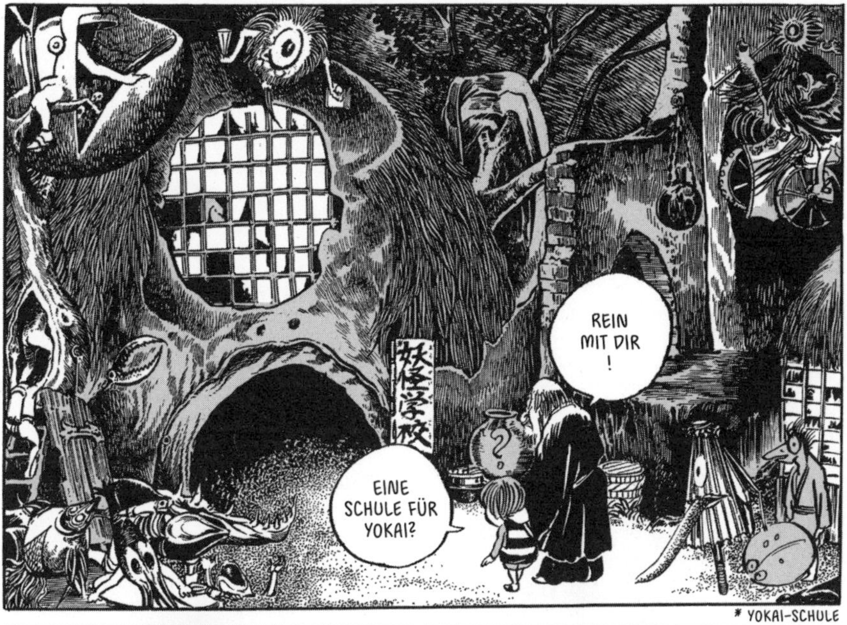

EINE SCHULE FÜR YOKAI?

REIN MIT DIR!

妖怪学校

* YOKAI-SCHULE

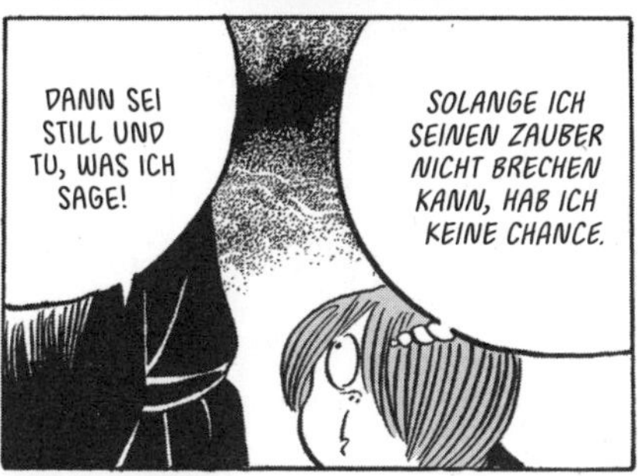

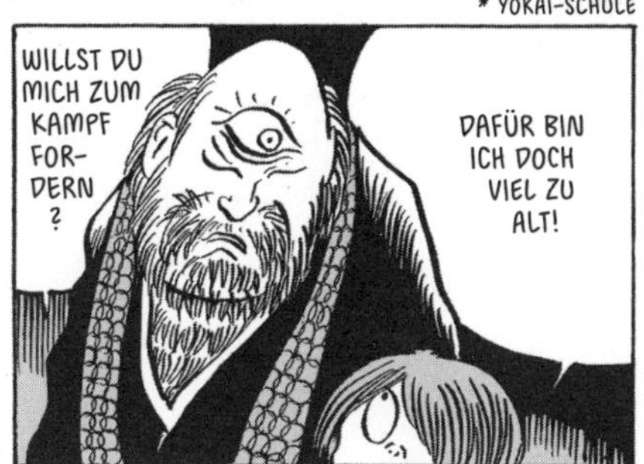

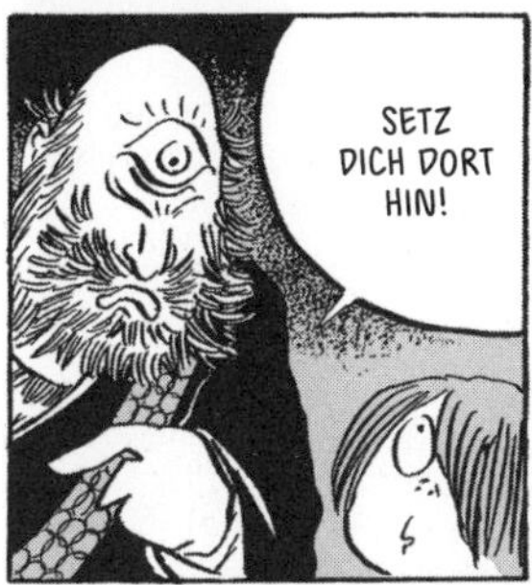

WIDERWILLIG BETRAT KITARO DIE YOKAI-SCHULE. IM KLASSENZIMMER SASSEN EIN FRECHES INSEKT, EINE FRECHE KATZE UND EIN FRECHES KIND. SIE WAREN VOM SCHAU-AUF-MÖNCH ENTFÜHRT WORDEN UND WURDEN NUN ZU YOKAI UMERZOGEN.

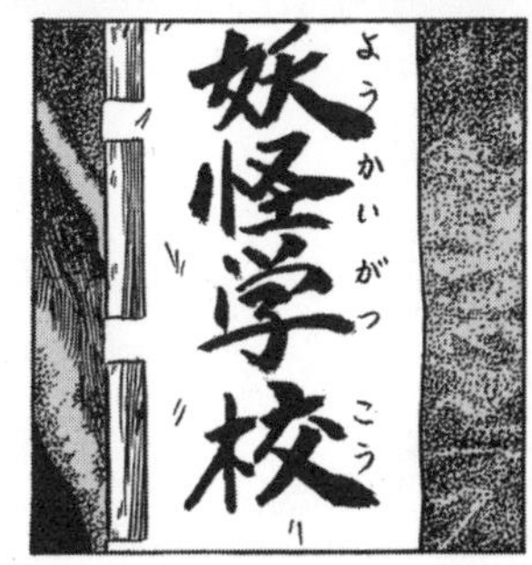

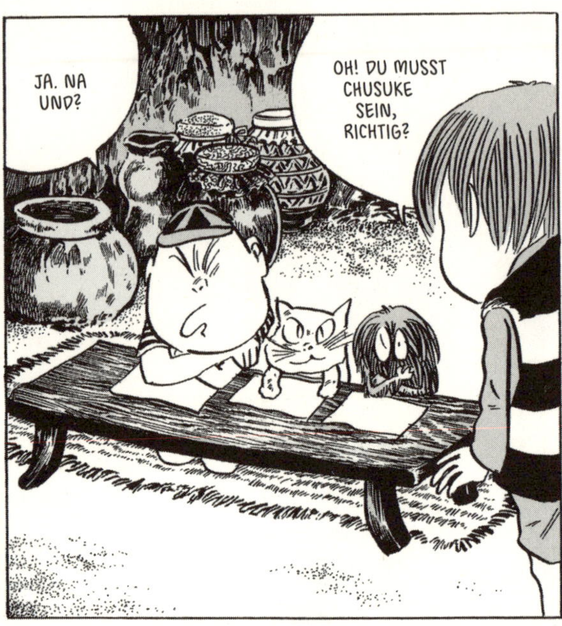
OH! DU MUSST CHUSUKE SEIN, RICHTIG?
JA. NA UND?

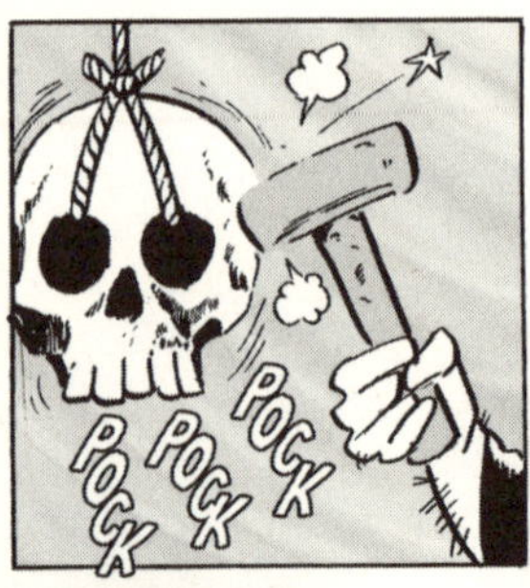
POCK
POCK
POCK

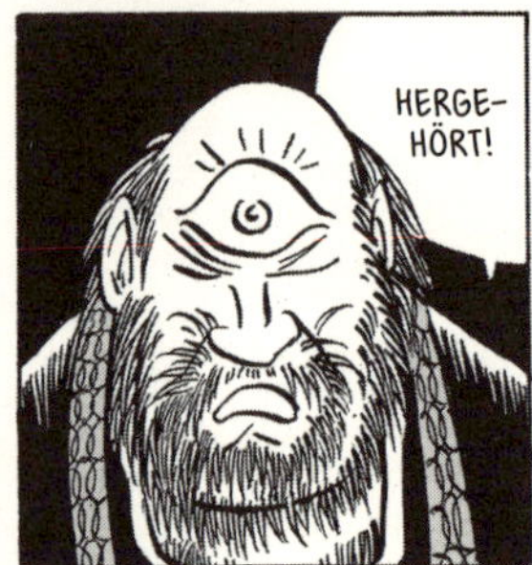
HERGE-HÖRT!

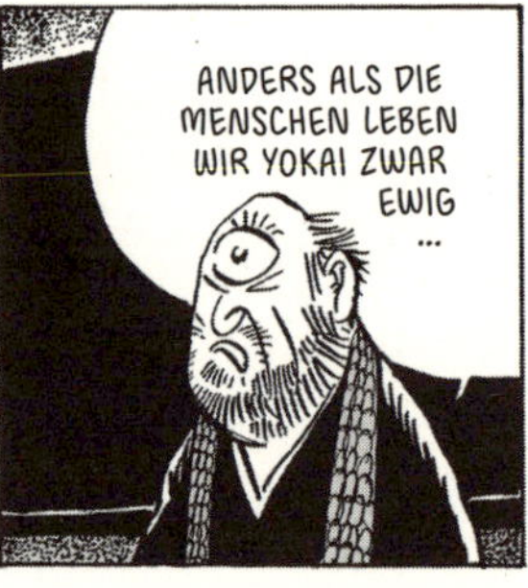
ANDERS ALS DIE MENSCHEN LEBEN WIR YOKAI ZWAR EWIG ...

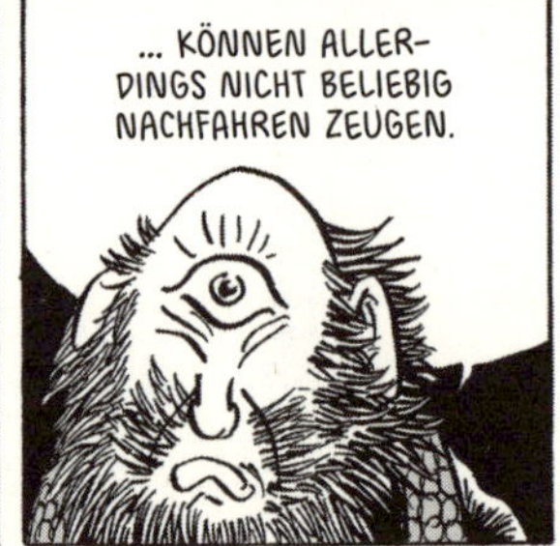
... KÖNNEN ALLER-DINGS NICHT BELIEBIG NACHFAHREN ZEUGEN.

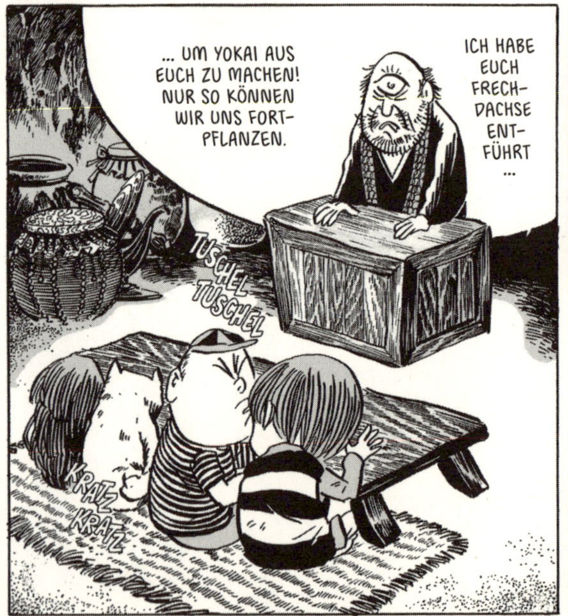
ICH HABE EUCH FRECH-DACHSE ENT-FÜHRT ...
... UM YOKAI AUS EUCH ZU MACHEN! NUR SO KÖNNEN WIR UNS FORT-PFLANZEN.
TUSCHEL
TUSCHEL
KRATZ
KRATZ

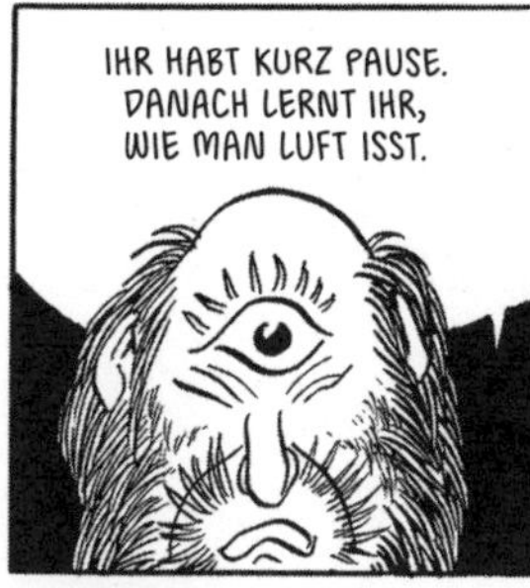
IHR HABT KURZ PAUSE. DANACH LERNT IHR, WIE MAN LUFT ISST.

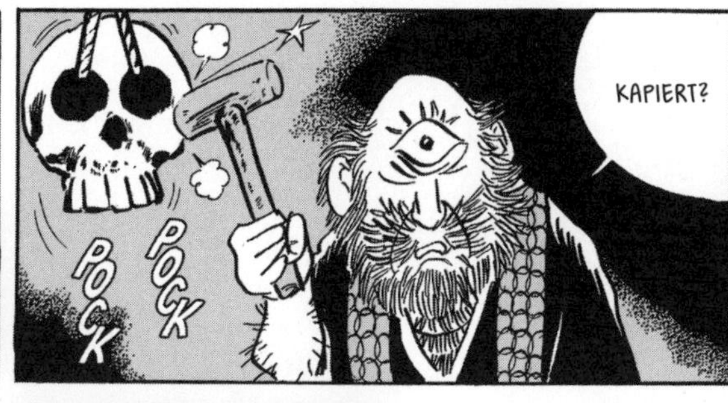
KAPIERT?
POCK
POCK

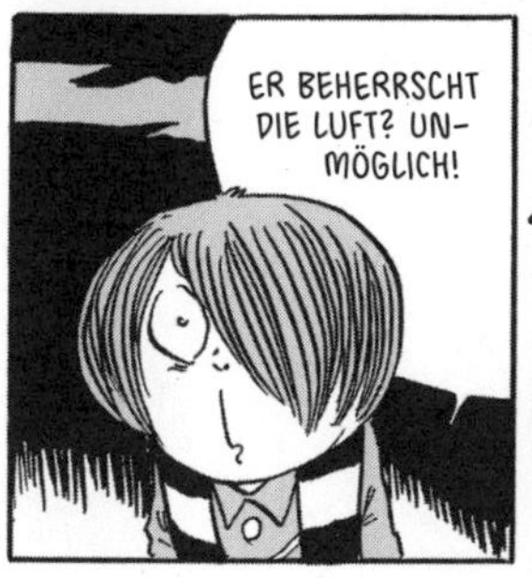
ER BEHERRSCHT DIE LUFT? UN-MÖGLICH!

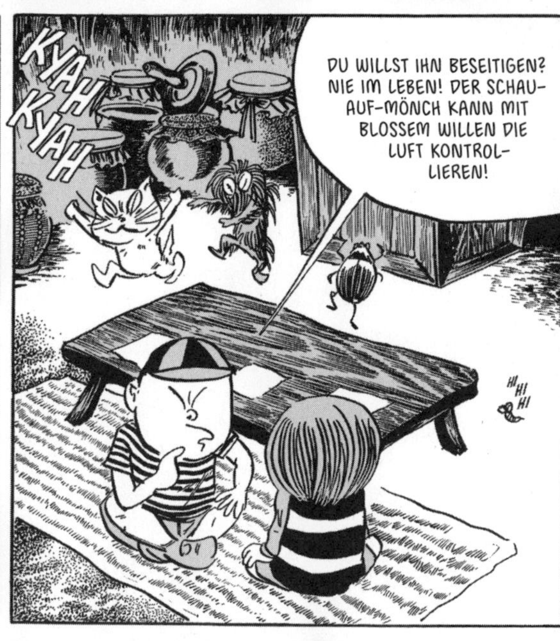
DU WILLST IHN BESEITIGEN? NIE IM LEBEN! DER SCHAU-AUF-MÖNCH KANN MIT BLOSSEM WILLEN DIE LUFT KONTROL-LIEREN!
KYAH
KYAH
KYAH
HI HI HI

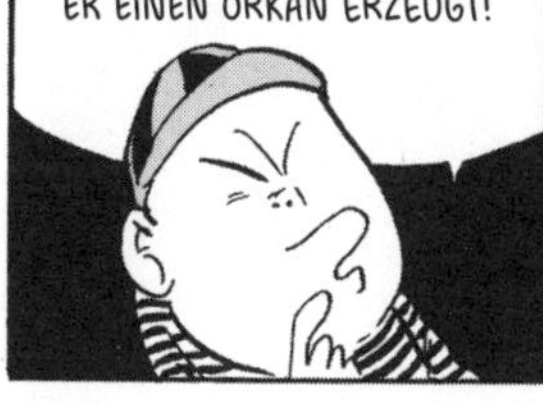
ER MUSS EINE BESONDERE LUNGE HABEN, DENN ER KANN SO VIEL LUFT EINSAU-GEN UND AUSSTOSSEN, DASS ER EINEN ORKAN ERZEUGT!

ER KANN NOCH MEHR. JE NACHDEM, WIE VIEL LUFT ER EINSAUGT, BLÄHT ER SEINEN KÖRPER AUF ODER SCHRUMPFT IHN.

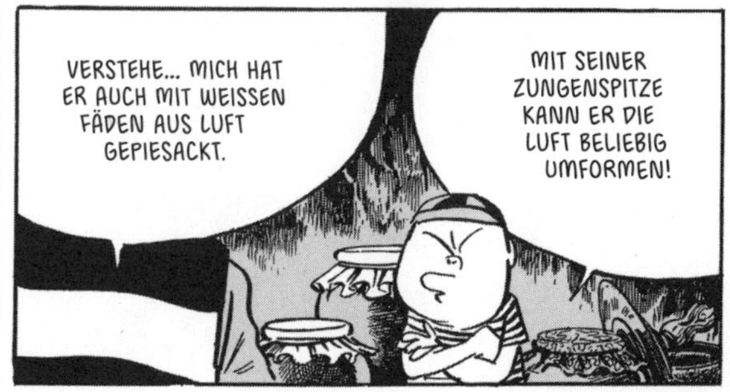
MIT SEINER ZUNGENSPITZE KANN ER DIE LUFT BELIEBIG UMFORMEN!
VERSTEHE... MICH HAT ER AUCH MIT WEISSEN FÄDEN AUS LUFT GEPIESACKT.

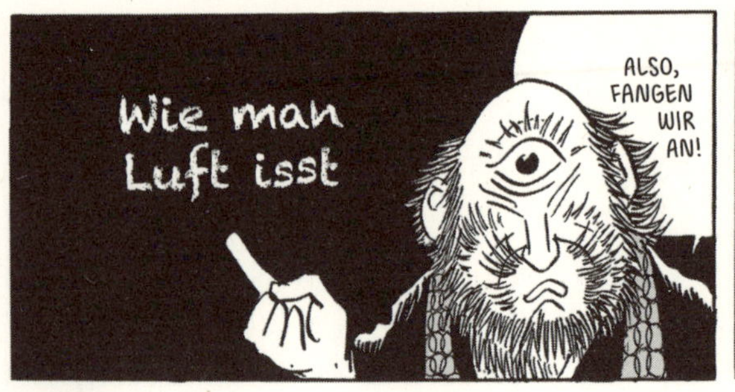
Wie man Luft isst
ALSO, FANGEN WIR AN!

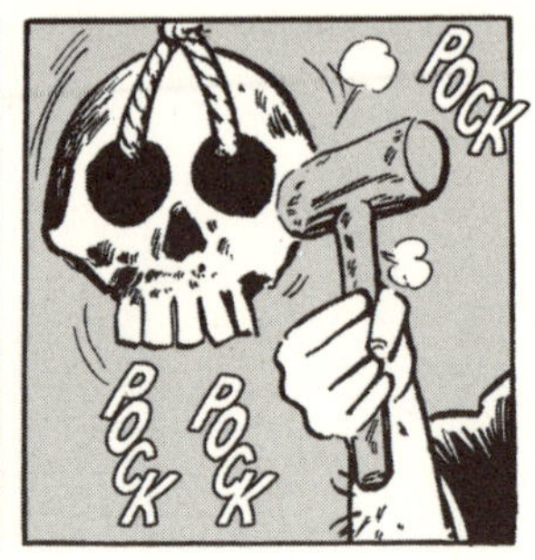
POCK
POCK
POCK

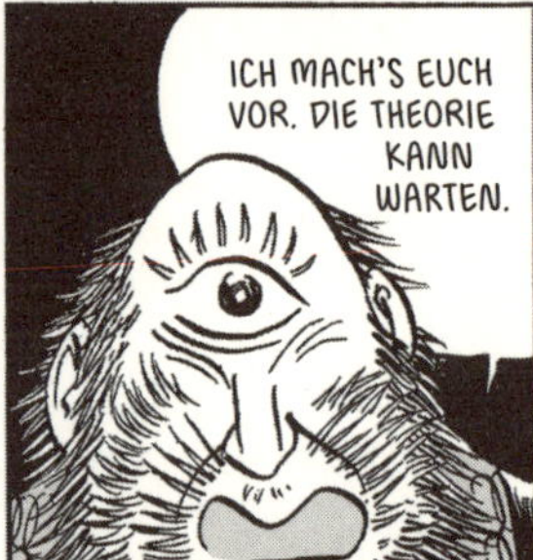
ICH MACH'S EUCH VOR. DIE THEORIE KANN WARTEN.

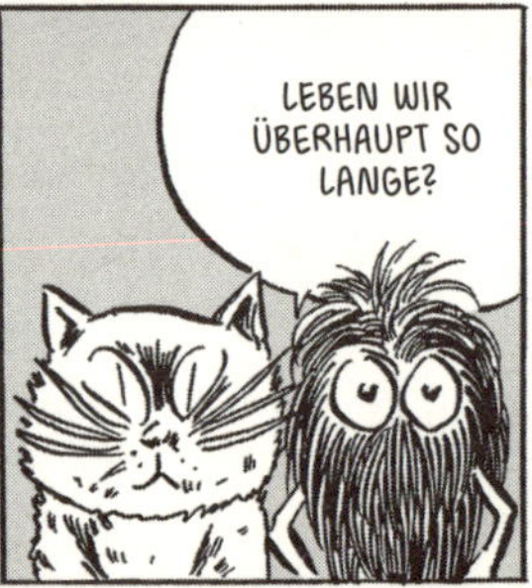
LEBEN WIR ÜBERHAUPT SO LANGE?

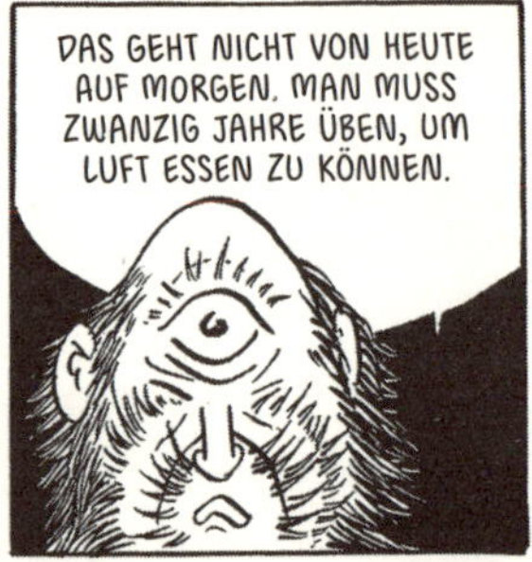
DAS GEHT NICHT VON HEUTE AUF MORGEN. MAN MUSS ZWANZIG JAHRE ÜBEN, UM LUFT ESSEN ZU KÖNNEN.

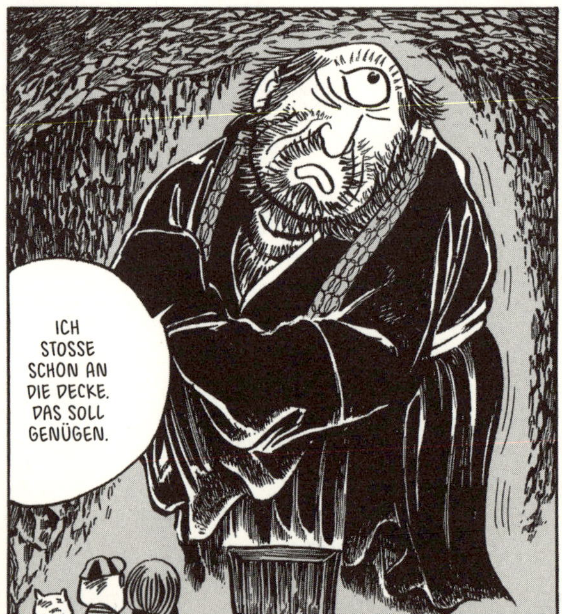
ICH STOSSE SCHON AN DIE DECKE. DAS SOLL GENÜGEN.

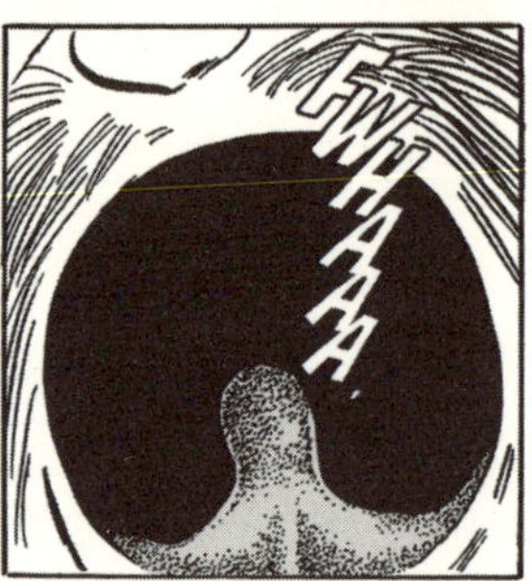
FWHAAAA

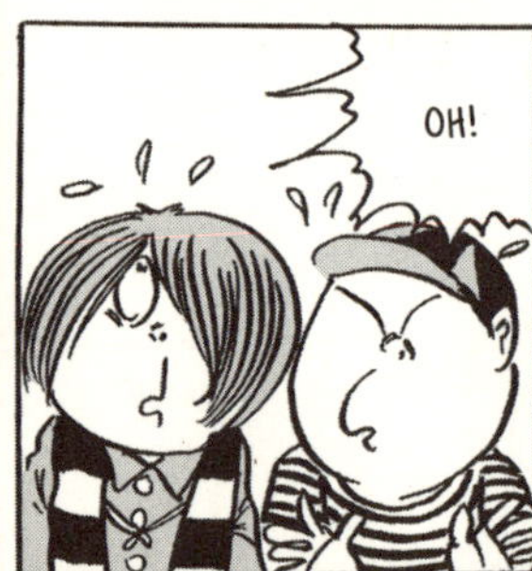
OH!

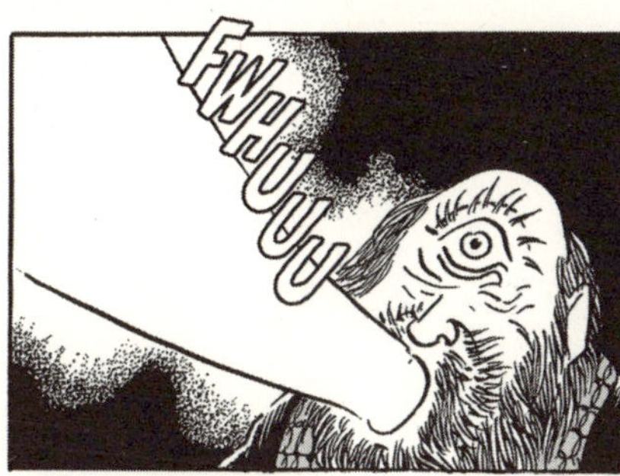
FWHUUU

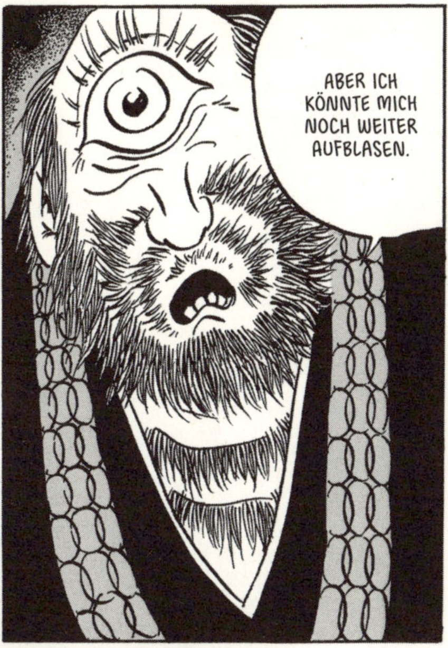
ABER ICH KÖNNTE MICH NOCH WEITER AUFBLASEN.

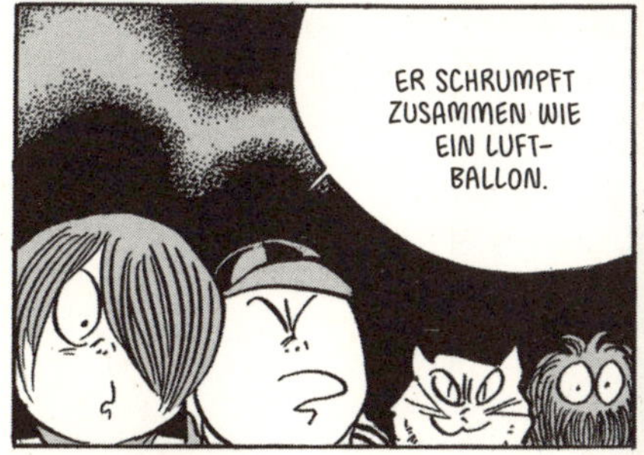
ER SCHRUMPFT ZUSAMMEN WIE EIN LUFT-BALLON.

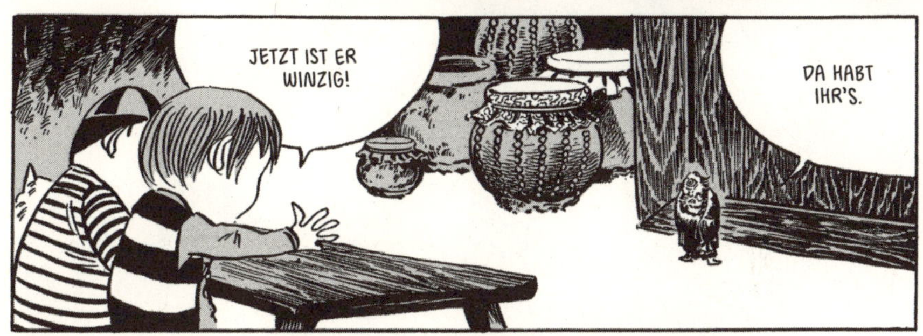
DA HABT IHR'S.
JETZT IST ER WINZIG!

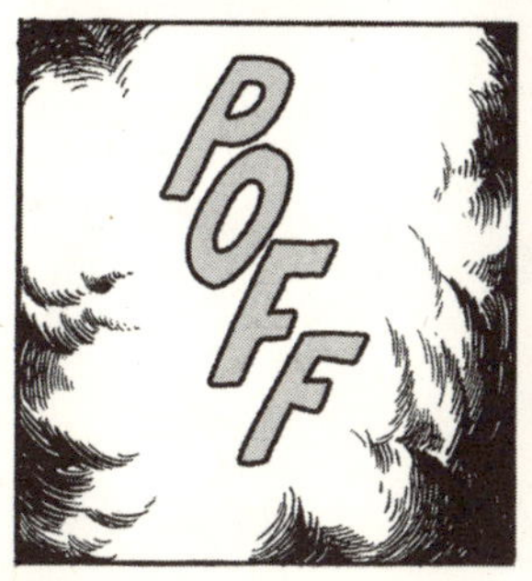
POFF

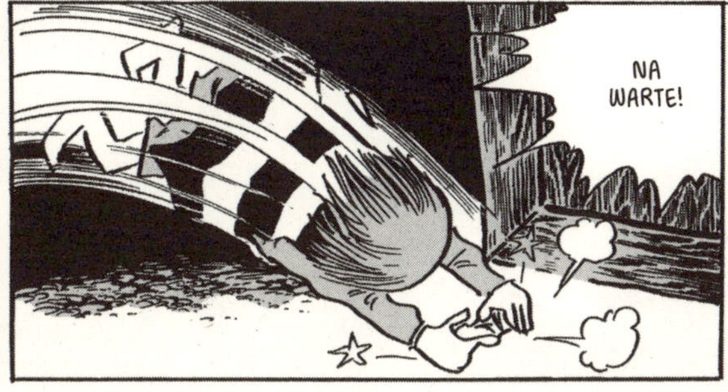
NA WARTE!

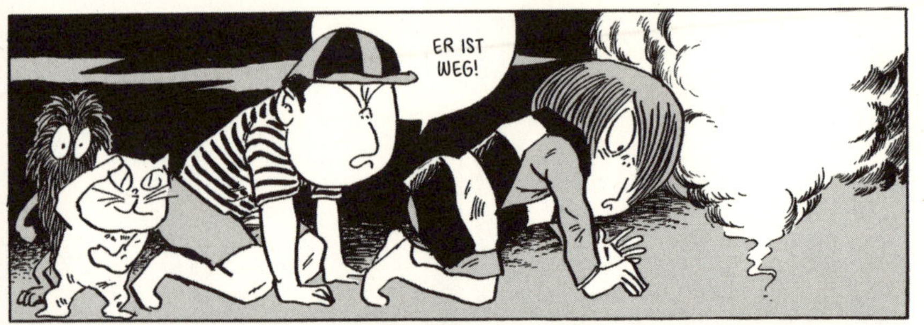

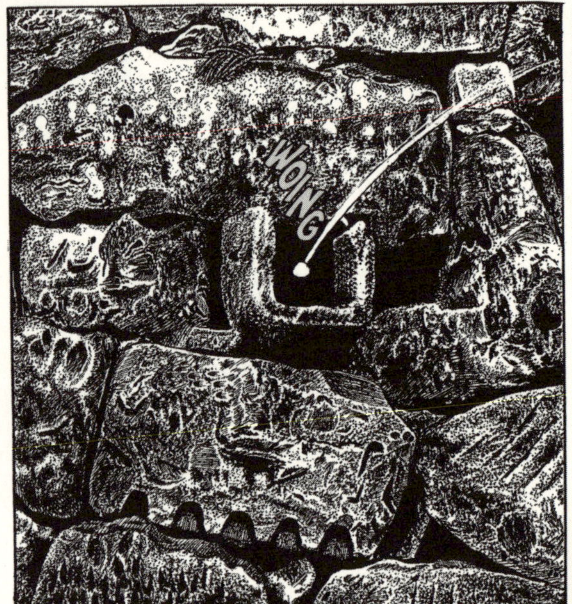

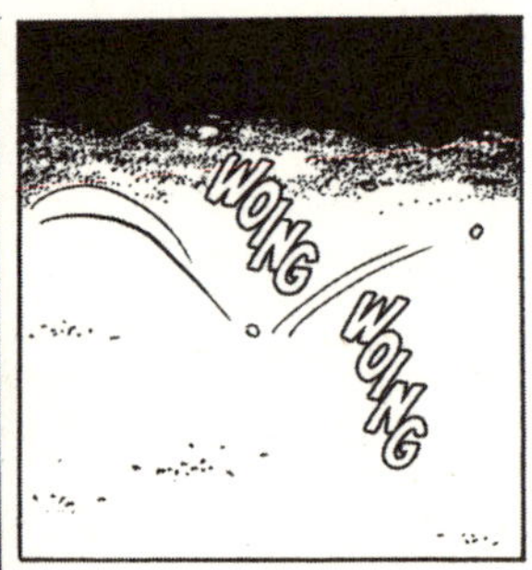

KITARO HATTE NICHT BEMERKT, WIE ETWAS VON DER GRÖSSE EINES REISKORNS VERZWEIFELT AUS DEM KLASSENZIMMER SPRANG.

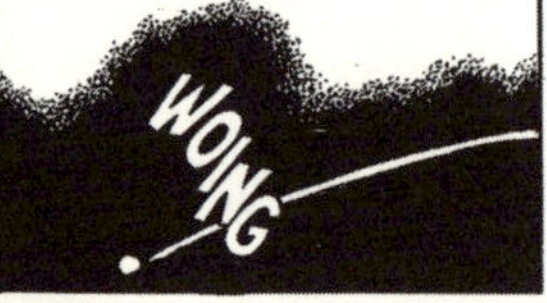

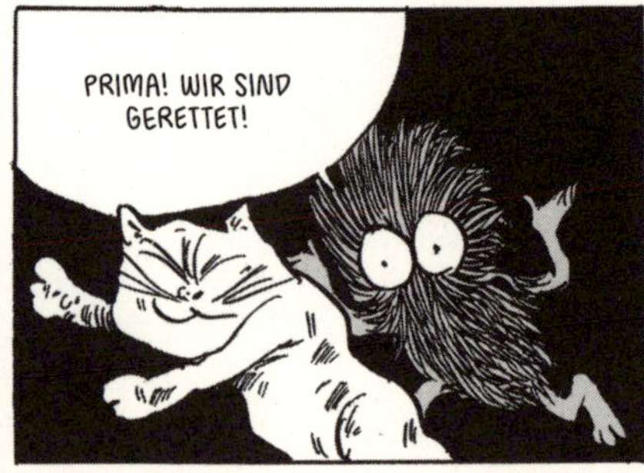

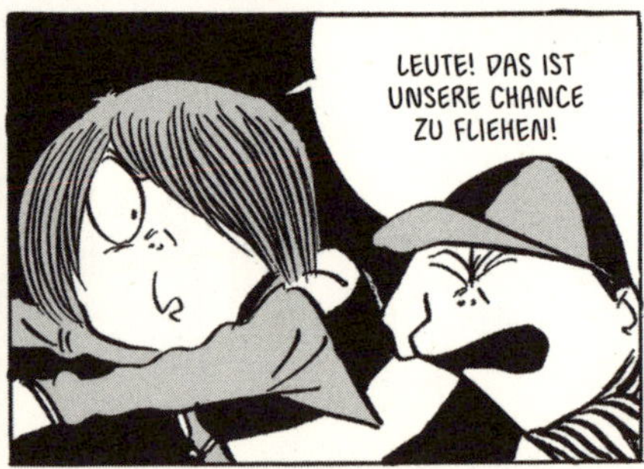

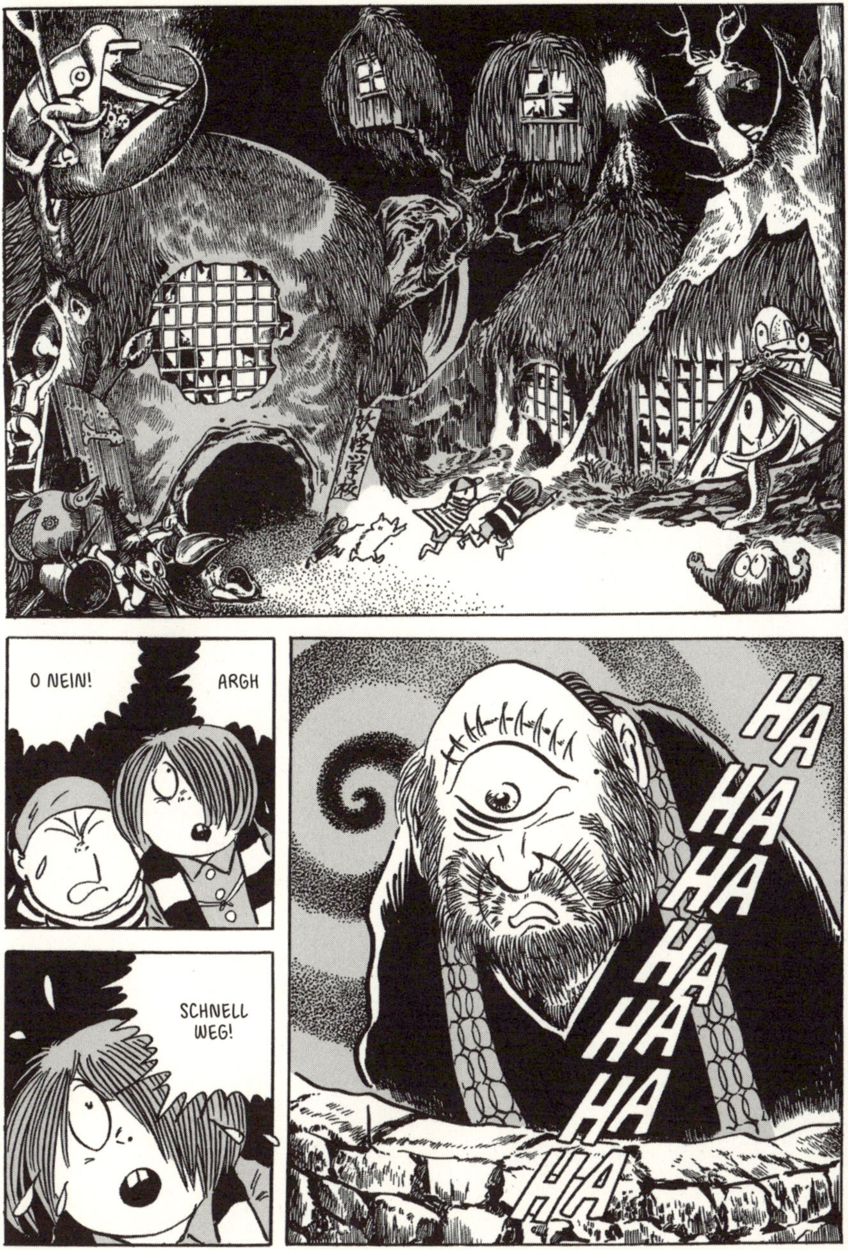

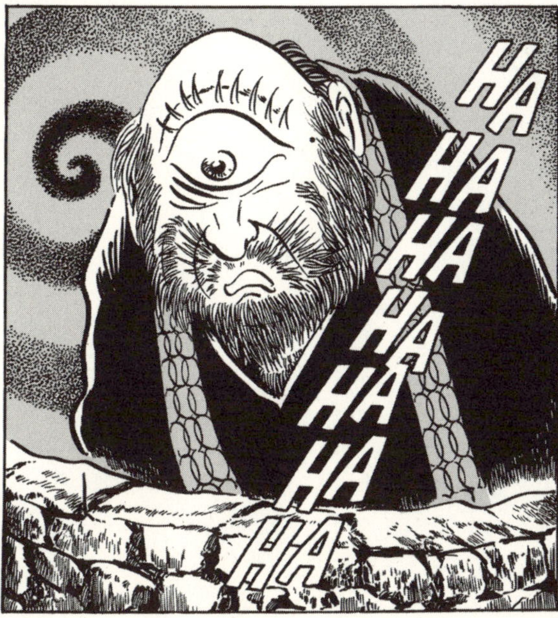
HA HA HA HA HA HA HA HA HA

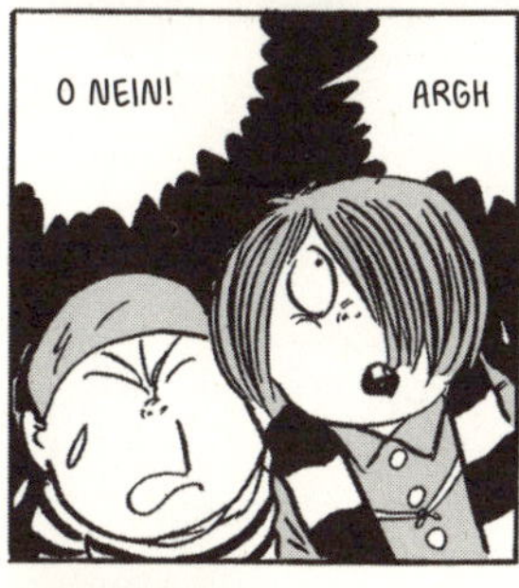
ARGH
O NEIN!

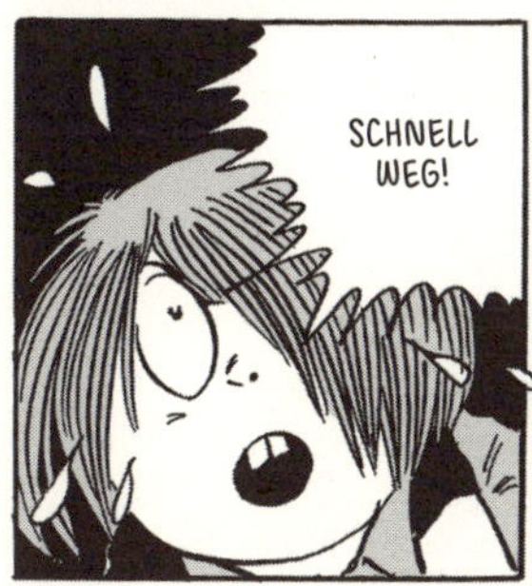
SCHNELL WEG!

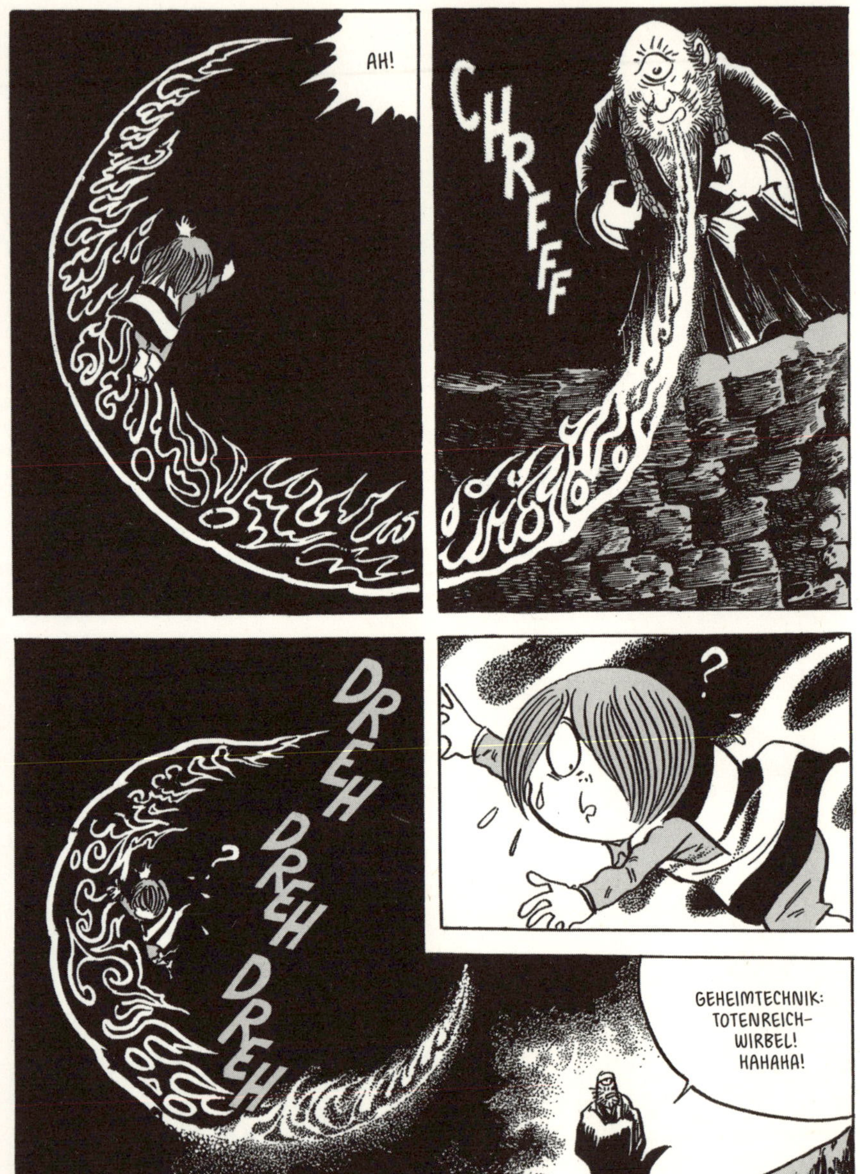
AH!
CHRFFFF
DREH DREH DREH
?
?
GEHEIMTECHNIK: TOTENREICH-WIRBEL! HAHAHA!

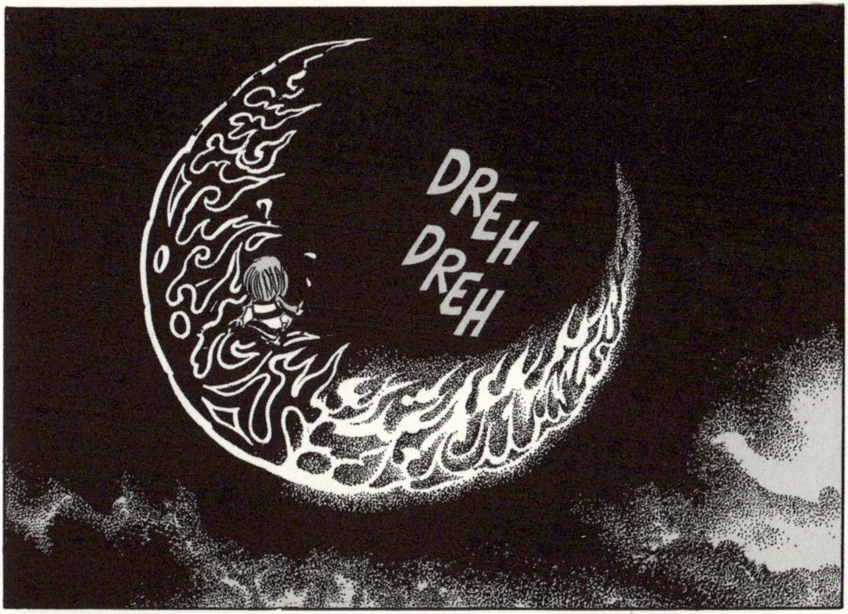

DREH
DREH

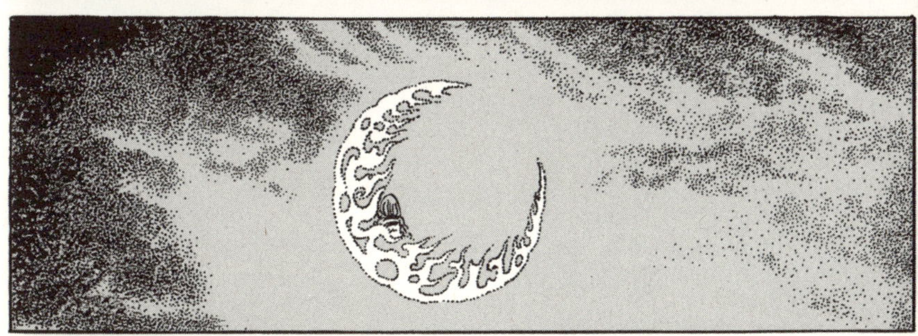

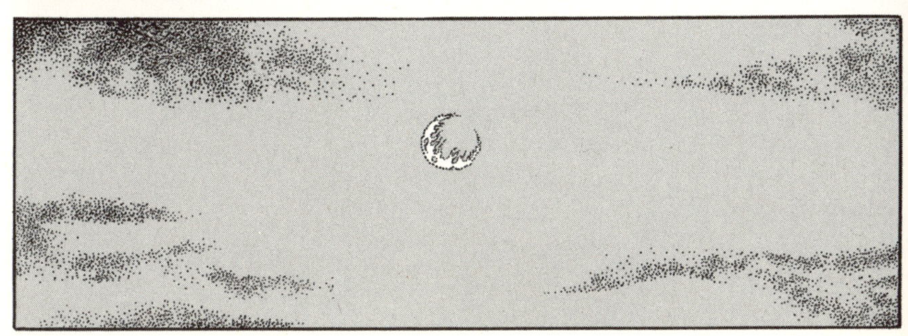

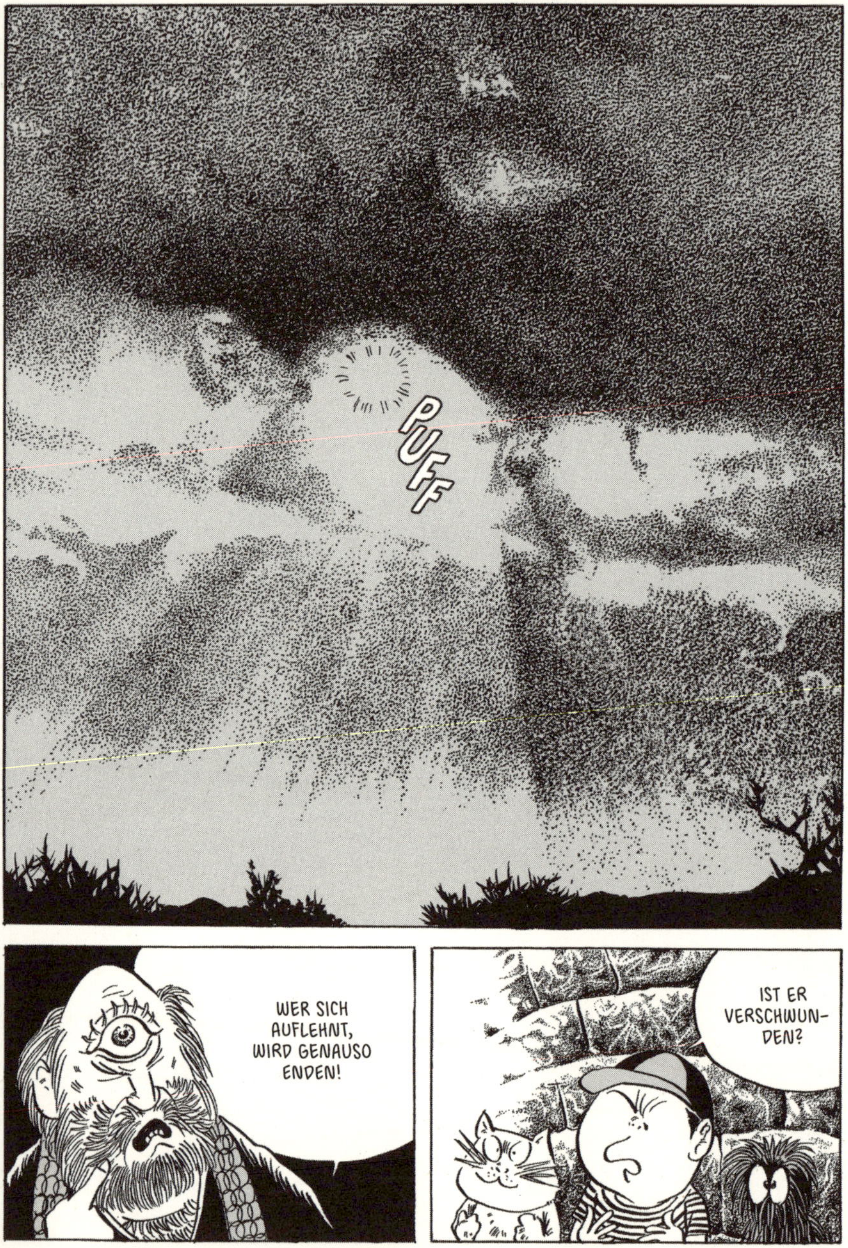

PUFF

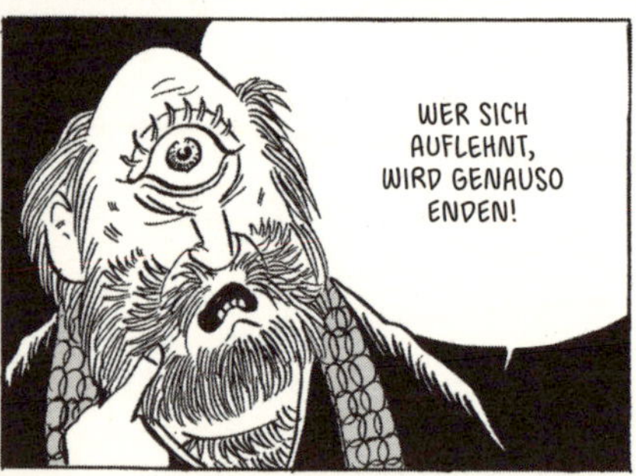

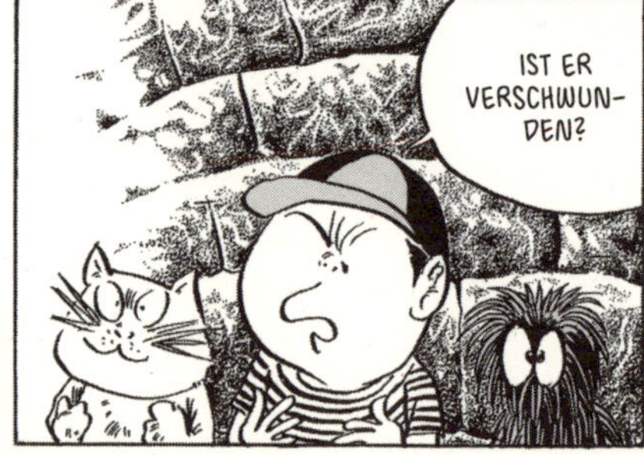

Der Schau-auf-Mönch, Teil 2 – Ende

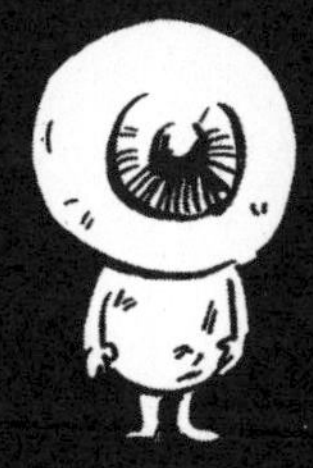

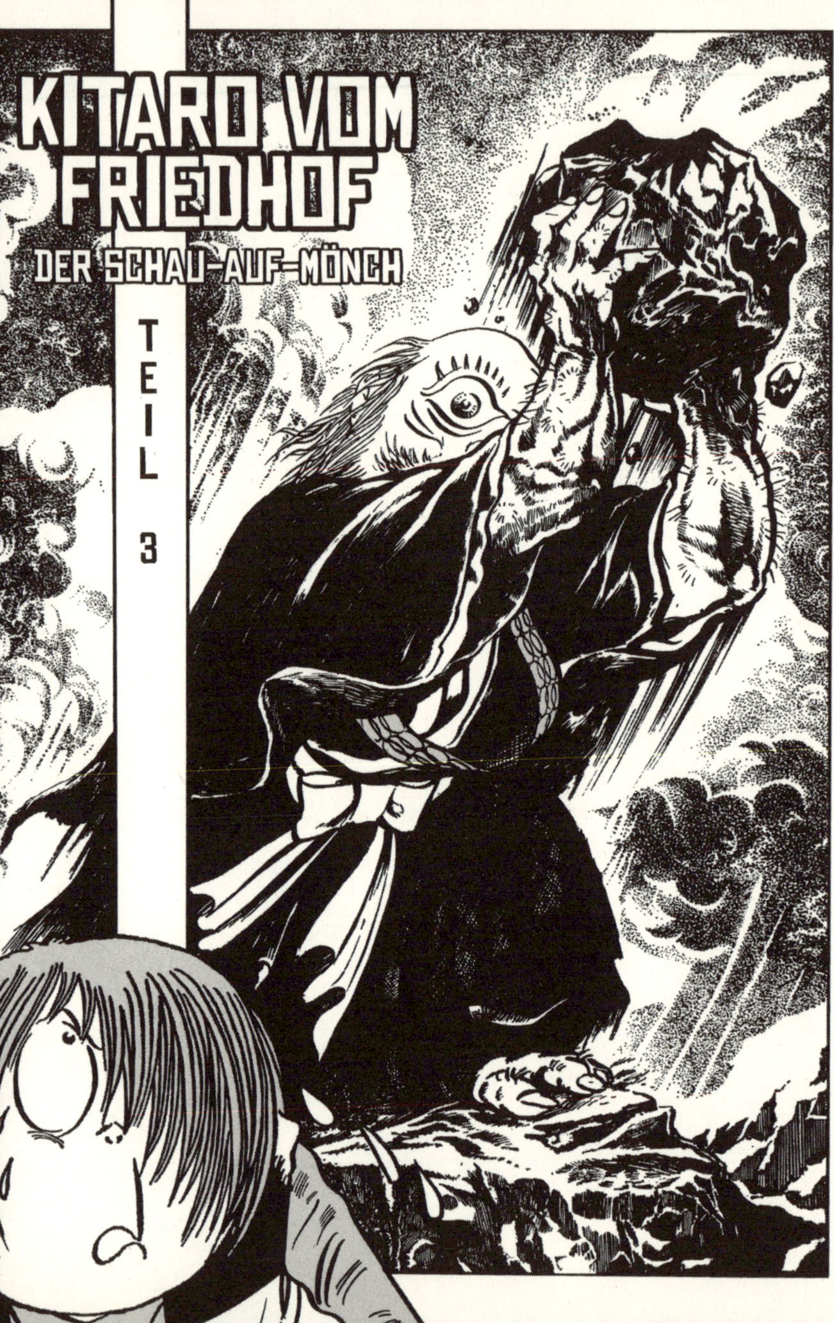
KITARO VOM FRIEDHOF
DER SCHAU-AUF-MÖNCH
TEIL 3

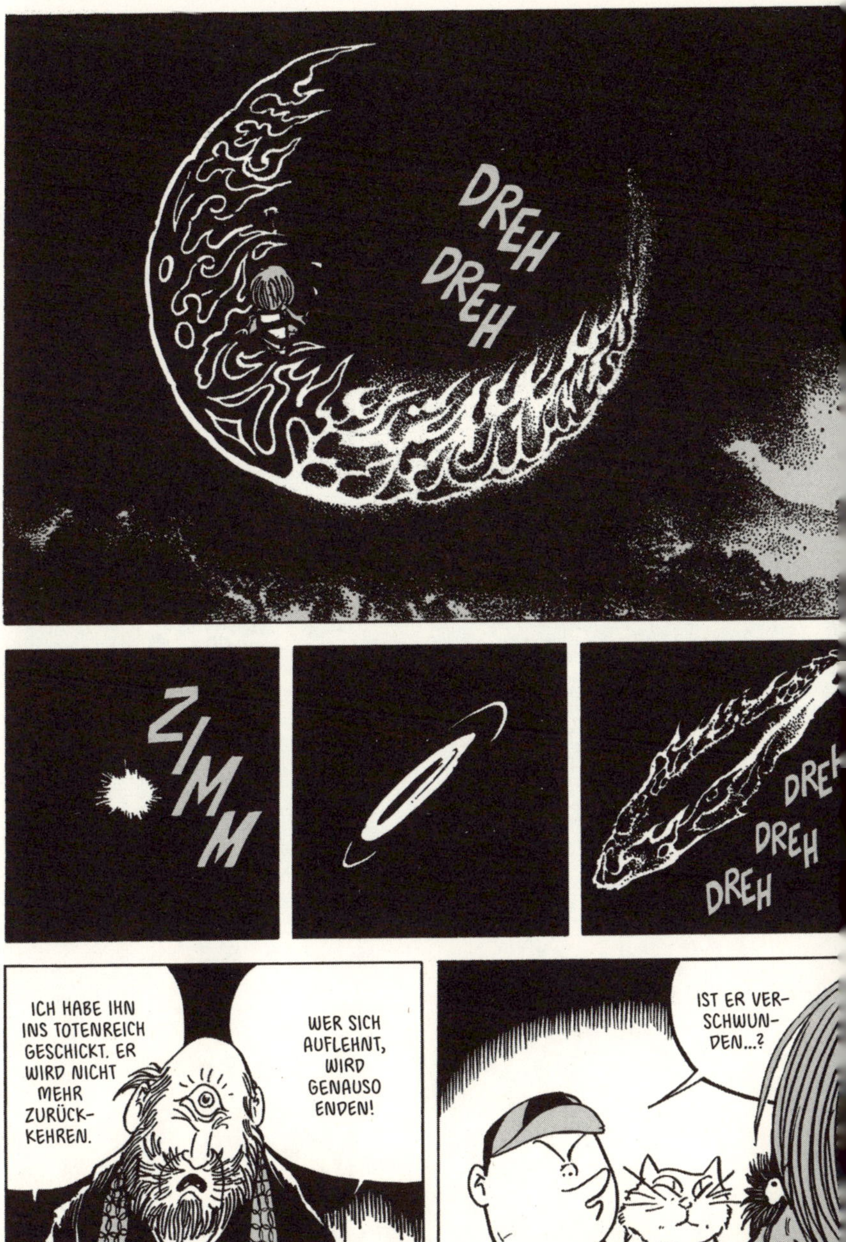

DREH
DREH

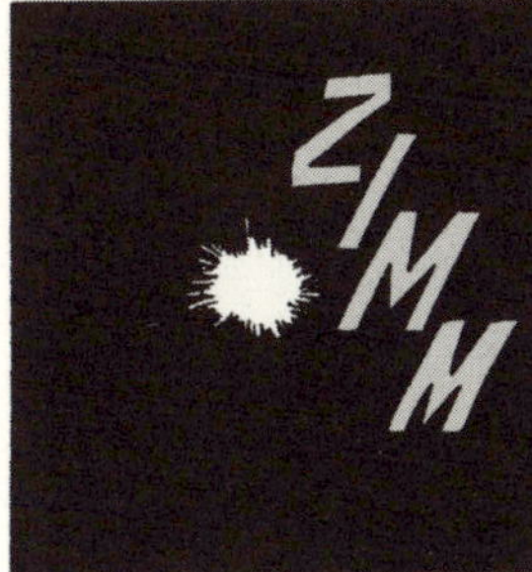
ZIMM

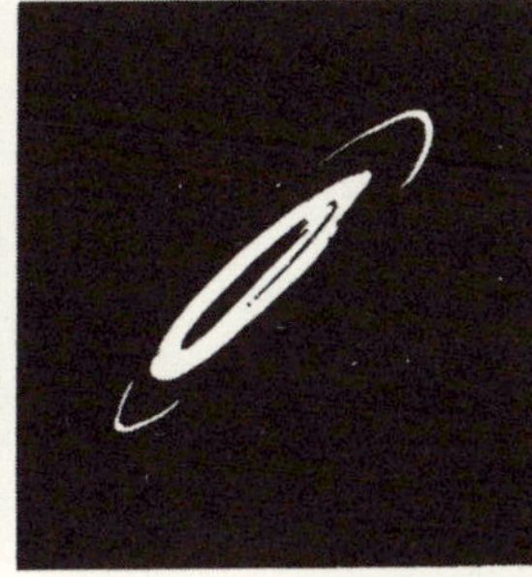

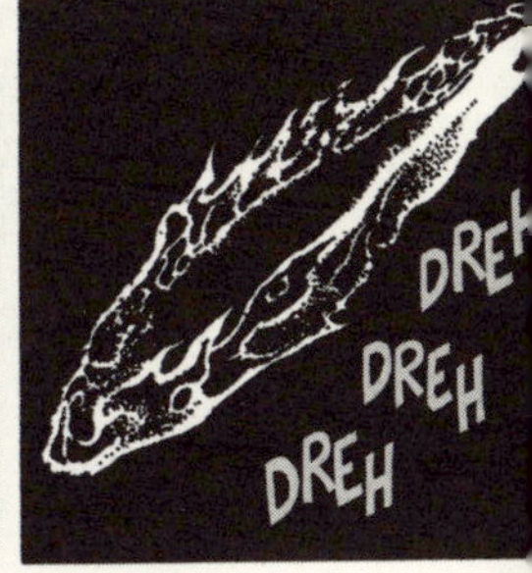
DREH
DREH
DREH

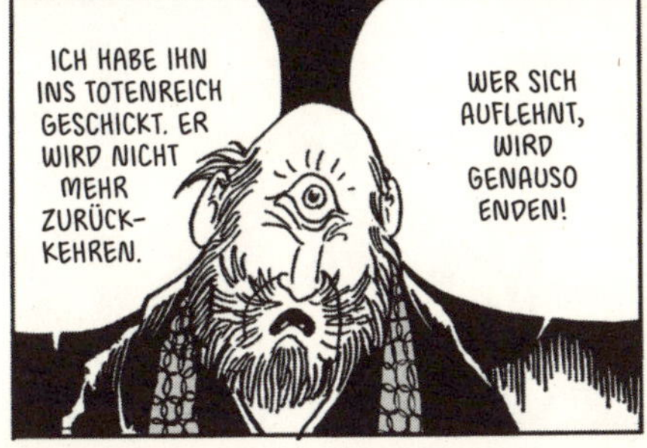
ICH HABE IHN INS TOTENREICH GESCHICKT. ER WIRD NICHT MEHR ZURÜCK-KEHREN.
WER SICH AUFLEHNT, WIRD GENAUSO ENDEN!

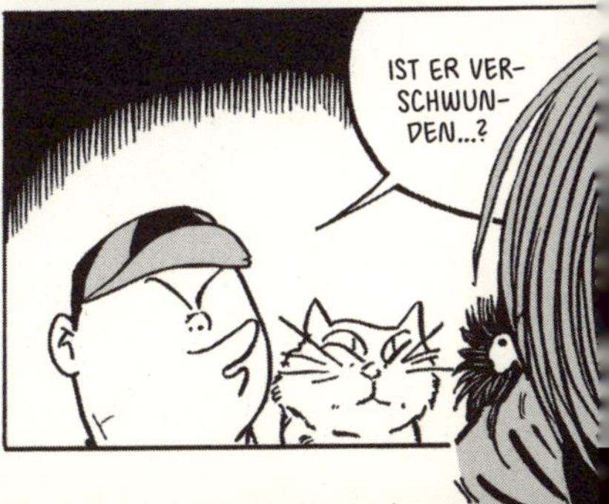
IST ER VER-SCHWUN-DEN...?

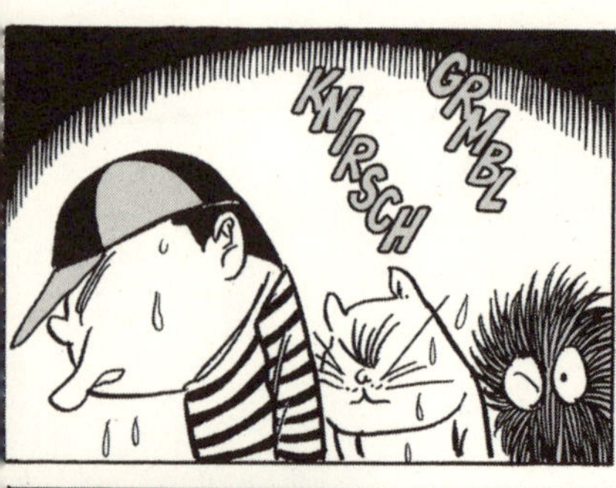

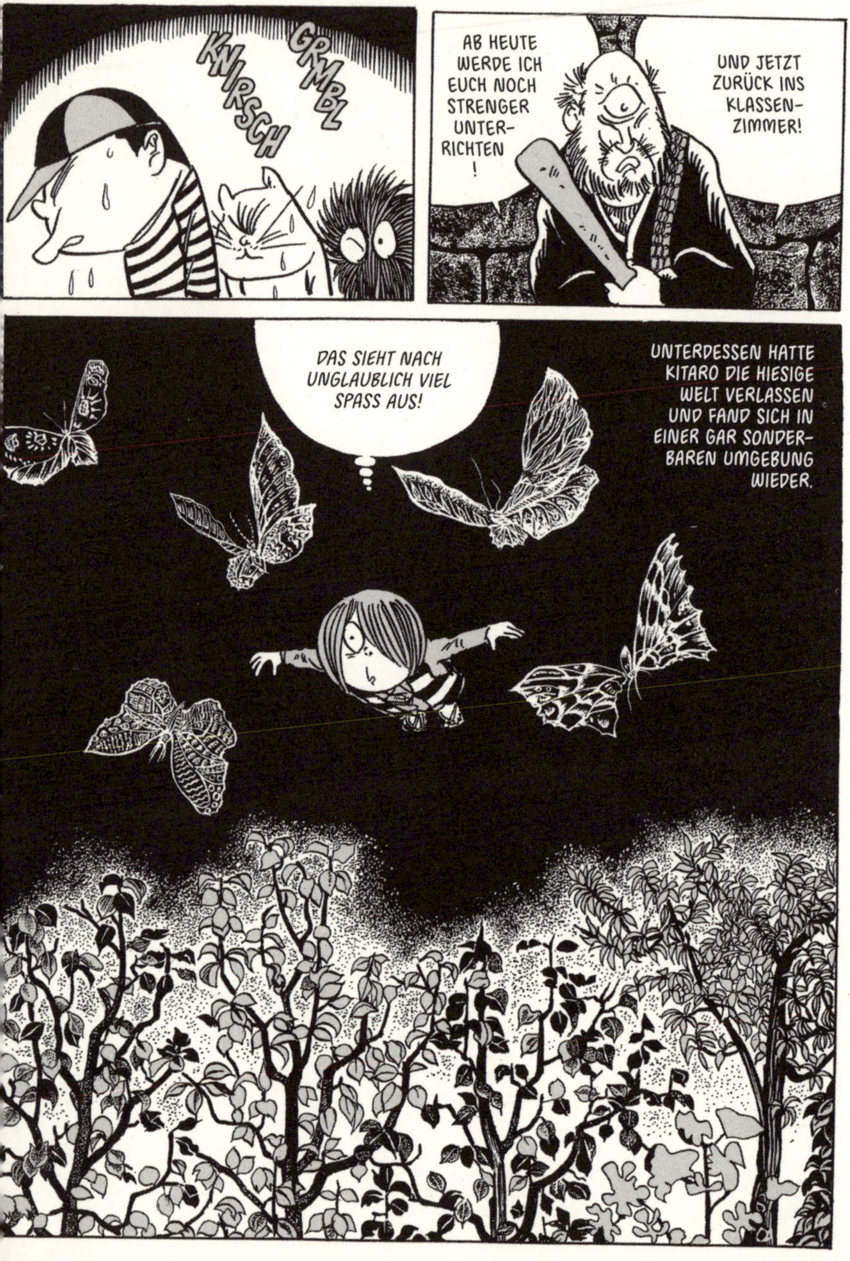

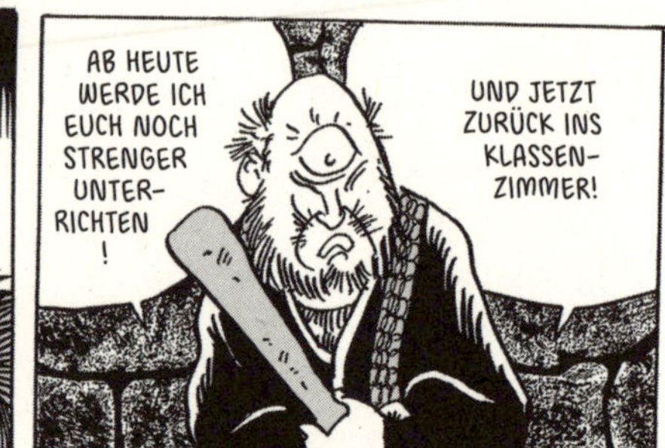

DAS SIEHT NACH UNGLAUBLICH VIEL SPASS AUS!

UNTERDESSEN HATTE KITARO DIE HIESIGE WELT VERLASSEN UND FAND SICH IN EINER GAR SONDERBAREN UMGEBUNG WIEDER.

IM AUSLAND NENNT MAN ES PARADIES, IN JAPAN SAGEN WIR „EBENE DES HOHEN HIMMELS" DAZU. ABER MERKWÜRDIG IST DAS SCHON...

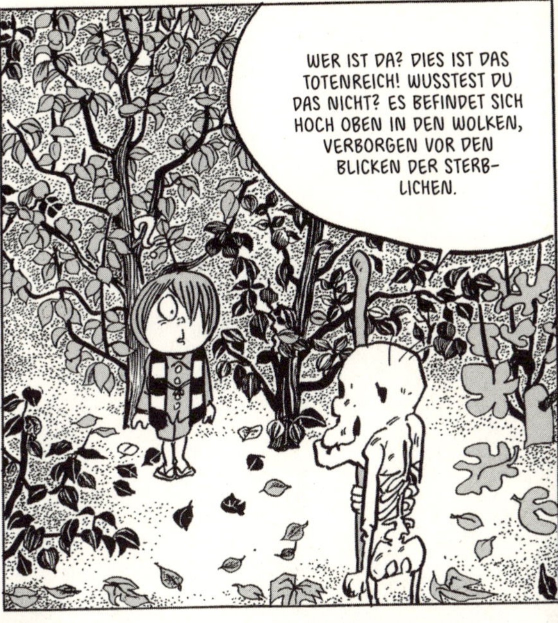

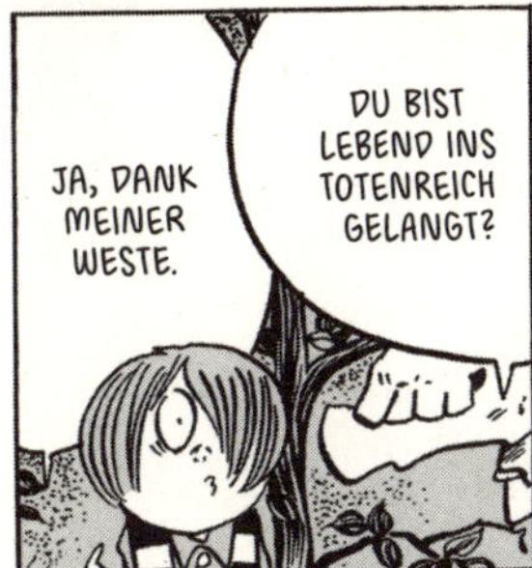

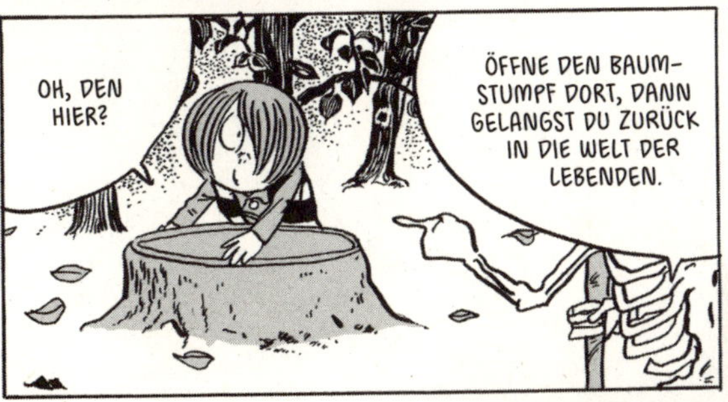

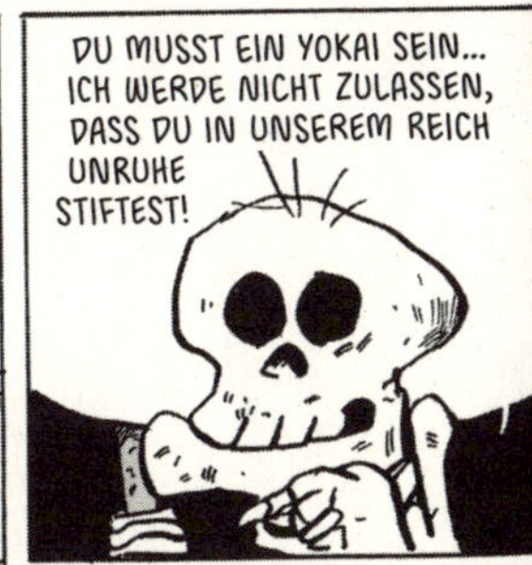

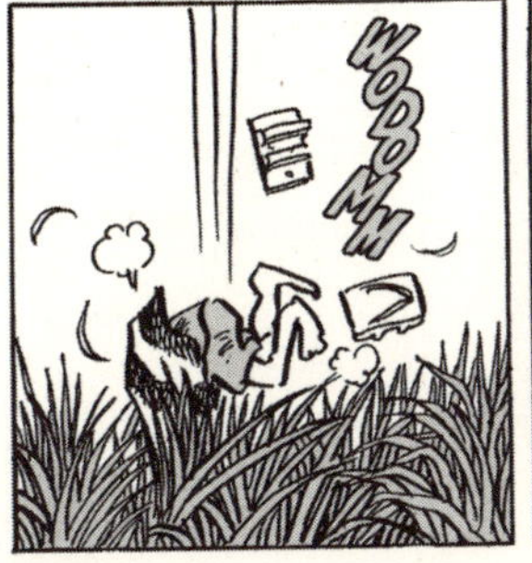

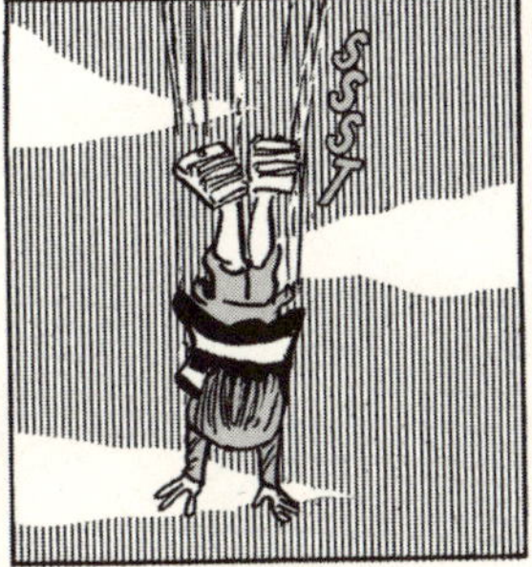

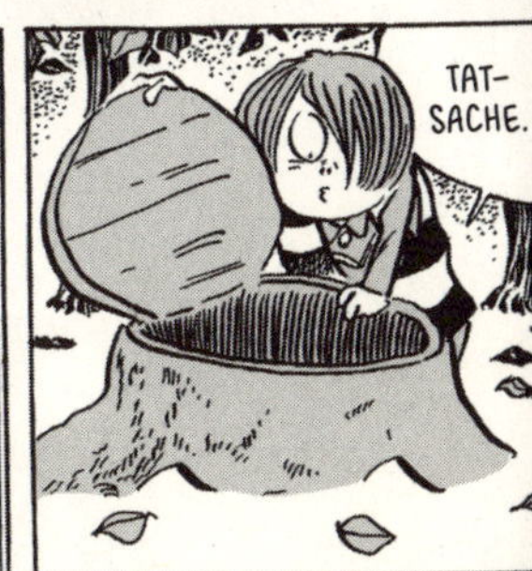

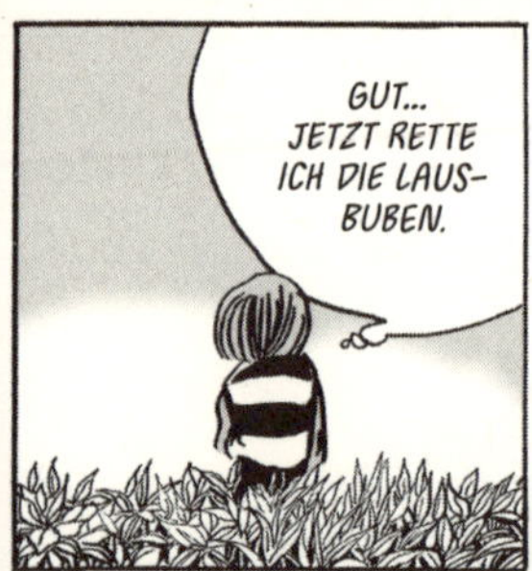

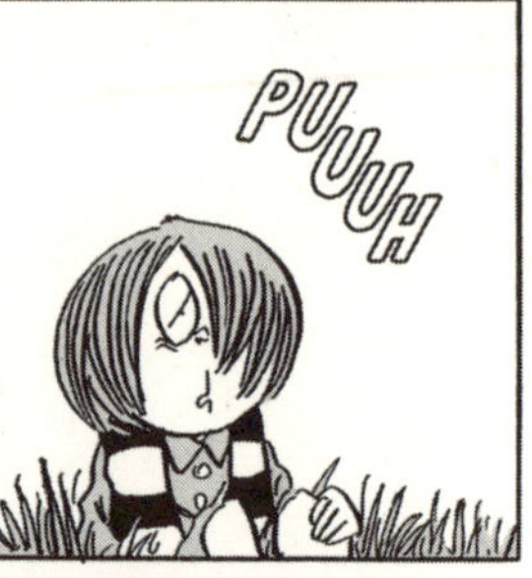

JEDER NORMALE MENSCH ODER YOKAI WÄRE DABEI GESTORBEN. DIESES SCHICKSAL BLIEB KITARO DANK SEINER BESONDEREN WESTE, DIE AUS GEISTER-HAAREN SEINER VORFAHREN GEWEBT WURDE, ERSPART. ER WAR NUR KURZ OHNMÄCHTIG.

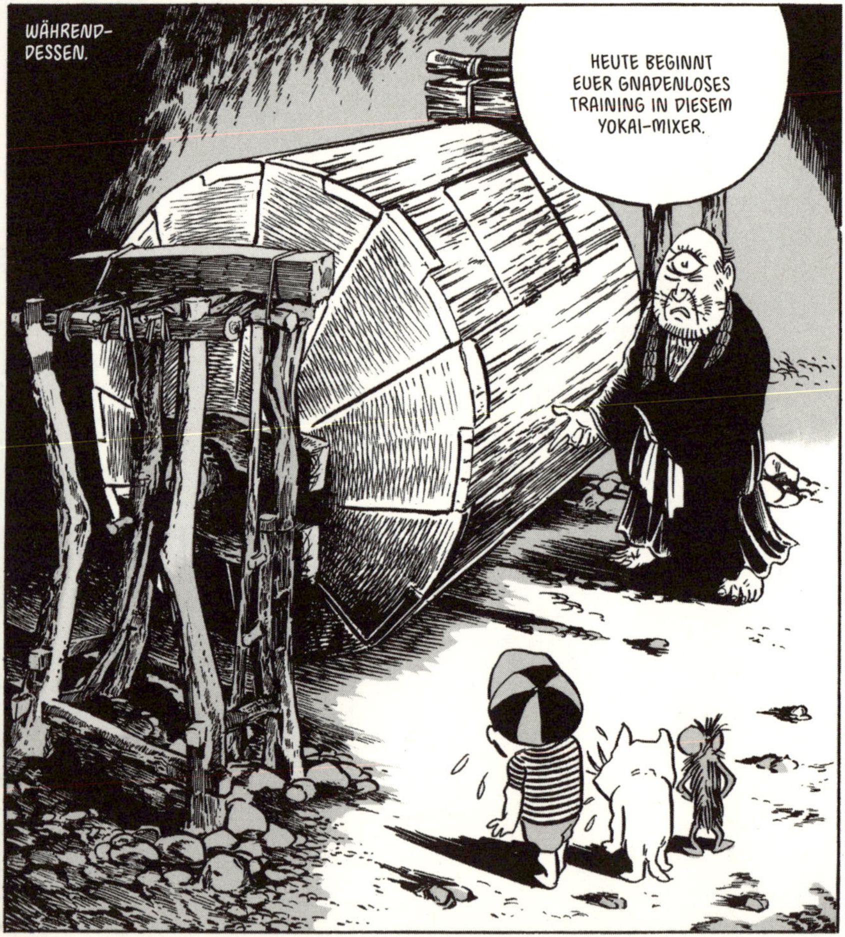

WÄHREND-DESSEN.

HEUTE BEGINNT EUER GNADENLOSES TRAINING IN DIESEM YOKAI-MIXER.

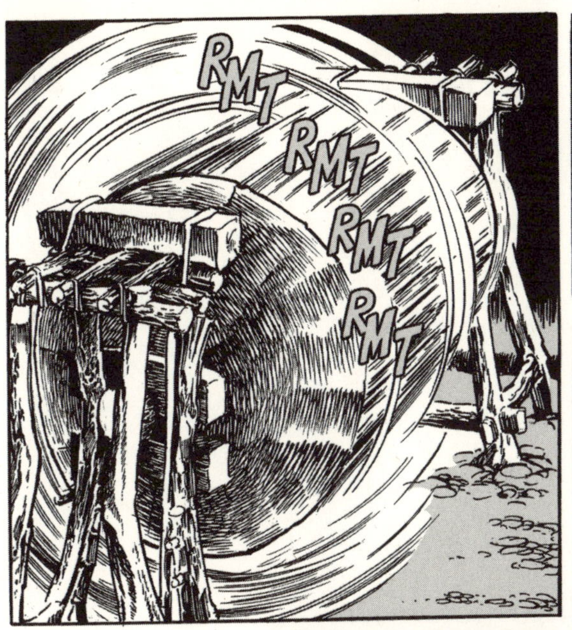
RMT
RMT
RMT
RMT

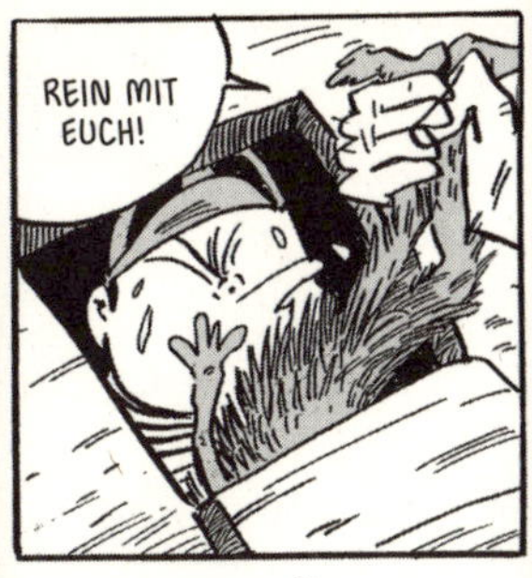
REIN MIT EUCH!

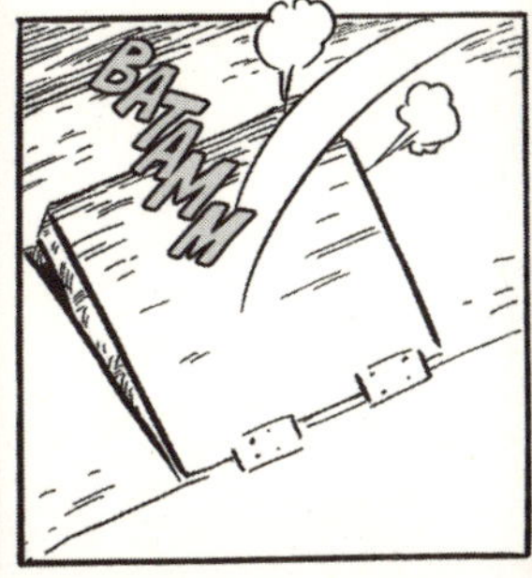
BATAMM

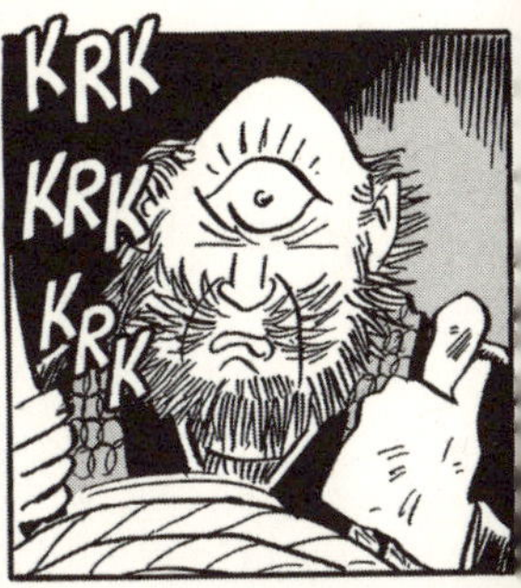
KRK
KRK
KRK

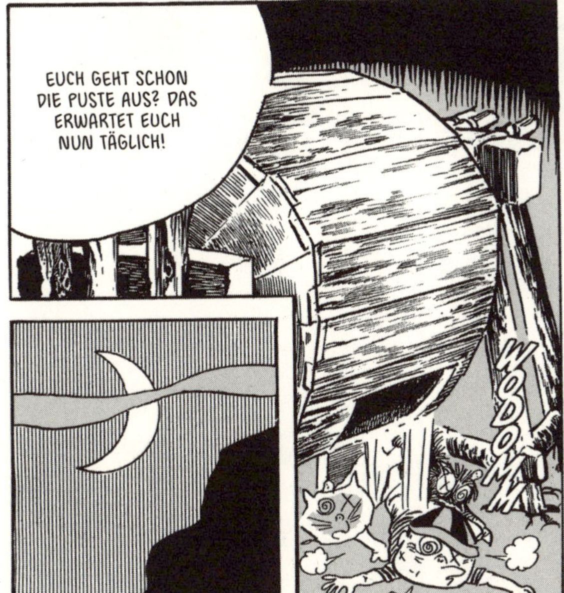
EUCH GEHT SCHON DIE PUSTE AUS? DAS ERWARTET EUCH NUN TÄGLICH!
WOBOMM

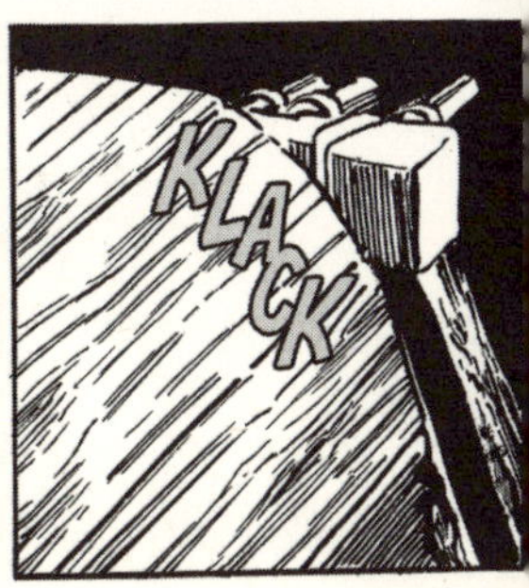
KLACK

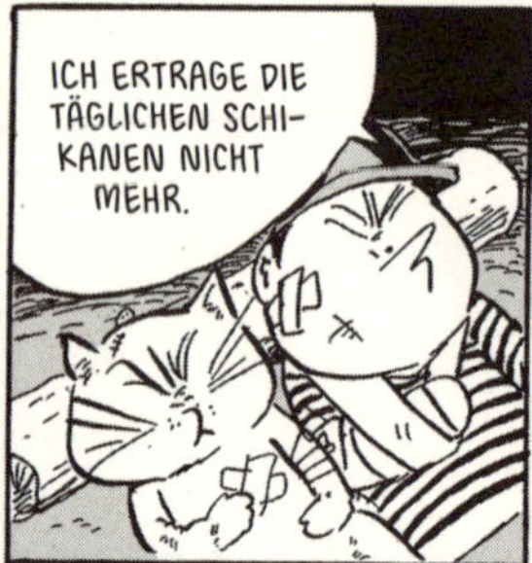
ICH ERTRAGE DIE TÄGLICHEN SCHIKANEN NICHT MEHR.

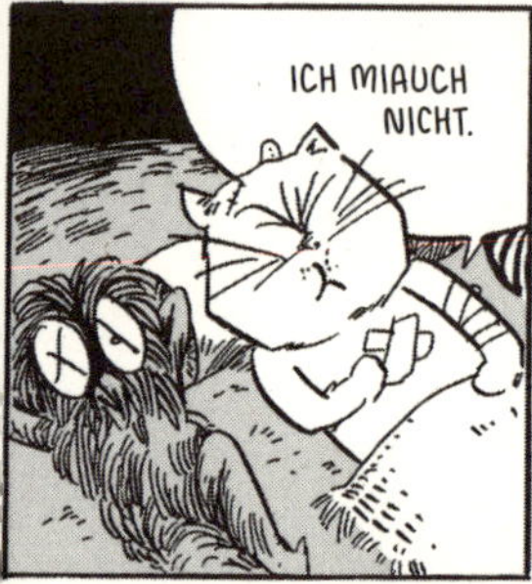
ICH MIAUCH NICHT.

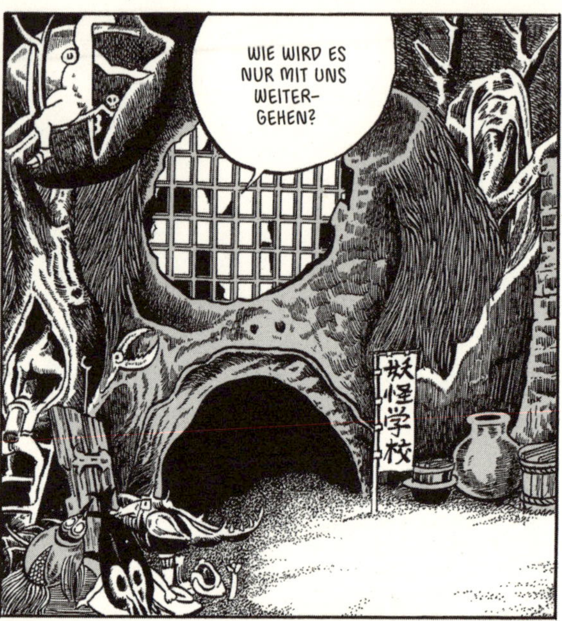
WIE WIRD ES NUR MIT UNS WEITERGEHEN?
妖怪学校

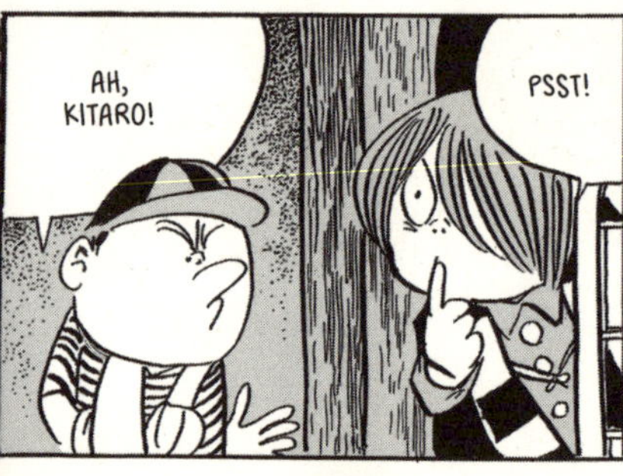
AH, KITARO!
PSST!

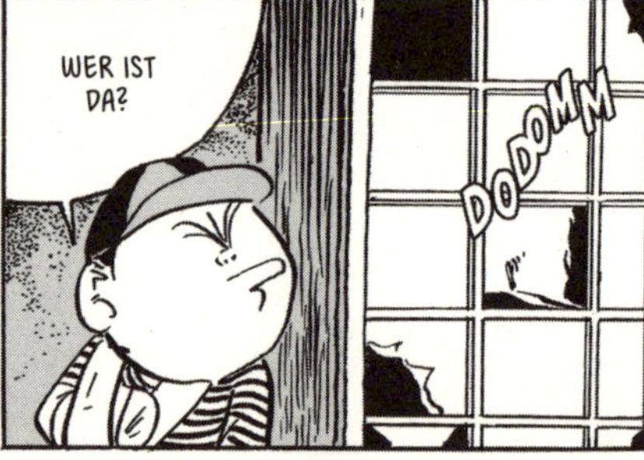
WER IST DA?
DODOMM

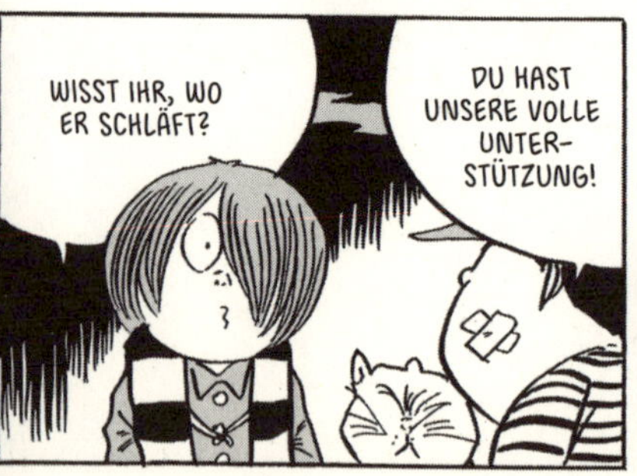
WISST IHR, WO ER SCHLÄFT?
DU HAST UNSERE VOLLE UNTERSTÜTZUNG!

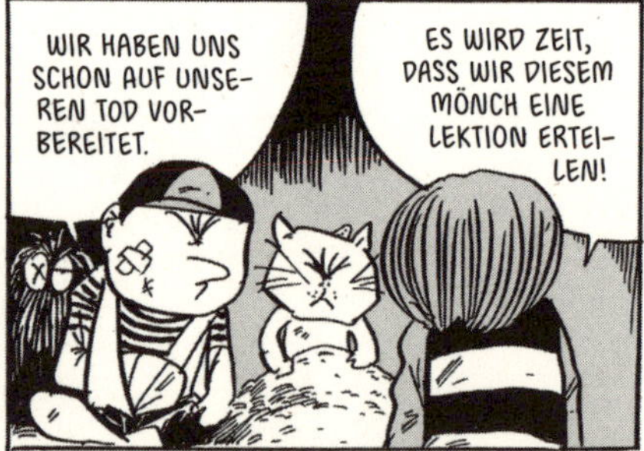
WIR HABEN UNS SCHON AUF UNSEREN TOD VORBEREITET.
ES WIRD ZEIT, DASS WIR DIESEM MÖNCH EINE LEKTION ERTEILEN!

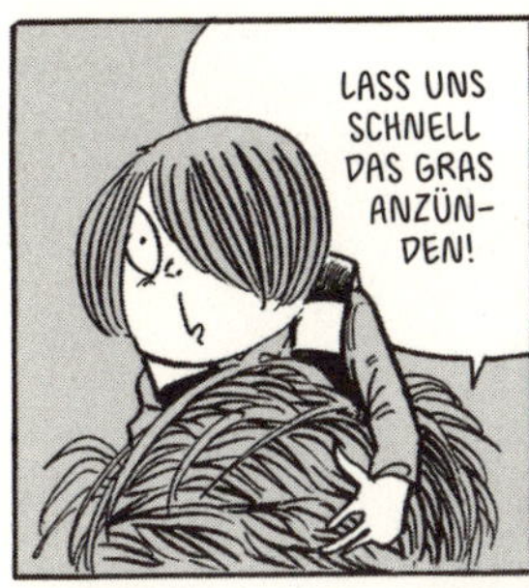
LASS UNS SCHNELL DAS GRAS ANZÜN-DEN!

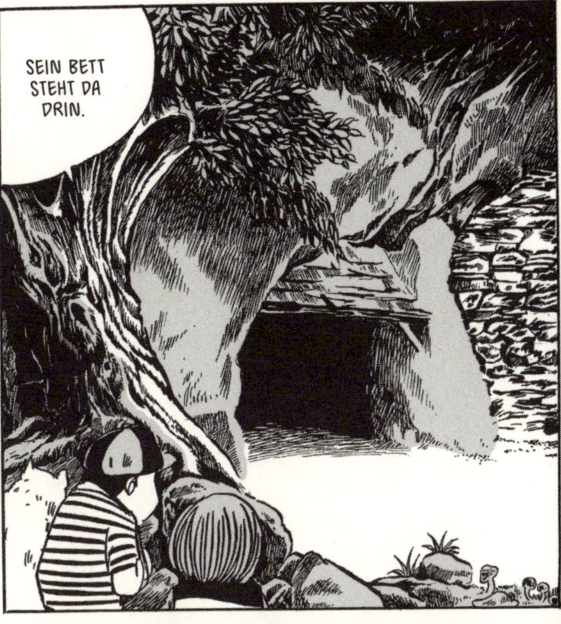
SEIN BETT STEHT DA DRIN.

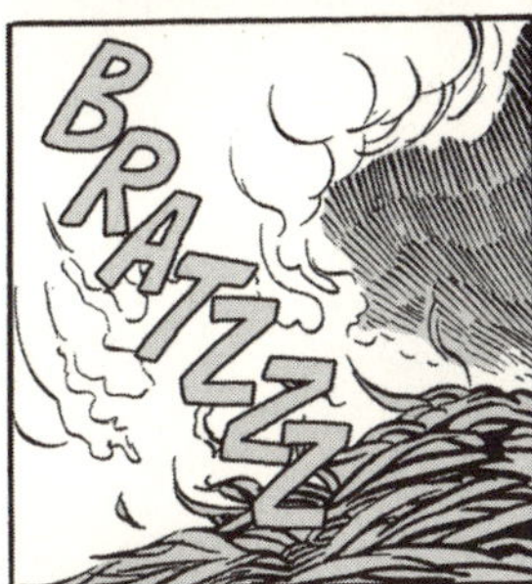
BRATZZZ

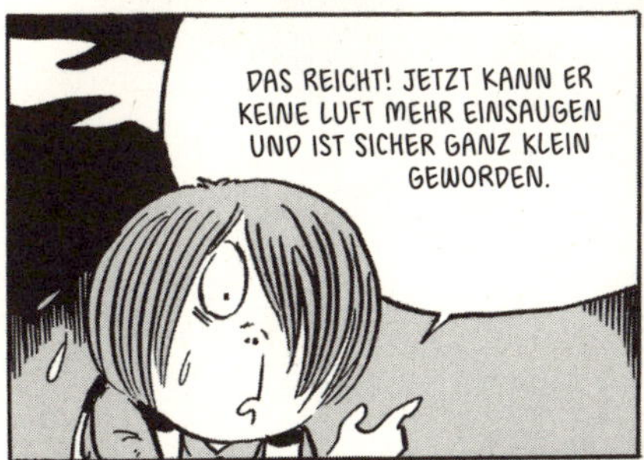
DAS REICHT! JETZT KANN ER KEINE LUFT MEHR EINSAUGEN UND IST SICHER GANZ KLEIN GEWORDEN.

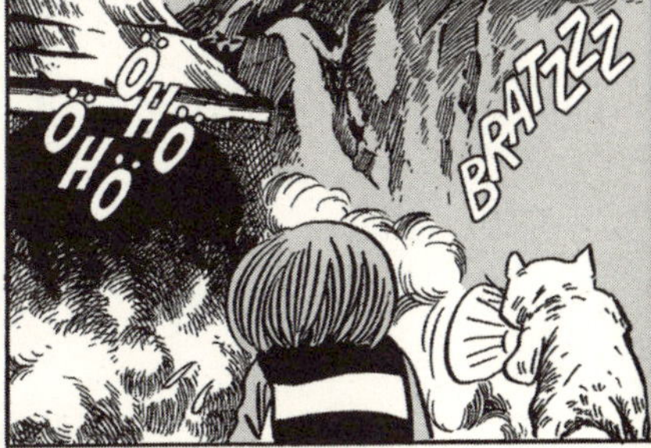
ÖHÖ
ÖHÖ
BRATZZZ

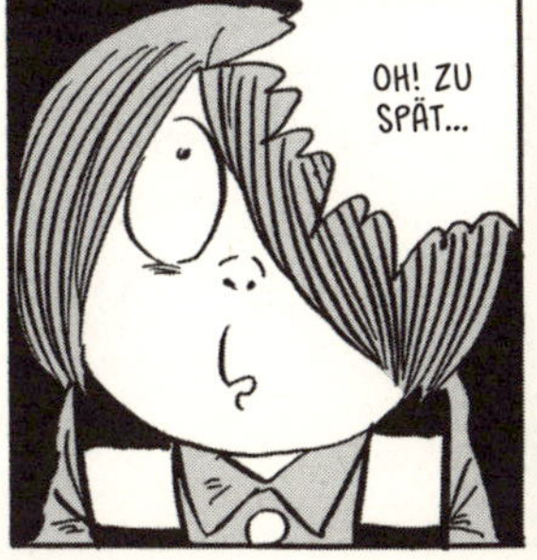
OH! ZU SPÄT...

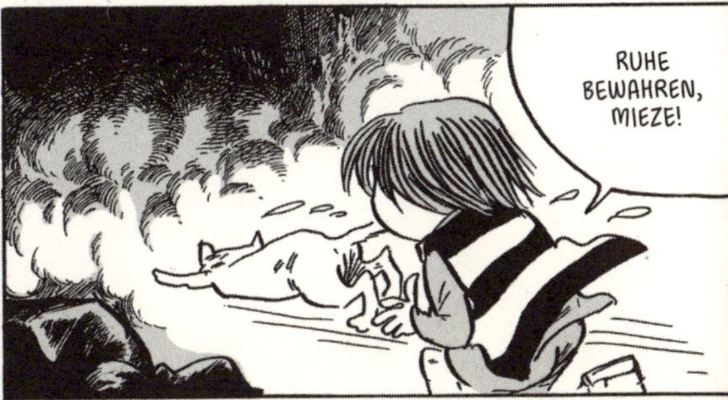
RUHE BEWAHREN, MIEZE!

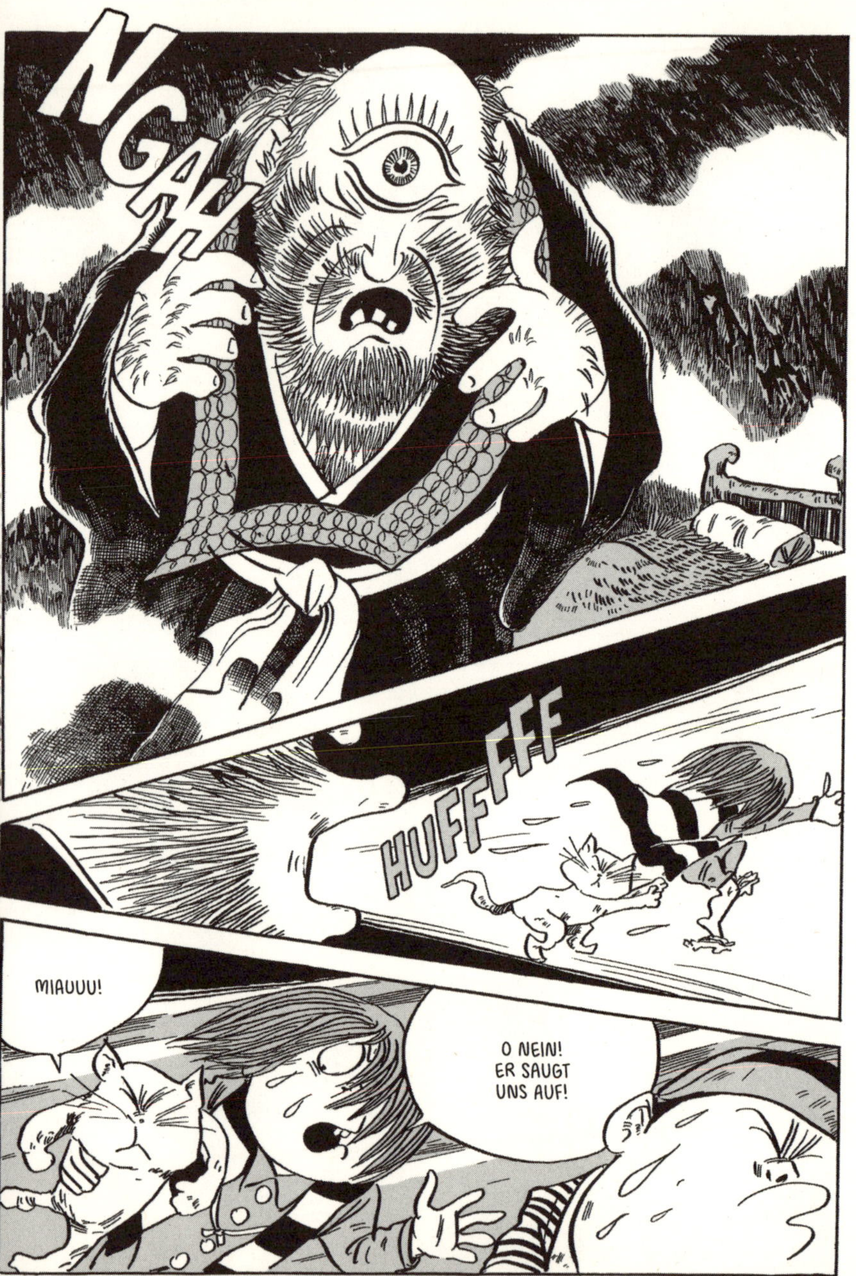
NGAH
HUFFFFF
MIAUUU!
O NEIN! ER SAUGT UNS AUF!

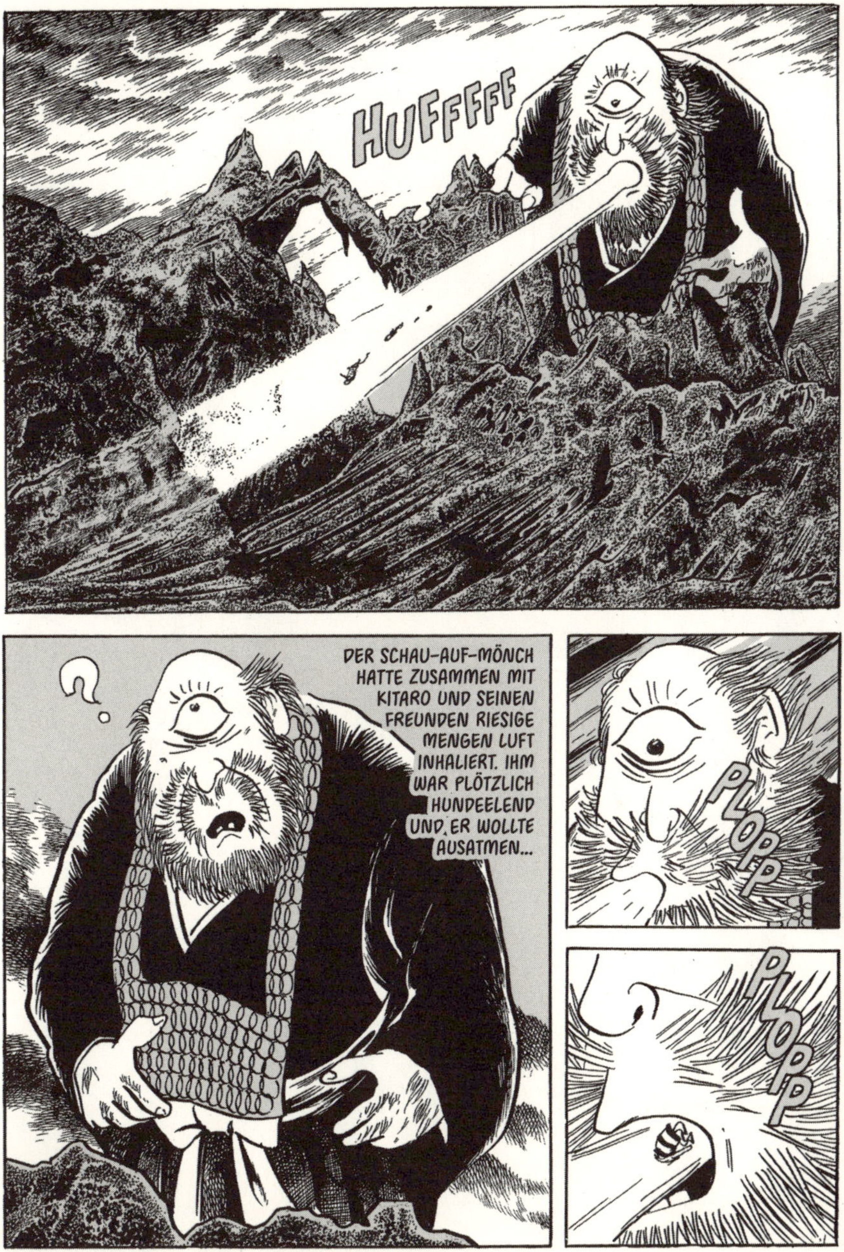

HUFFFFF

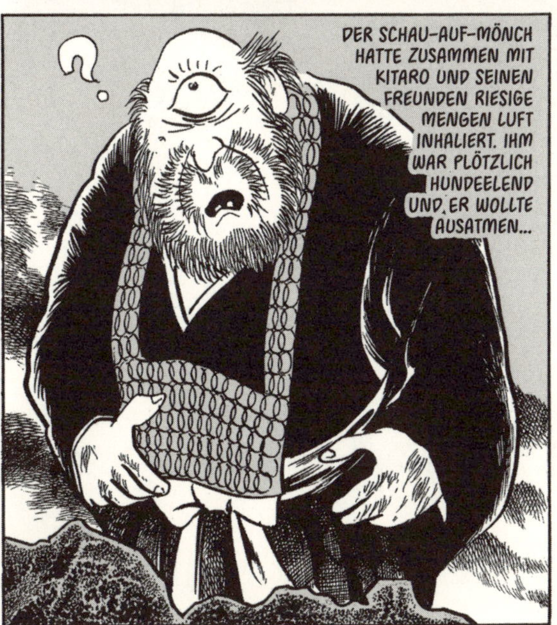
?
DER SCHAU-AUF-MÖNCH HATTE ZUSAMMEN MIT KITARO UND SEINEN FREUNDEN RIESIGE MENGEN LUFT INHALIERT. IHM WAR PLÖTZLICH HUNDEELEND UND ER WOLLTE AUSATMEN...

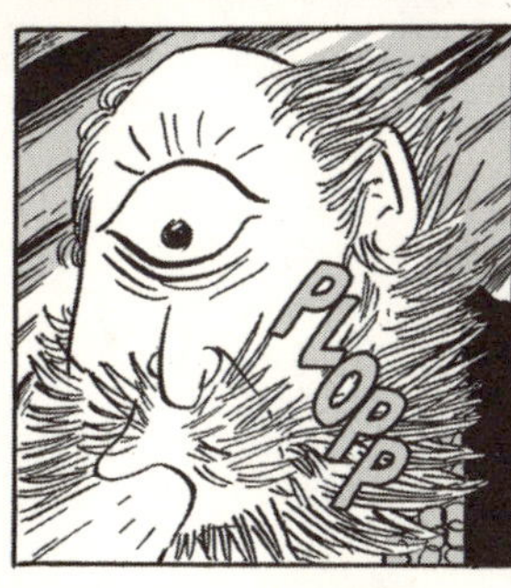
PLOPP

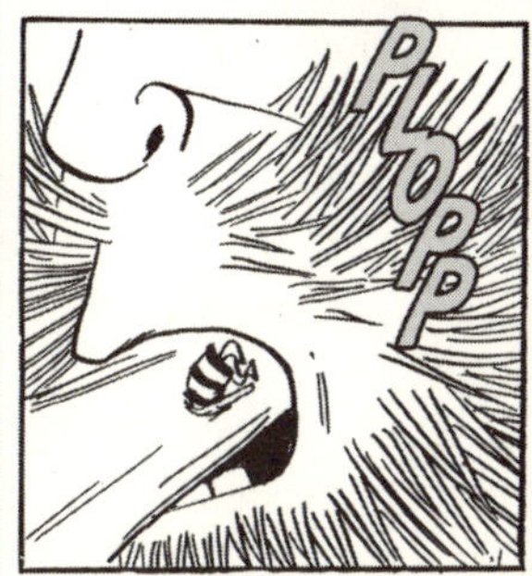
PLOPP

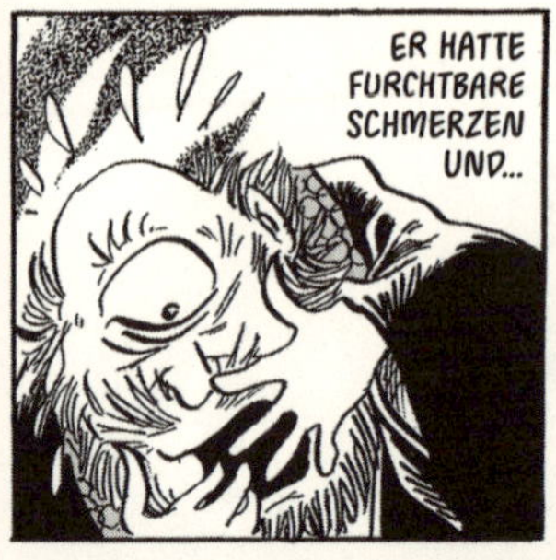

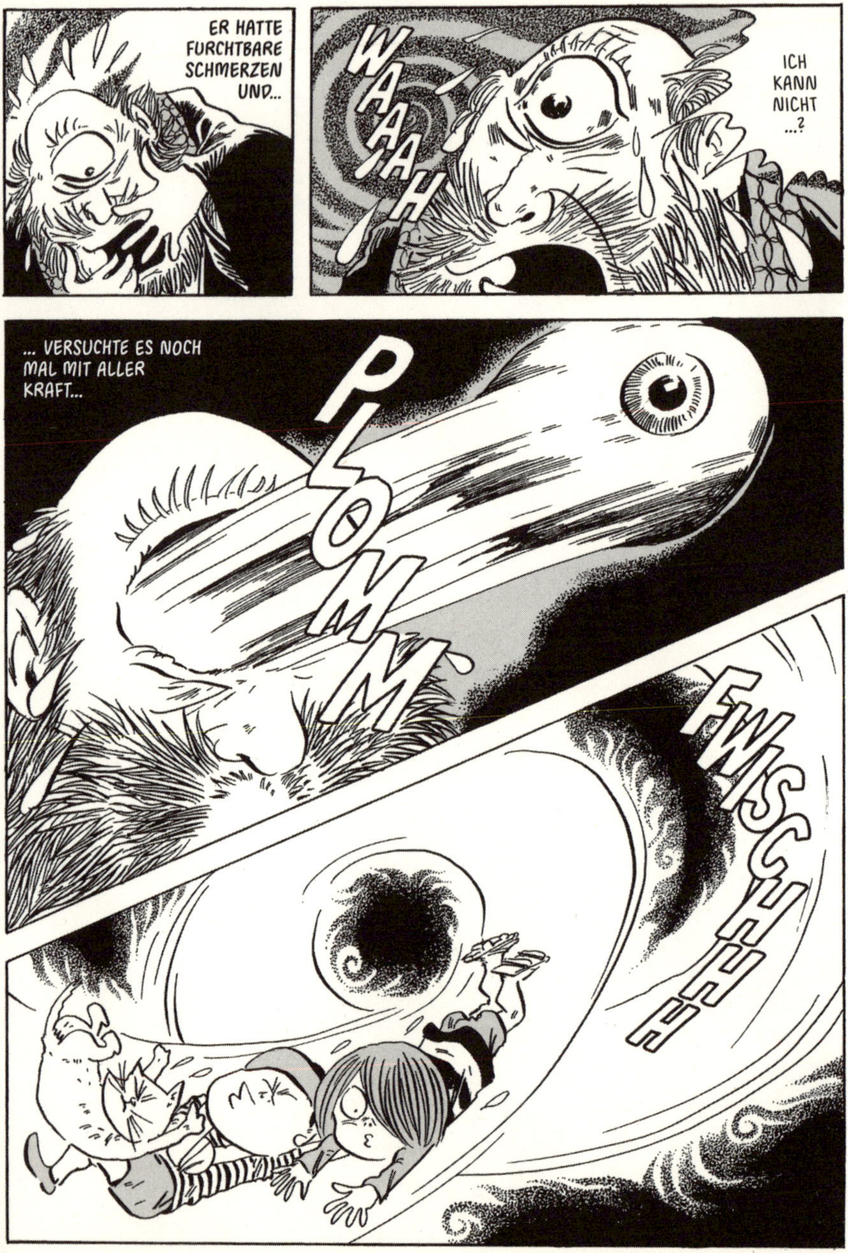

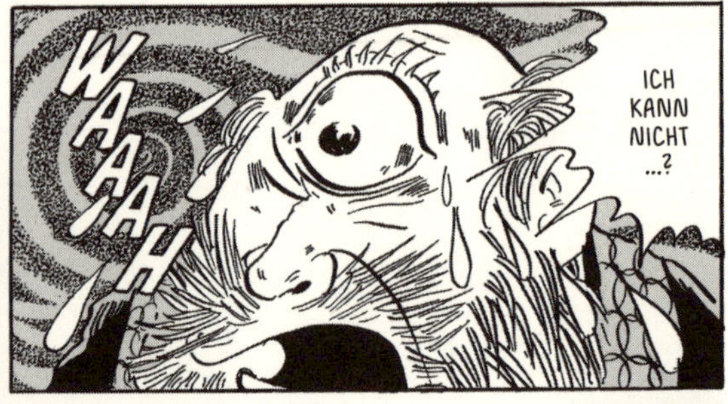

... VERSUCHTE ES NOCH MAL MIT ALLER KRAFT...

PLOMMM

FWISCHHHHH

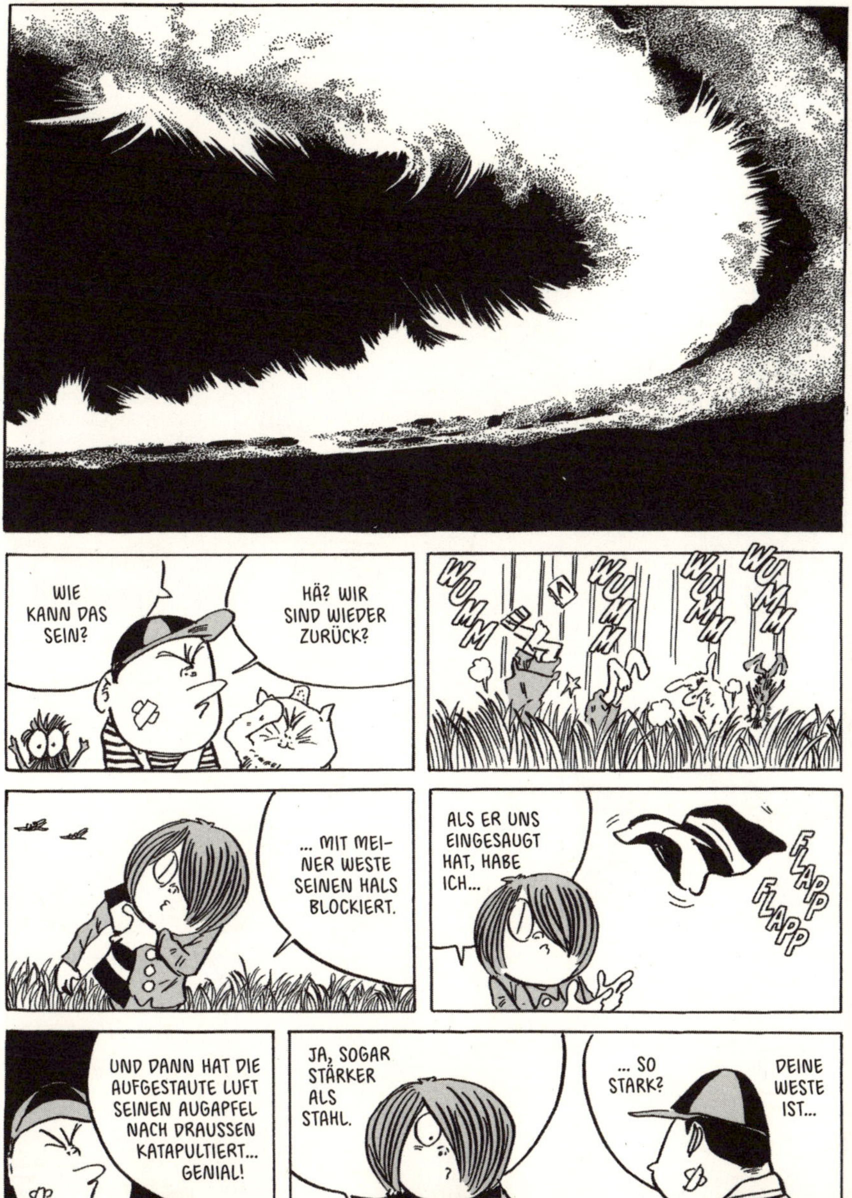

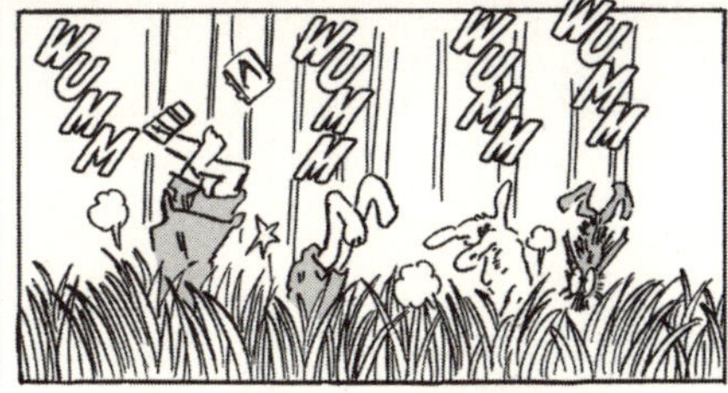
WUMM
WUMM
WUMM
WUMM

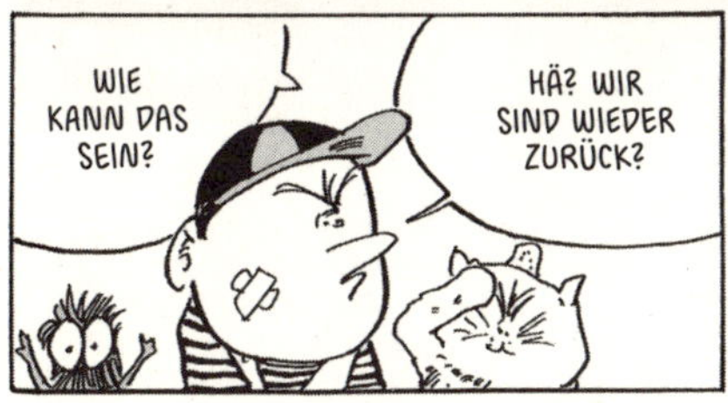
HÄ? WIR SIND WIEDER ZURÜCK?
WIE KANN DAS SEIN?

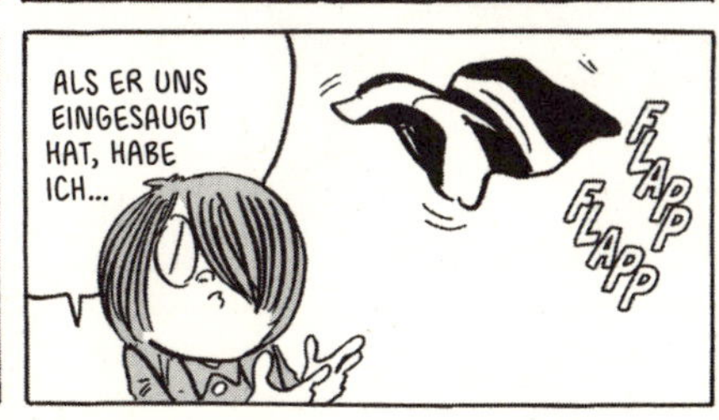
ALS ER UNS EINGESAUGT HAT, HABE ICH...
FLAPP
FLAPP

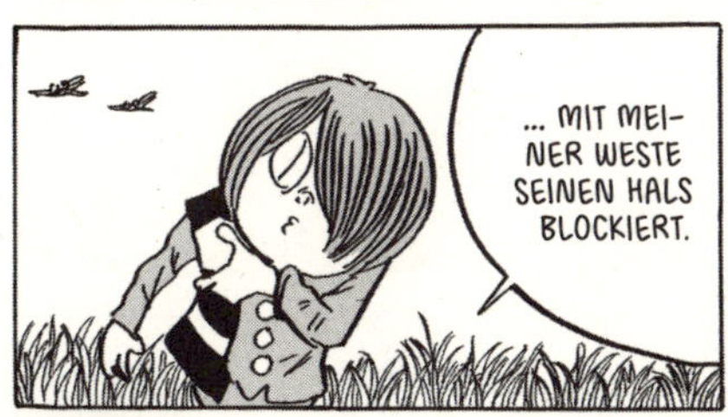
... MIT MEI-NER WESTE SEINEN HALS BLOCKIERT.

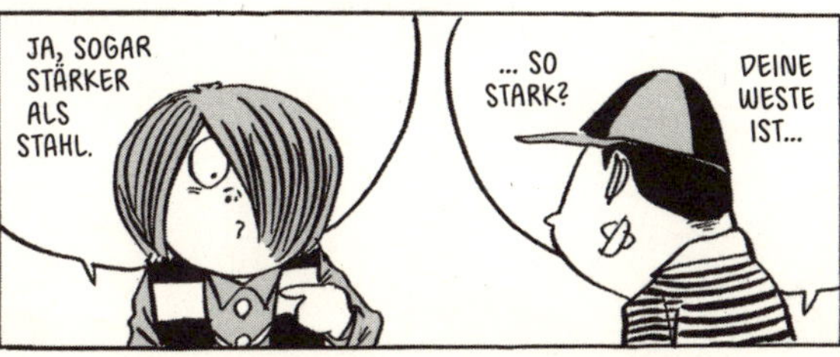
DEINE WESTE IST...
... SO STARK?
JA, SOGAR STÄRKER ALS STAHL.

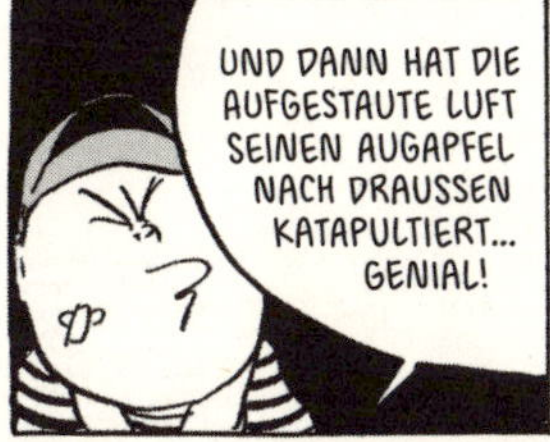
UND DANN HAT DIE AUFGESTAUTE LUFT SEINEN AUGAPFEL NACH DRAUSSEN KATAPULTIERT... GENIAL!

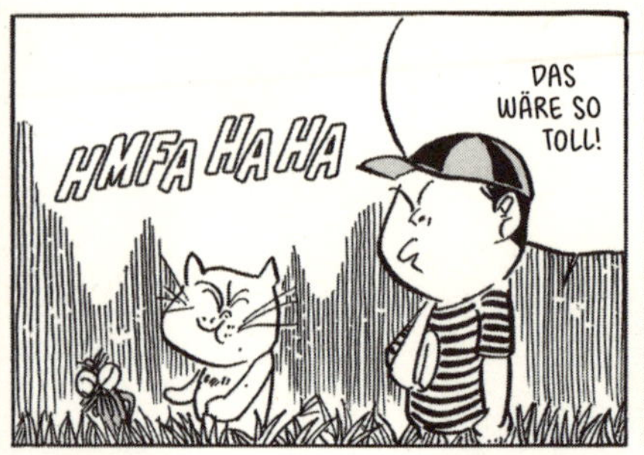

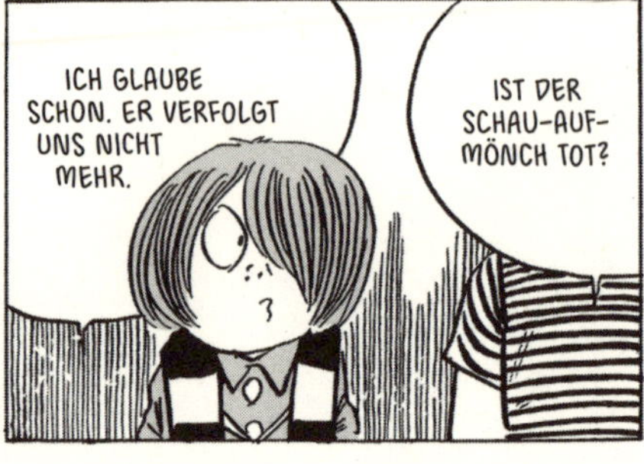

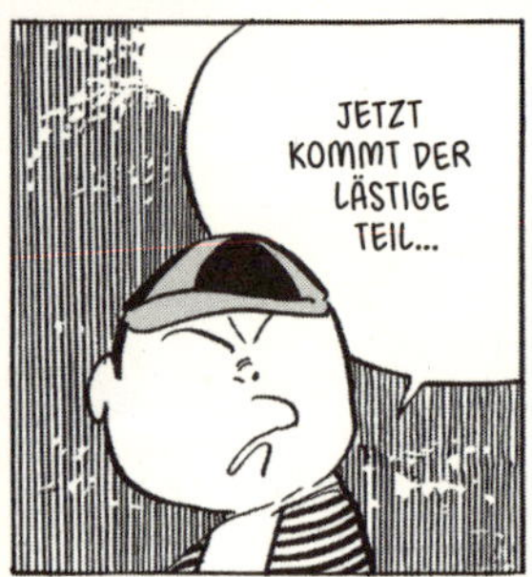

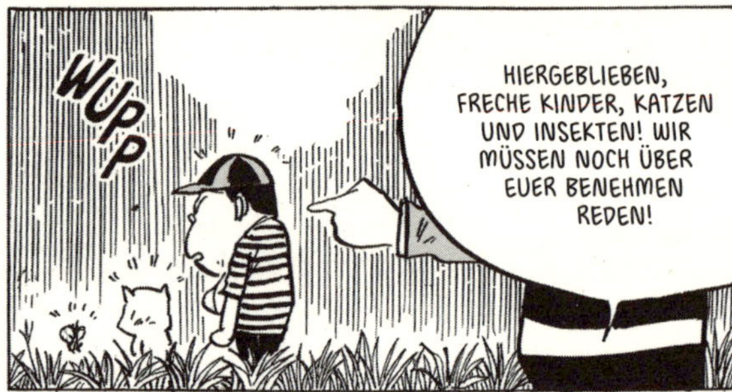

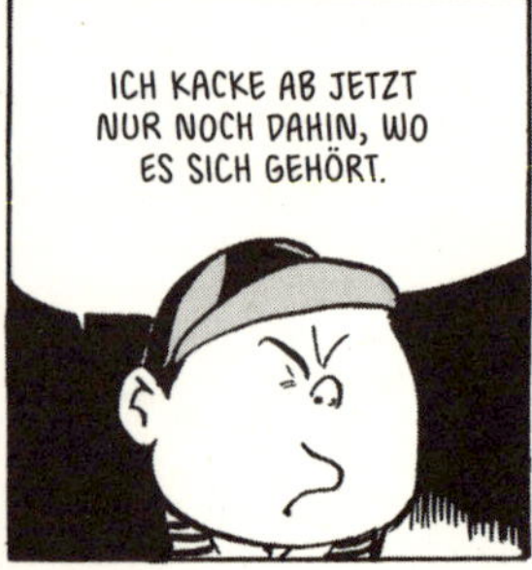

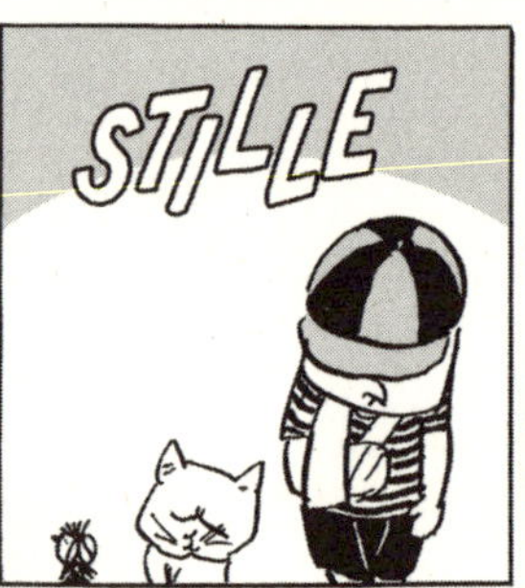

IHR WISST SCHON, DASS ES NUR SO WEIT GEKOMMEN IST, WEIL IHR ALLE AUF DEM VERBOTENEN BERG EUER GESCHÄFT VERRICHTET HABT, ODER?

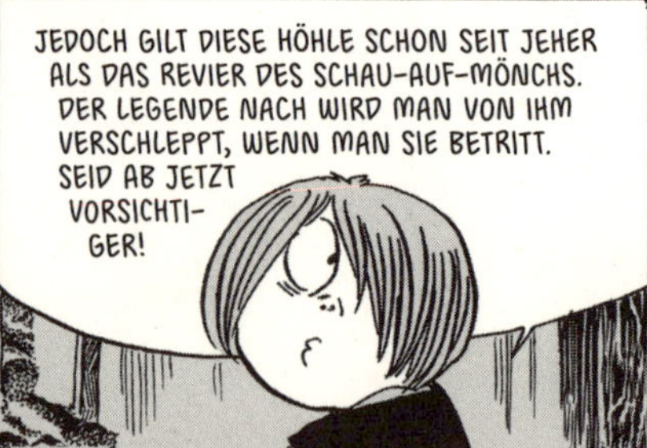

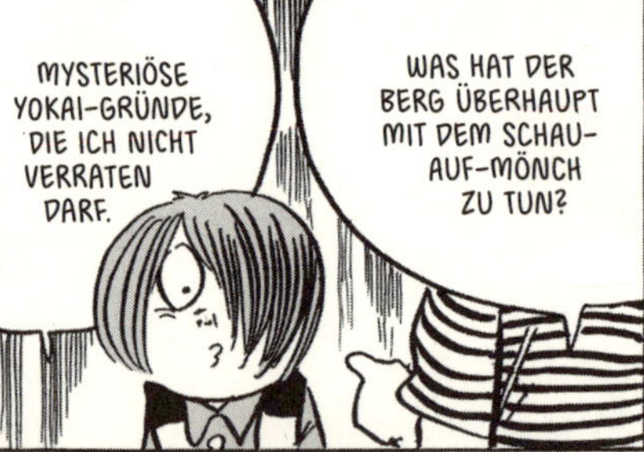

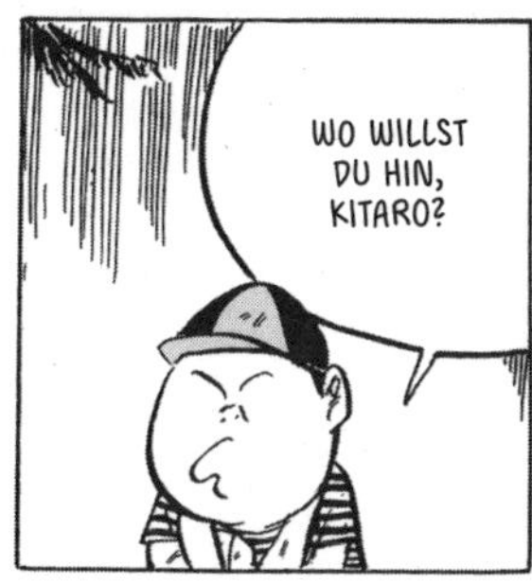

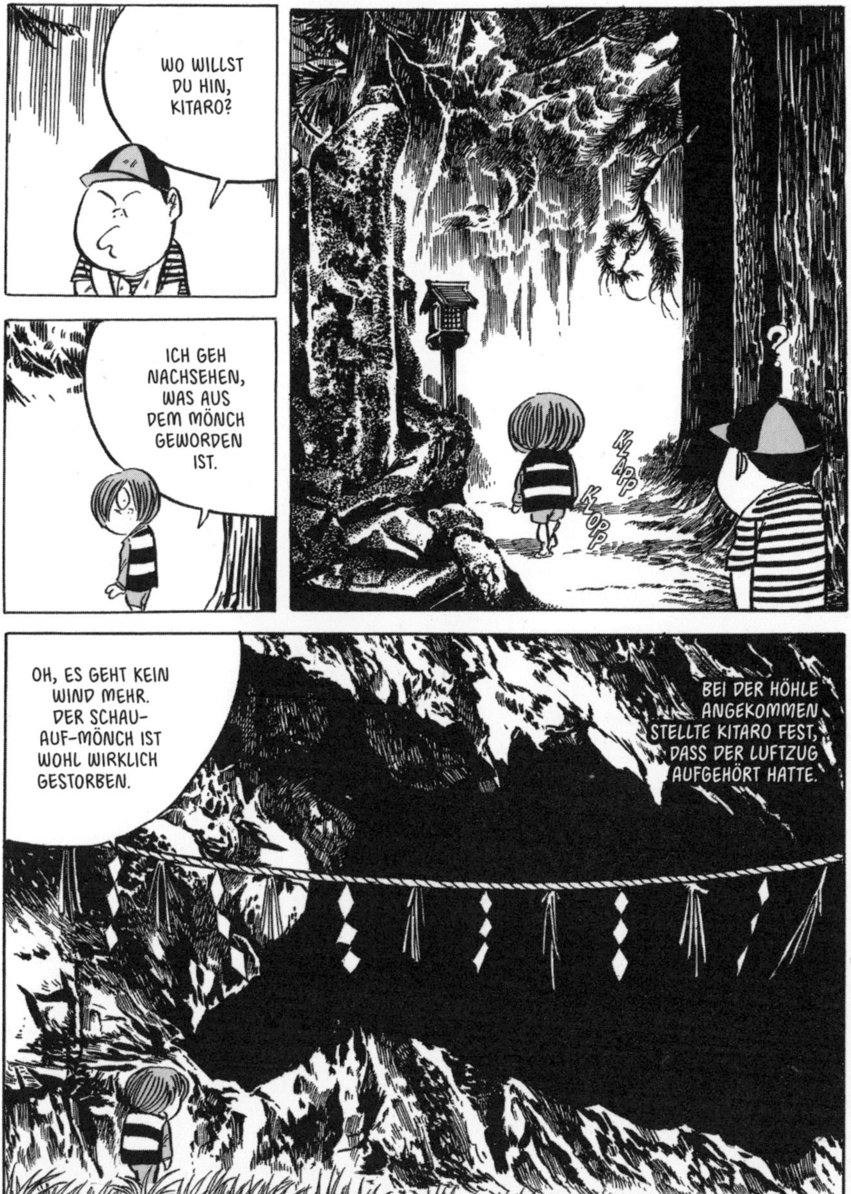

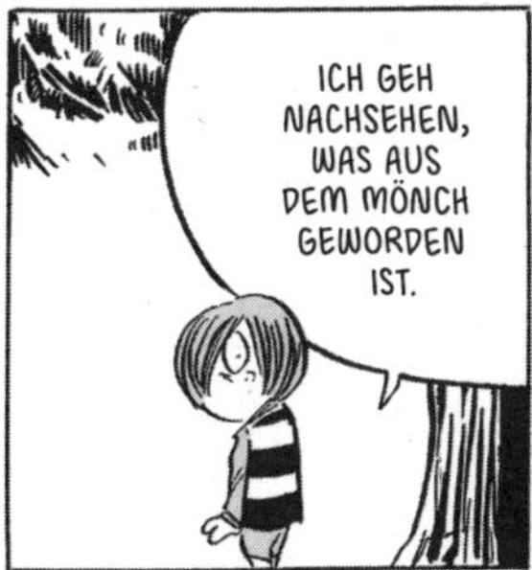

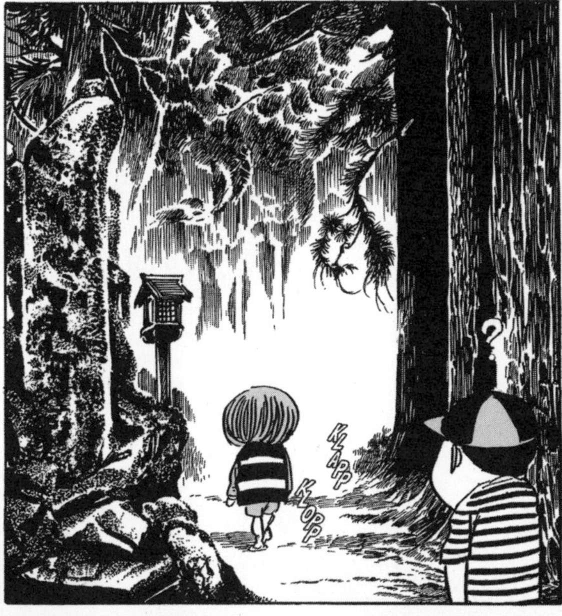

BEI DER HÖHLE ANGEKOMMEN STELLTE KITARO FEST, DASS DER LUFTZUG AUFGEHÖRT HATTE.

OH, ES GEHT KEIN WIND MEHR. DER SCHAU-AUF-MÖNCH IST WOHL WIRKLICH GESTORBEN.

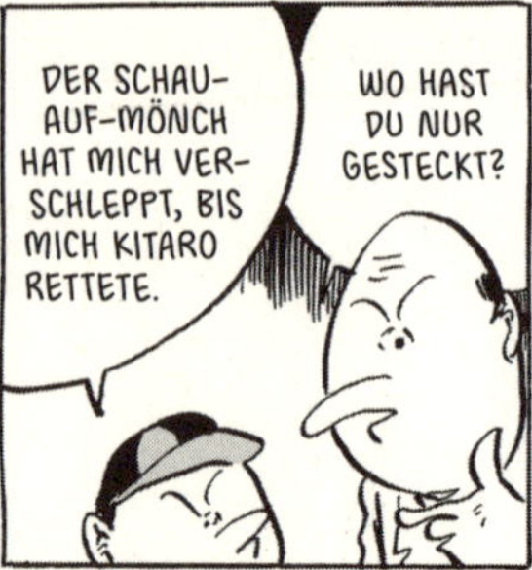
WO HAST
DU NUR
GESTECKT?
DER SCHAU-
AUF-MÖNCH
HAT MICH VER-
SCHLEPPT, BIS
MICH KITARO
RETTETE.

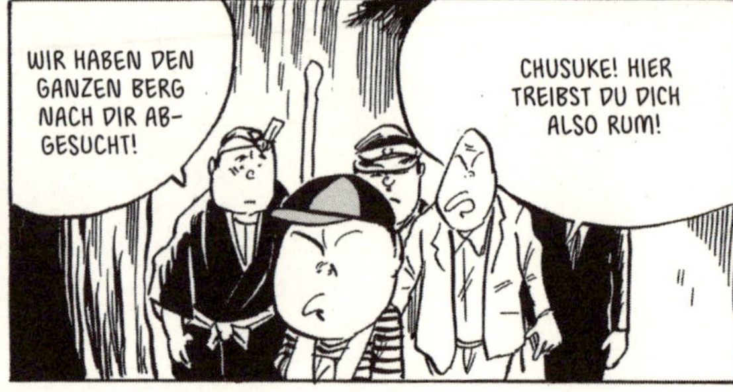
CHUSUKE! HIER
TREIBST DU DICH
ALSO RUM!
WIR HABEN DEN
GANZEN BERG
NACH DIR AB-
GESUCHT!

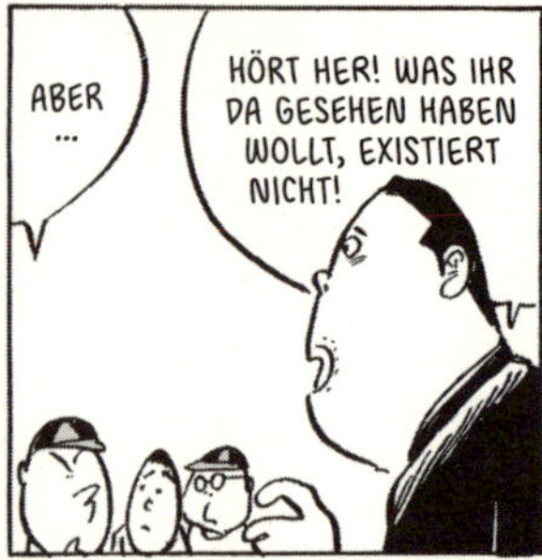
HÖRT HER! WAS IHR
DA GESEHEN HABEN
WOLLT, EXISTIERT
NICHT!
ABER
...

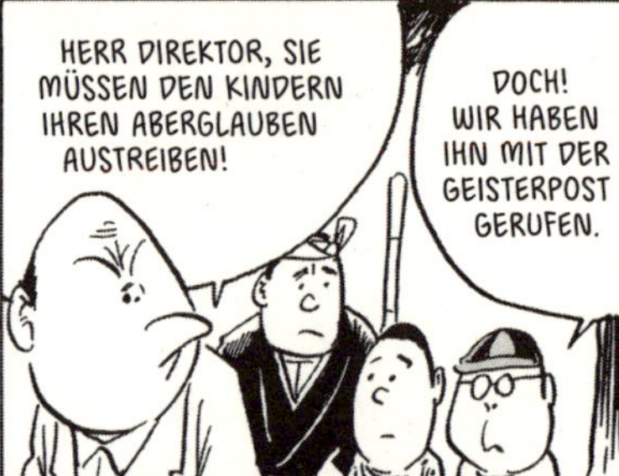
DOCH!
WIR HABEN
IHN MIT DER
GEISTERPOST
GERUFEN.
HERR DIREKTOR, SIE
MÜSSEN DEN KINDERN
IHREN ABERGLAUBEN
AUSTREIBEN!

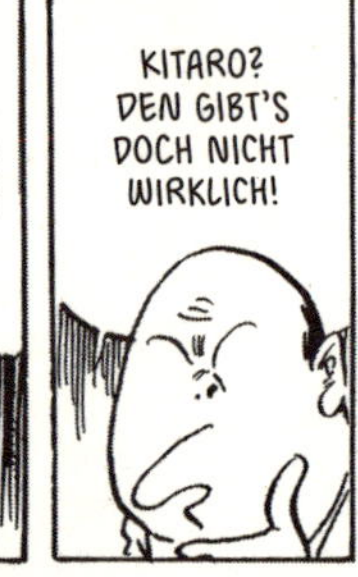
KITARO?
DEN GIBT'S
DOCH NICHT
WIRKLICH!

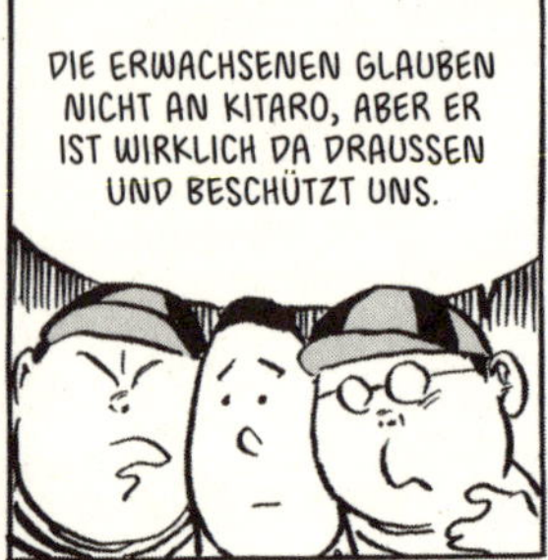
DIE ERWACHSENEN GLAUBEN
NICHT AN KITARO, ABER ER
IST WIRKLICH DA DRAUSSEN
UND BESCHÜTZT UNS.

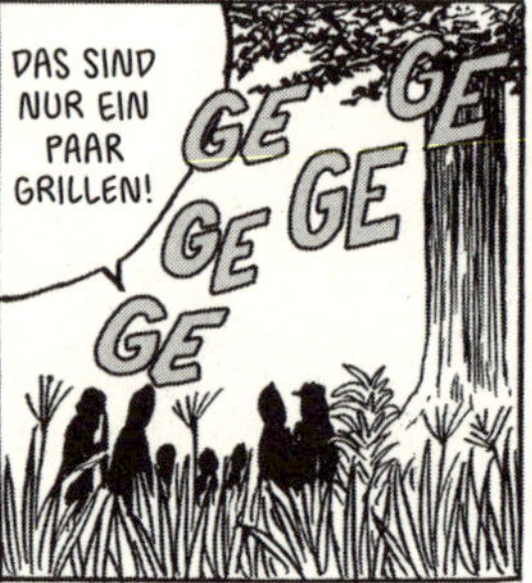
DAS SIND
NUR EIN
PAAR
GRILLEN!
GE GE GE GE GE

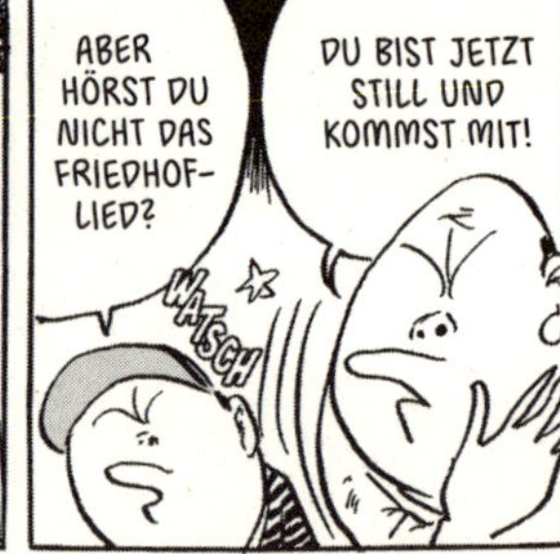
DU BIST JETZT
STILL UND
KOMMST MIT!
ABER
HÖRST DU
NICHT DAS
FRIEDHOF-
LIED?
WATSCH

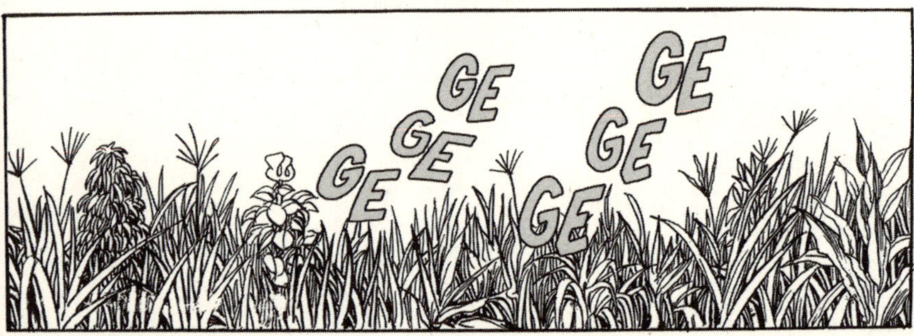
GE GE GE GE GE GE

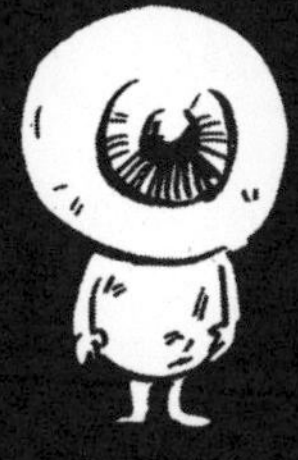

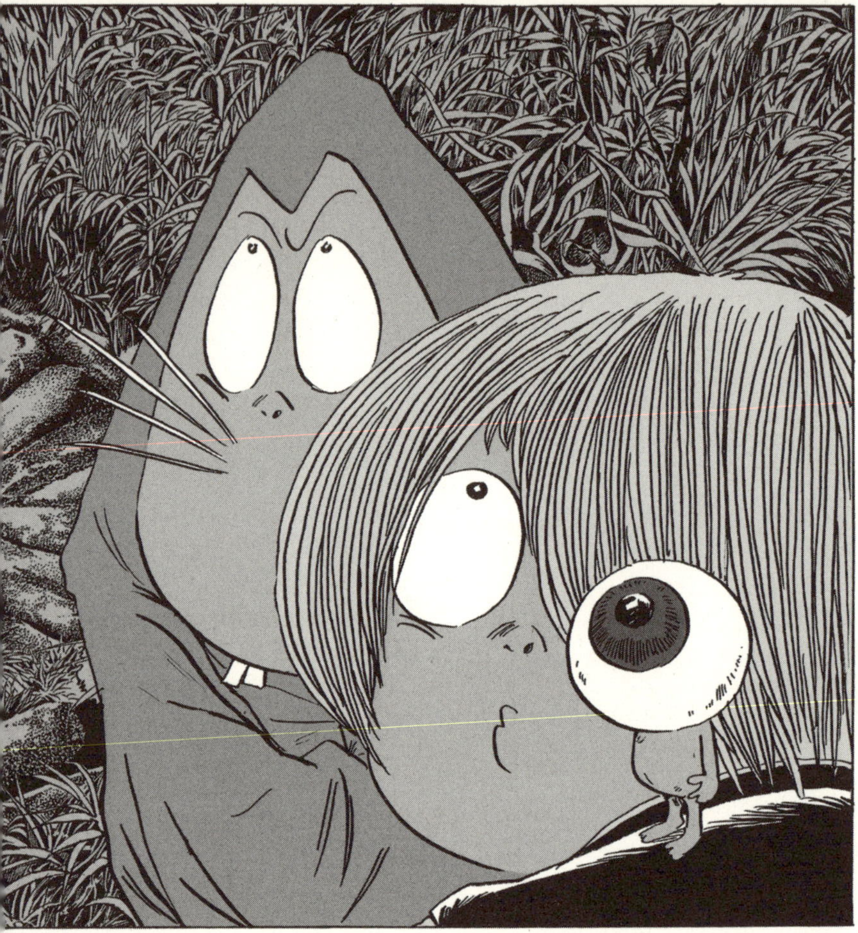

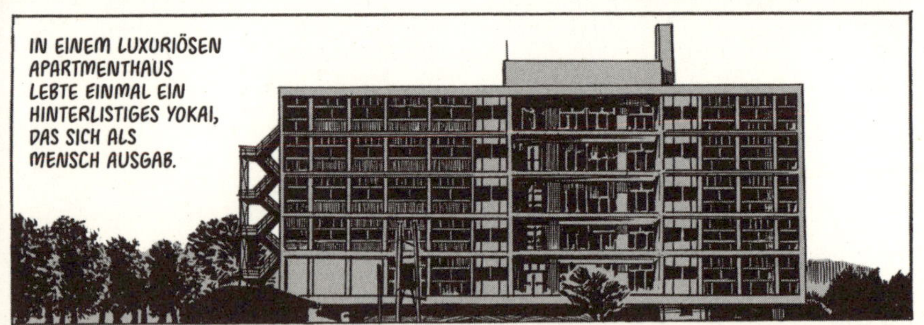
IN EINEM LUXURIÖSEN
APARTMENTHAUS
LEBTE EINMAL EIN
HINTERLISTIGES YOKAI,
DAS SICH ALS
MENSCH AUSGAB.

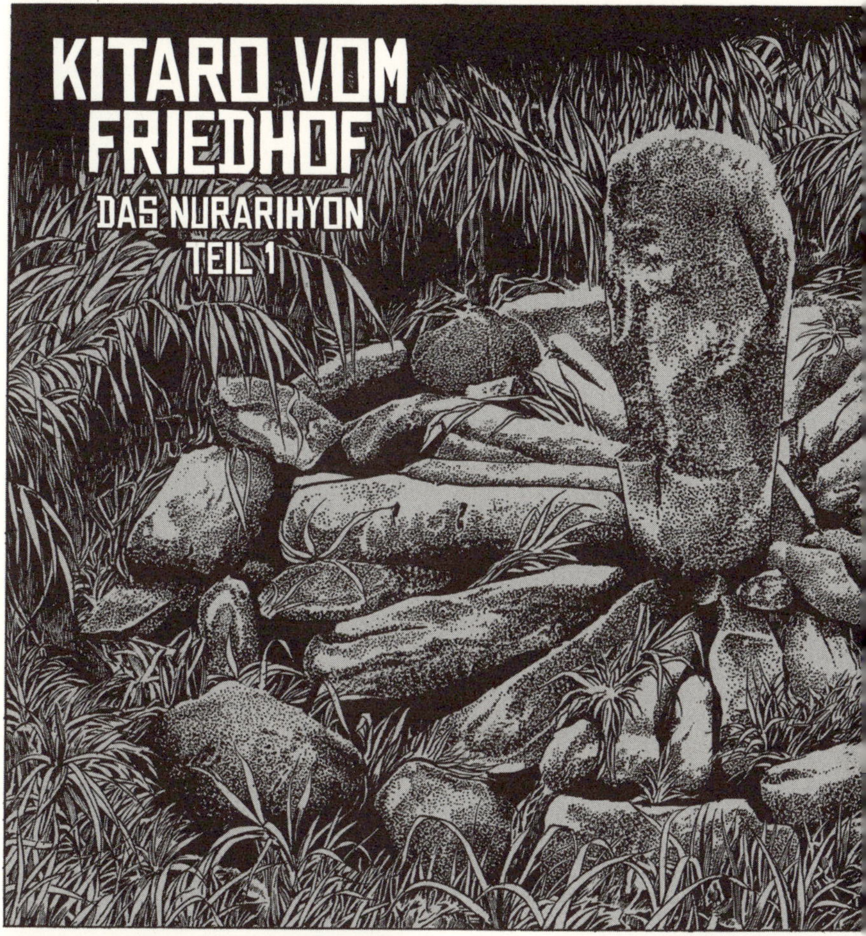

KITARO VOM FRIEDHOF

DAS NURARIHYON TEIL 1

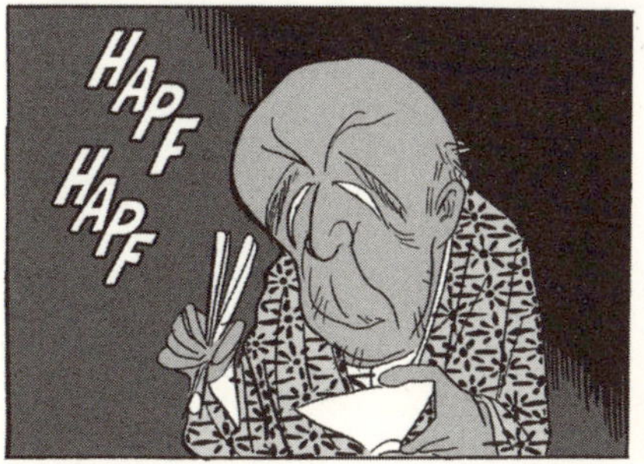

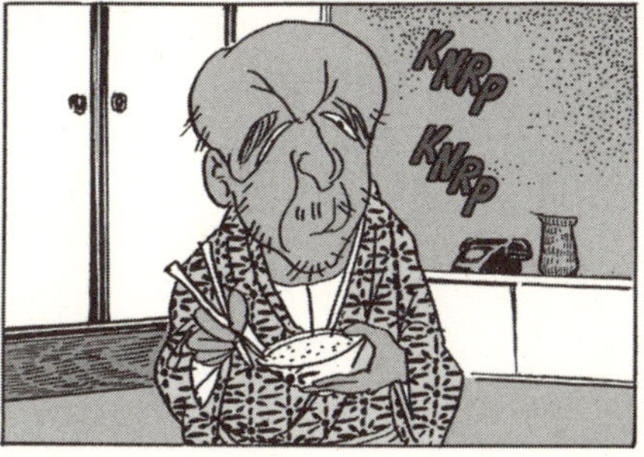

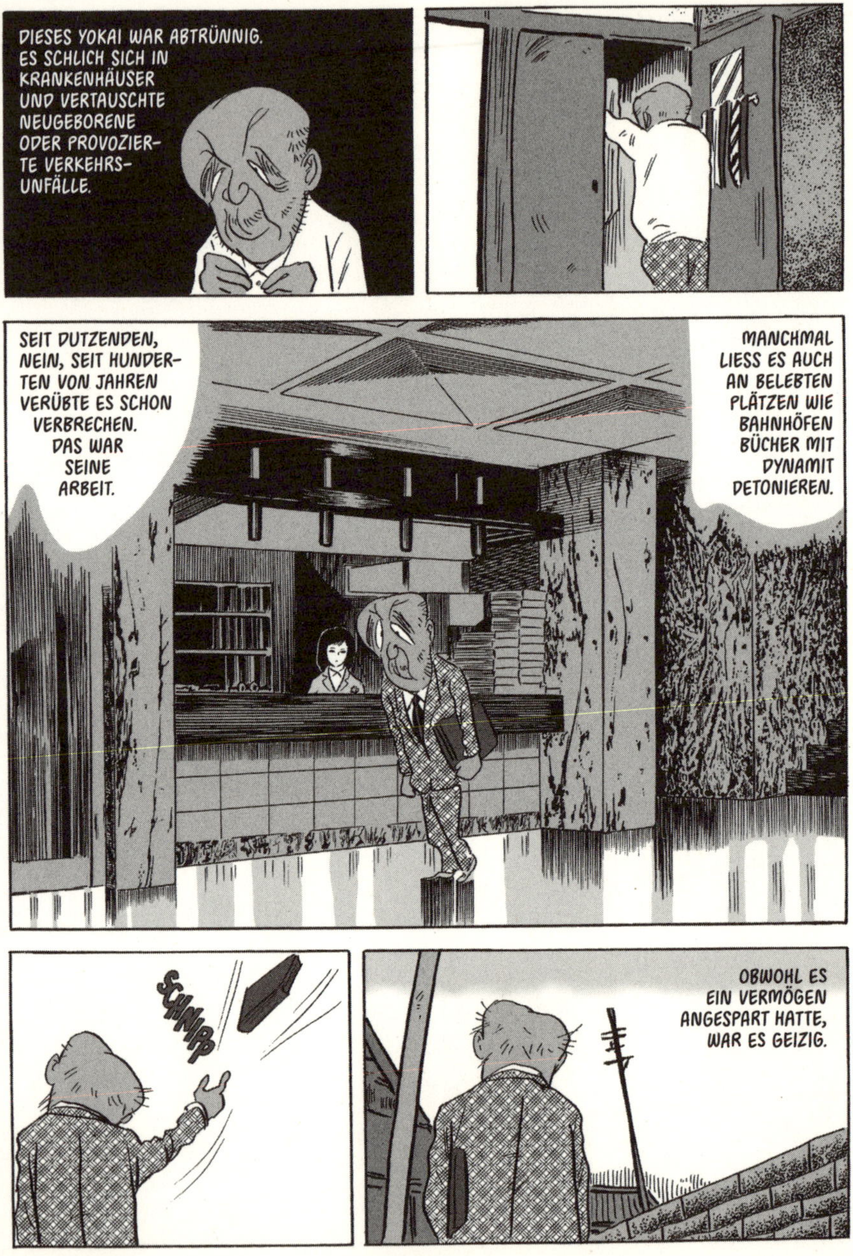

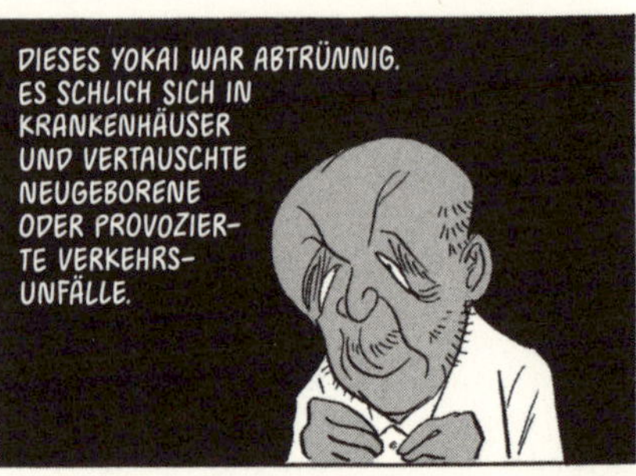

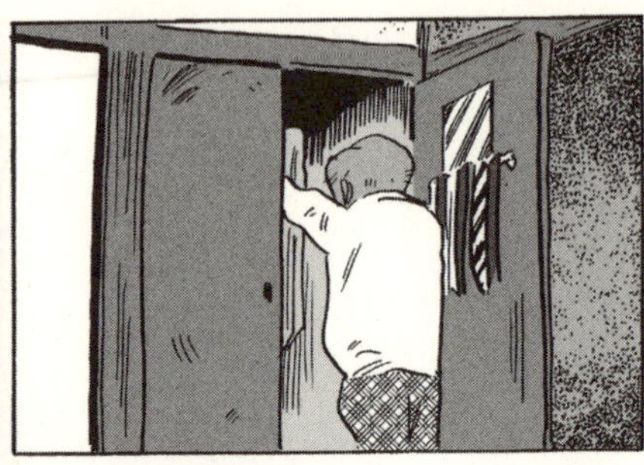

SEIT DUTZENDEN, NEIN, SEIT HUNDER-TEN VON JAHREN VERÜBTE ES SCHON VERBRECHEN. DAS WAR SEINE ARBEIT.

MANCHMAL LIESS ES AUCH AN BELEBTEN PLÄTZEN WIE BAHNHÖFEN BÜCHER MIT DYNAMIT DETONIEREN.

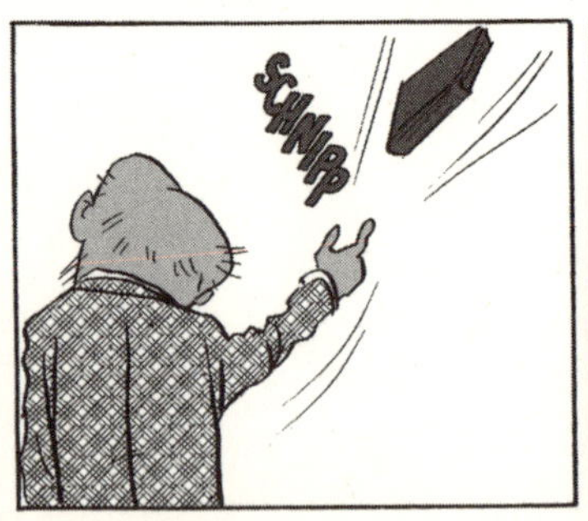

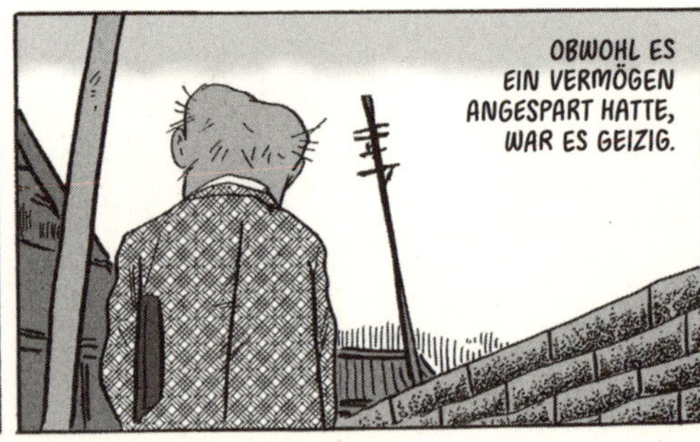

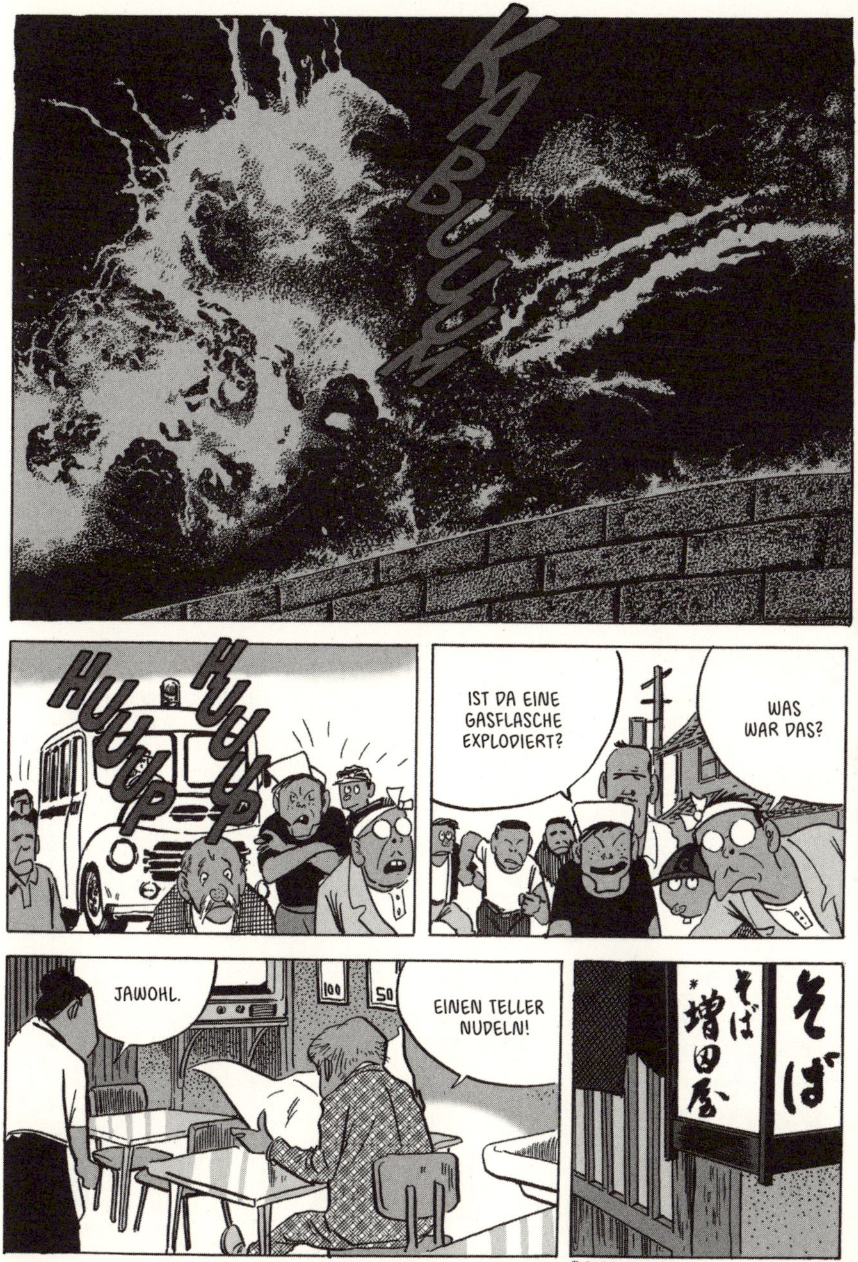

KABUUUM

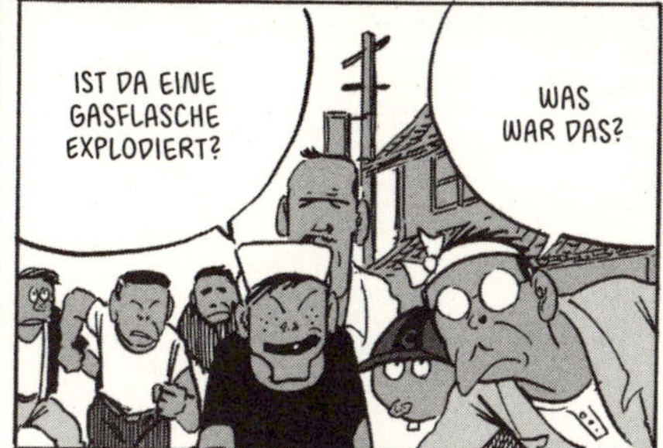
WAS WAR DAS?
IST DA EINE GASFLASCHE EXPLODIERT?

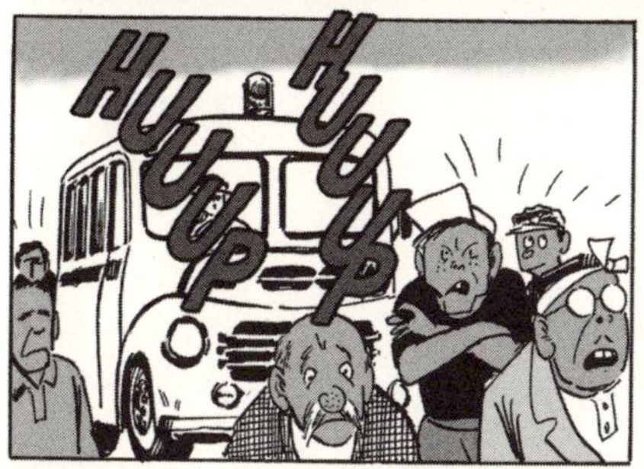
HUUUUP
HUUUUP

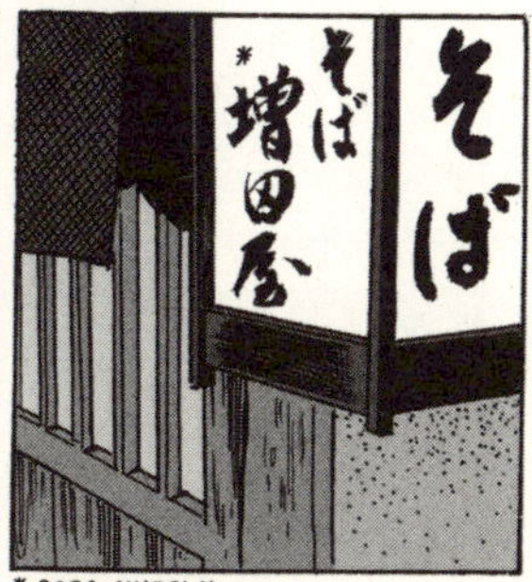
そば
*そば 増田屋

* SOBA-NUDELN

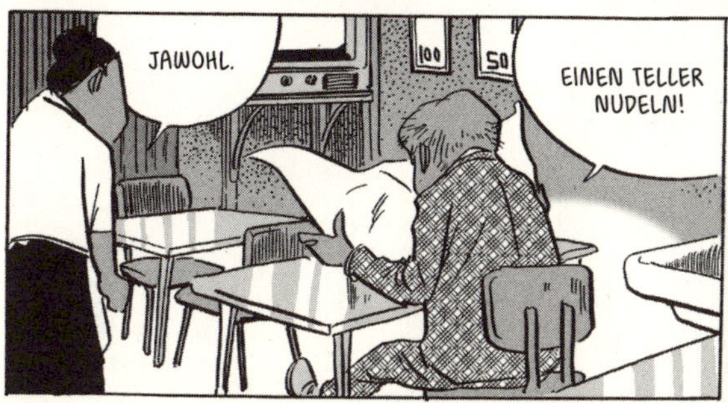
EINEN TELLER NUDELN!
JAWOHL.

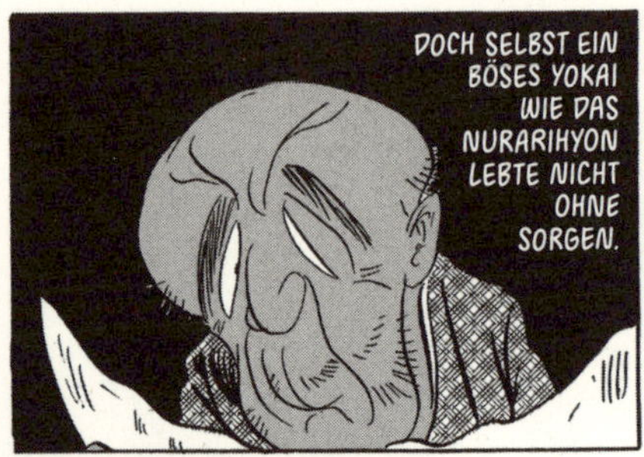

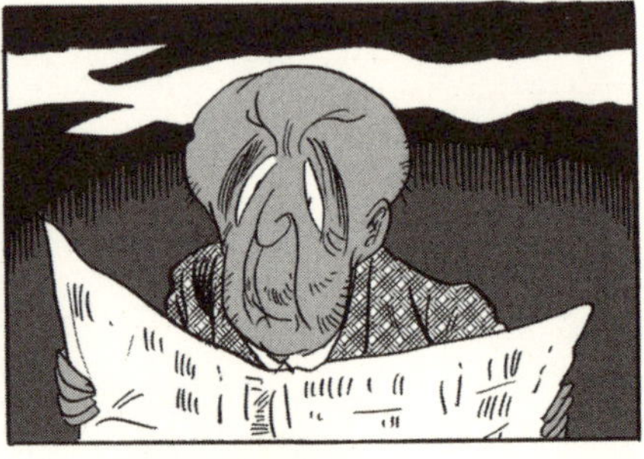

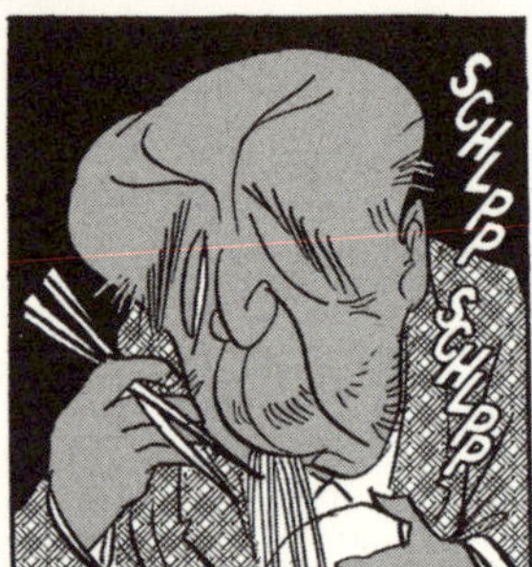

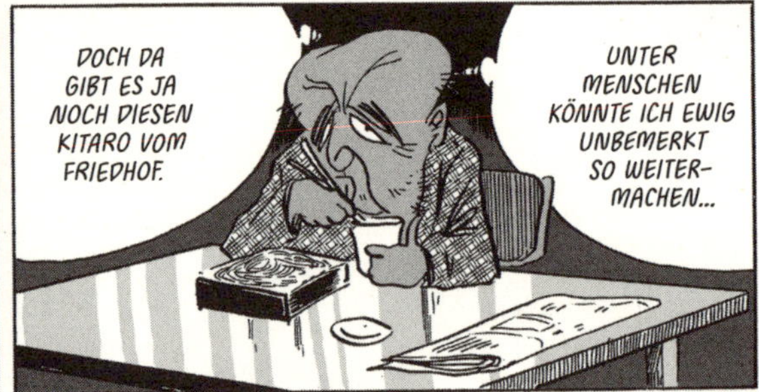

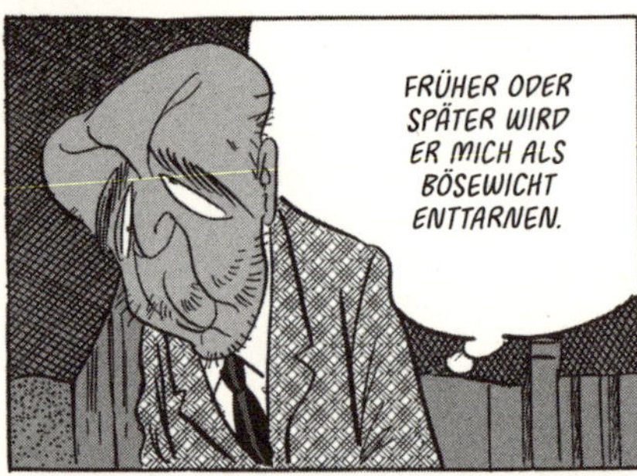

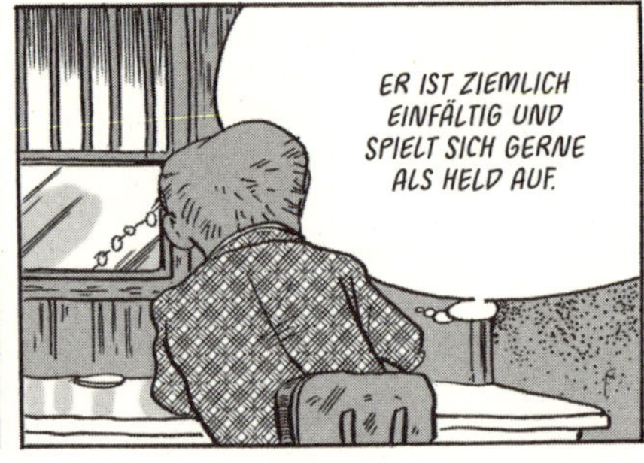

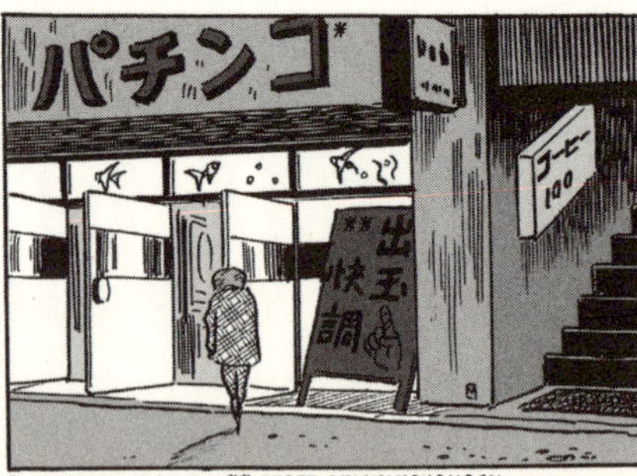

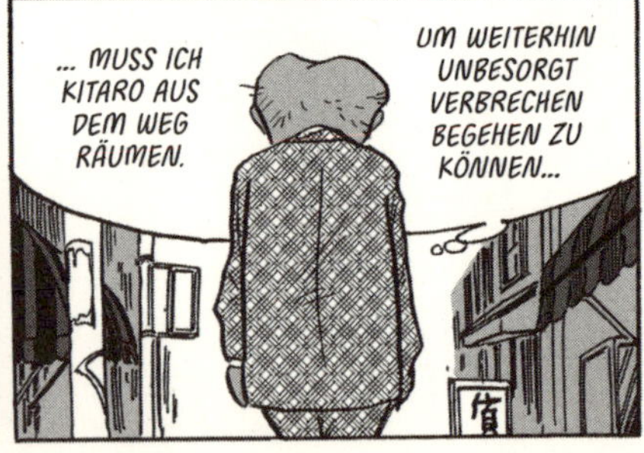

* PACHINKO-HALLE ** BESTE GEWINNCHANCEN

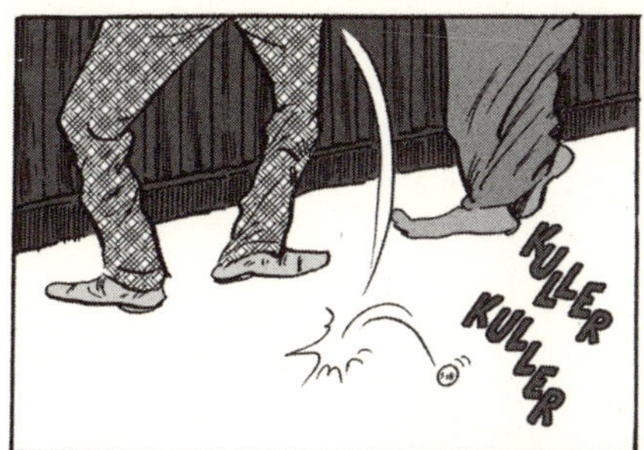
KULLER
KULLER

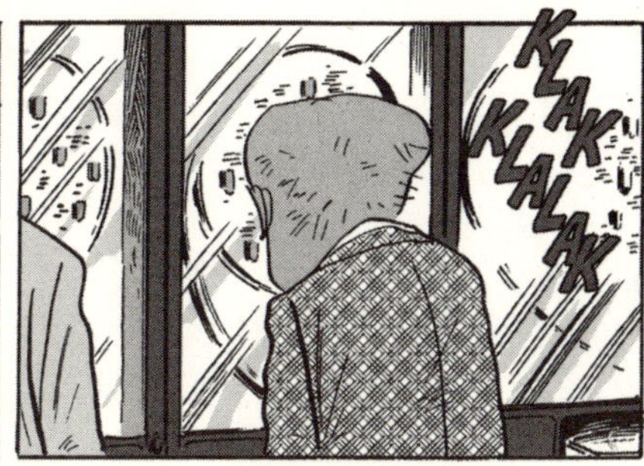
KLAK
KLALAK

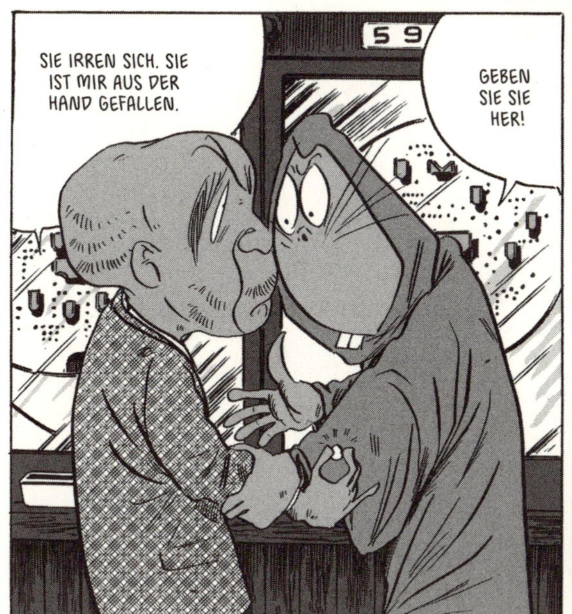
SIE IRREN SICH. SIE IST MIR AUS DER HAND GEFALLEN.
GEBEN SIE SIE HER!

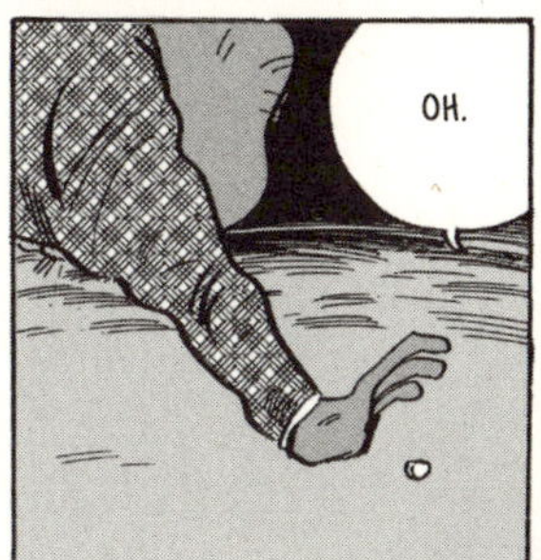
OH.

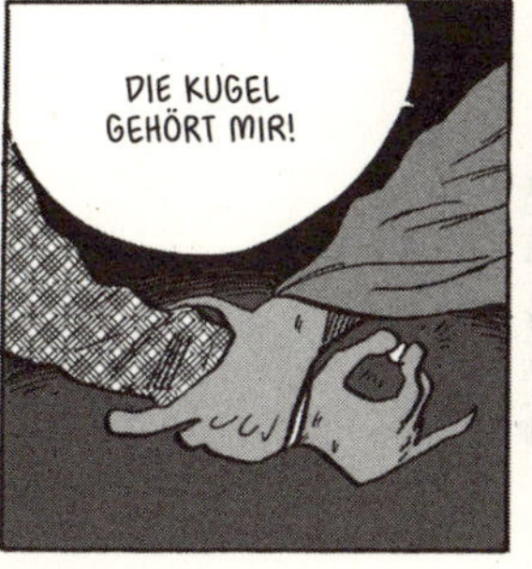
DIE KUGEL GEHÖRT MIR!

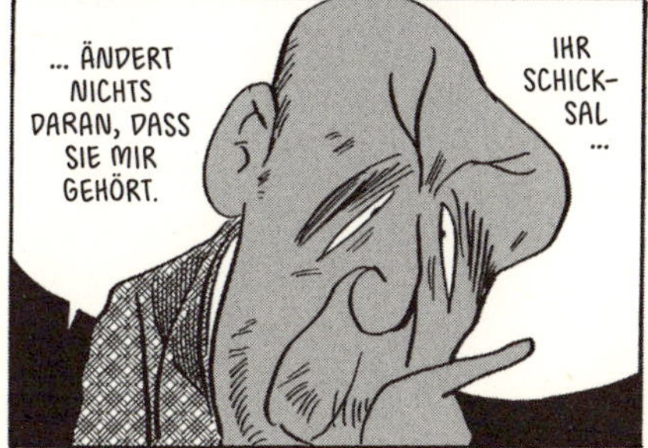
IHR SCHICK-SAL ...
... ÄNDERT NICHTS DARAN, DASS SIE MIR GEHÖRT.

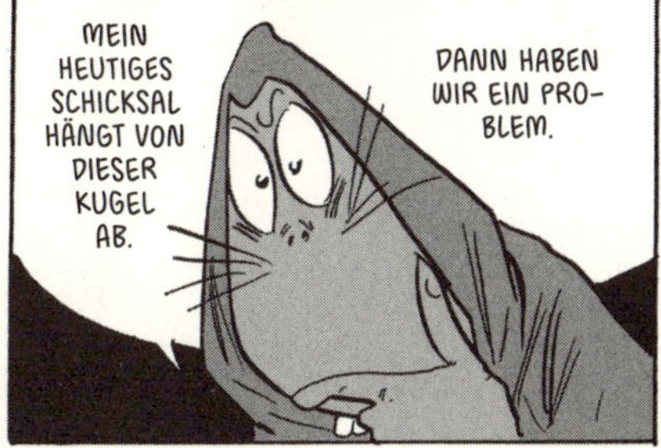
DANN HABEN WIR EIN PRO-BLEM.
MEIN HEUTIGES SCHICKSAL HÄNGT VON DIESER KUGEL AB.

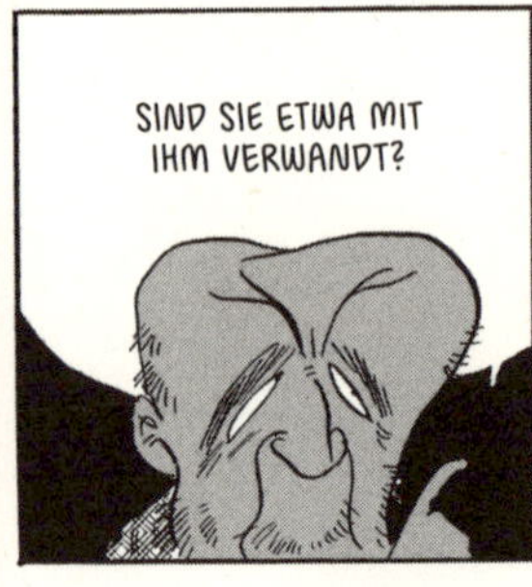
SIND SIE ETWA MIT IHM VERWANDT?

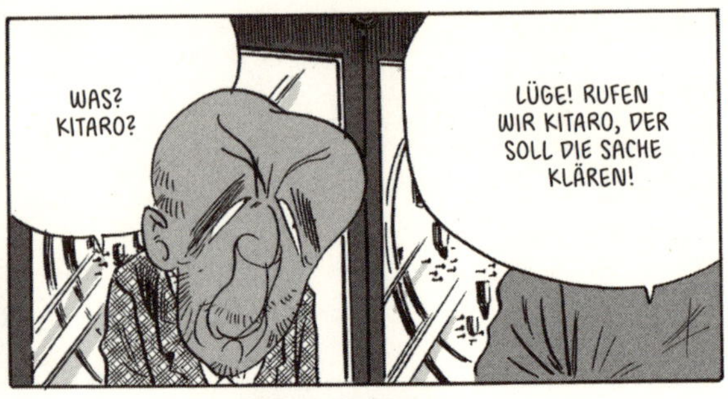
WAS? KITARO?
LÜGE! RUFEN WIR KITARO, DER SOLL DIE SACHE KLÄREN!

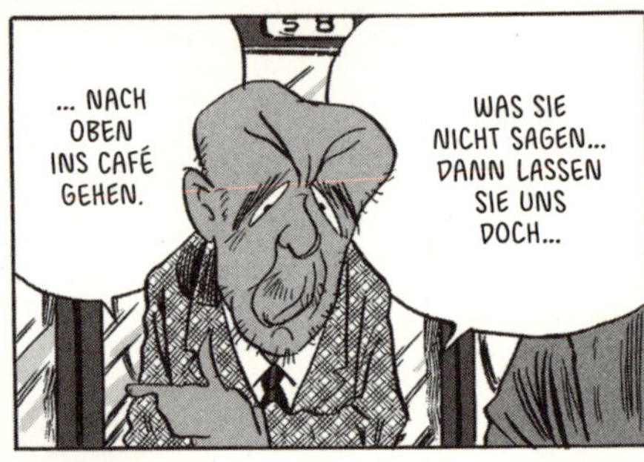
WAS SIE NICHT SAGEN... DANN LASSEN SIE UNS DOCH...
... NACH OBEN INS CAFÉ GEHEN.

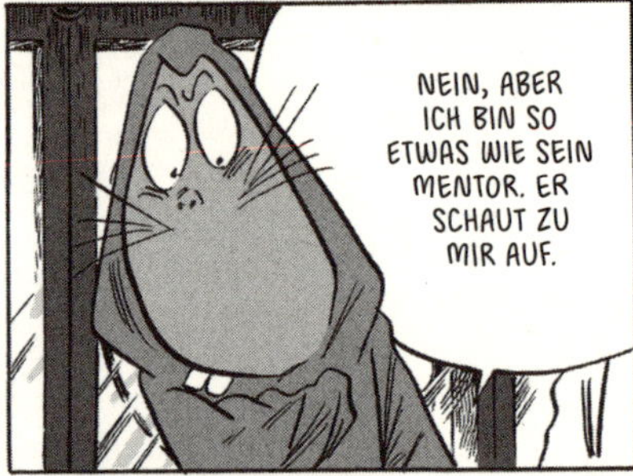
NEIN, ABER ICH BIN SO ETWAS WIE SEIN MENTOR. ER SCHAUT ZU MIR AUF.

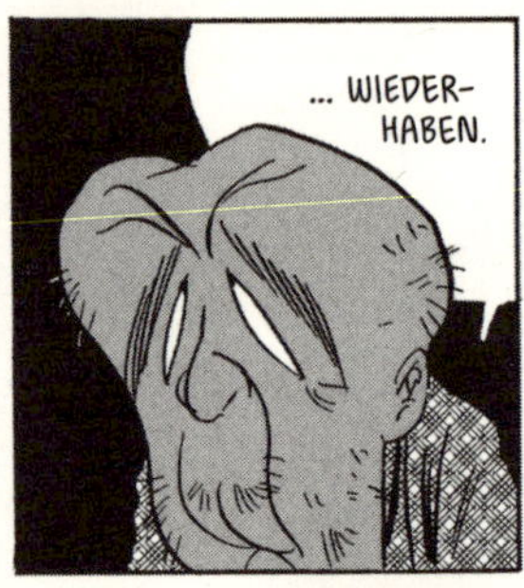
... WIEDER-HABEN.

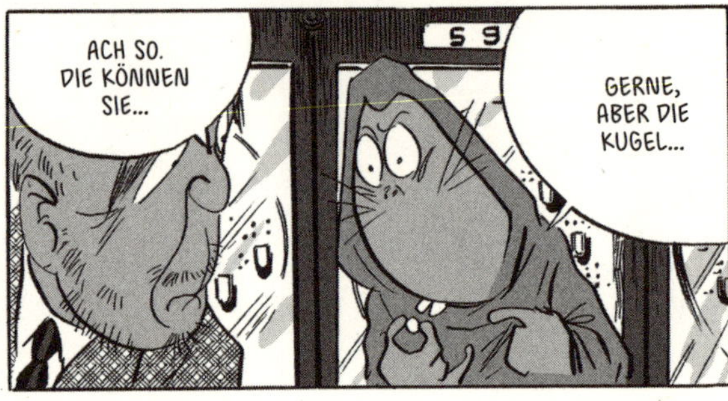
GERNE, ABER DIE KUGEL...
ACH SO. DIE KÖNNEN SIE...

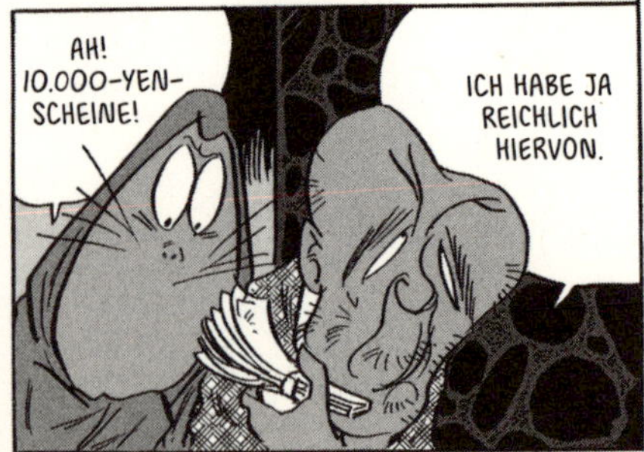
ICH HABE JA REICHLICH HIERVON.
AH! 10.000-YEN-SCHEINE!

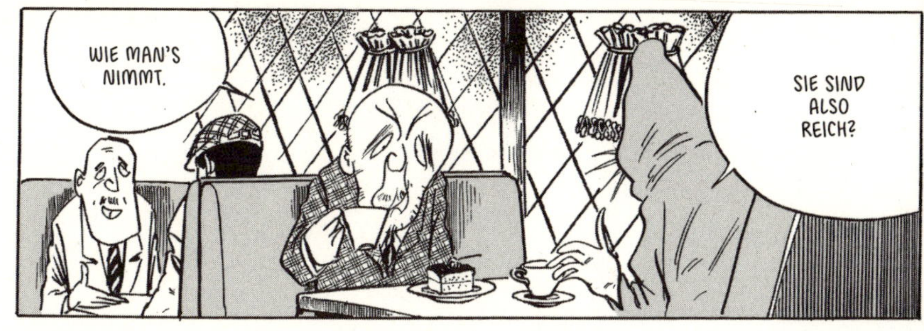
SIE SIND ALSO REICH?
WIE MAN'S NIMMT.

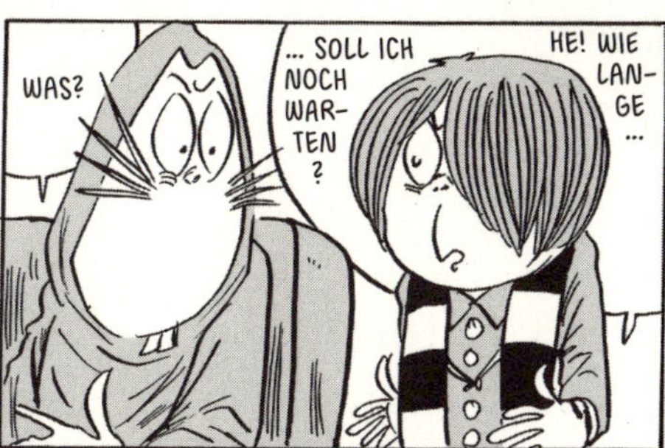
HE! WIE LAN-GE ...
... SOLL ICH NOCH WAR-TEN ?
WAS?

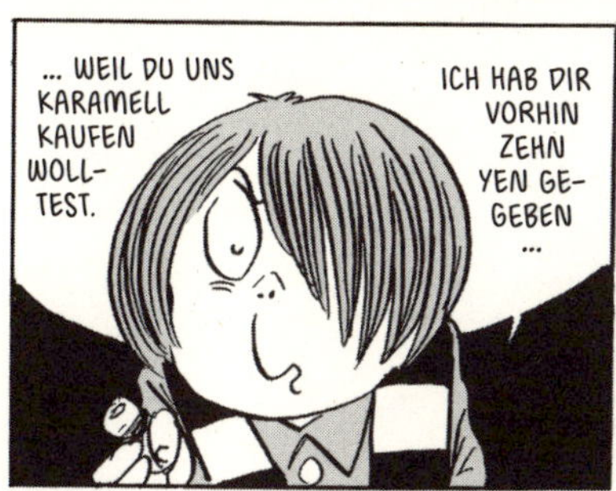
ICH HAB DIR VORHIN ZEHN YEN GE-GEBEN ...
... WEIL DU UNS KARAMELL KAUFEN WOLL-TEST.

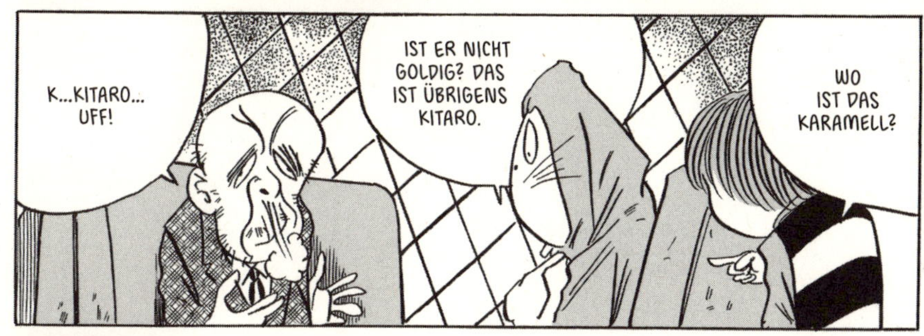
WO IST DAS KARAMELL?
IST ER NICHT GOLDIG? DAS IST ÜBRIGENS KITARO.
K...KITARO... UFF!

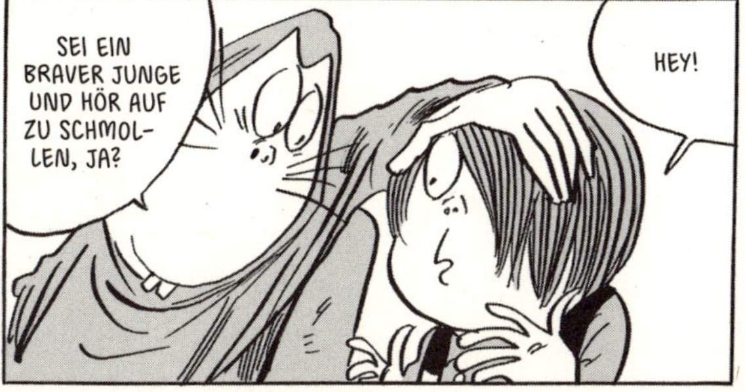
HEY!
SEI EIN BRAVER JUNGE UND HÖR AUF ZU SCHMOL-LEN, JA?

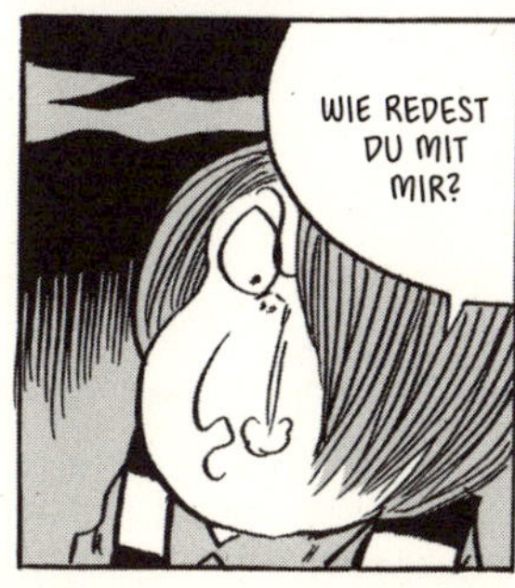
WIE REDEST DU MIT MIR?

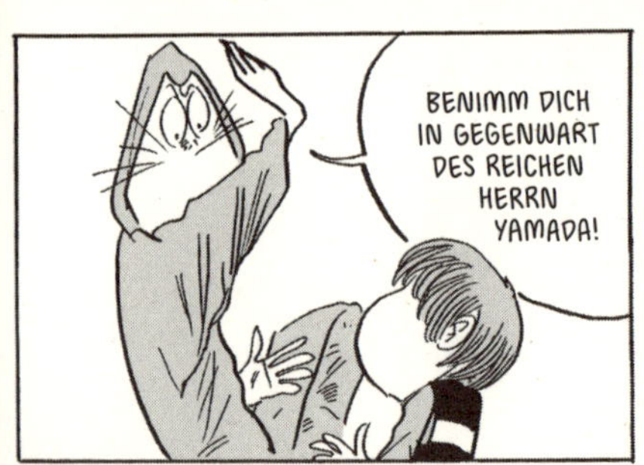
BENIMM DICH IN GEGENWART DES REICHEN HERRN YAMADA!

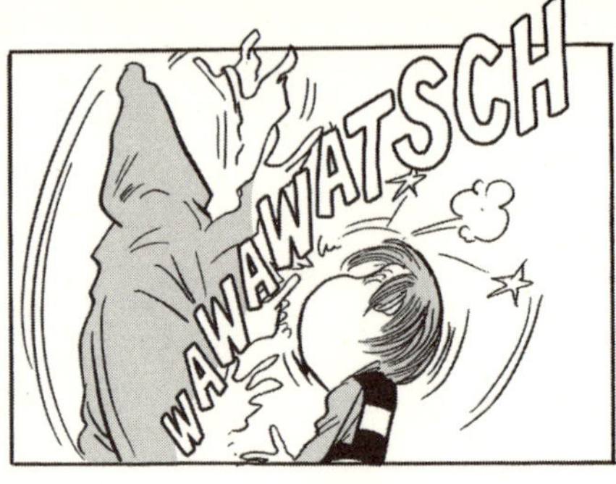
WAWAWATSCH

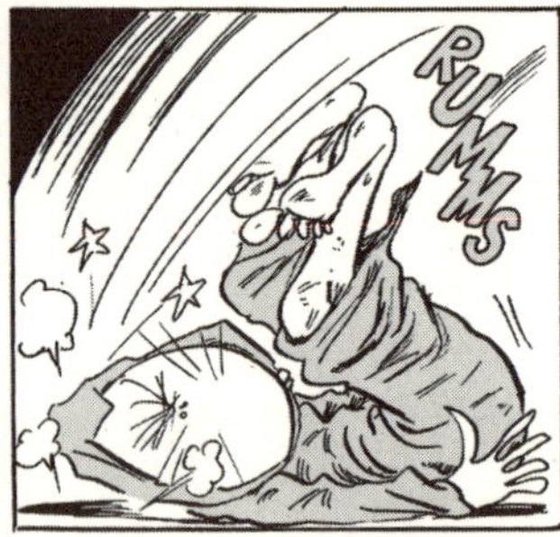
RUMMS

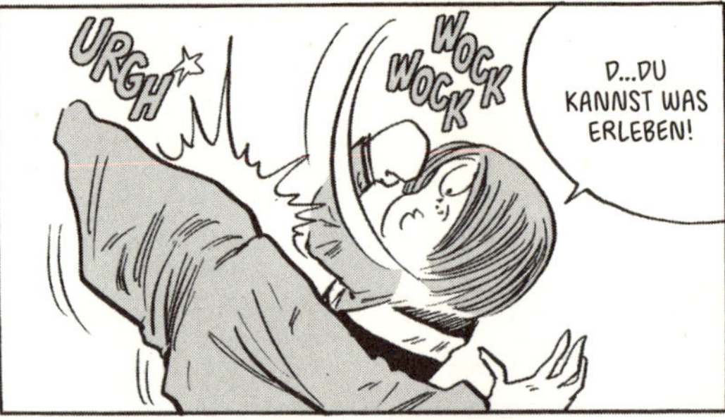
URGH
WOCK WOCK
D...DU KANNST WAS ERLEBEN!

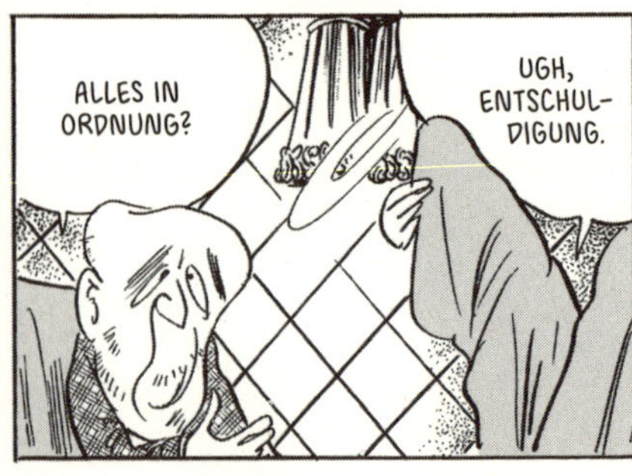
ALLES IN ORDNUNG?
UGH, ENTSCHULDIGUNG.

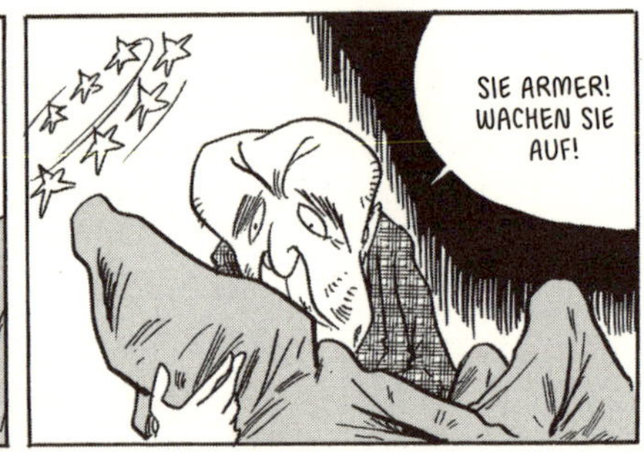
SIE ARMER! WACHEN SIE AUF!

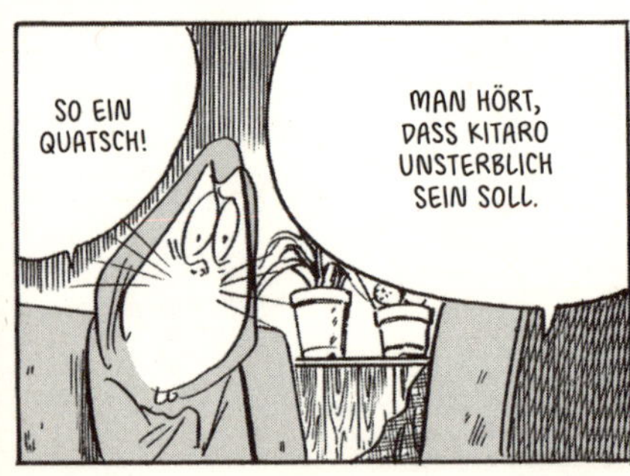
SO EIN QUATSCH!
MAN HÖRT, DASS KITARO UNSTERBLICH SEIN SOLL.

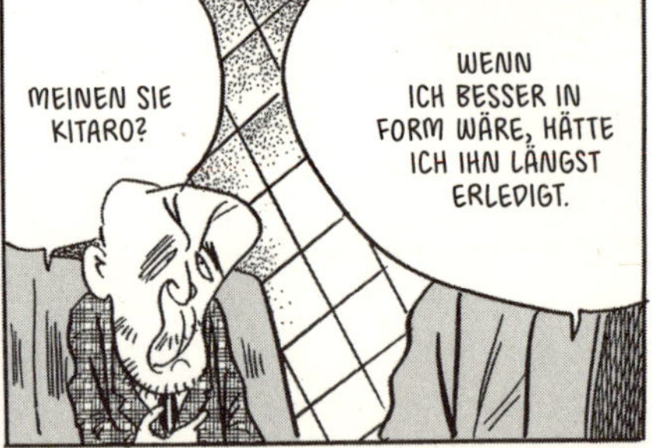
MEINEN SIE KITARO?
WENN ICH BESSER IN FORM WÄRE, HÄTTE ICH IHN LÄNGST ERLEDIGT.

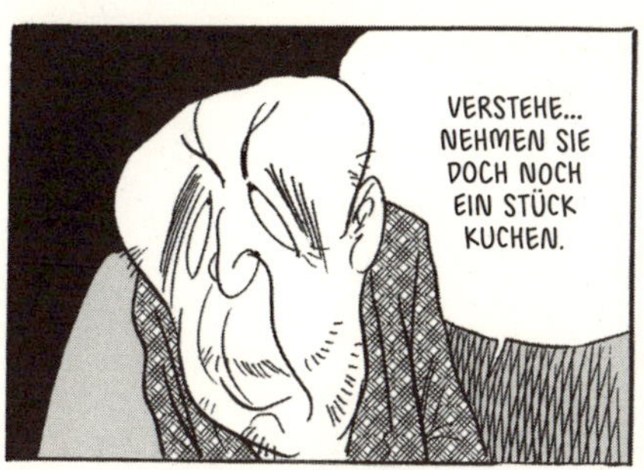
VERSTEHE... NEHMEN SIE DOCH NOCH EIN STÜCK KUCHEN.

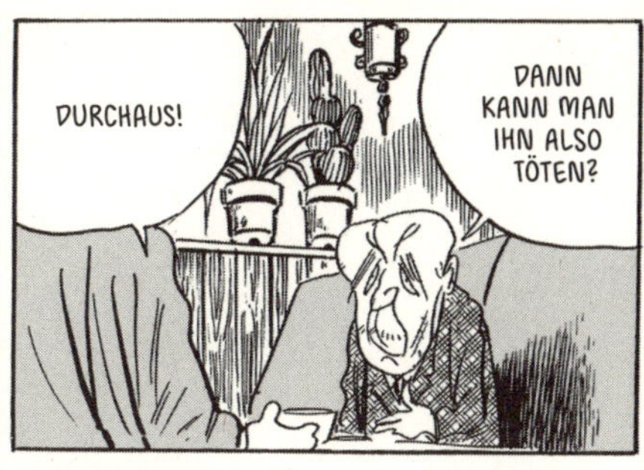
DANN KANN MAN IHN ALSO TÖTEN?
DURCHAUS!

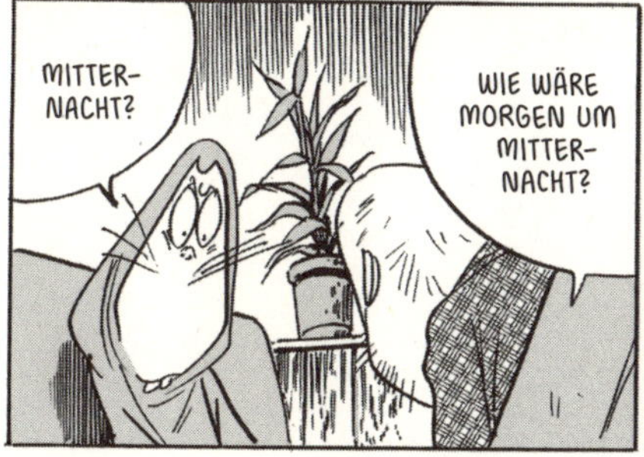
WIE WÄRE MORGEN UM MITTER-NACHT?
MITTER-NACHT?

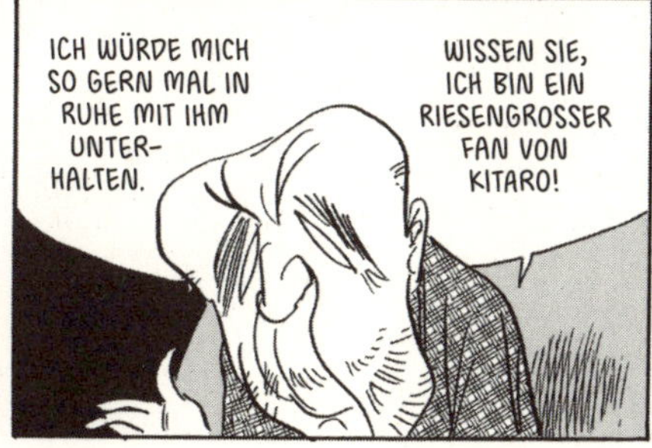
WISSEN SIE, ICH BIN EIN RIESENGROSSER FAN VON KITARO!
ICH WÜRDE MICH SO GERN MAL IN RUHE MIT IHM UNTER-HALTEN.

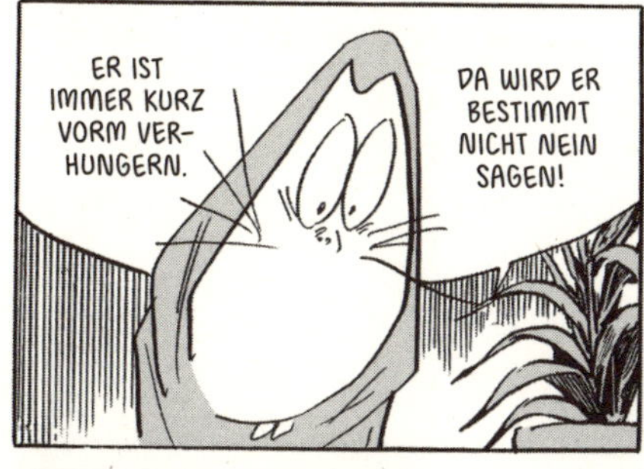
DA WIRD ER BESTIMMT NICHT NEIN SAGEN!
ER IST IMMER KURZ VORM VER-HUNGERN.

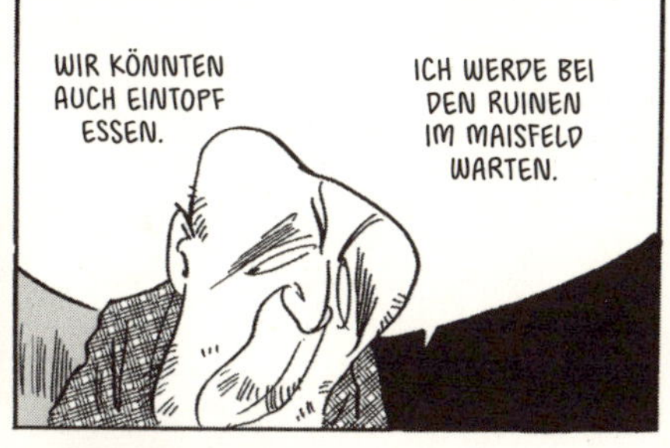
ICH WERDE BEI DEN RUINEN IM MAISFELD WARTEN.
WIR KÖNNTEN AUCH EINTOPF ESSEN.

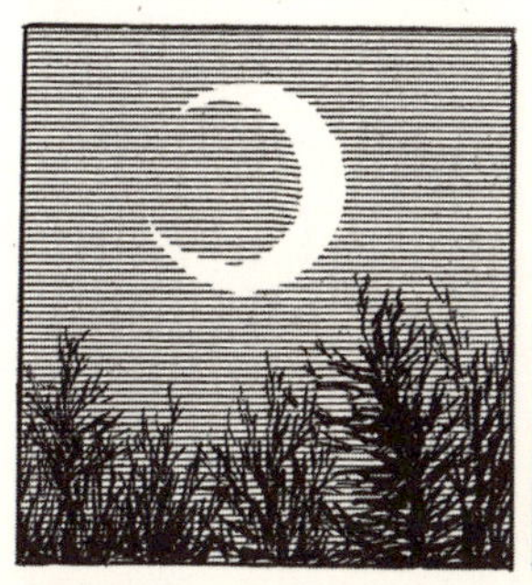

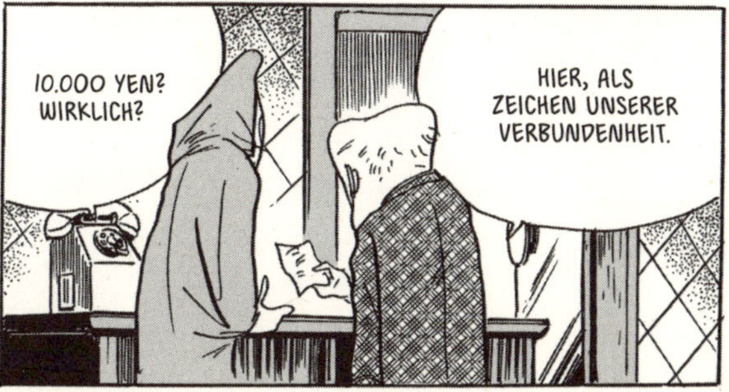
HIER, ALS ZEICHEN UNSERER VERBUNDENHEIT.
10.000 YEN? WIRKLICH?

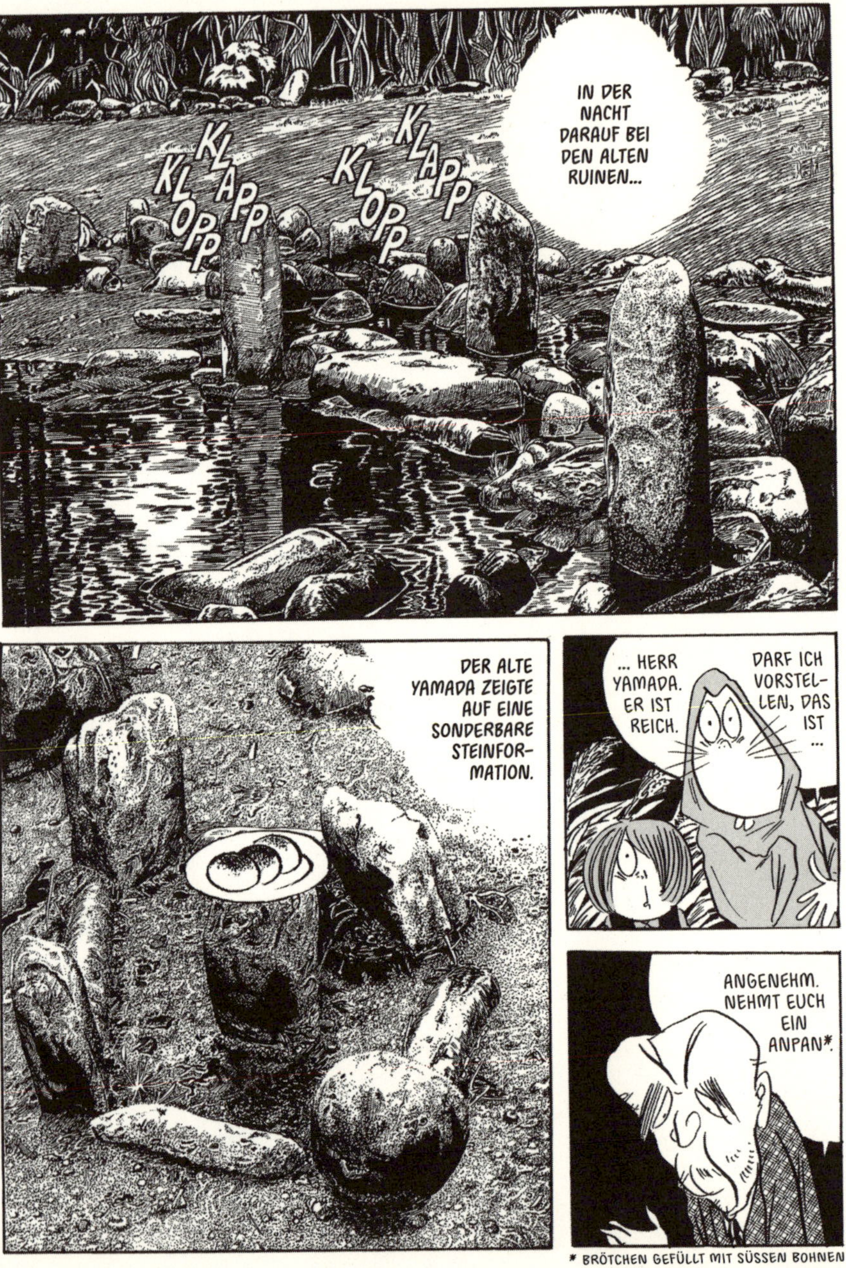

KLAPP
KLOPP
KLAPP
KLOPP
IN DER NACHT DARAUF BEI DEN ALTEN RUINEN...

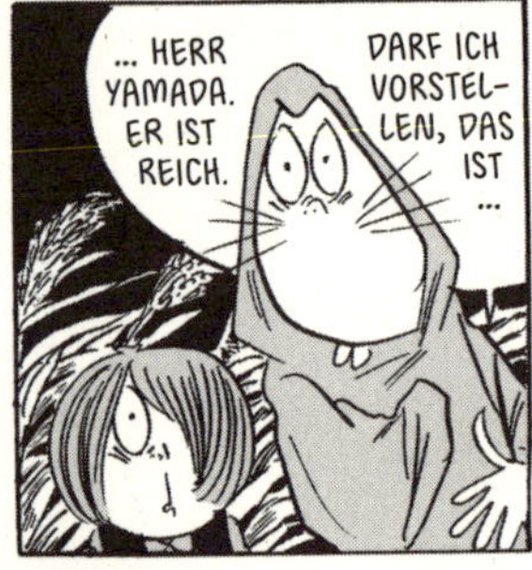

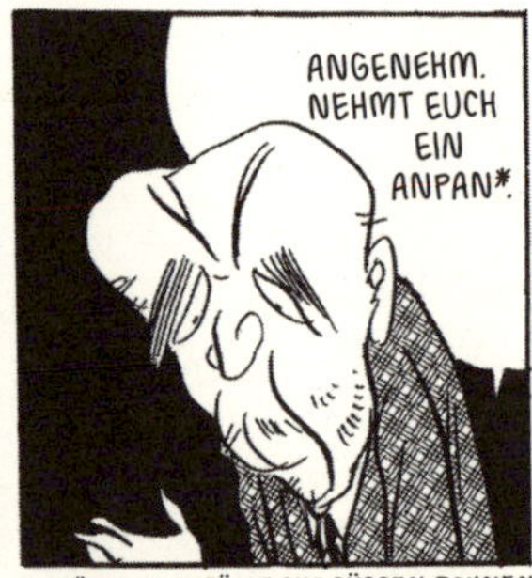

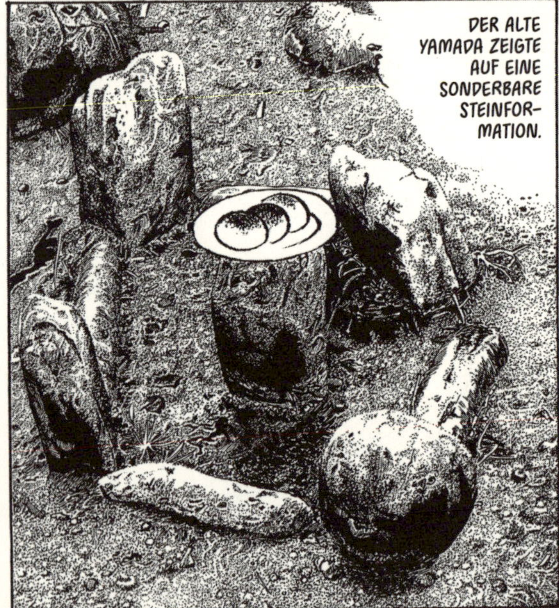

* BRÖTCHEN GEFÜLLT MIT SÜSSEN BOHNEN

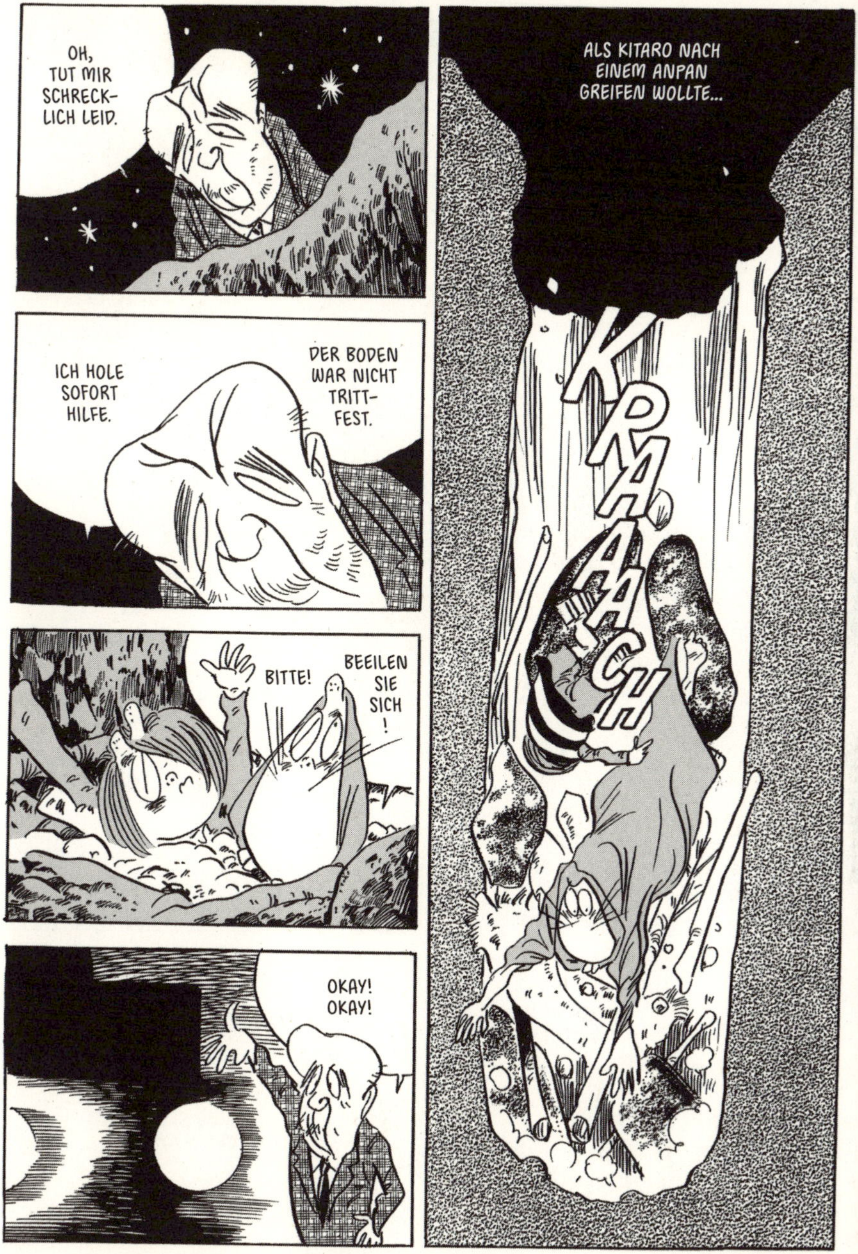

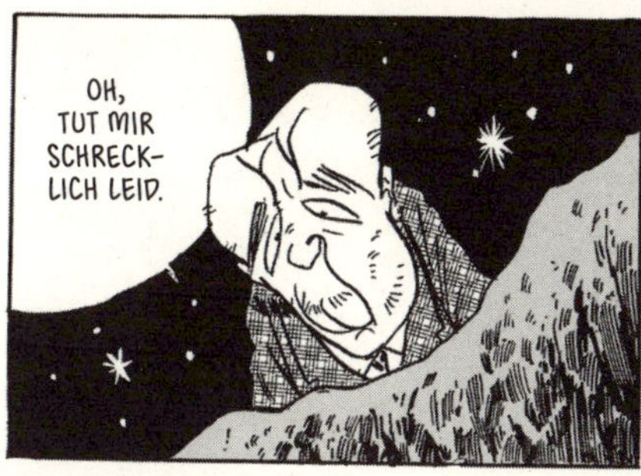
OH, TUT MIR SCHRECK-LICH LEID.

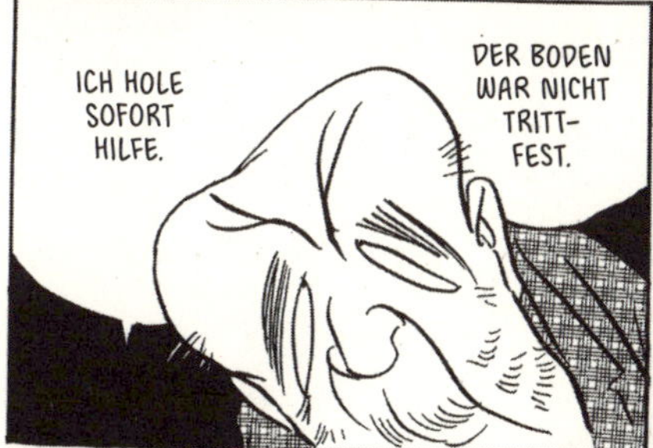
DER BODEN WAR NICHT TRITT-FEST.
ICH HOLE SOFORT HILFE.

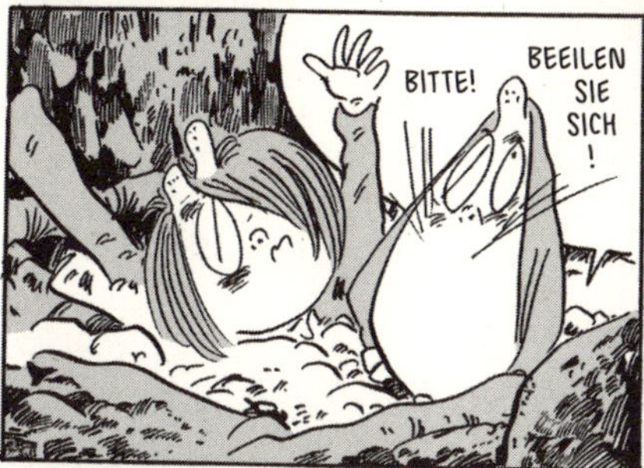
BITTE!
BEEILEN SIE SICH!

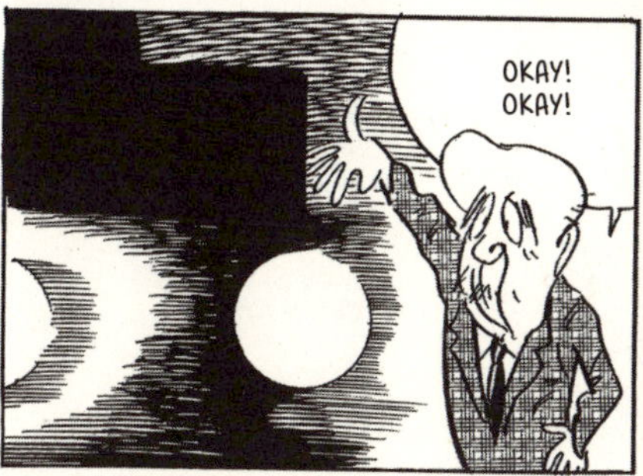
OKAY! OKAY!

ALS KITARO NACH EINEM ANPAN GREIFEN WOLLTE...
KRAAACH

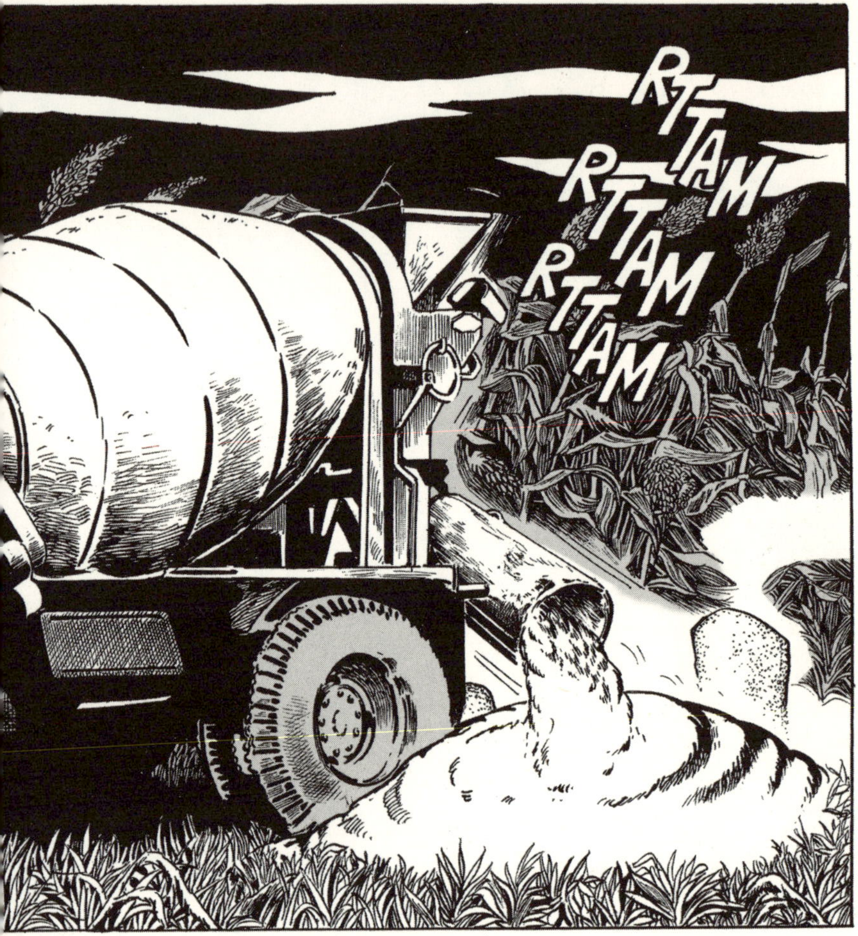

RTTAM
RTTAM
RTTAM
RTTAM

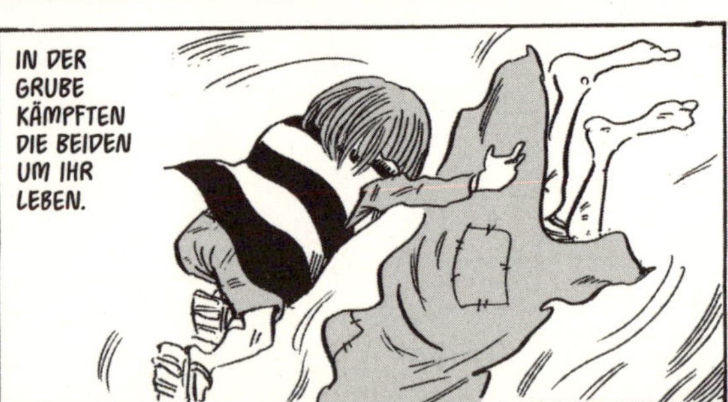

WAS FÜR EINE GRÄUELTAT! ZUERST HATTE DAS NURARIHYON EINE GRUBE GEGRABEN, UND KAUM WAREN DIE BEIDEN HINEINGEFALLEN, GOSS ES VON OBEN BETON NACH.

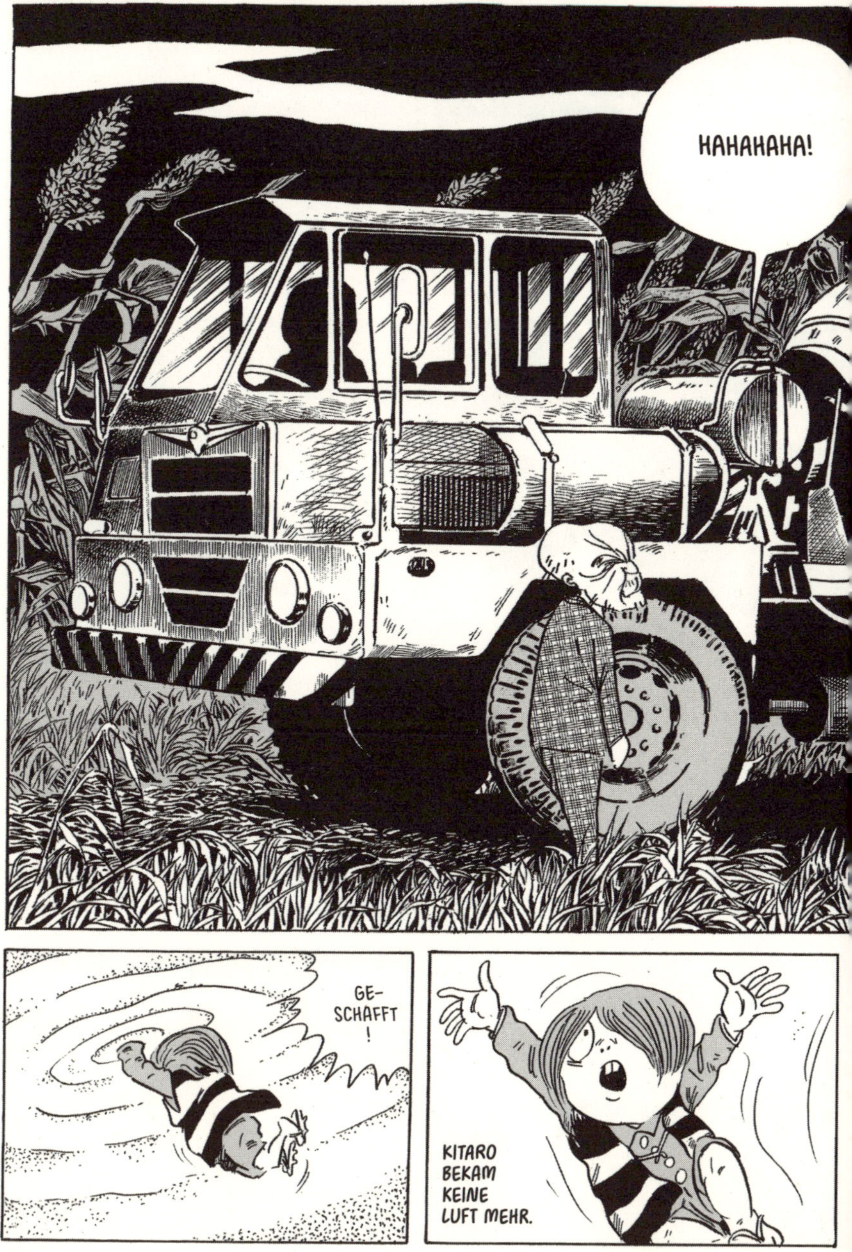

HAHAHAHA!

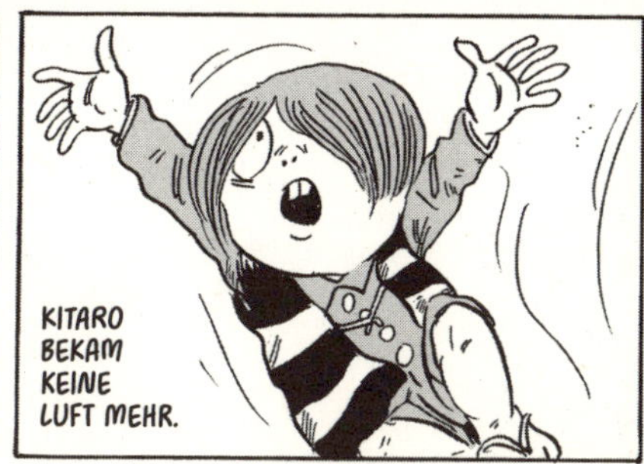

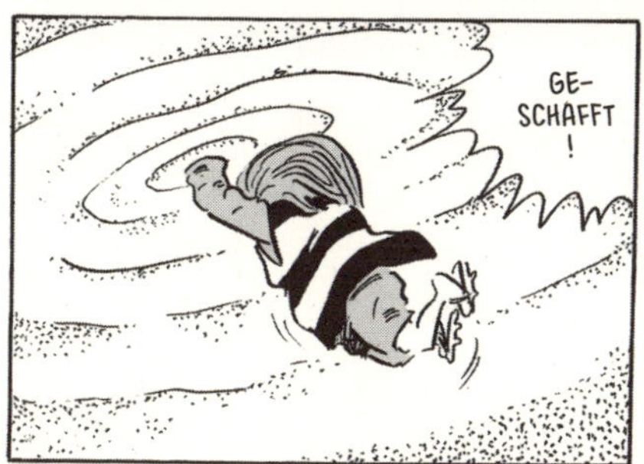

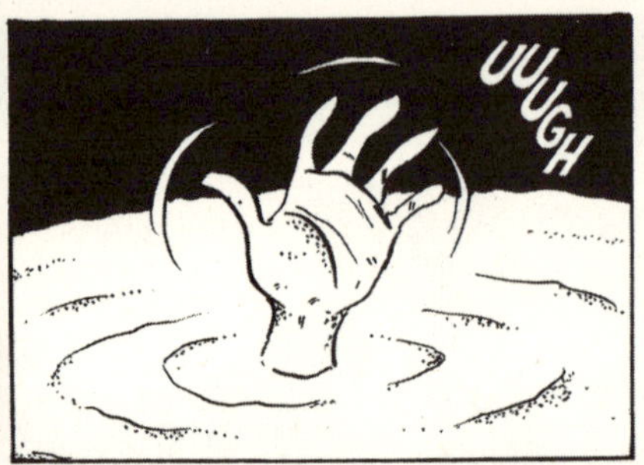

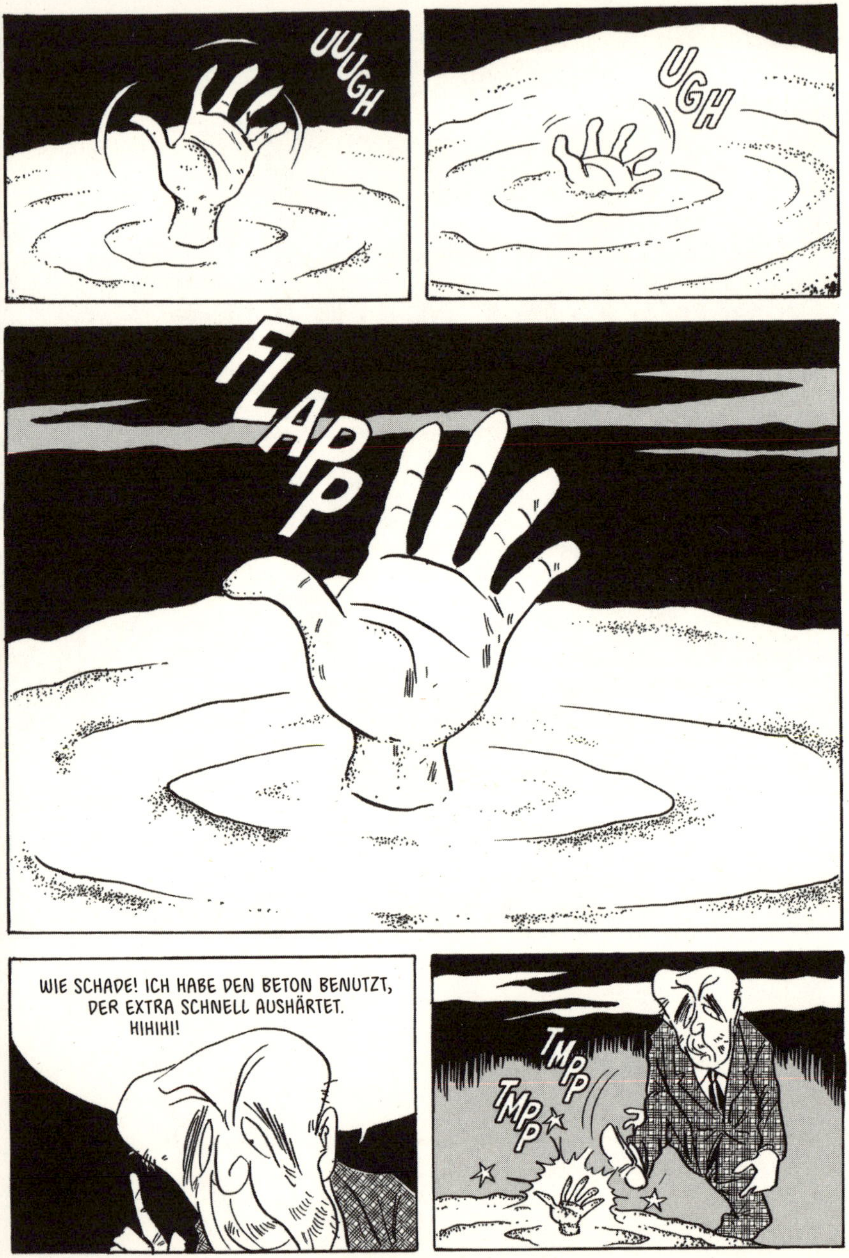

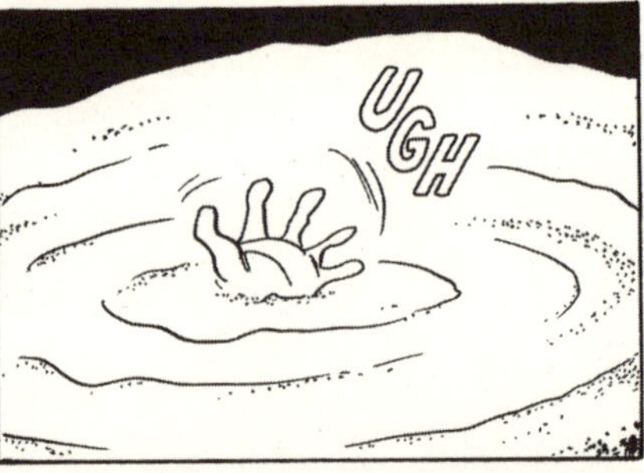

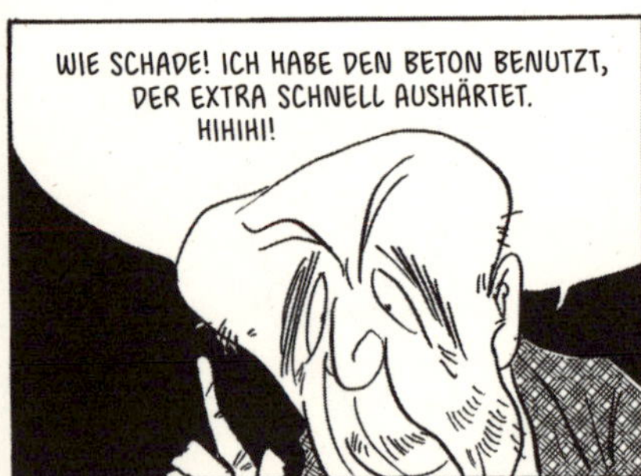

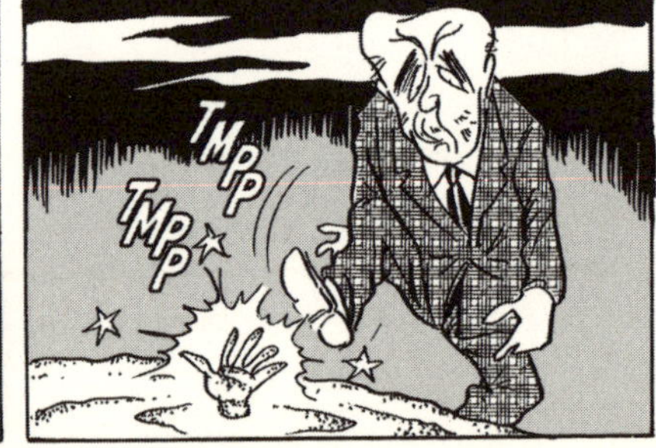

Das Nurarihyon, Teil 1 – Ende

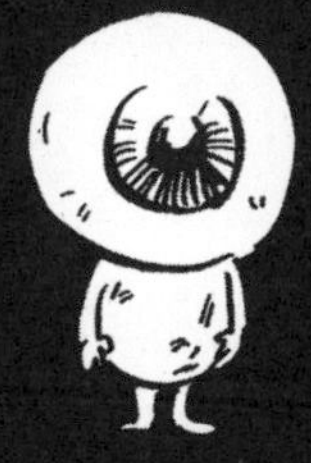

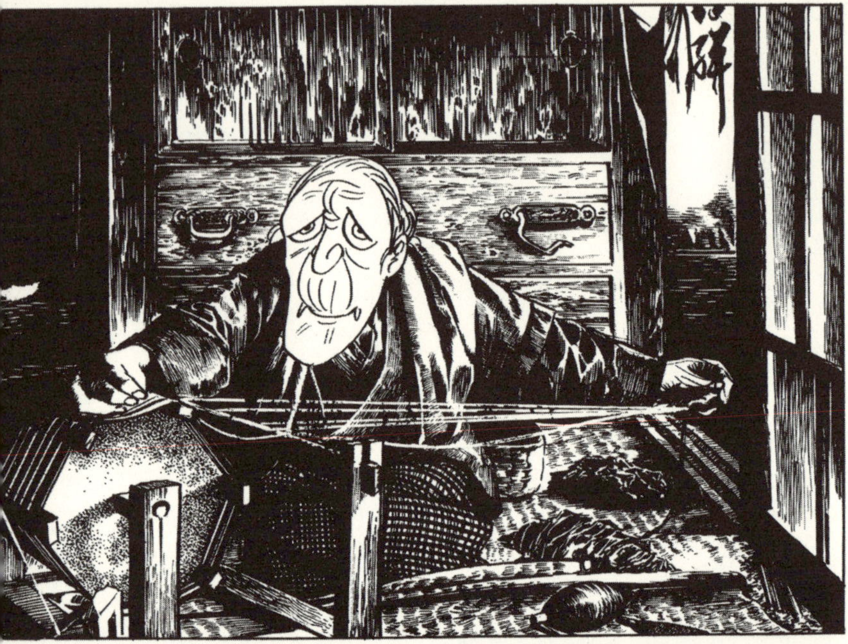

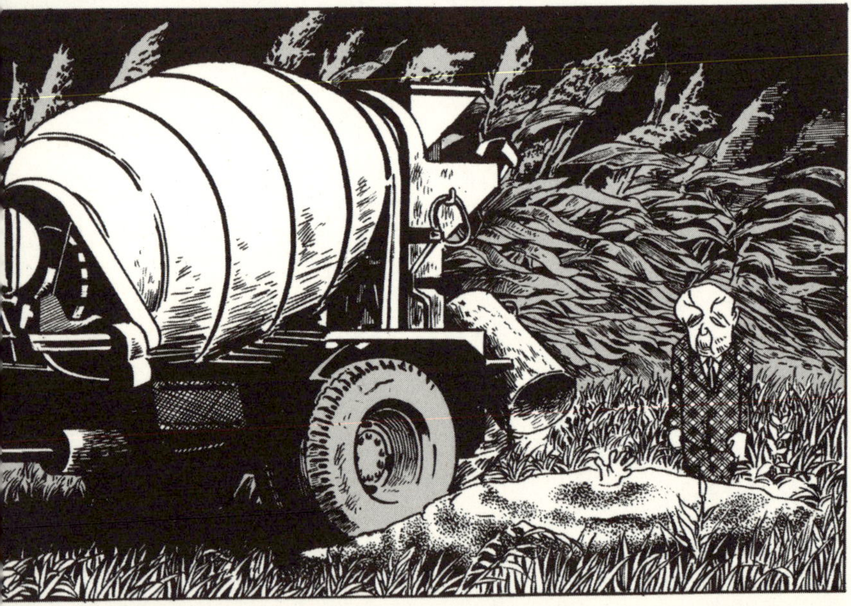

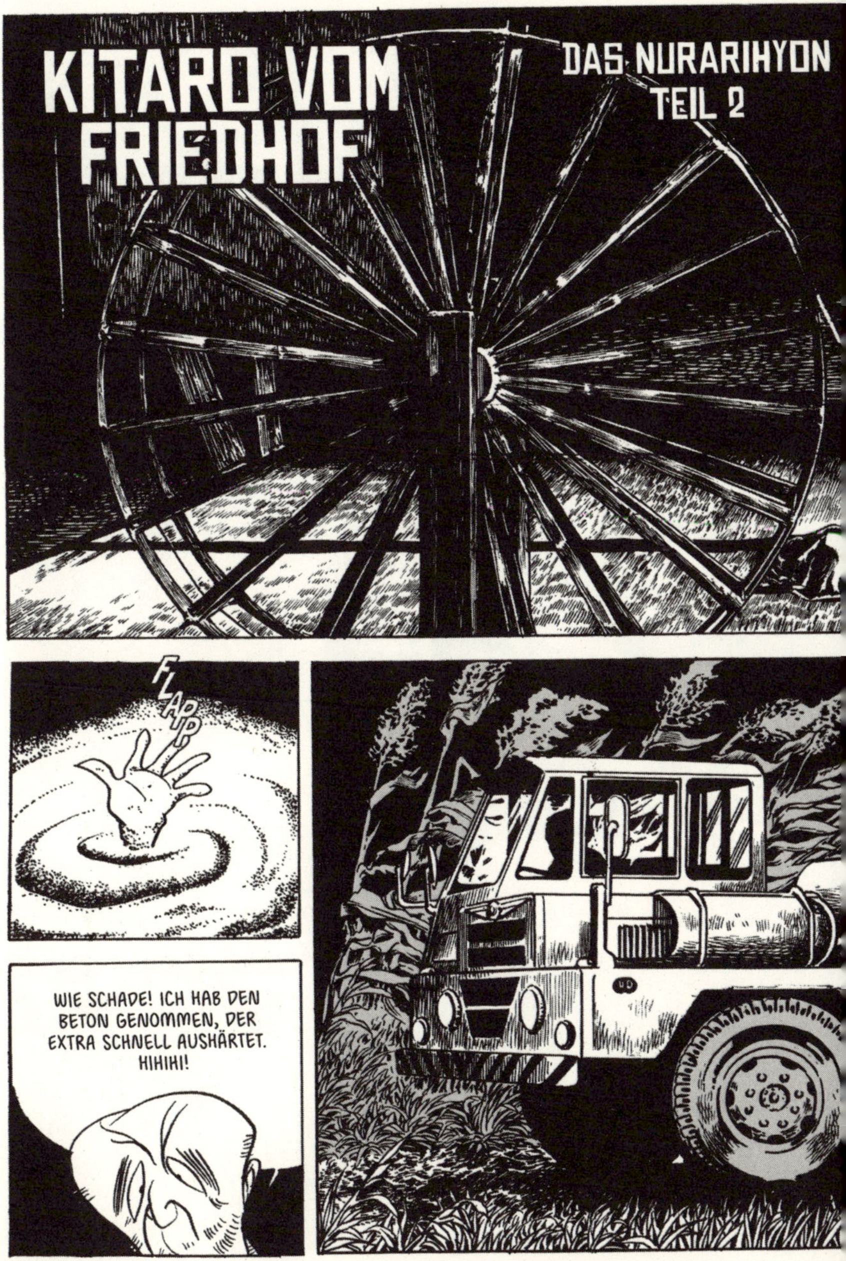

KITARO VOM FRIEDHOF

DAS NURARIHYON TEIL 2

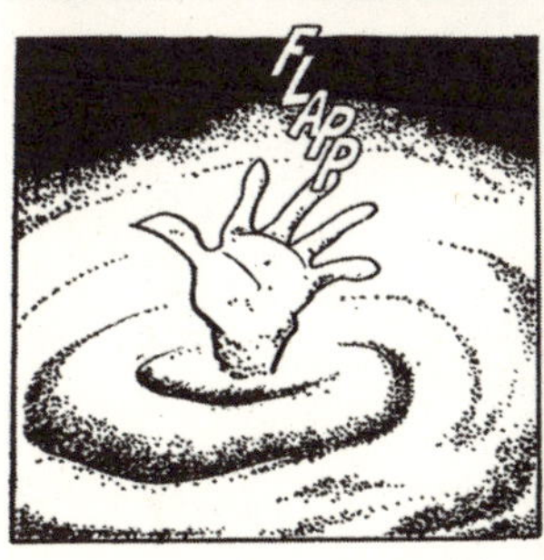

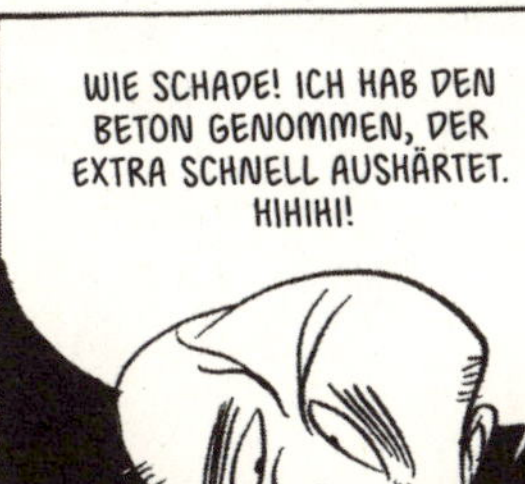

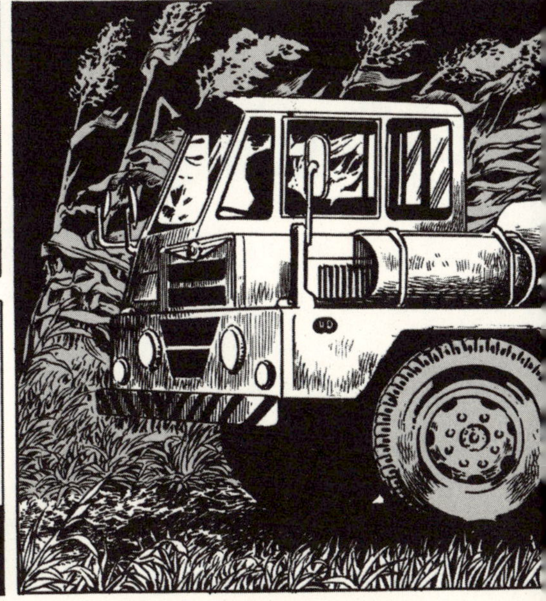

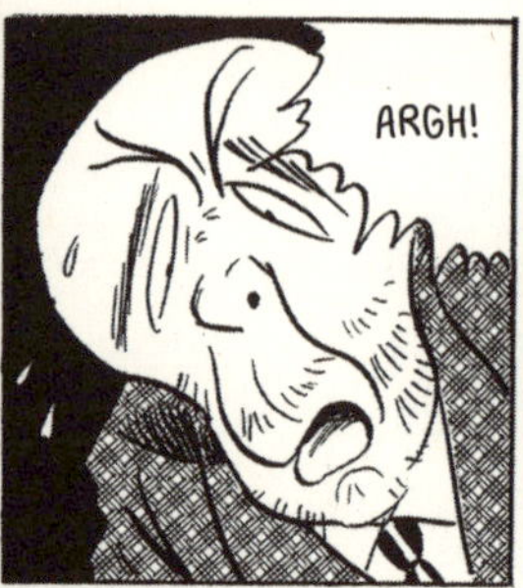
ARGH!

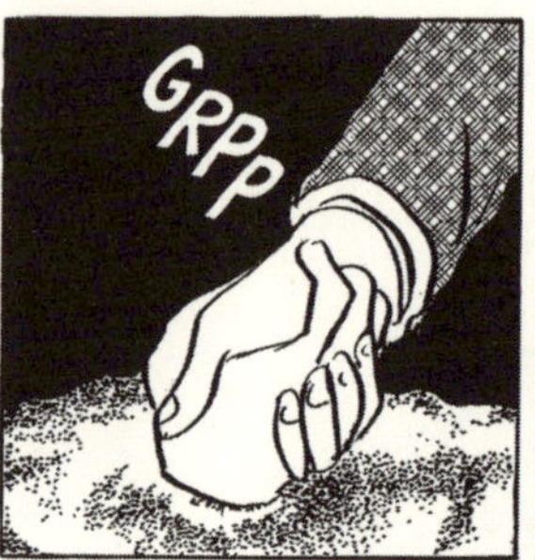
GRPP

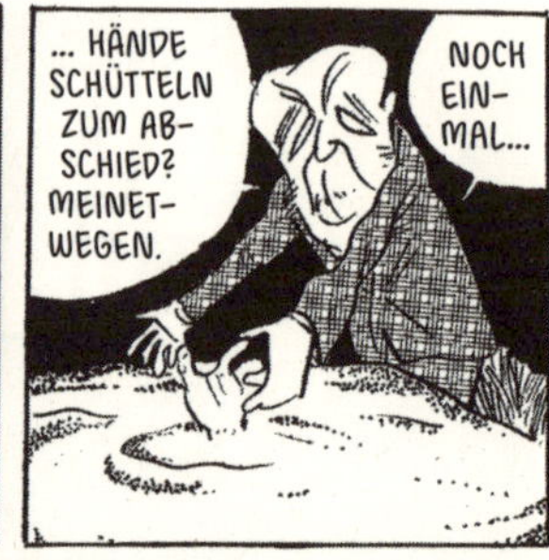
NOCH EIN-MAL...
... HÄNDE SCHÜTTELN ZUM AB-SCHIED? MEINET-WEGEN.

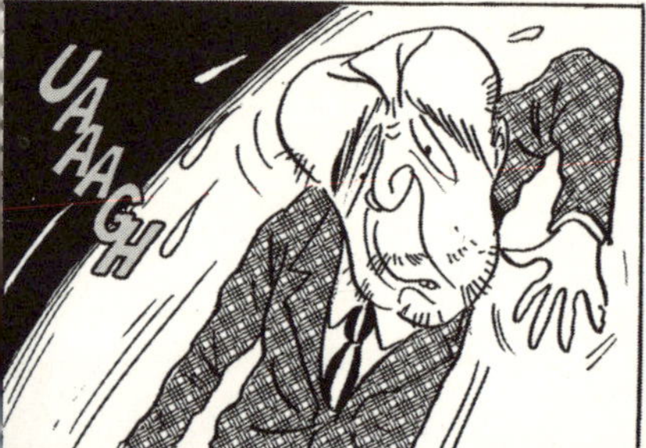
UAAAGH

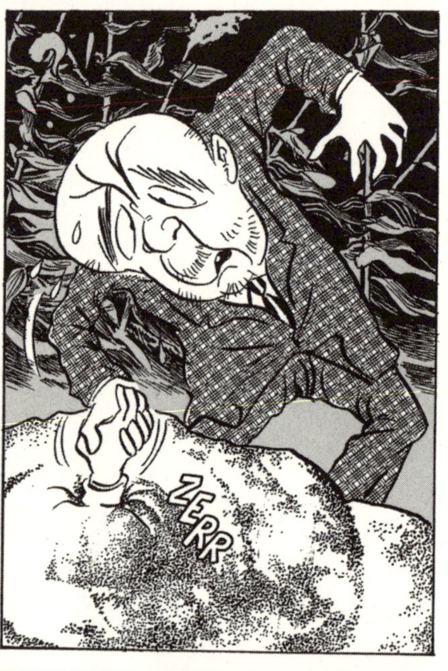
ZERR

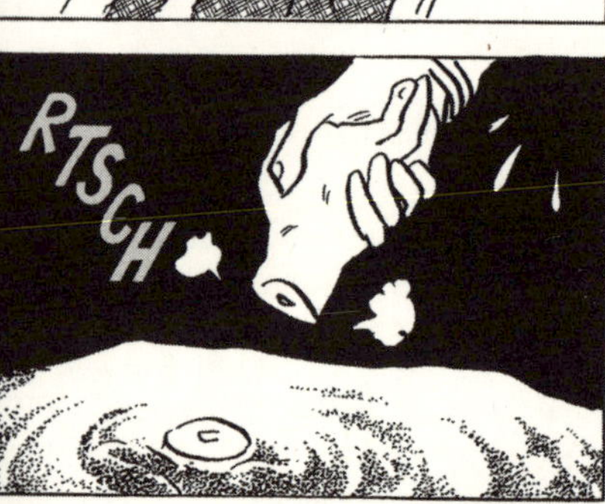
RTSCH

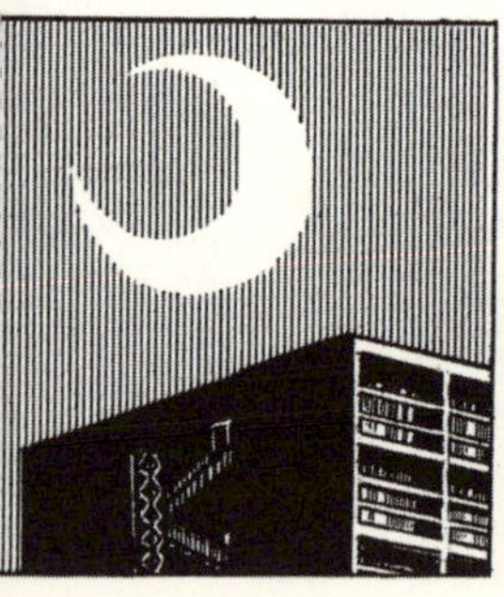

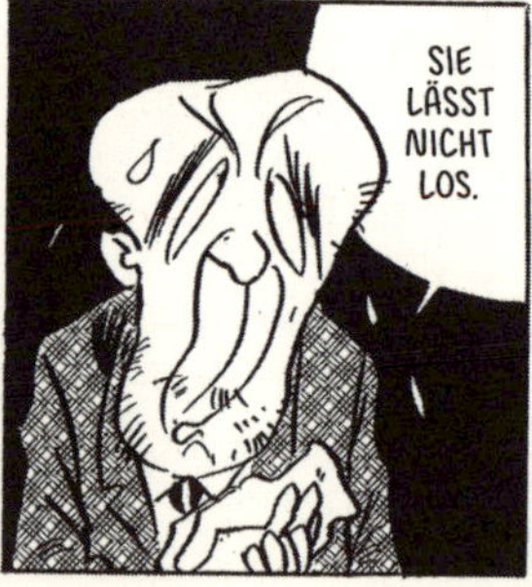
SIE LÄSST NICHT LOS.

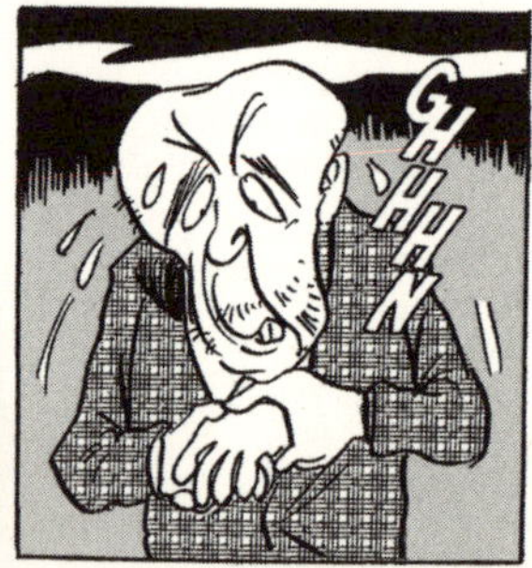
GHHHN

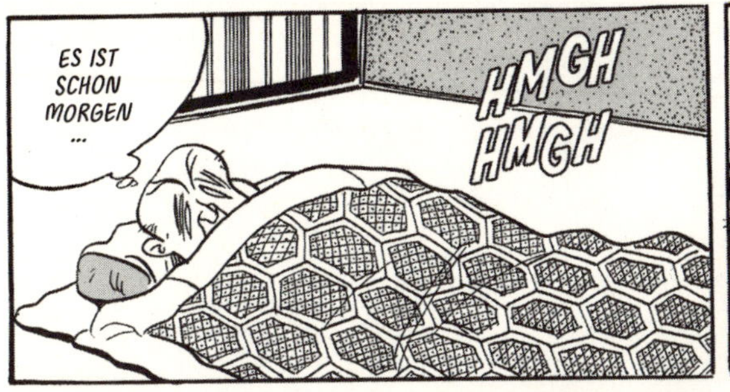
ES IST SCHON MORGEN …
HMGH HMGH

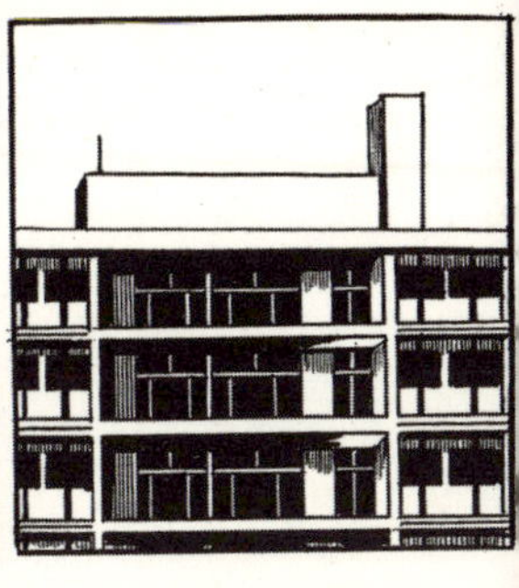

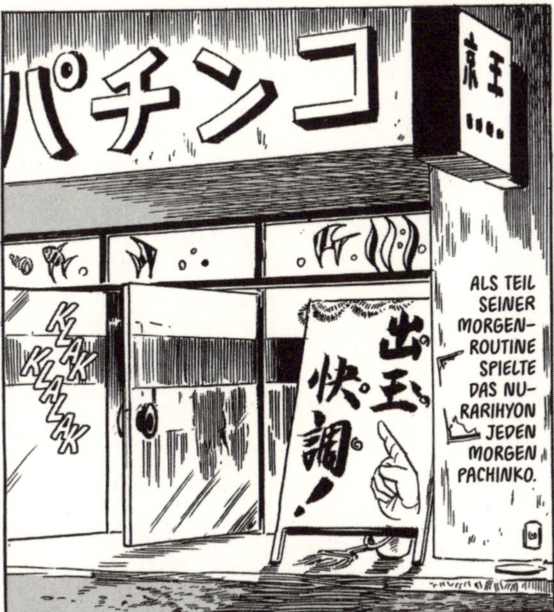
パチンコ
KLAK KLAK
出玉快調!
ALS TEIL SEINER MORGEN-ROUTINE SPIELTE DAS NU-RARIHYON JEDEN MORGEN PACHINKO.

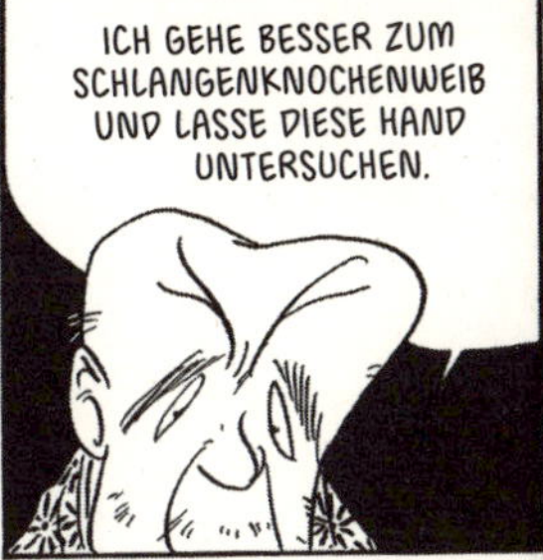
ICH GEHE BESSER ZUM SCHLANGENKNOCHENWEIB UND LASSE DIESE HAND UNTERSUCHEN.

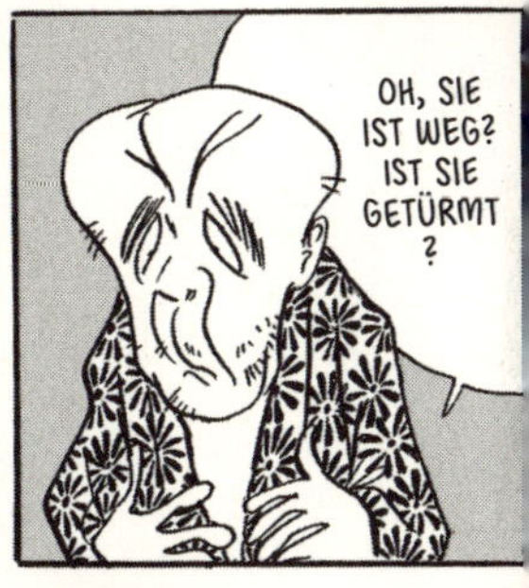
OH, SIE IST WEG? IST SIE GETÜRMT?

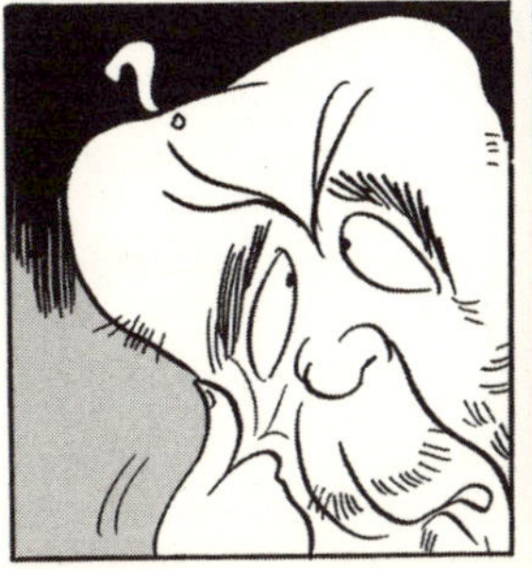
?

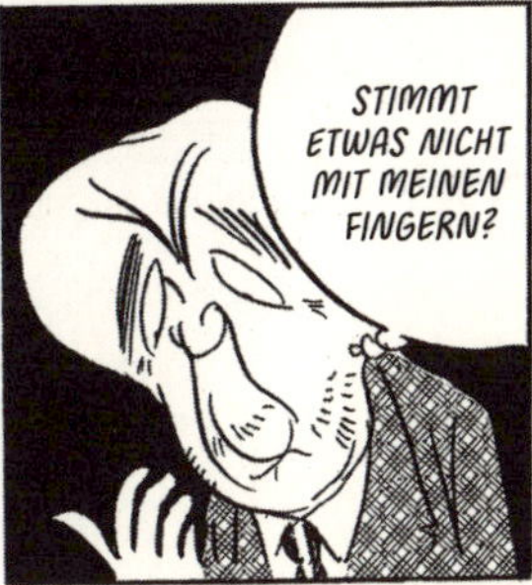
STIMMT ETWAS NICHT MIT MEINEN FINGERN?

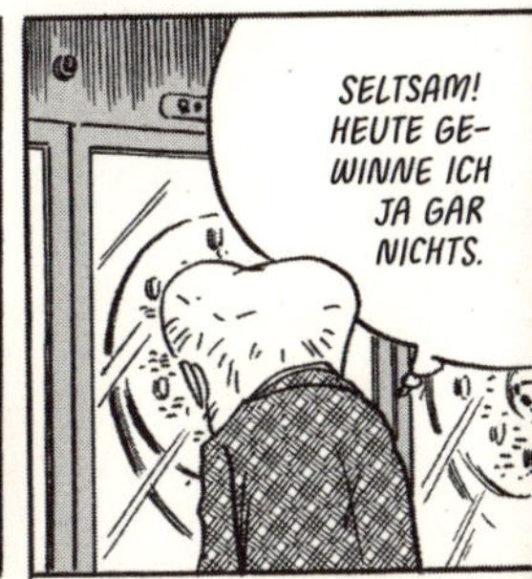
SELTSAM! HEUTE GE-WINNE ICH JA GAR NICHTS.

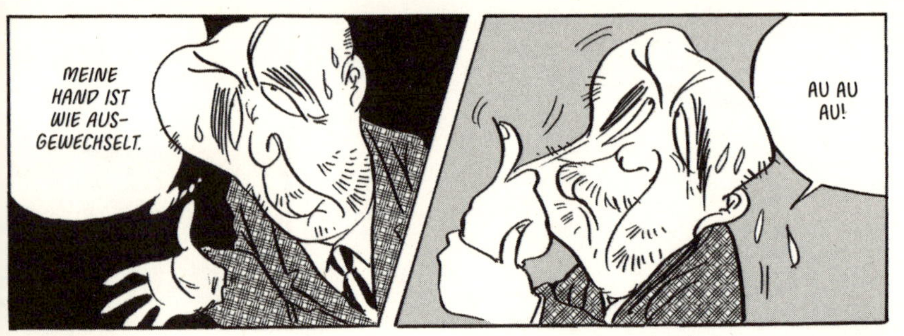
MEINE HAND IST WIE AUSGEWECHSELT.
AU AU AU!

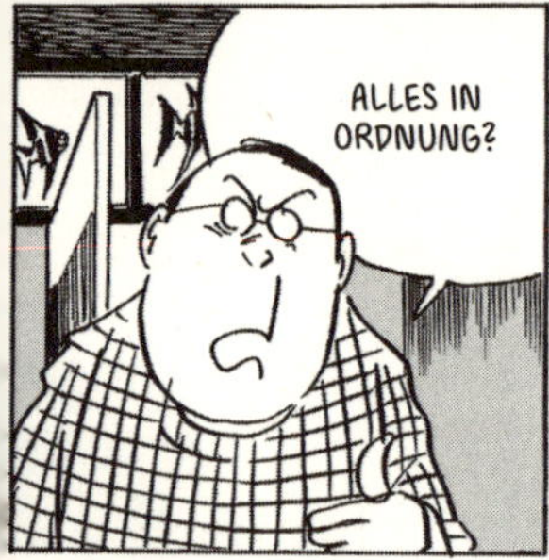
ALLES IN ORDNUNG?

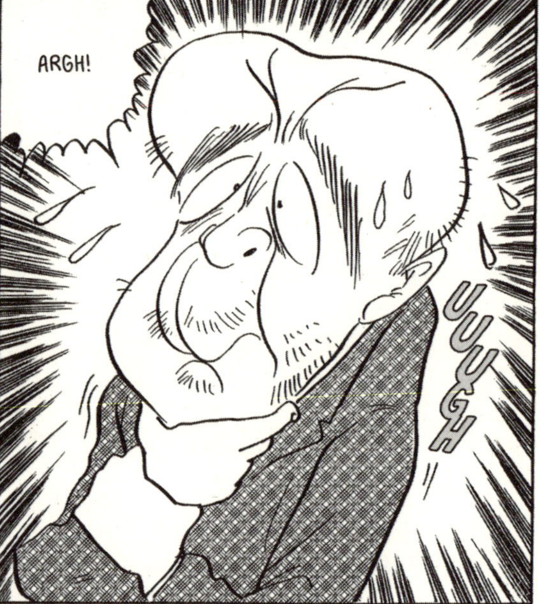
ARGH!
UUUGH

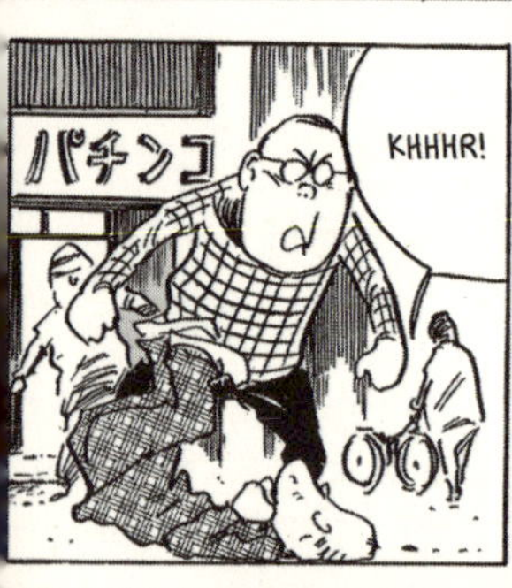
パチンコ
KHHHR!

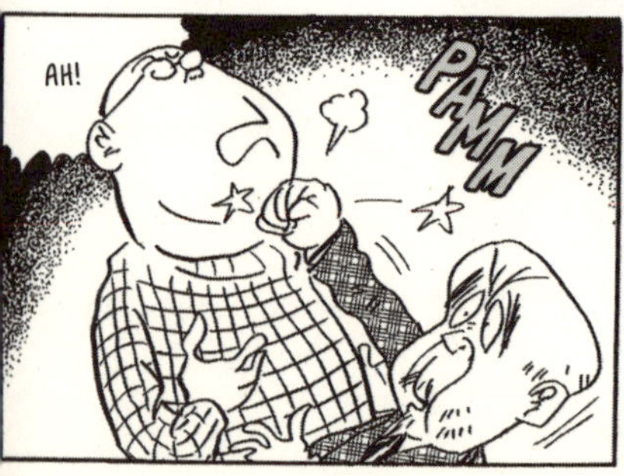
AH!
PAMM

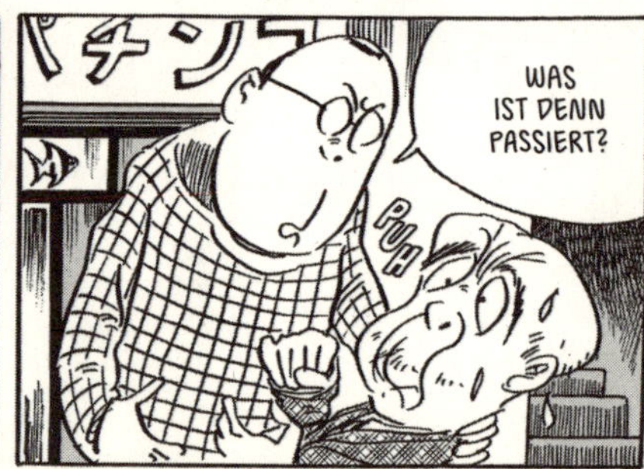
WAS IST DENN PASSIERT?
PUH

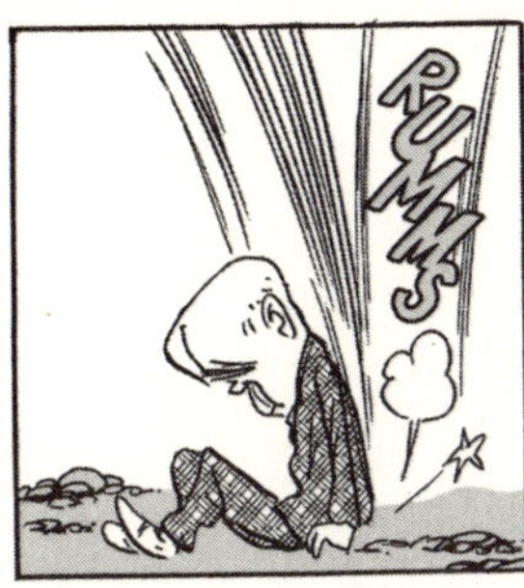
RUMMS

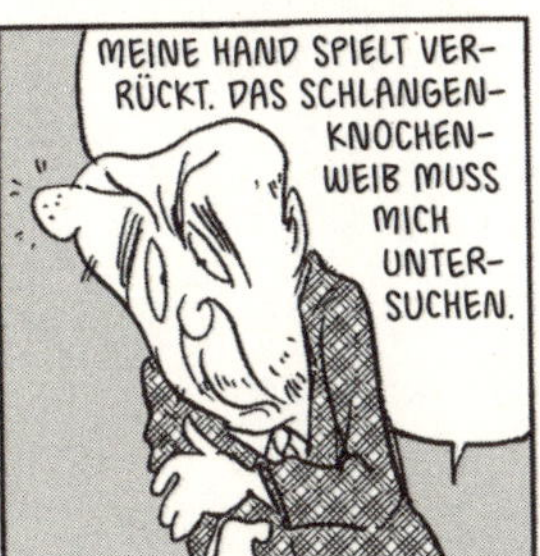
MEINE HAND SPIELT VERRÜCKT. DAS SCHLANGENKNOCHENWEIB MUSS MICH UNTERSUCHEN.

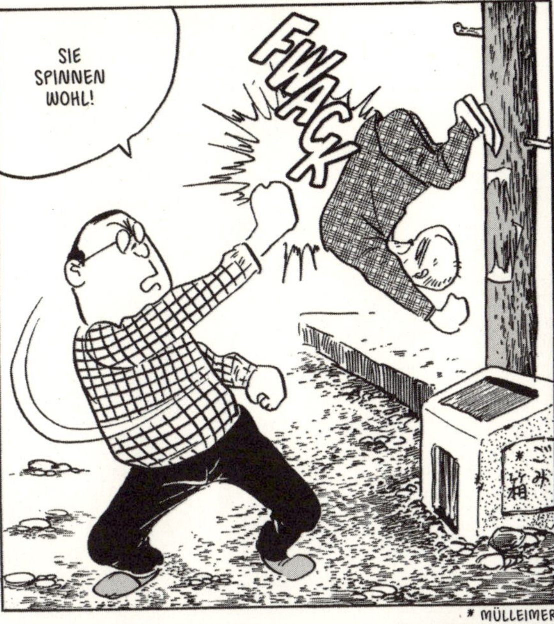
SIE SPINNEN WOHL!
FWACK
*ごみ箱

* MÜLLEIMER

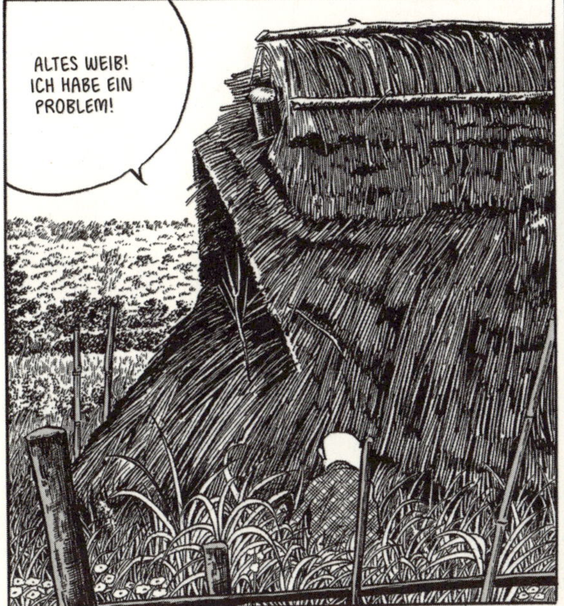
ALTES WEIB! ICH HABE EIN PROBLEM!

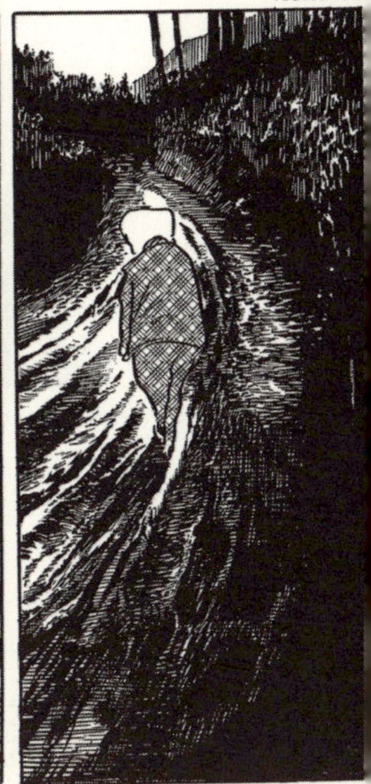

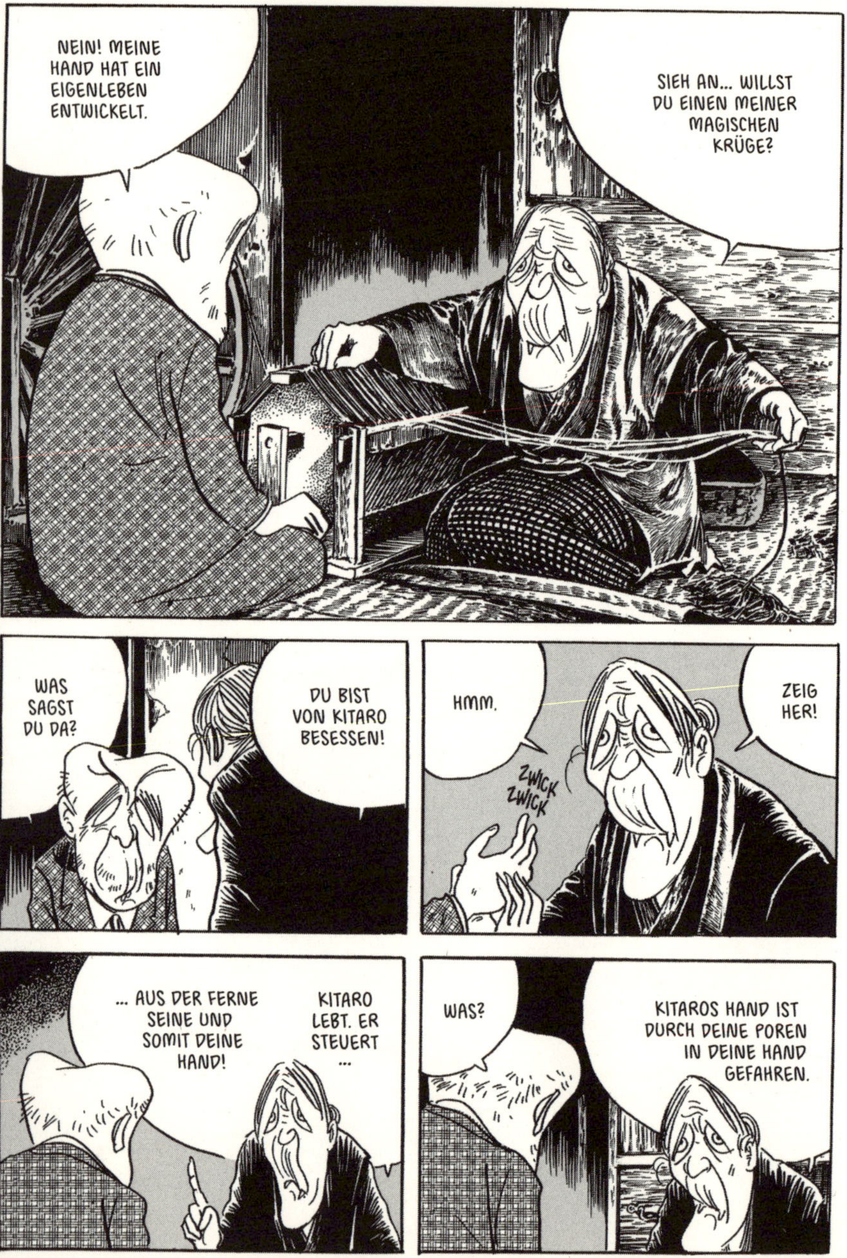

SIEH AN… WILLST DU EINEN MEINER MAGISCHEN KRÜGE?

NEIN! MEINE HAND HAT EIN EIGENLEBEN ENTWICKELT.

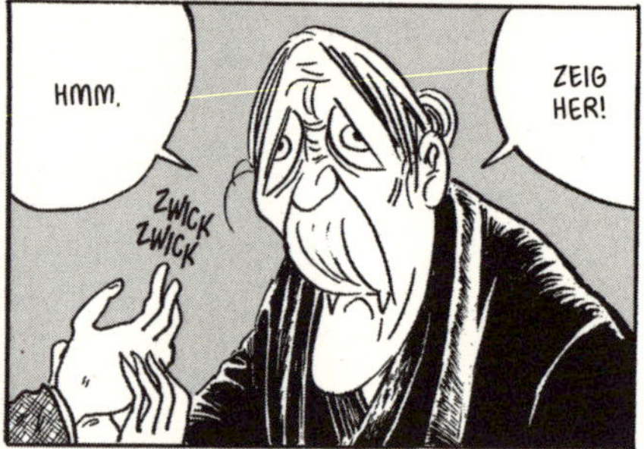

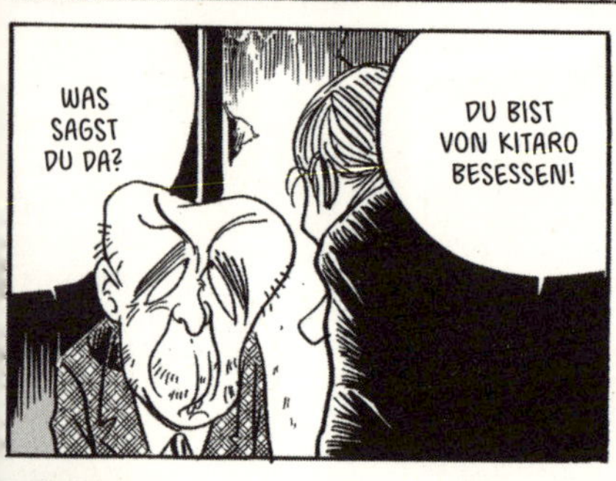

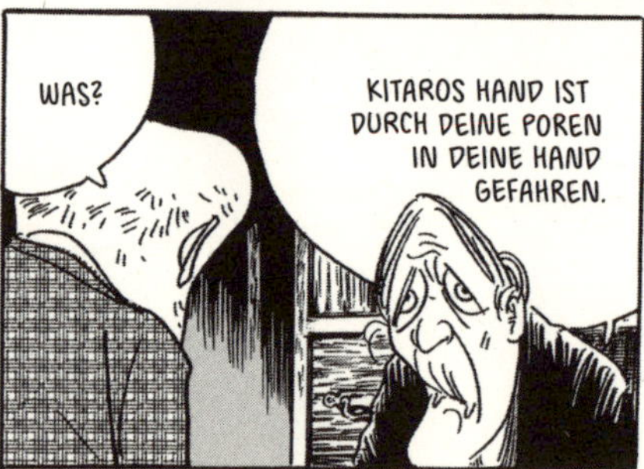

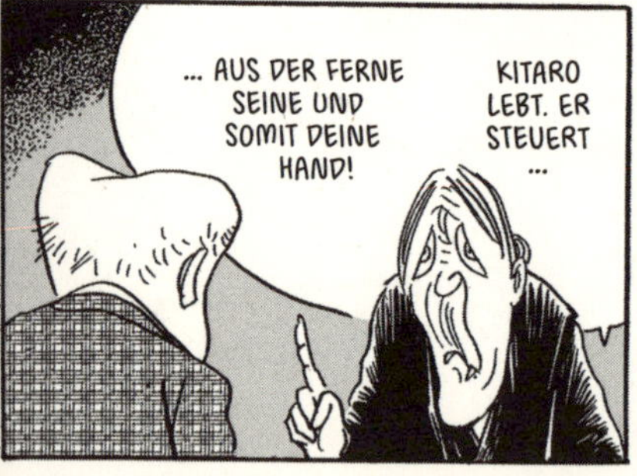

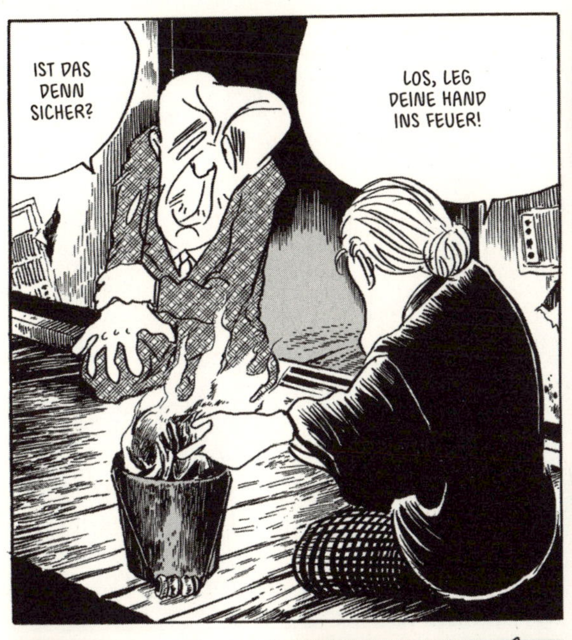
IST DAS DENN SICHER?
LOS, LEG DEINE HAND INS FEUER!
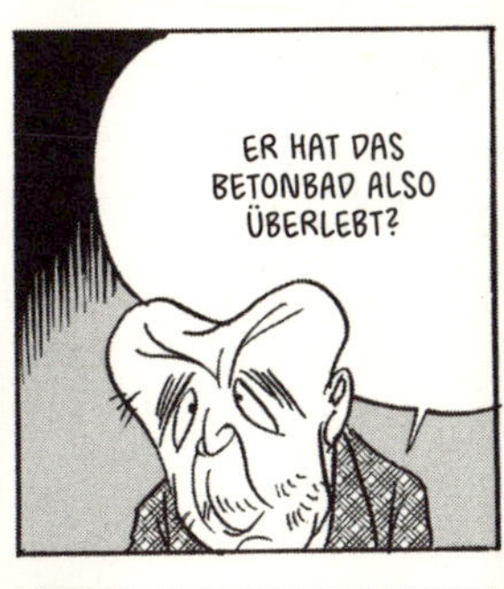
ER HAT DAS BETONBAD ALSO ÜBERLEBT?
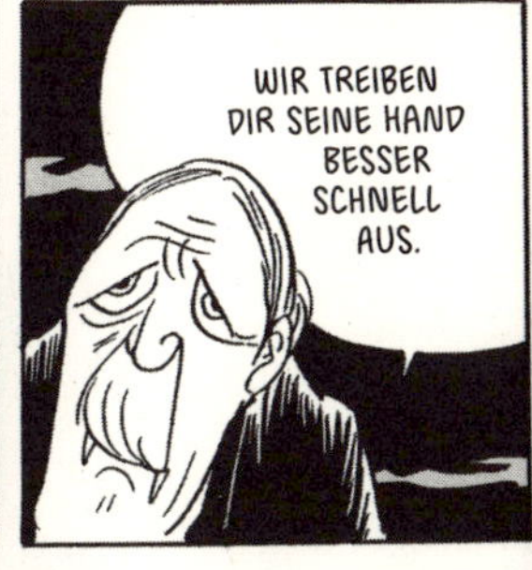
WIR TREIBEN DIR SEINE HAND BESSER SCHNELL AUS.
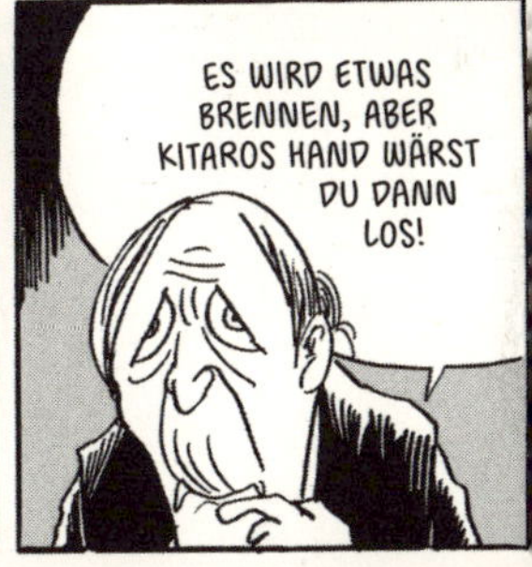
ES WIRD ETWAS BRENNEN, ABER KITAROS HAND WÄRST DU DANN LOS!
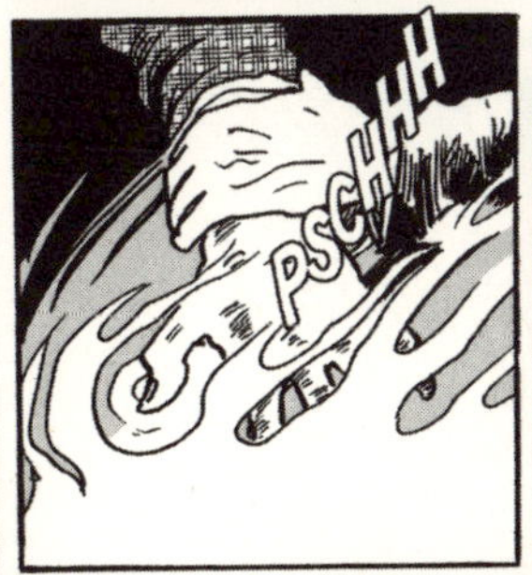
PSCHHH
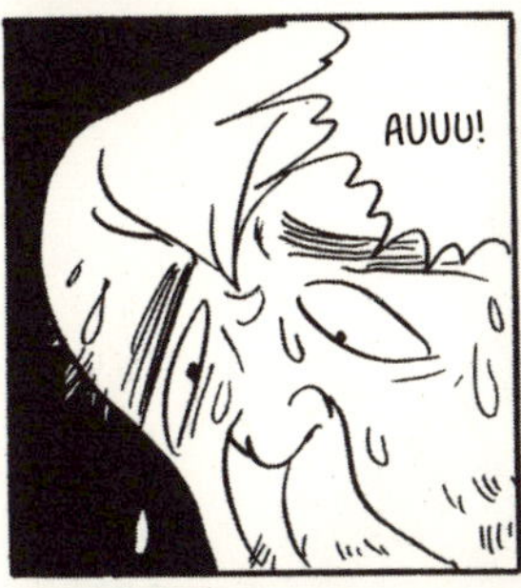
AUUU!
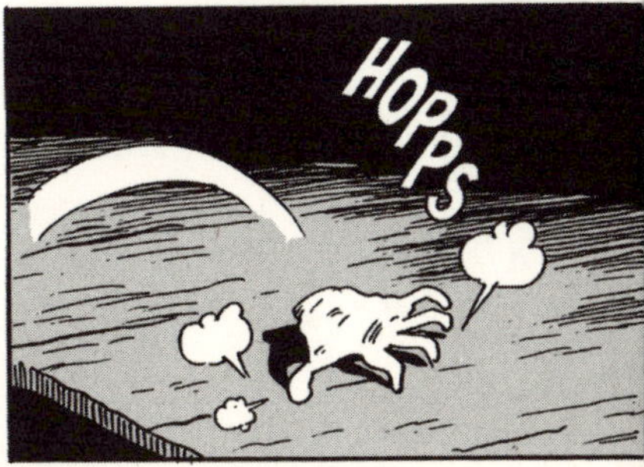
HOPPS
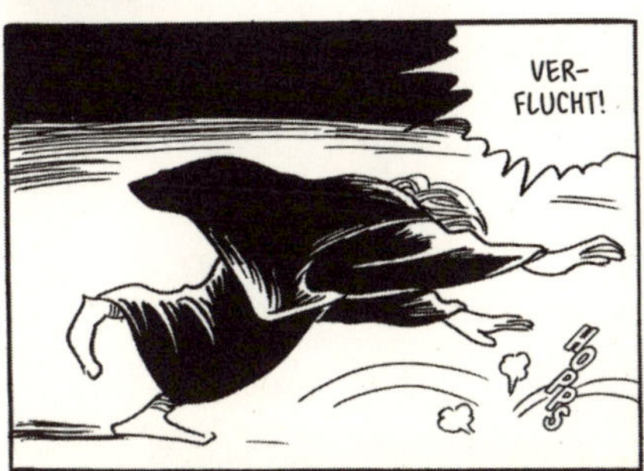
VER-FLUCHT!
HOPPS

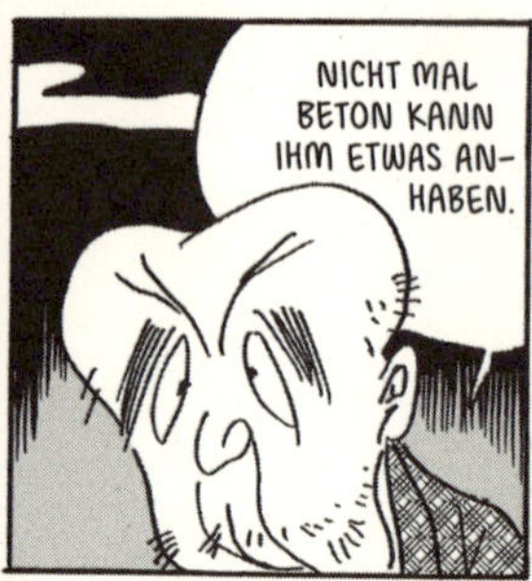
NICHT MAL BETON KANN IHM ETWAS ANHABEN.

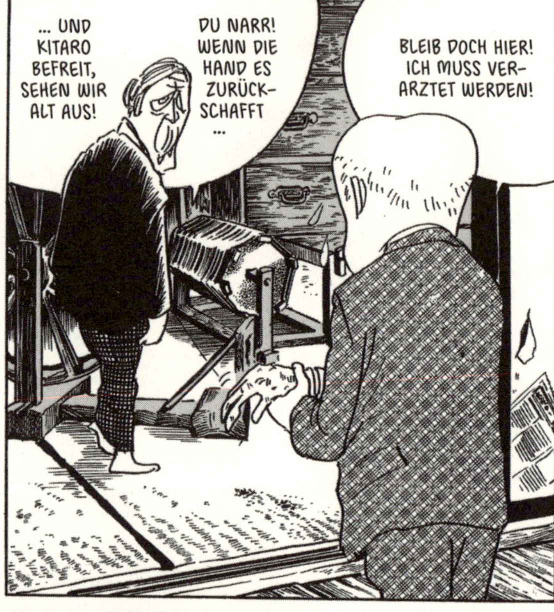
BLEIB DOCH HIER! ICH MUSS VERARZTET WERDEN!
DU NARR! WENN DIE HAND ES ZURÜCKSCHAFFT ...
... UND KITARO BEFREIT, SEHEN WIR ALT AUS!

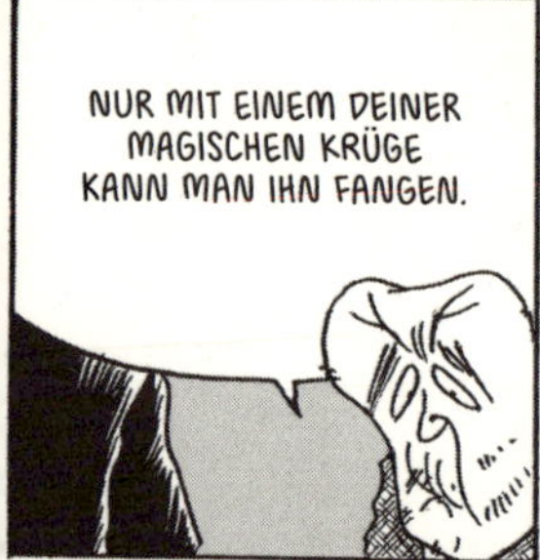
NUR MIT EINEM DEINER MAGISCHEN KRÜGE KANN MAN IHN FANGEN.

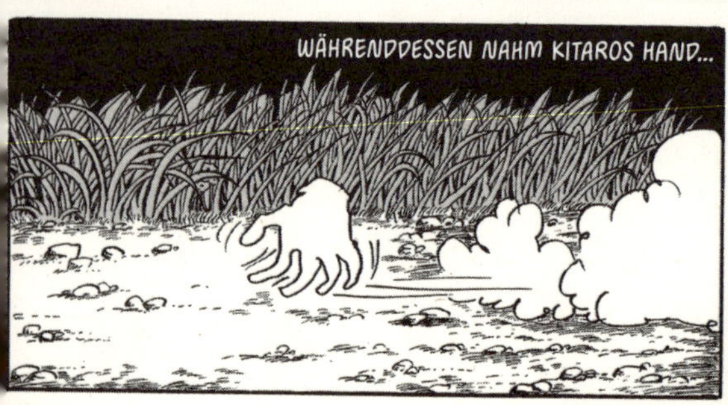
WÄHRENDDESSEN NAHM KITAROS HAND...

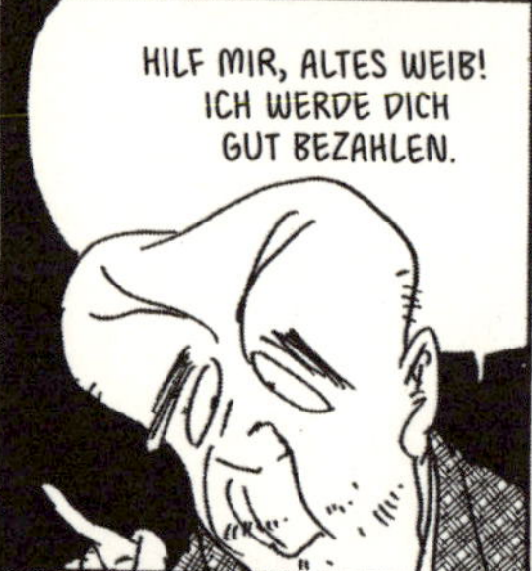
HILF MIR, ALTES WEIB! ICH WERDE DICH GUT BEZAHLEN.

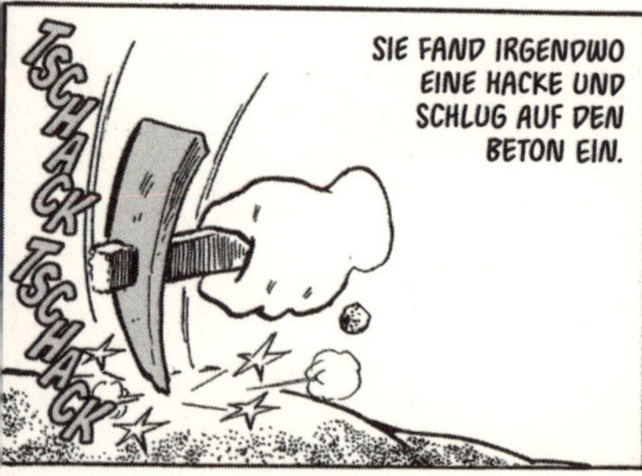
SIE FAND IRGENDWO EINE HACKE UND SCHLUG AUF DEN BETON EIN.
TSCHACK TSCHACK

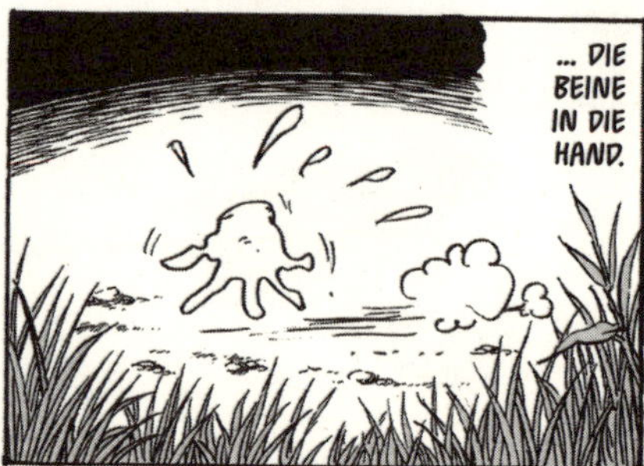
... DIE BEINE IN DIE HAND.

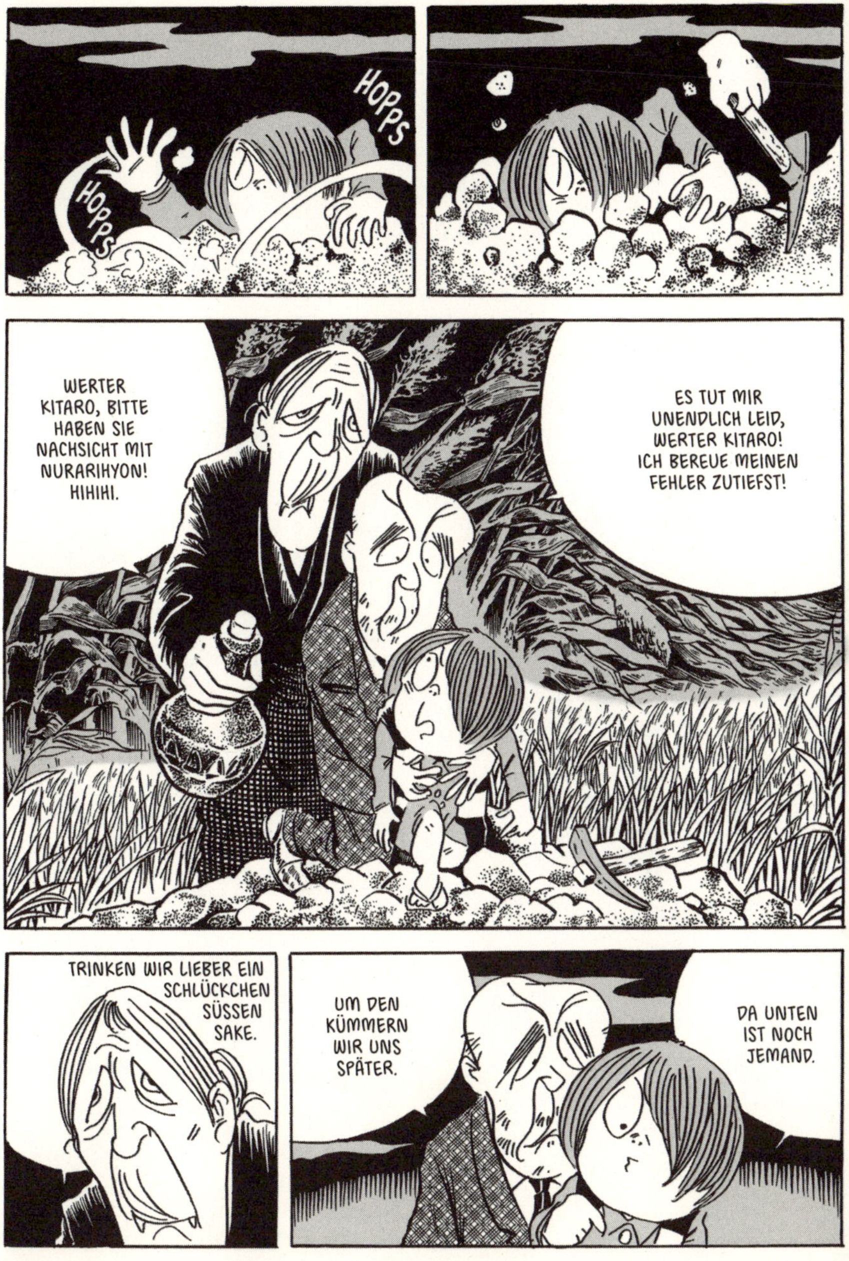

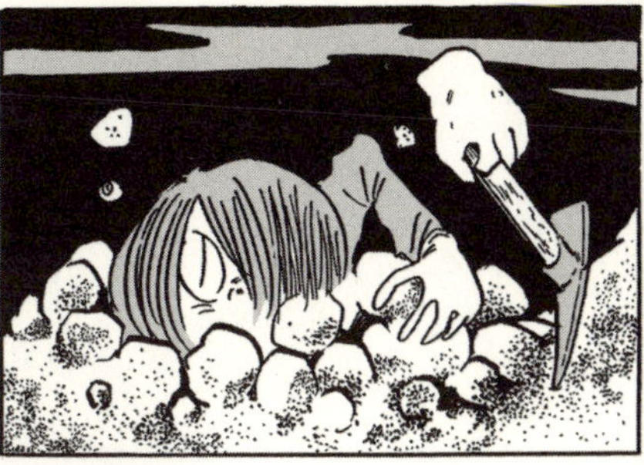

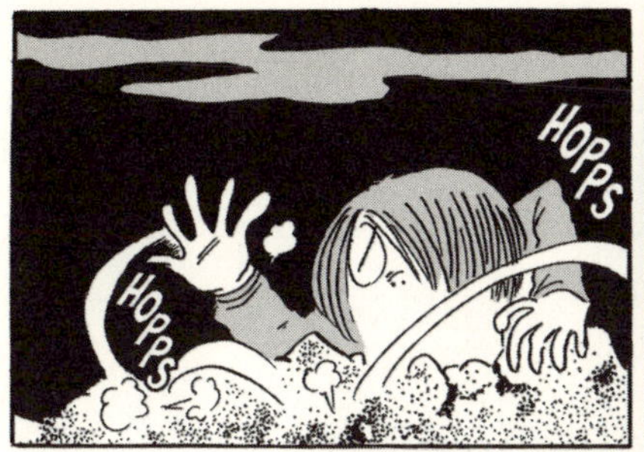

ES TUT MIR UNENDLICH LEID, WERTER KITARO! ICH BEREUE MEINEN FEHLER ZUTIEFST!

WERTER KITARO, BITTE HABEN SIE NACHSICHT MIT NURARIHYON! HIHIHI.

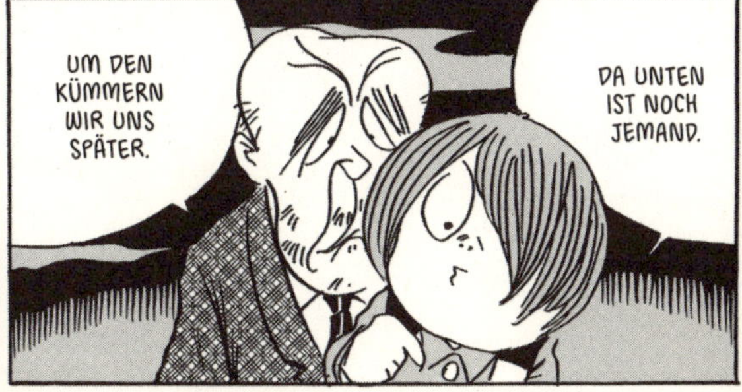

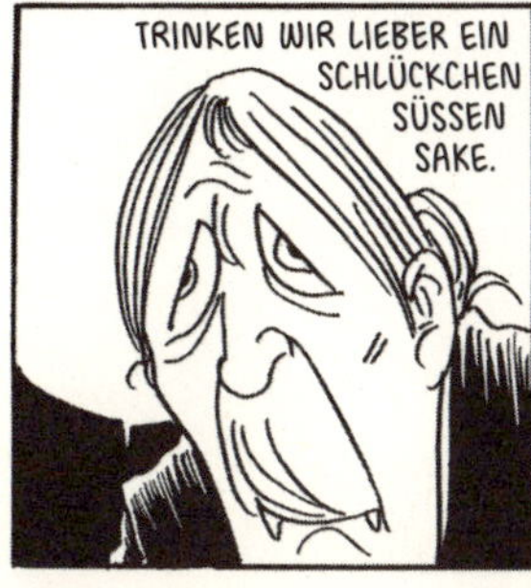

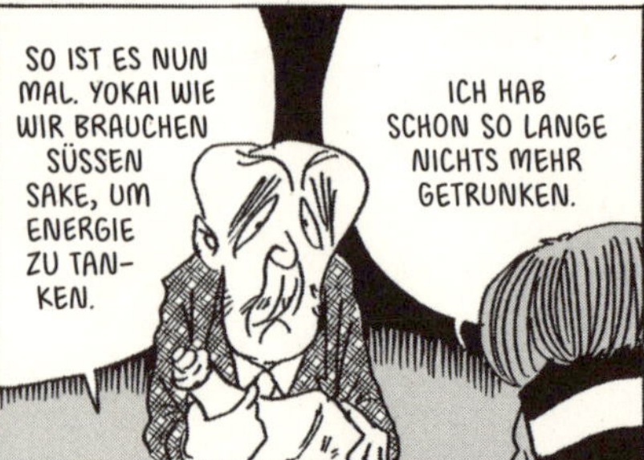

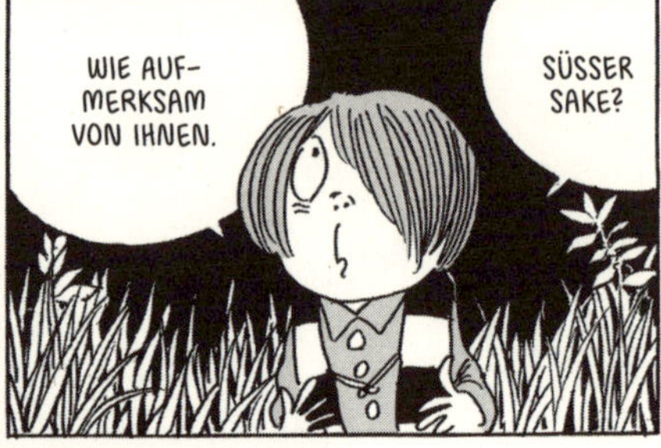

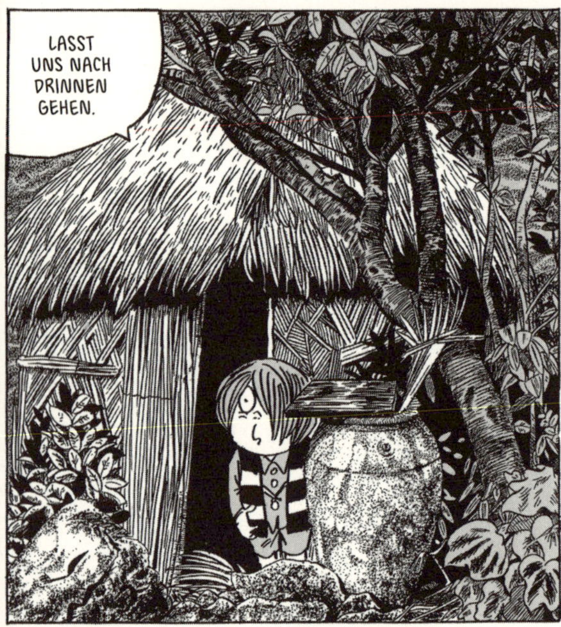

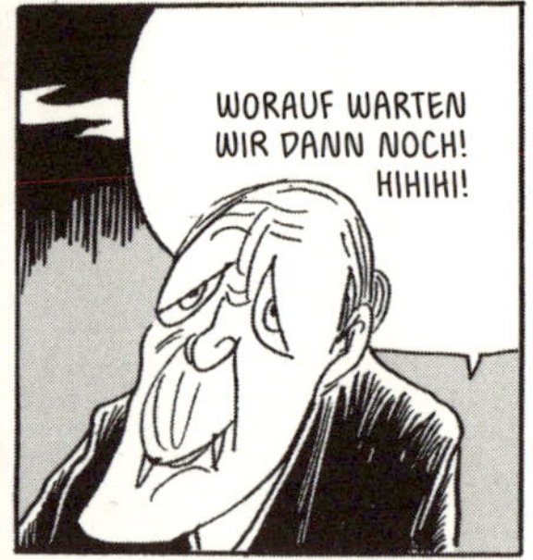

DAS NURARIHYON UND DAS SCHLANGENKNOCHENWEIB HATTEN SÜSSEN SAKE IN EINEN MAGISCHEN KRUG GEFÜLLT. SIE WARTETEN NUR DARAUF, DASS KITARO IN BETRUNKENEM ZUSTAND SEINE FINGER IN DEN KRUG STECKEN WÜRDE, DAMIT SIE IHN DARIN EINSPERREN UND IN EINEM TIEFEN LOCH VERGRABEN KONNTEN.

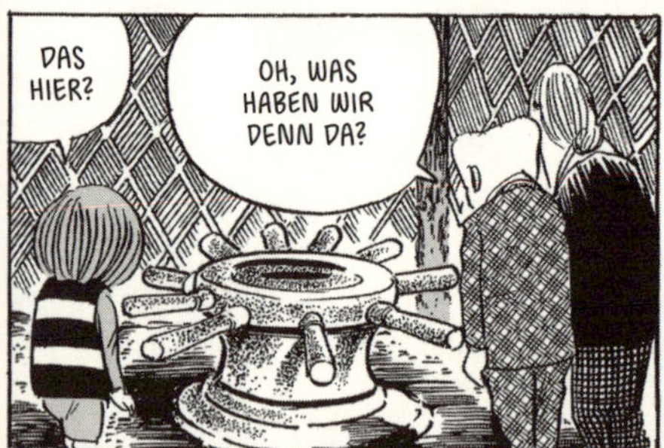

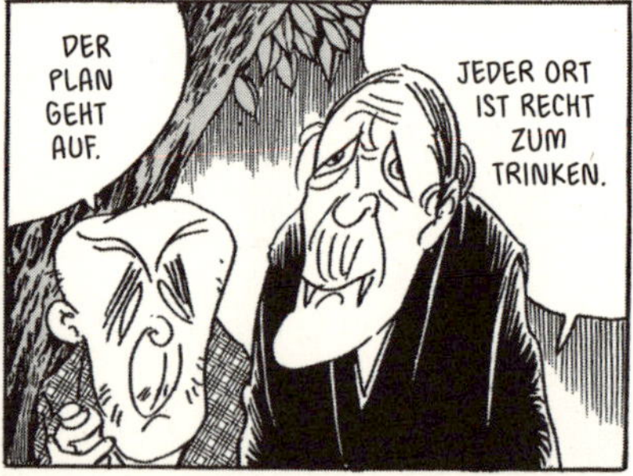

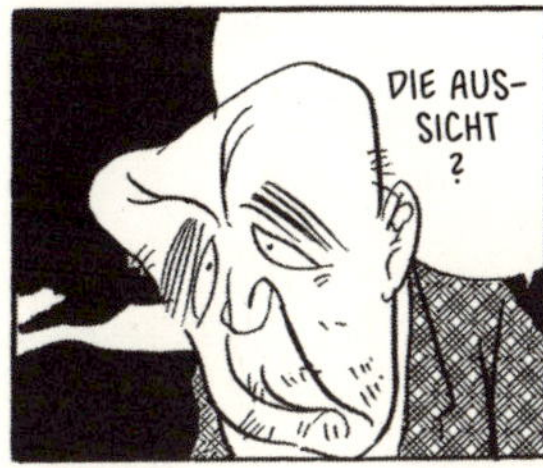
DIE AUS-
SICHT
?

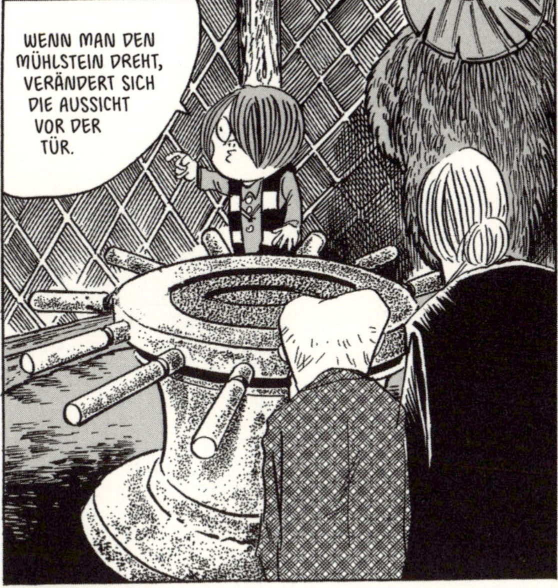
WENN MAN DEN MÜHLSTEIN DREHT, VERÄNDERT SICH DIE AUSSICHT VOR DER TÜR.

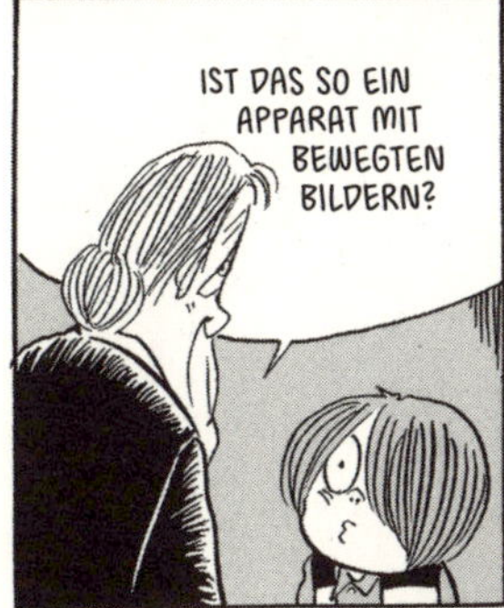
IST DAS SO EIN APPARAT MIT BEWEGTEN BILDERN?

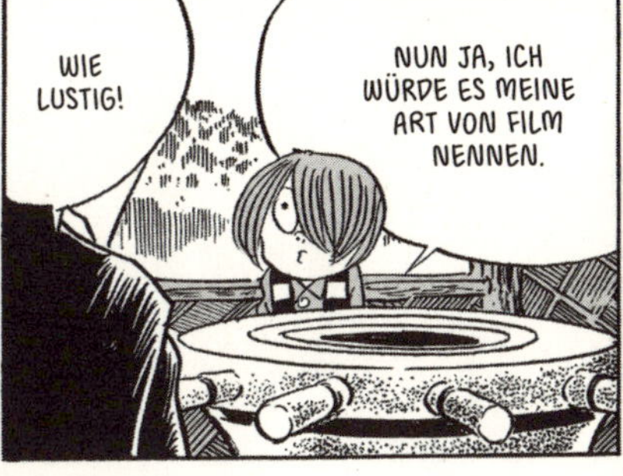
NUN JA, ICH WÜRDE ES MEINE ART VON FILM NENNEN.
WIE LUSTIG!

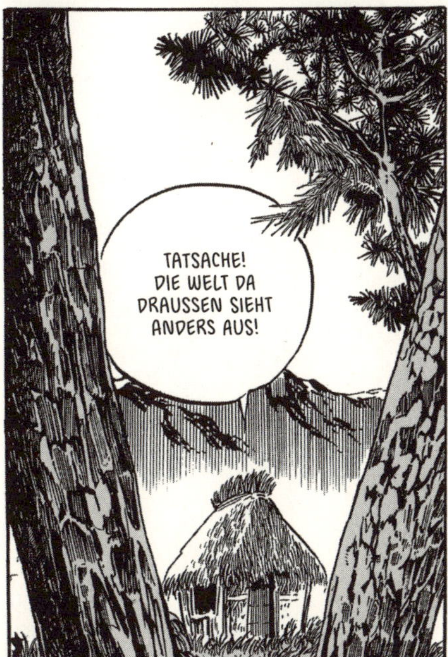
TATSACHE! DIE WELT DA DRAUSSEN SIEHT ANDERS AUS!

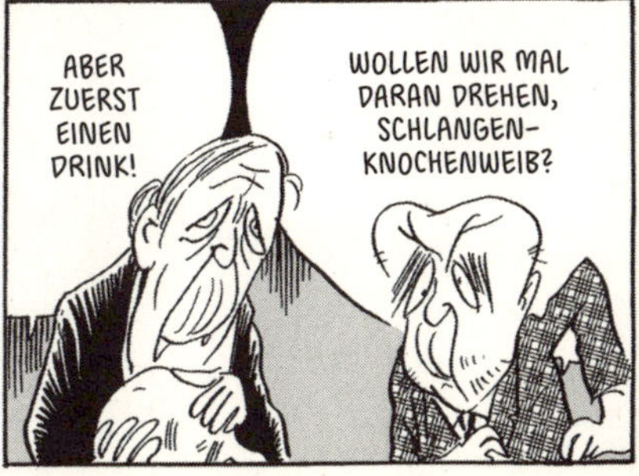
WOLLEN WIR MAL DARAN DREHEN, SCHLANGEN-KNOCHENWEIB?
ABER ZUERST EINEN DRINK!

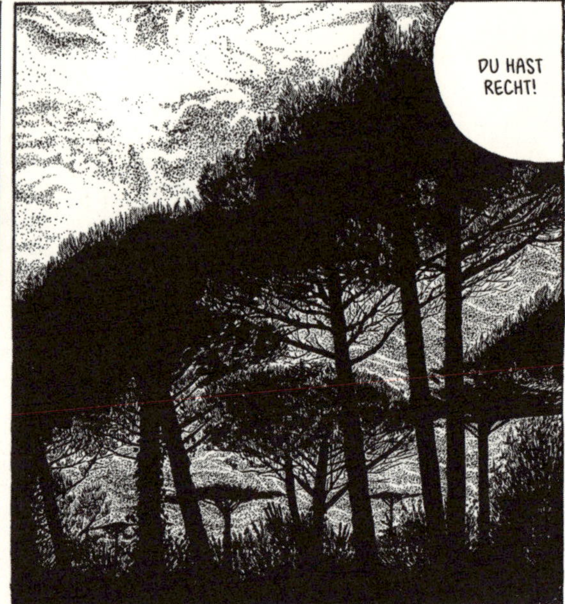
DU HAST RECHT!

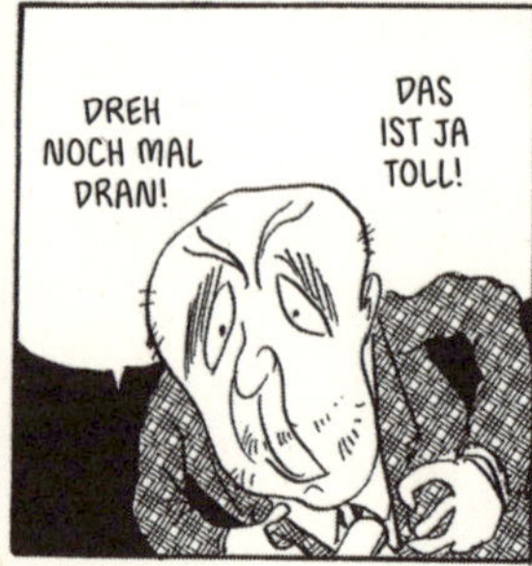
DAS IST JA TOLL!
DREH NOCH MAL DRAN!

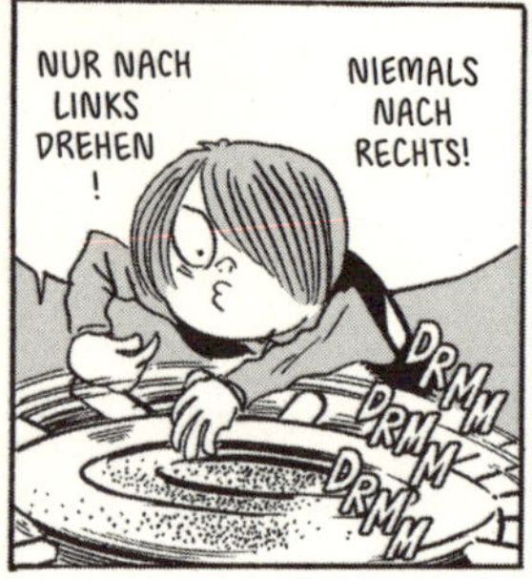
NIEMALS NACH RECHTS!
NUR NACH LINKS DREHEN !
DRMM DRMM DRMM

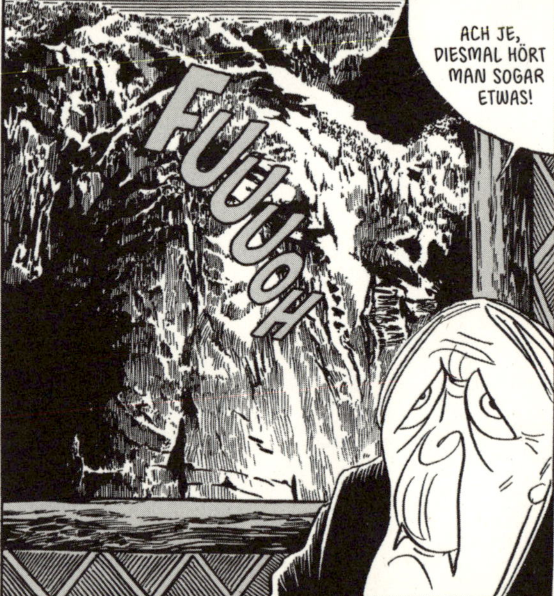
ACH JE, DIESMAL HÖRT MAN SOGAR ETWAS!
FUUUOH

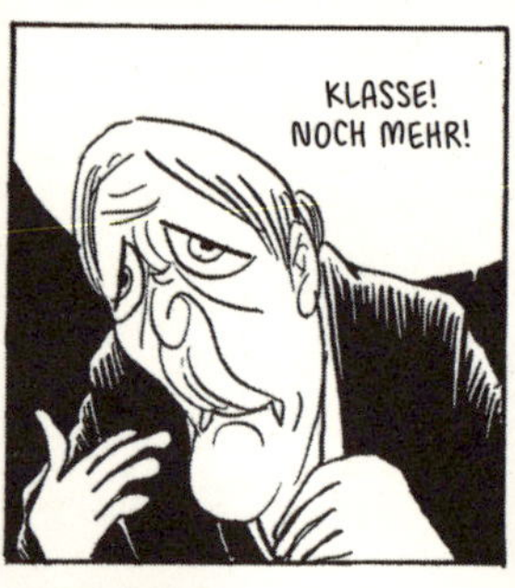
KLASSE! NOCH MEHR!

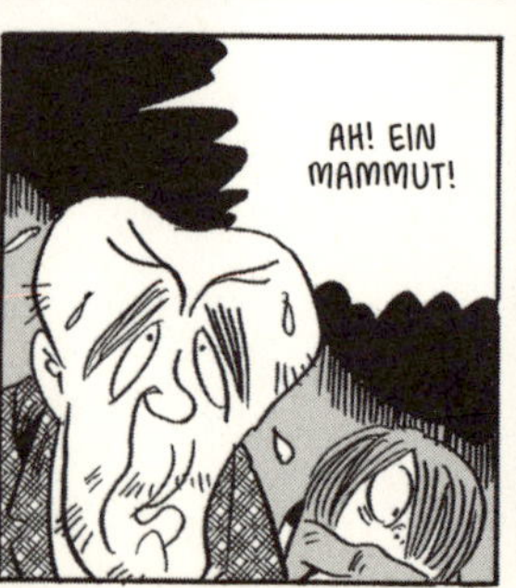
AH! EIN MAMMUT!

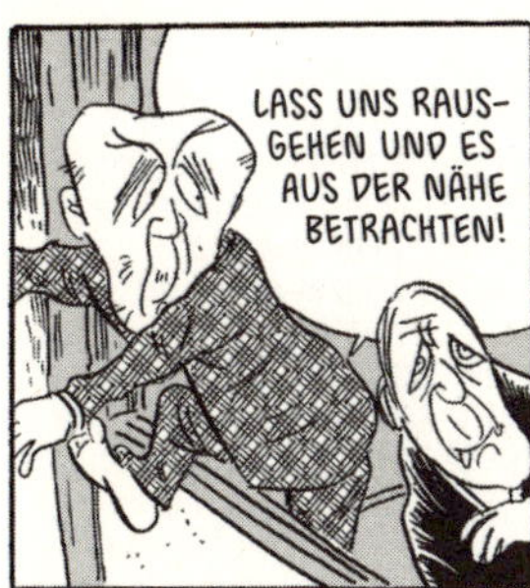
LASS UNS RAUS-
GEHEN UND ES
AUS DER NÄHE
BETRACHTEN!

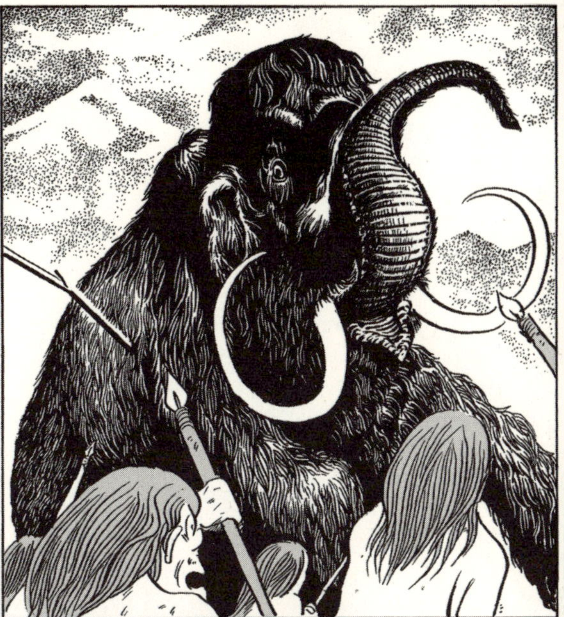

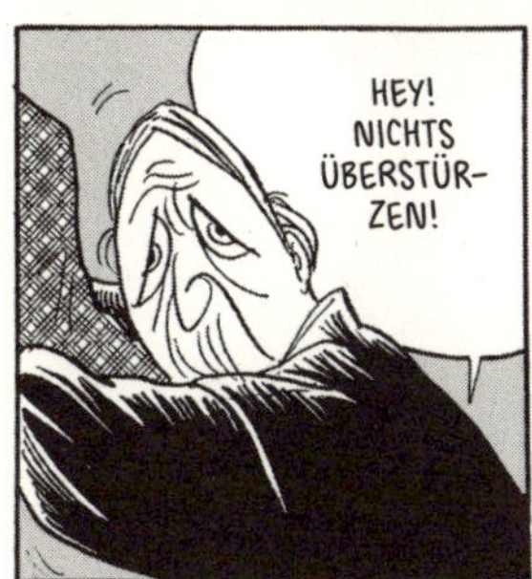
HEY!
NICHTS
ÜBERSTÜR-
ZEN!

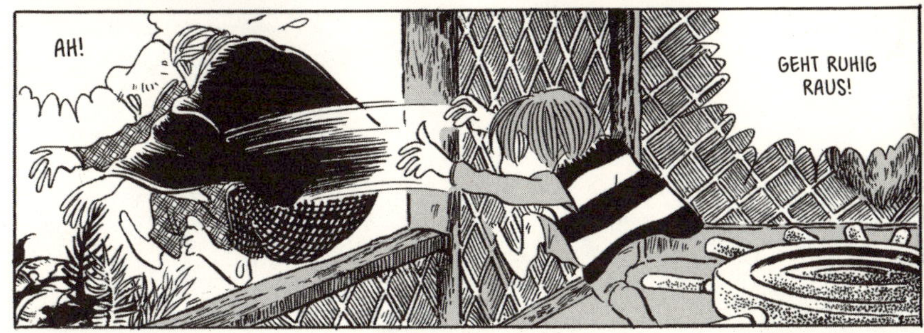
AH!
GEHT RUHIG
RAUS!

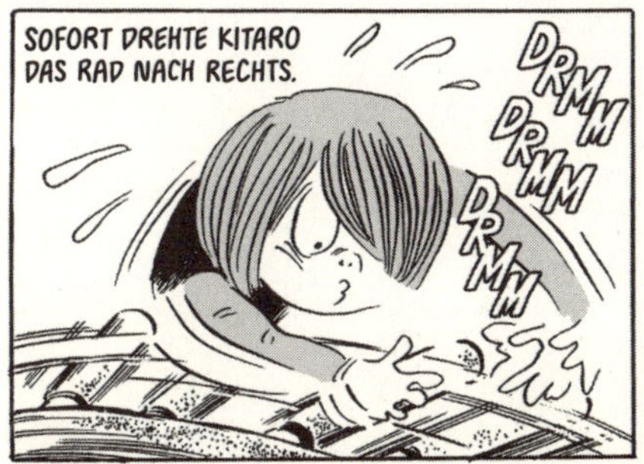
SOFORT DREHTE KITARO
DAS RAD NACH RECHTS.
DRMM
DRMM
DRMM

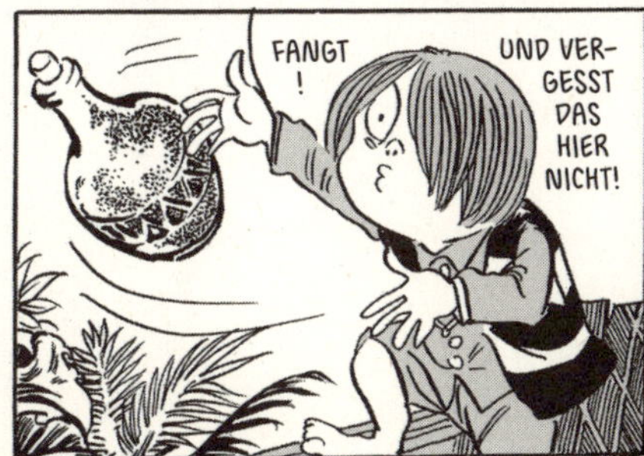
FANGT
!
UND VER-
GESST
DAS
HIER
NICHT!

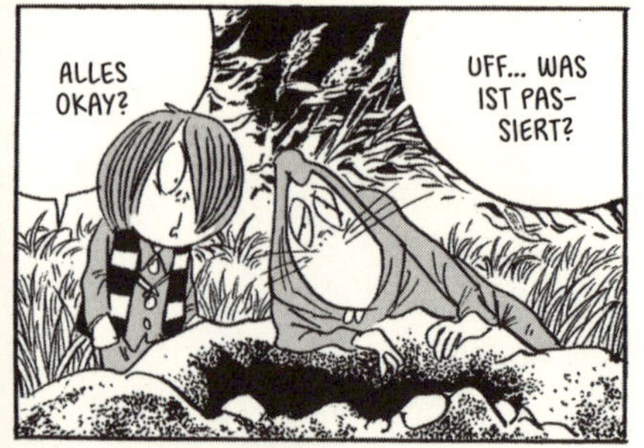

AUF DAS ZEITALTER DER MAMMUTS FOLGTE DIE JOMON-, YAMATO- UND TOKUGAWA-ÄRA, BIS DER ANBLICK VOR DER HÜTTE WIEDER DER GEGENWART ENTSPRACH. MAN KÖNNTE DIESEN APPARAT AUCH ZEITMASCHINE NENNEN. KITARO HATTE DIE BEIDEN YOKAI IM ZEITALTER DER MAMMUTS RAUSGEWORFEN UND KEHRTE DANN ZURÜCK IN DIE GEGENWART. DORT BEFREITE ER SOGLEICH RATTENMANN UND GAB IHM ETWAS RIECHSALZ ZUM WACHWERDEN.

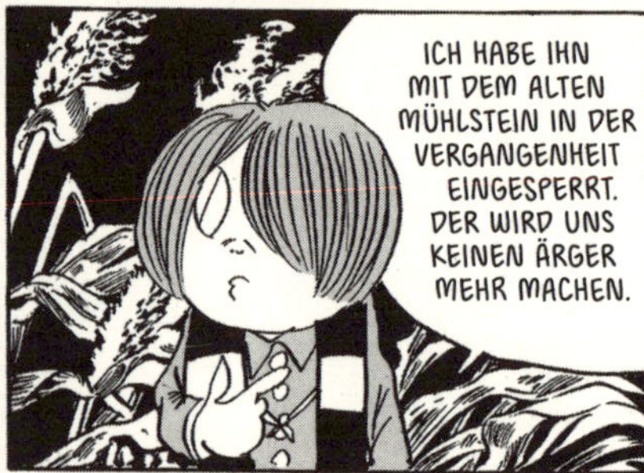

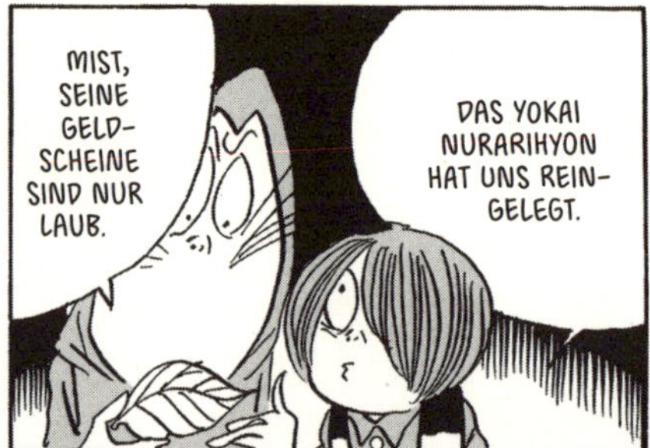

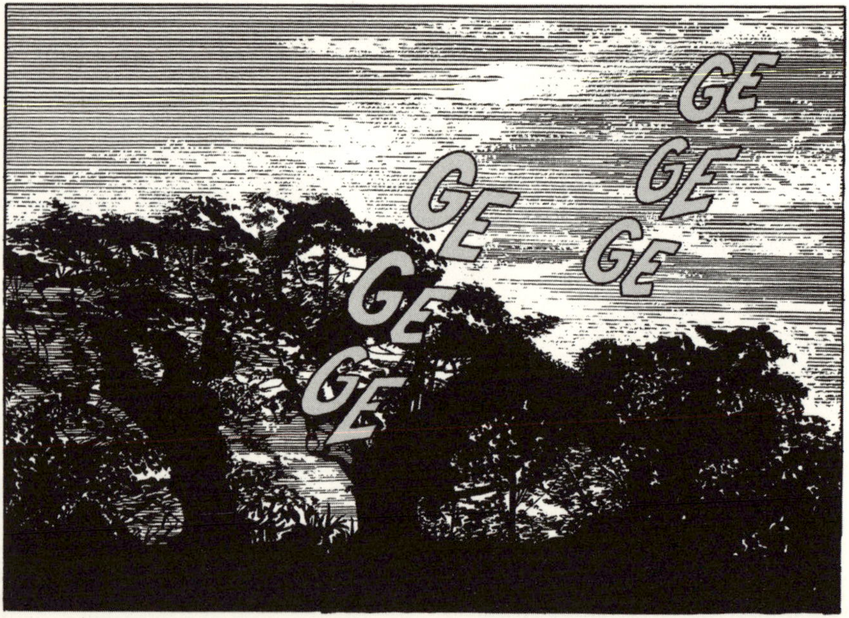

GE GE GE
GE GE GE GE

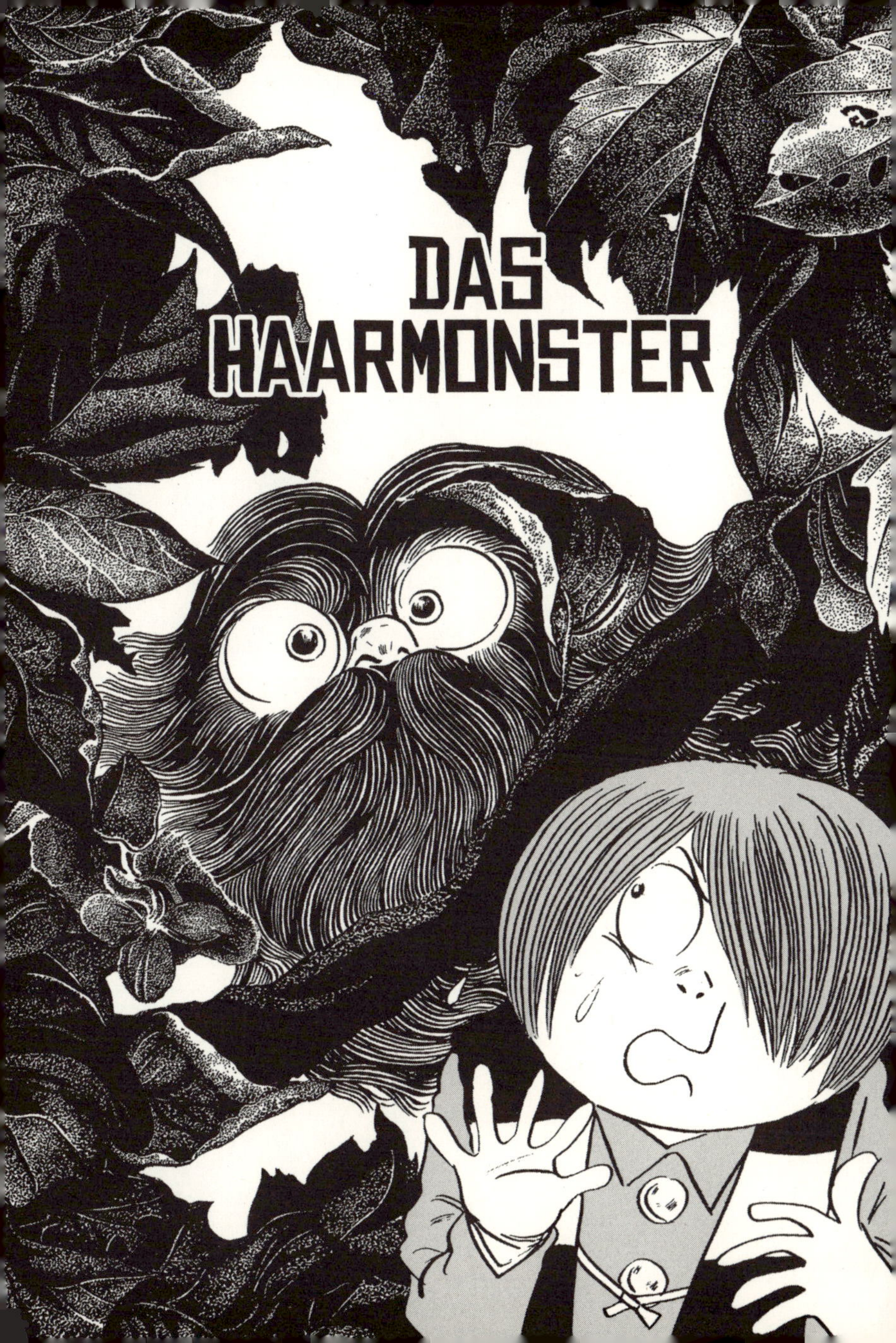
DAS
HAARMONSTER

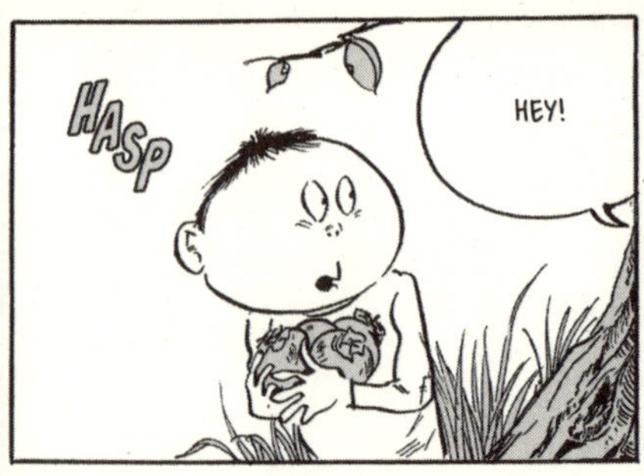
HASP
HEY!

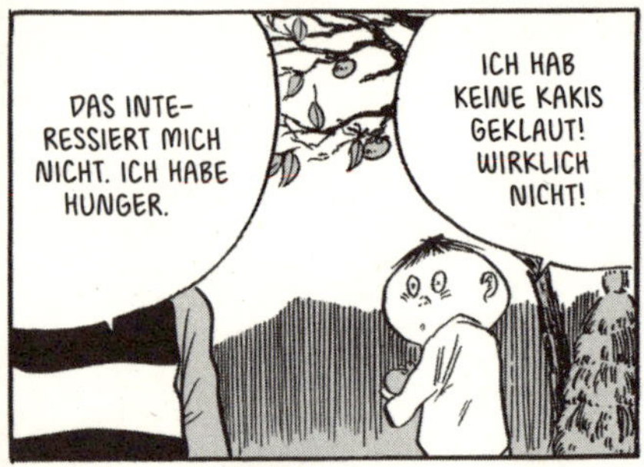
ICH HAB KEINE KAKIS GEKLAUT! WIRKLICH NICHT!
DAS INTERESSIERT MICH NICHT. ICH HABE HUNGER.

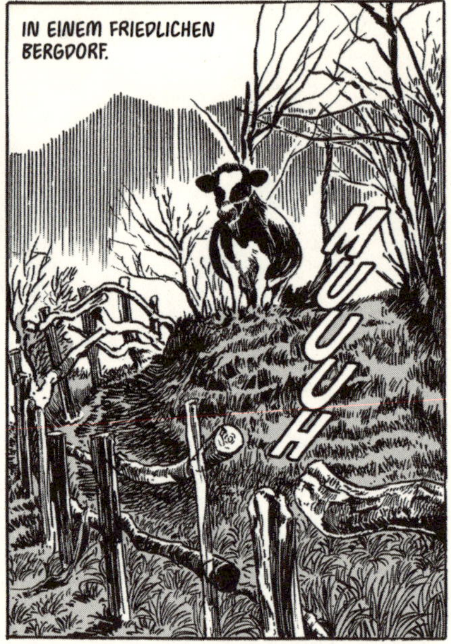
IN EINEM FRIEDLICHEN BERGDORF.
MUUUUH

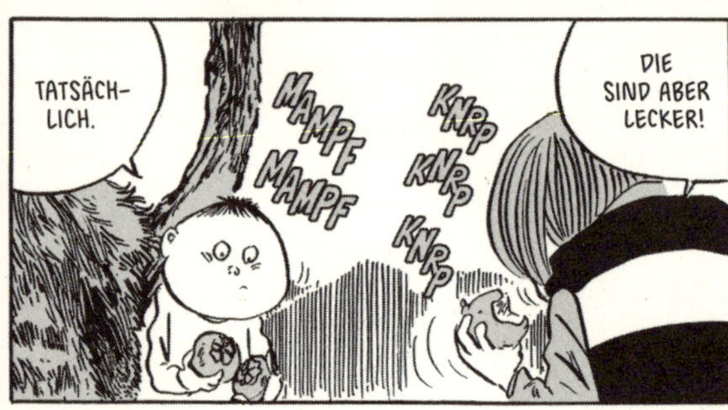
TATSÄCHLICH.
MAMPF MAMPF
KNRP KNRP KNRP
DIE SIND ABER LECKER!

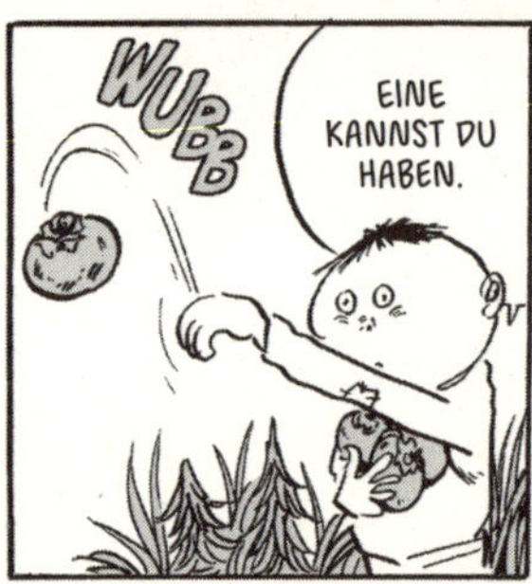
WUBB
EINE KANNST DU HABEN.

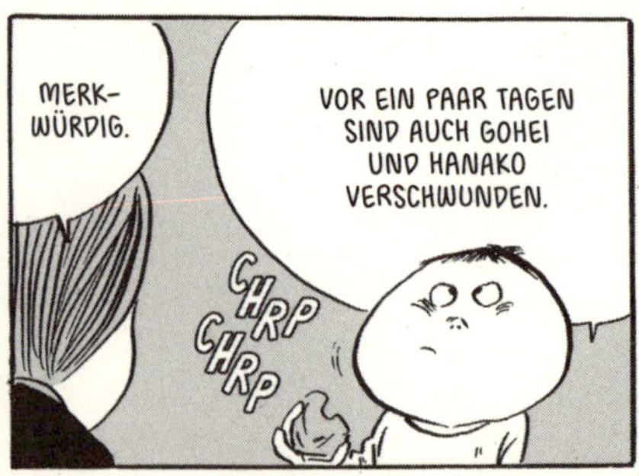
MERKWÜRDIG.
VOR EIN PAAR TAGEN SIND AUCH GOHEI UND HANAKO VERSCHWUNDEN.
CHRP CHRP

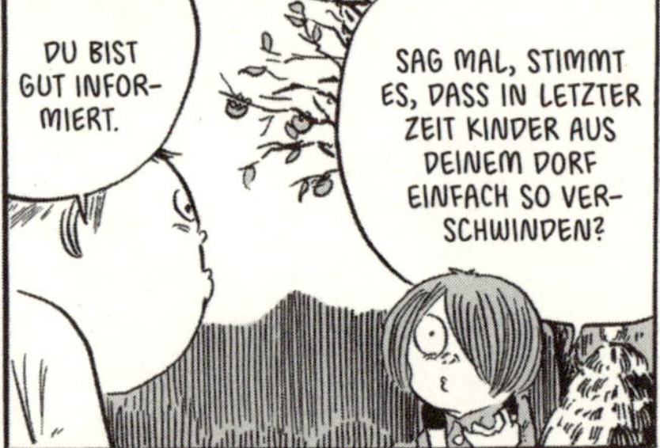
DU BIST GUT INFORMIERT.
SAG MAL, STIMMT ES, DASS IN LETZTER ZEIT KINDER AUS DEINEM DORF EINFACH SO VERSCHWINDEN?

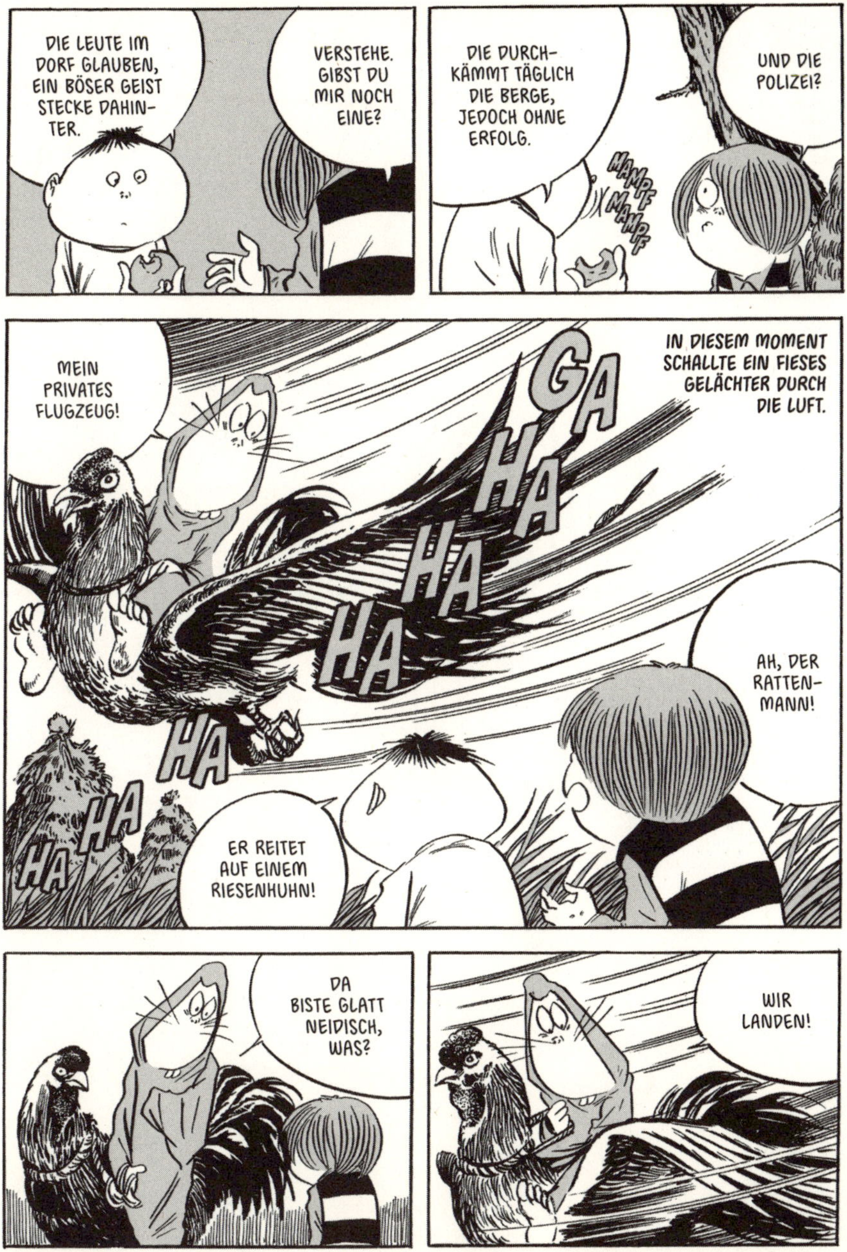

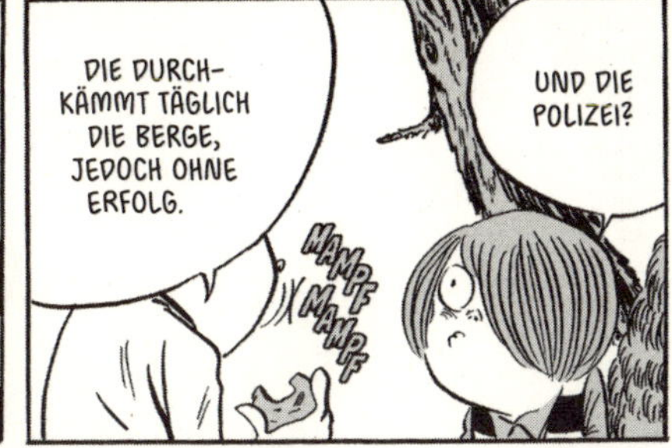
UND DIE POLIZEI?
DIE DURCHKÄMMT TÄGLICH DIE BERGE, JEDOCH OHNE ERFOLG.
MAMPF MAMPF

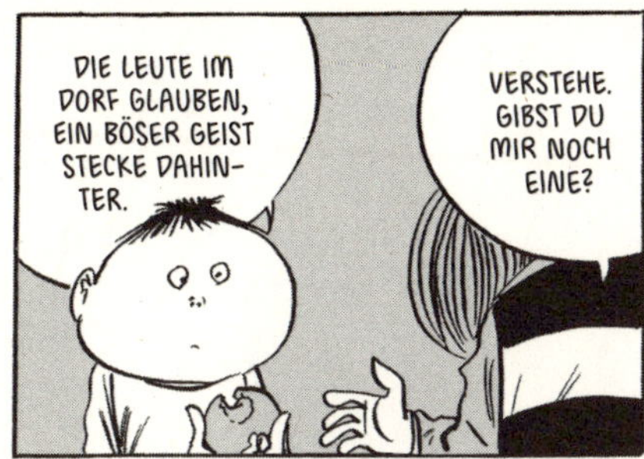
VERSTEHE. GIBST DU MIR NOCH EINE?
DIE LEUTE IM DORF GLAUBEN, EIN BÖSER GEIST STECKE DAHINTER.

IN DIESEM MOMENT SCHALLTE EIN FIESES GELÄCHTER DURCH DIE LUFT.
GA HA HA HA HA HA HA HA
AH, DER RATTENMANN!
MEIN PRIVATES FLUGZEUG!
ER REITET AUF EINEM RIESENHUHN!

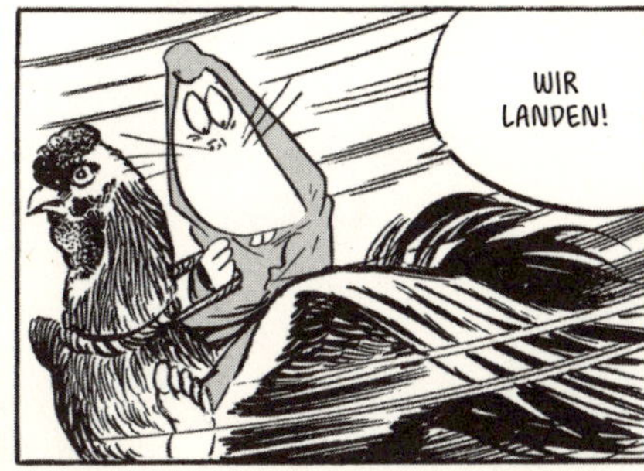
WIR LANDEN!

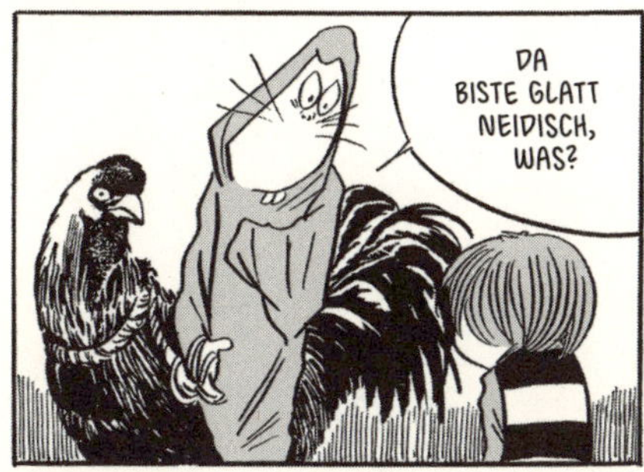
DA BISTE GLATT NEIDISCH, WAS?

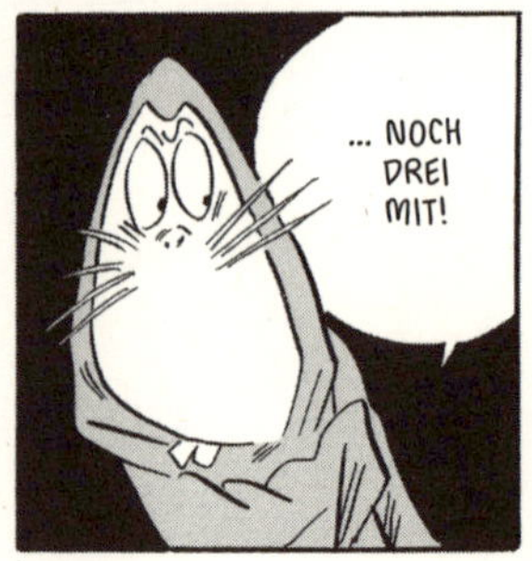
... NOCH DREI MIT!

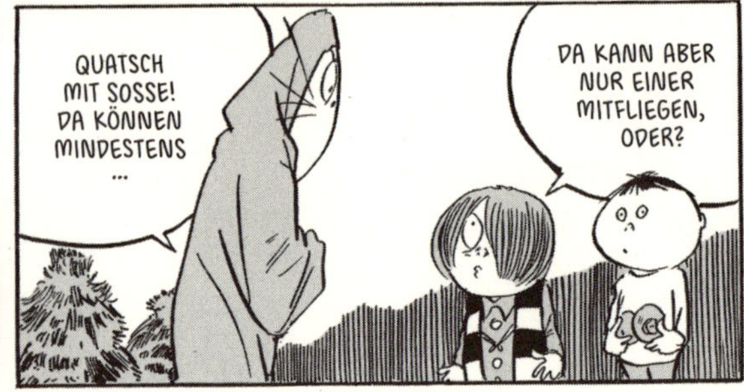
DA KANN ABER NUR EINER MITFLIEGEN, ODER?
QUATSCH MIT SOSSE! DA KÖNNEN MINDESTENS ...

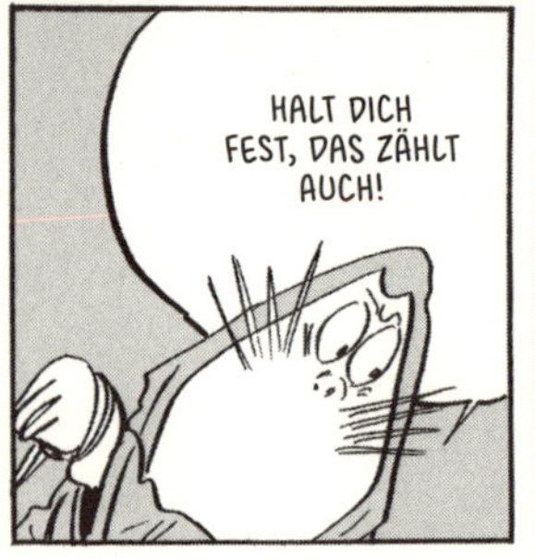
HALT DICH FEST, DAS ZÄHLT AUCH!

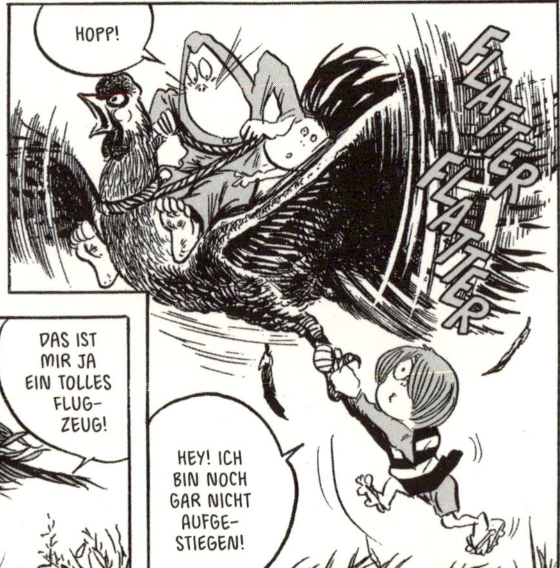
HOPP!
FLATTER FLATTER
HEY! ICH BIN NOCH GAR NICHT AUFGE- STIEGEN!

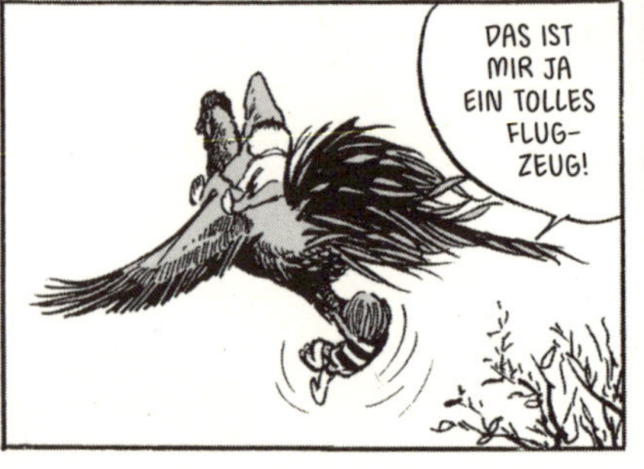
DAS IST MIR JA EIN TOLLES FLUG- ZEUG!

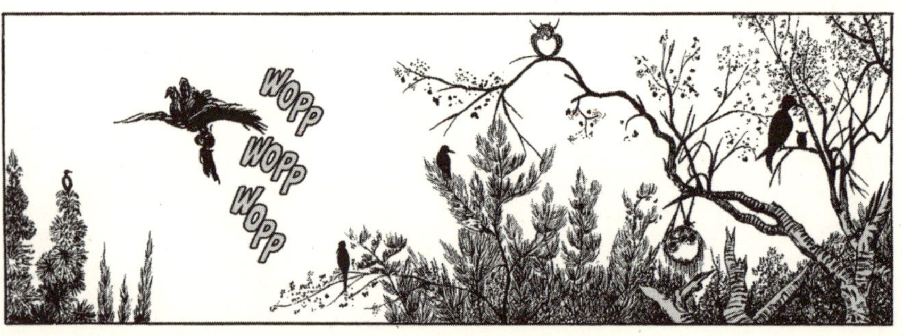
WOPP
WOPP
WOPP

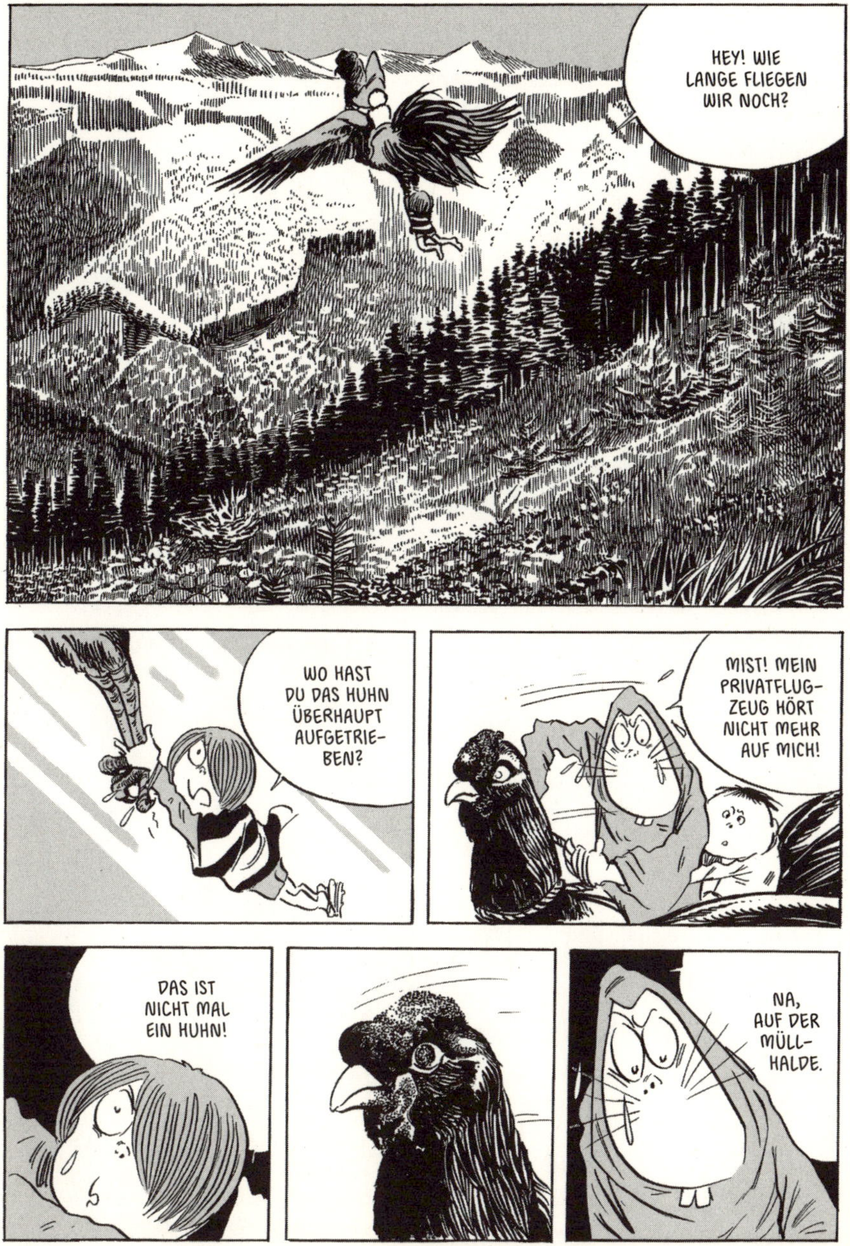

HEY! WIE LANGE FLIEGEN WIR NOCH?

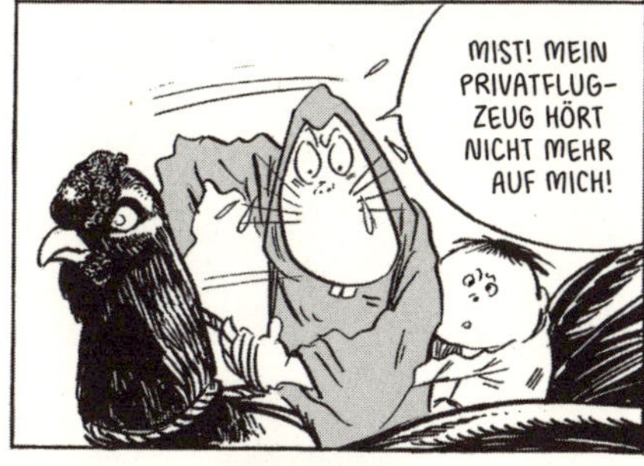

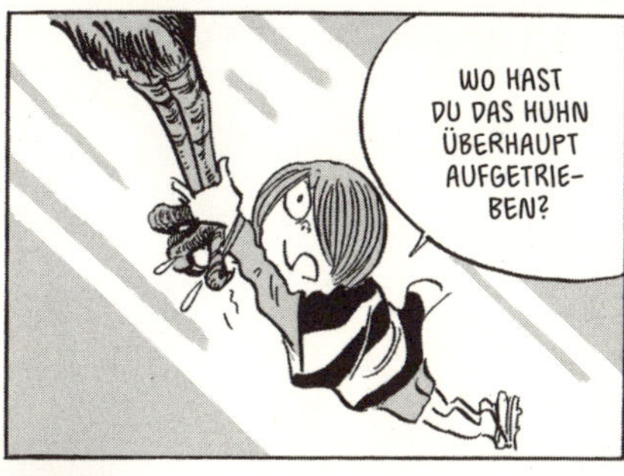

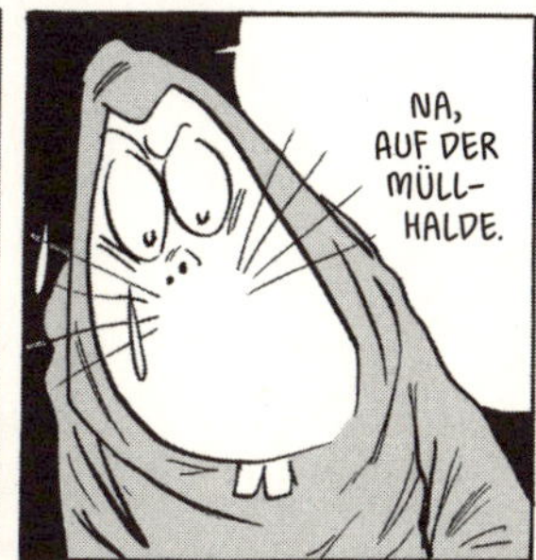

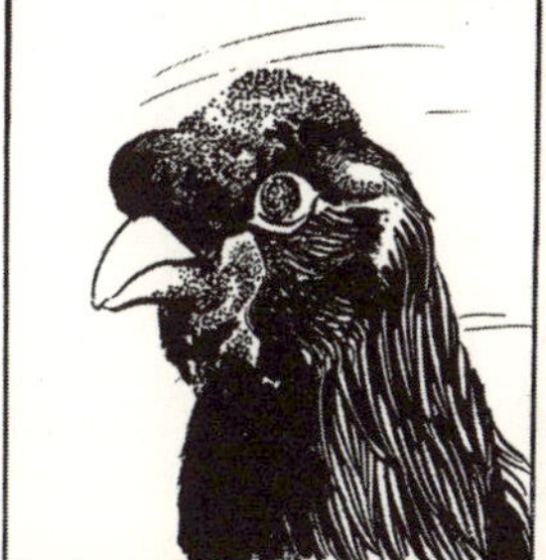

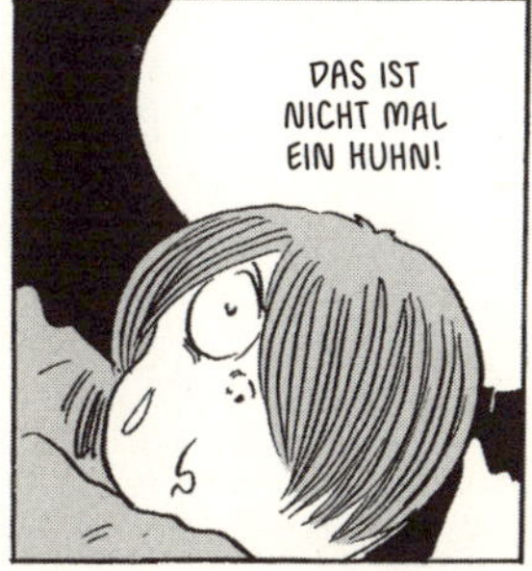

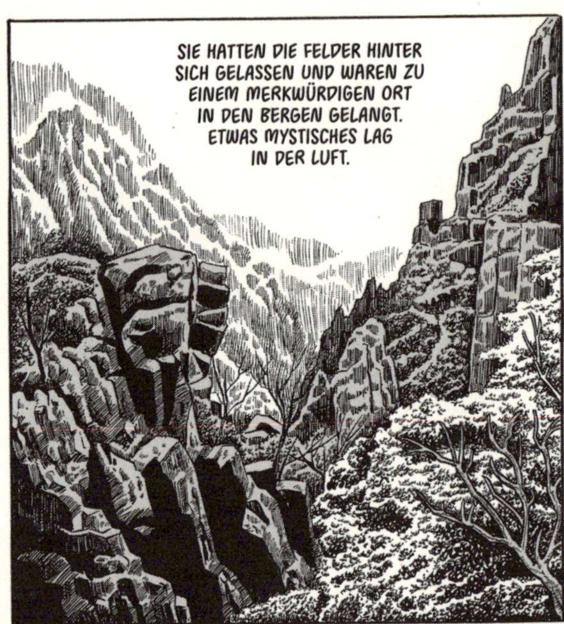
SIE HATTEN DIE FELDER HINTER SICH GELASSEN UND WAREN ZU EINEM MERKWÜRDIGEN ORT IN DEN BERGEN GELANGT. ETWAS MYSTISCHES LAG IN DER LUFT.

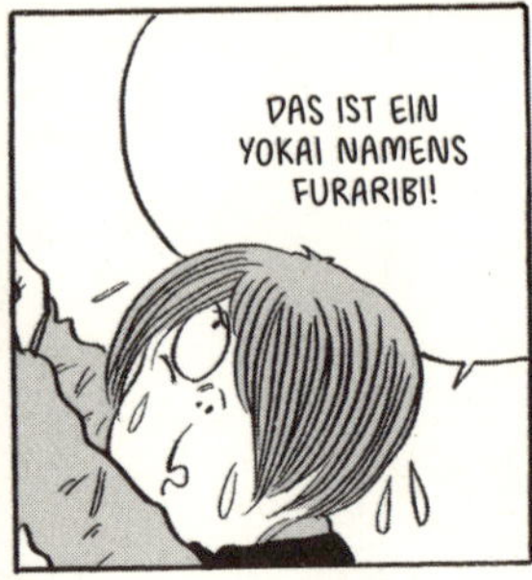
DAS IST EIN YOKAI NAMENS FURARIBI!

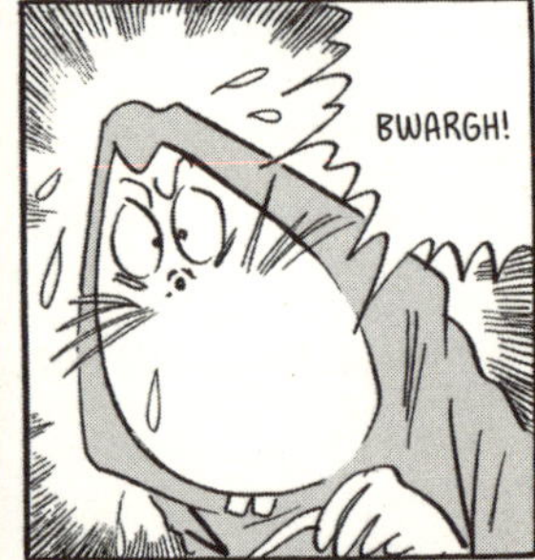
BWARGH!

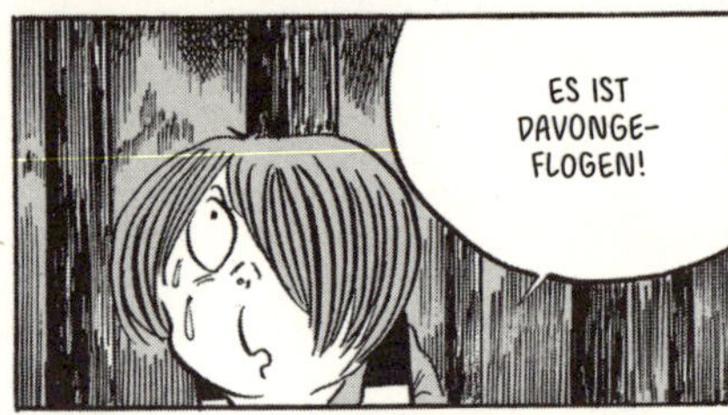
ES IST DAVONGE-FLOGEN!

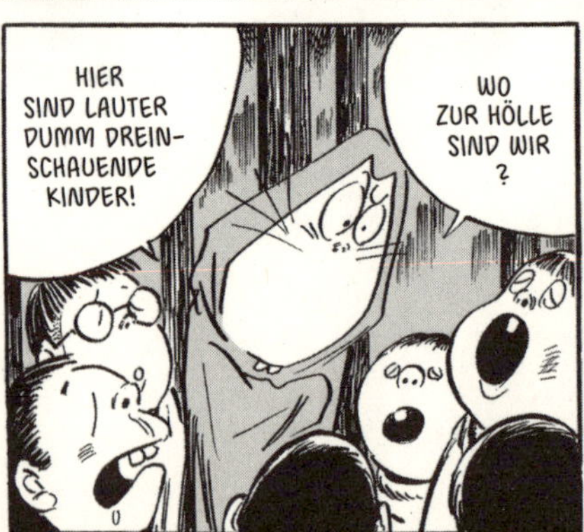
WO ZUR HÖLLE SIND WIR ?
HIER SIND LAUTER DUMM DREIN-SCHAUENDE KINDER!

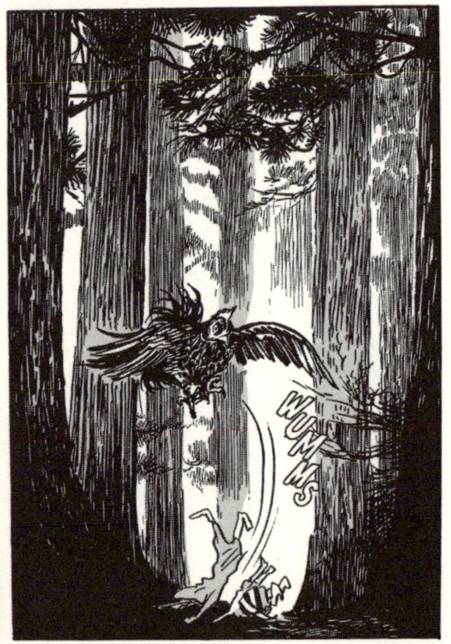
WUMMS

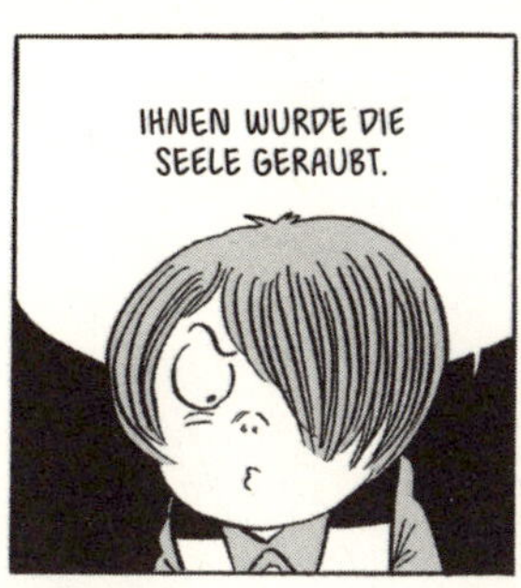
IHNEN WURDE DIE SEELE GERAUBT.

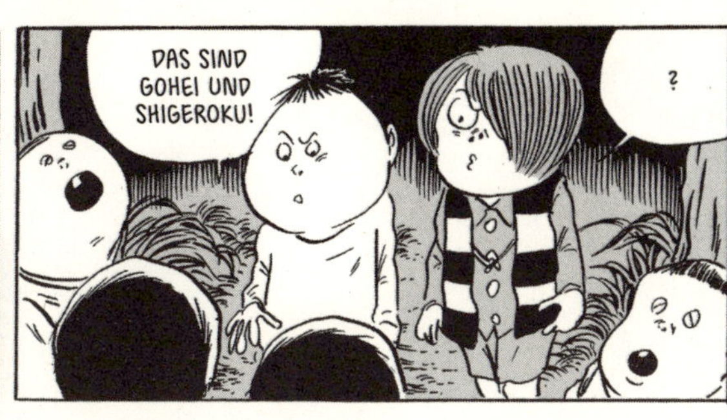
DAS SIND GOHEI UND SHIGEROKU!
?

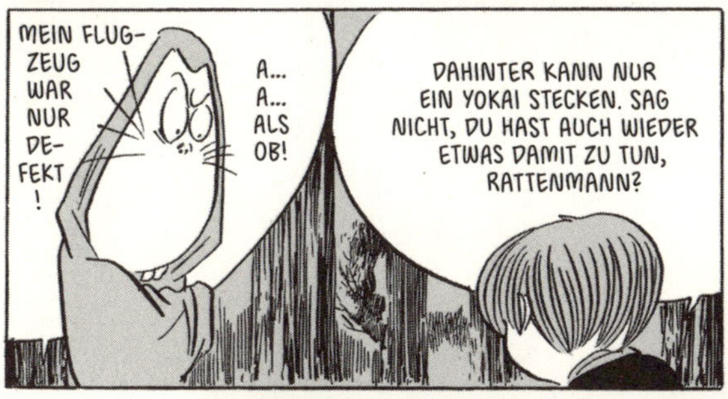
MEIN FLUGZEUG WAR NUR DEFEKT!
A... A... ALS OB!
DAHINTER KANN NUR EIN YOKAI STECKEN. SAG NICHT, DU HAST AUCH WIEDER ETWAS DAMIT ZU TUN, RATTENMANN?

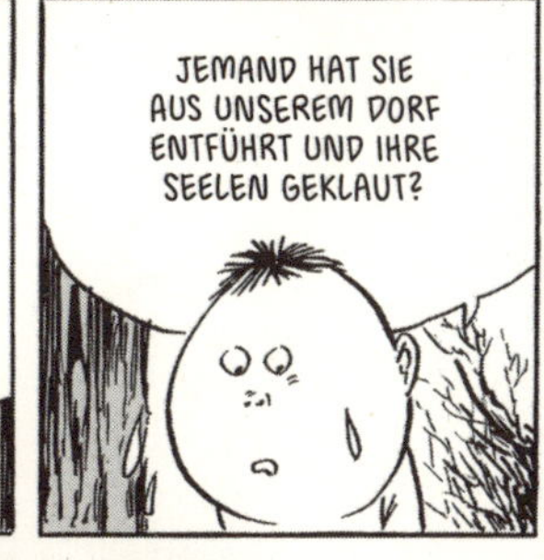
JEMAND HAT SIE AUS UNSEREM DORF ENTFÜHRT UND IHRE SEELEN GEKLAUT?

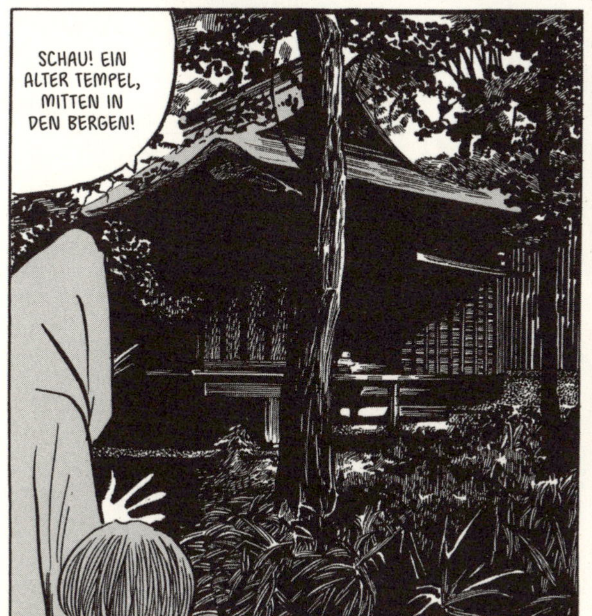
SCHAU! EIN ALTER TEMPEL, MITTEN IN DEN BERGEN!

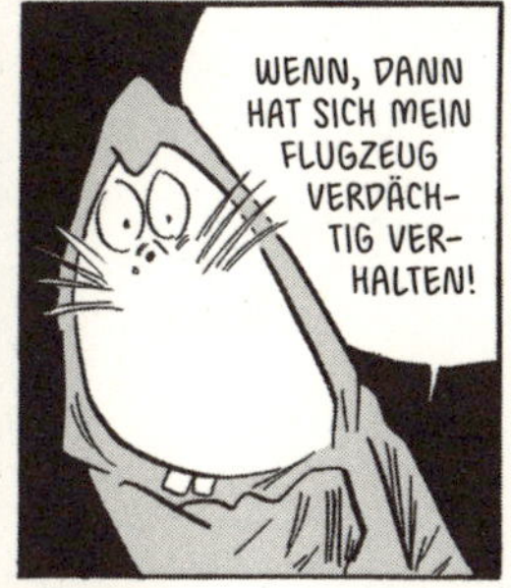
WENN, DANN HAT SICH MEIN FLUGZEUG VERDÄCHTIG VERHALTEN!

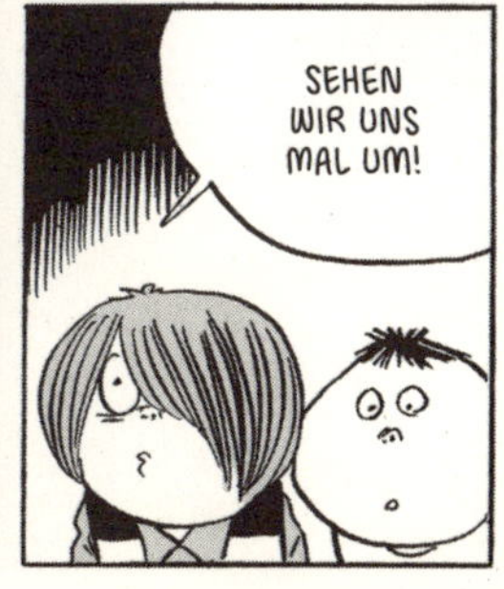
SEHEN WIR UNS MAL UM!

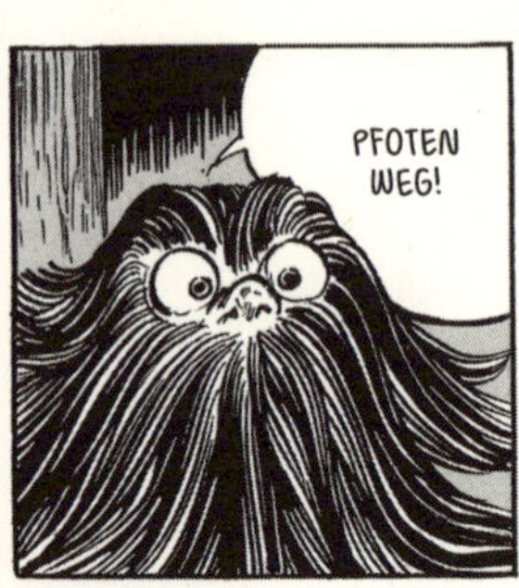

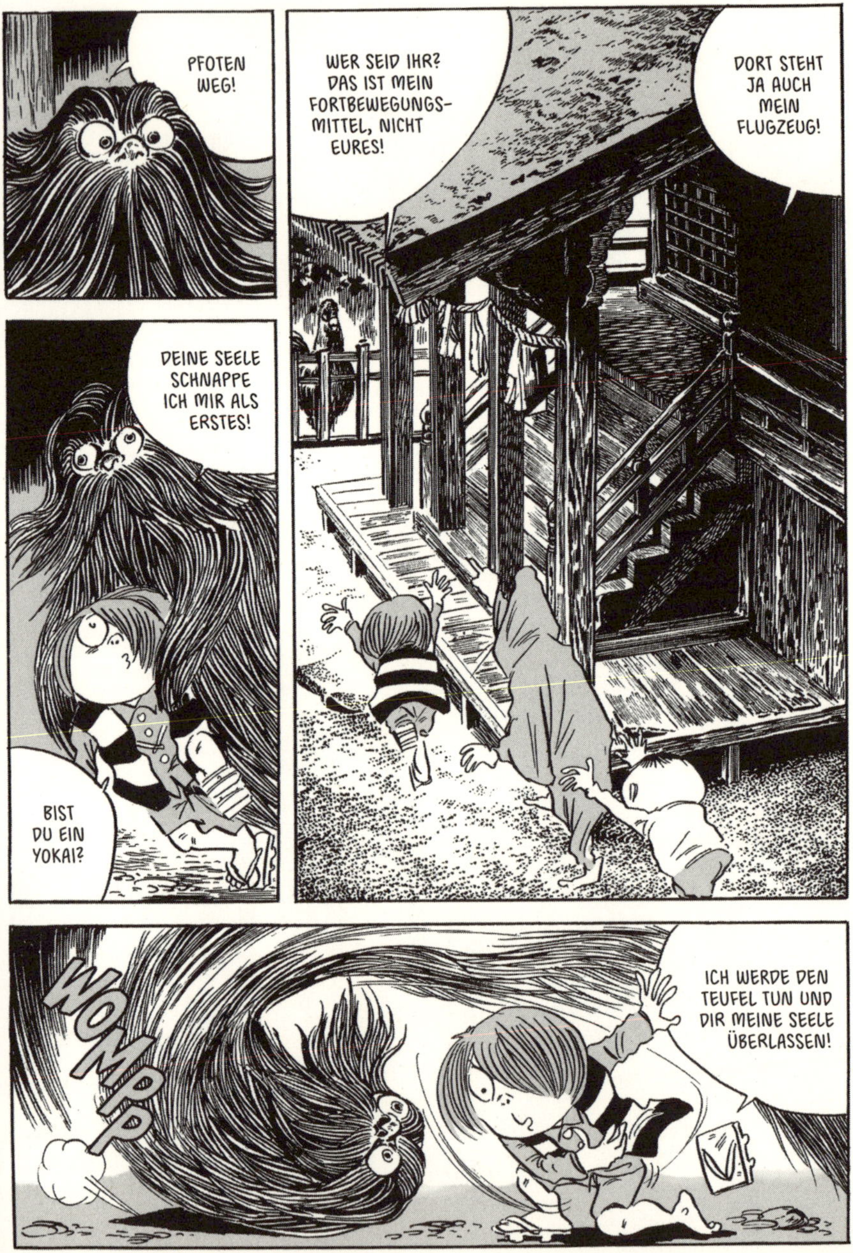

WER SEID IHR? DAS IST MEIN FORTBEWEGUNGSMITTEL, NICHT EURES!

DORT STEHT JA AUCH MEIN FLUGZEUG!

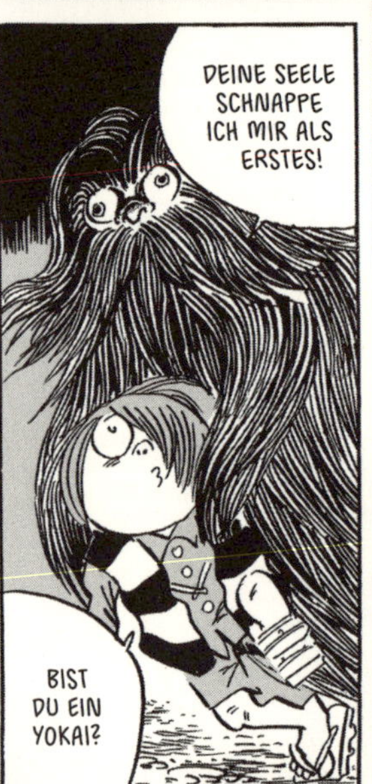

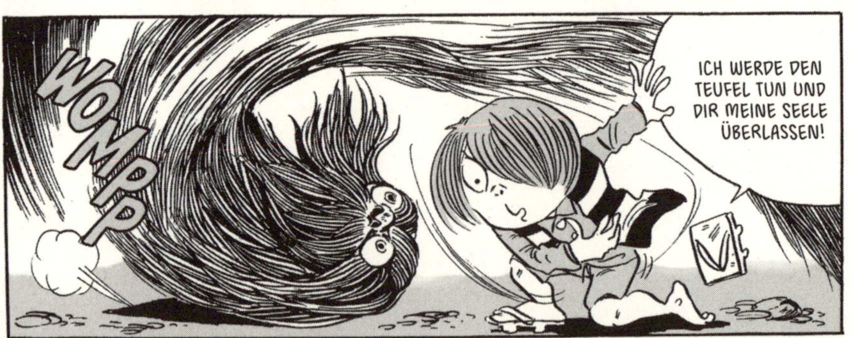

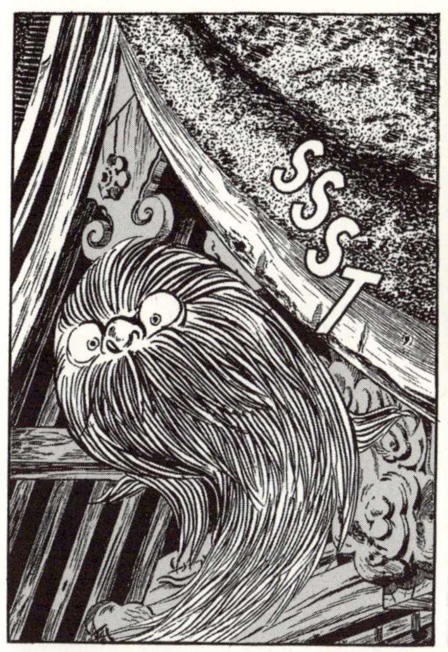
SSST

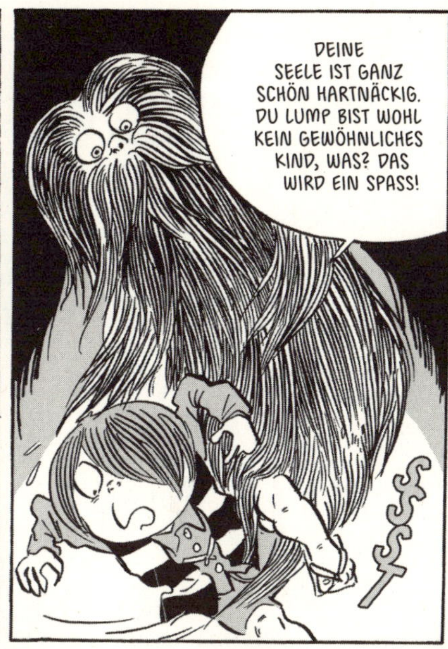
DEINE SEELE IST GANZ SCHÖN HARTNÄCKIG. DU LUMP BIST WOHL KEIN GEWÖHNLICHES KIND, WAS? DAS WIRD EIN SPASS!
FSSST

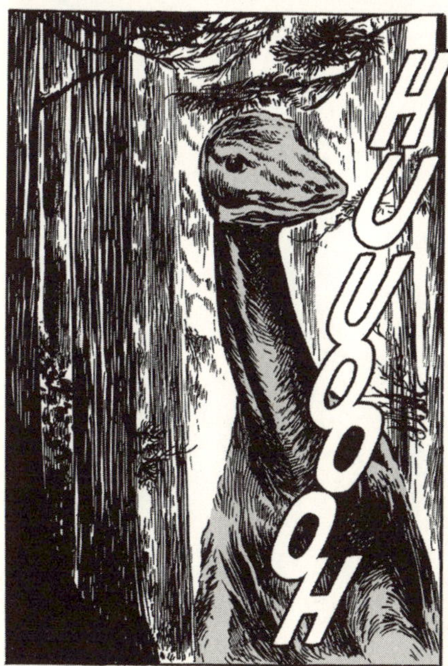
HUUOOOH

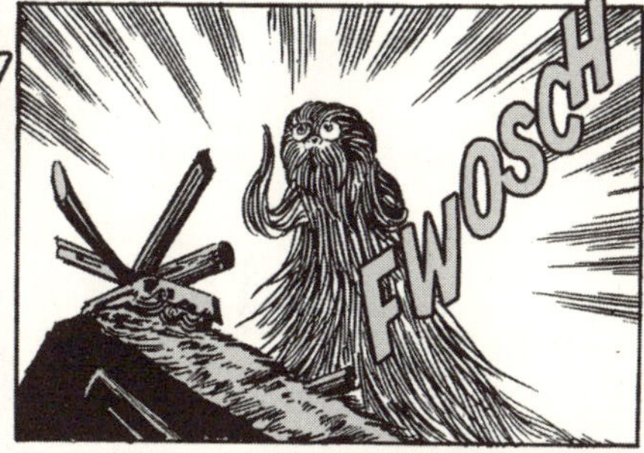
FWOSCH

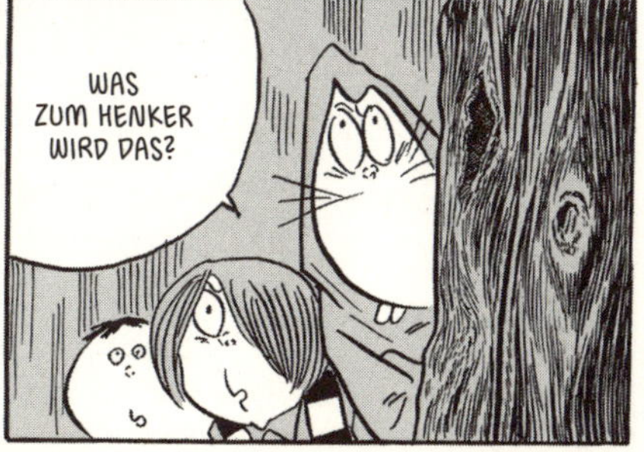
WAS ZUM HENKER WIRD DAS?

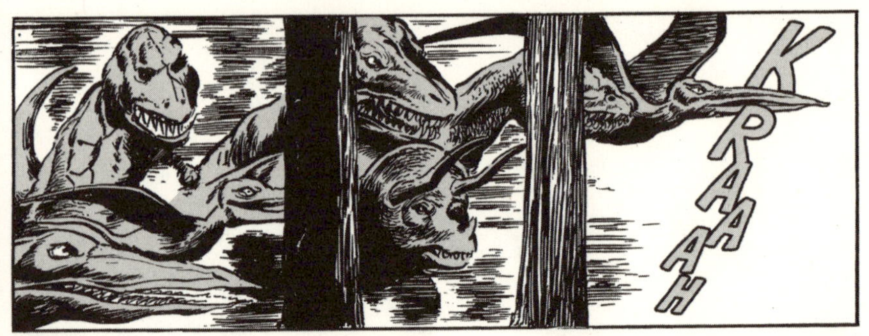

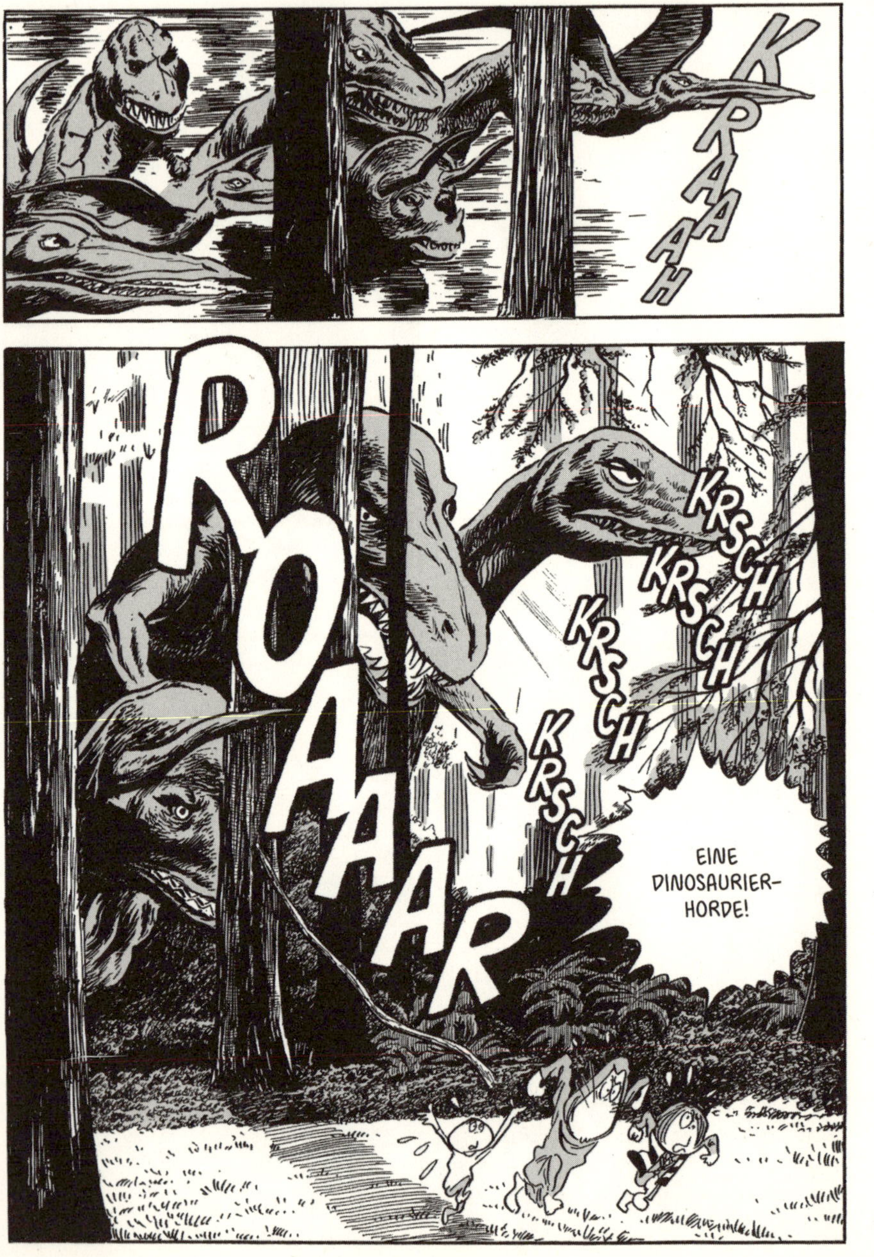

ROAAAR
KRSCH
KRSCH
KRSCH
KRSCH
EINE DINOSAURIER-HORDE!

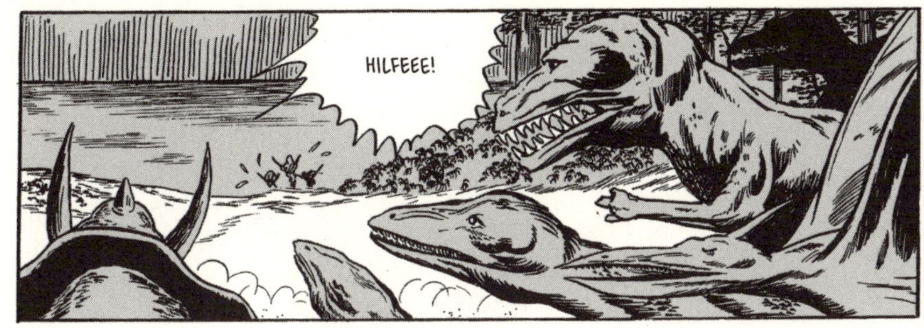
HILFEEE!

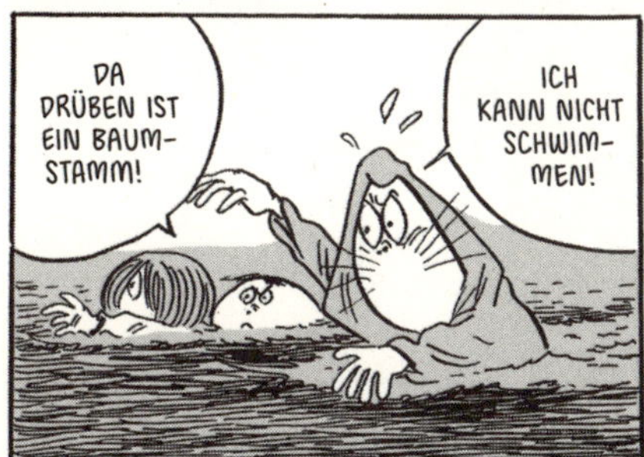
DA DRÜBEN IST EIN BAUM-STAMM!
ICH KANN NICHT SCHWIM-MEN!

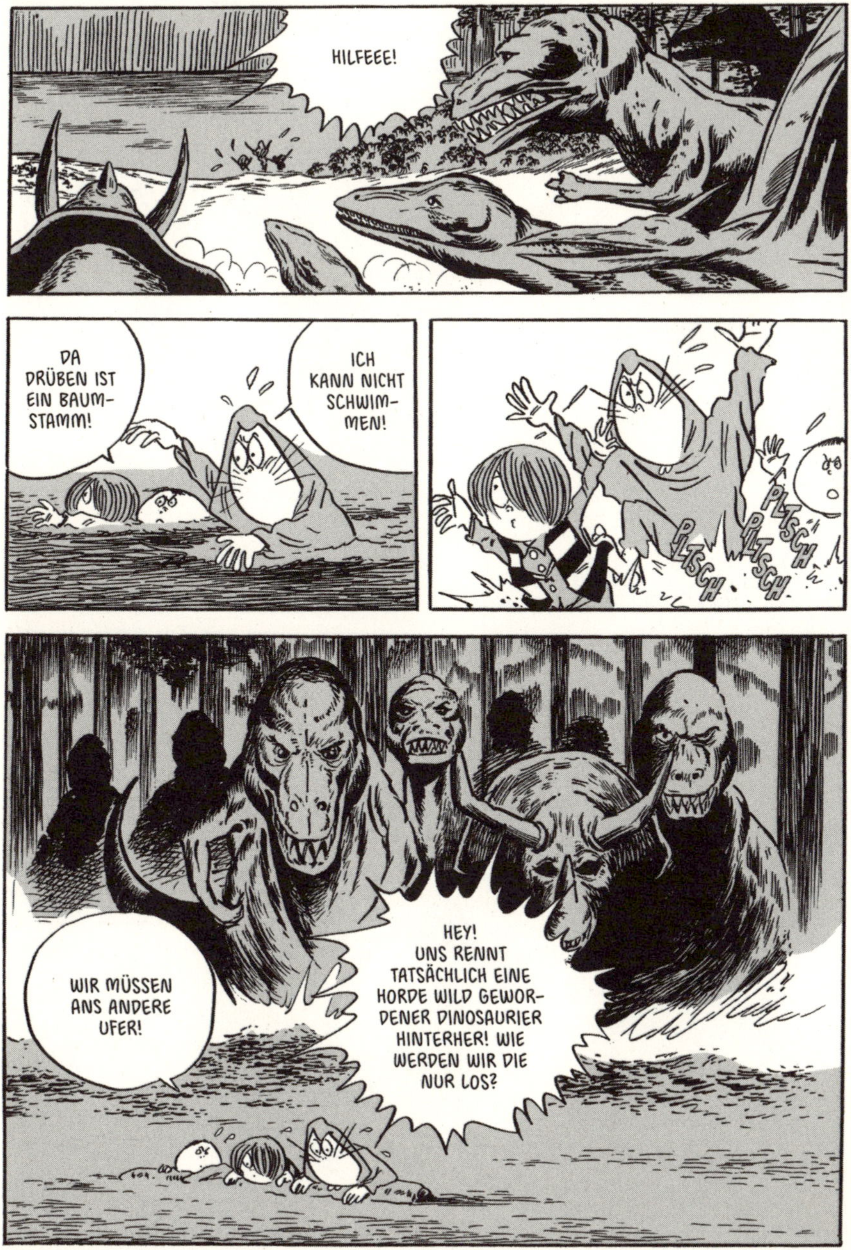

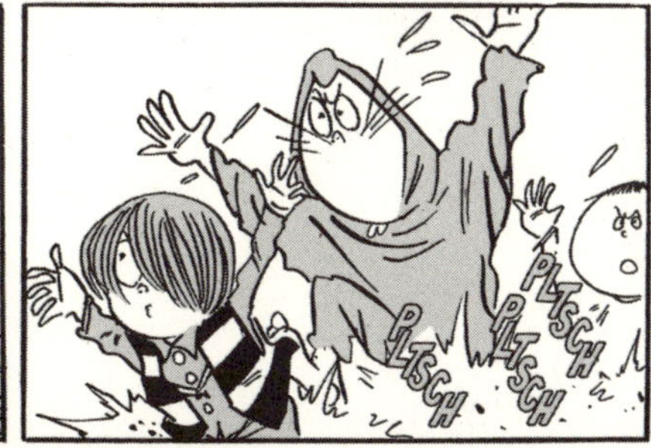
PLTSCH
PLTSCH
PLTSCH

HEY! UNS RENNT TATSÄCHLICH EINE HORDE WILD GEWOR-DENER DINOSAURIER HINTERHER! WIE WERDEN WIR DIE NUR LOS?
WIR MÜSSEN ANS ANDERE UFER!

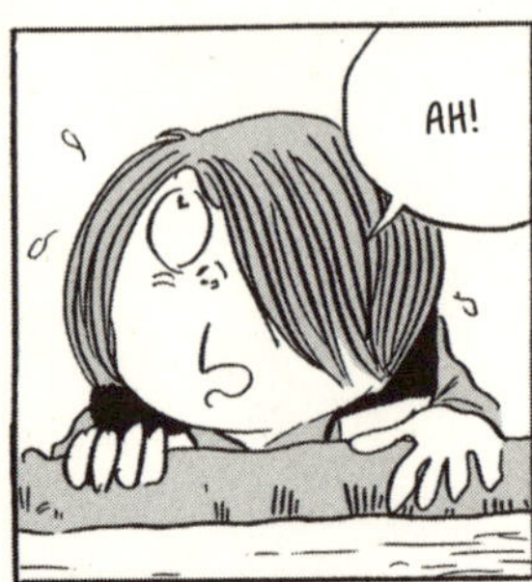
AH!

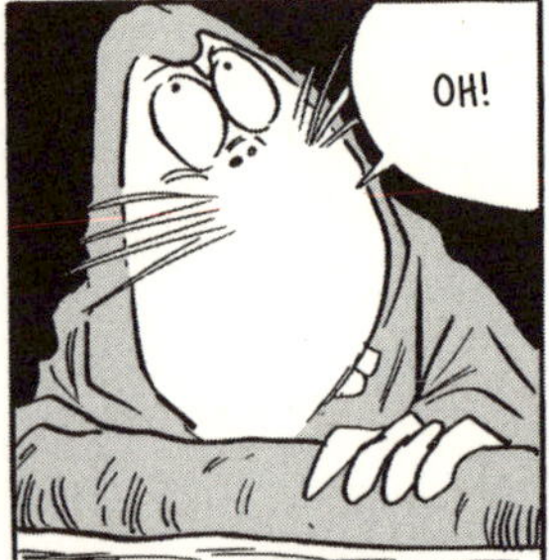
OH!

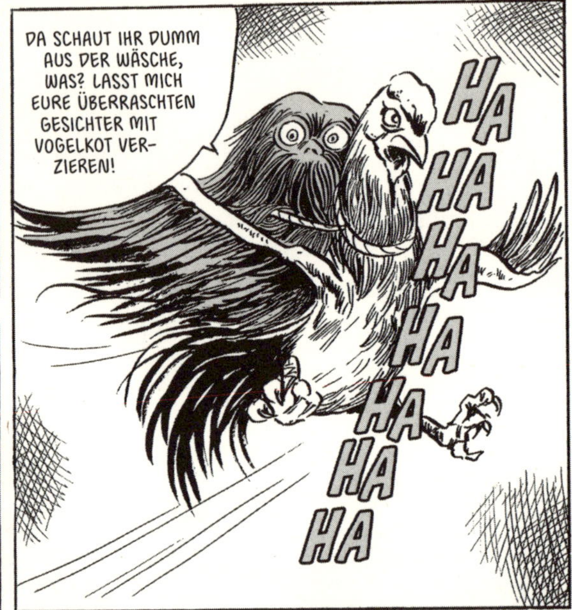
DA SCHAUT IHR DUMM AUS DER WÄSCHE, WAS? LASST MICH EURE ÜBERRASCHTEN GESICHTER MIT VOGELKOT VER-ZIEREN!
HA HA HA HA HA HA HA HA HA

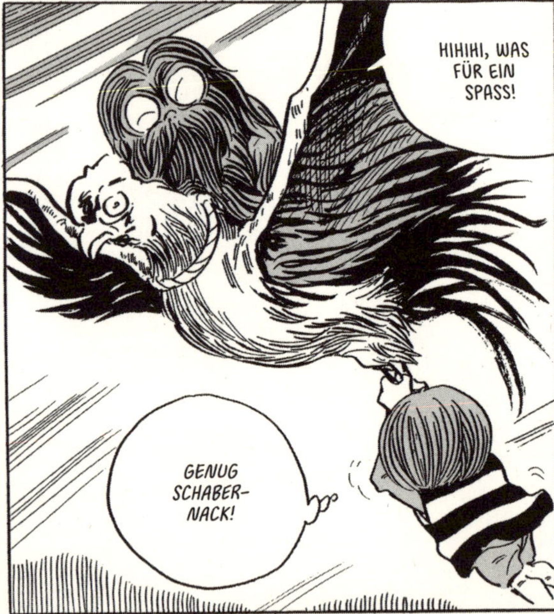
HIHIHI, WAS FÜR EIN SPASS!
GENUG SCHABER-NACK!

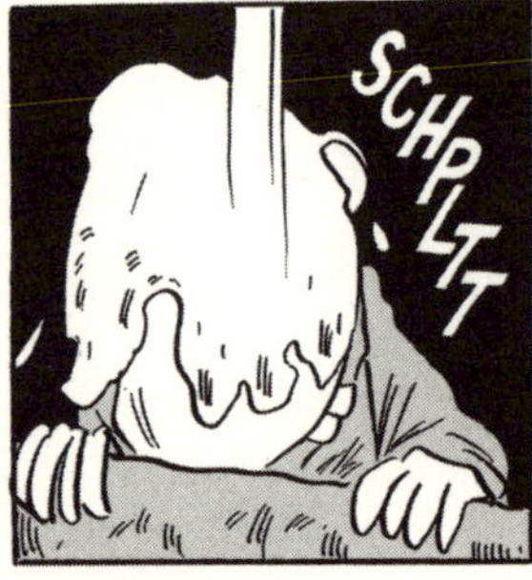
SCHPLTT

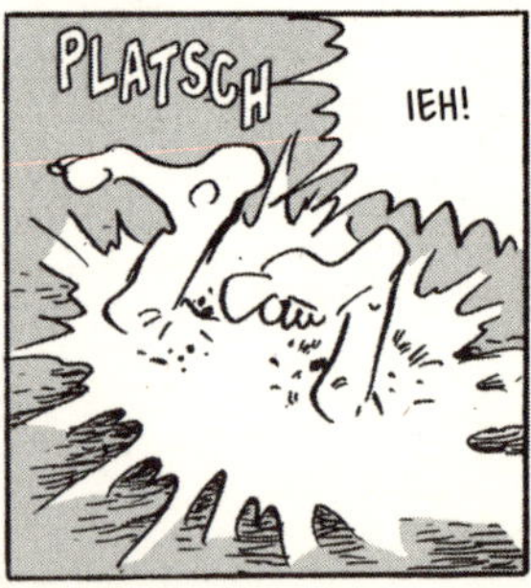
PLATSCH
IEH!

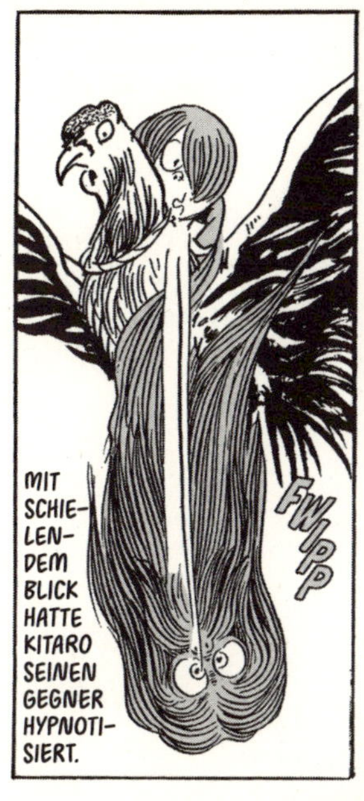
MIT SCHIE-LEN-DEM BLICK HATTE KITARO SEINEN GEGNER HYPNOTI-SIERT.
FWIPP

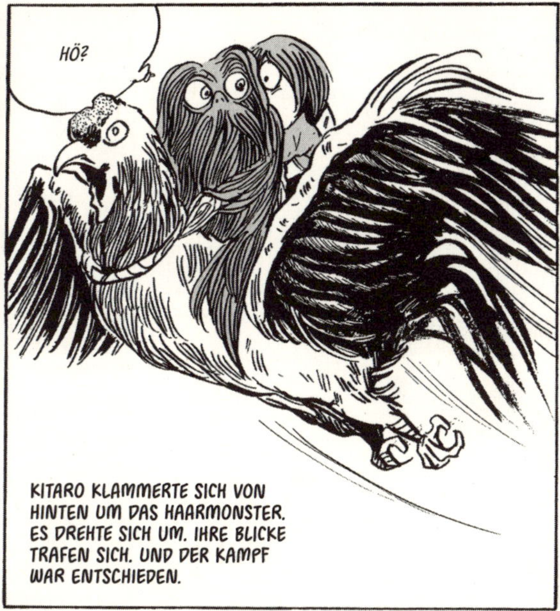
HÖ?
KITARO KLAMMERTE SICH VON HINTEN UM DAS HAARMONSTER. ES DREHTE SICH UM. IHRE BLICKE TRAFEN SICH. UND DER KAMPF WAR ENTSCHIEDEN.

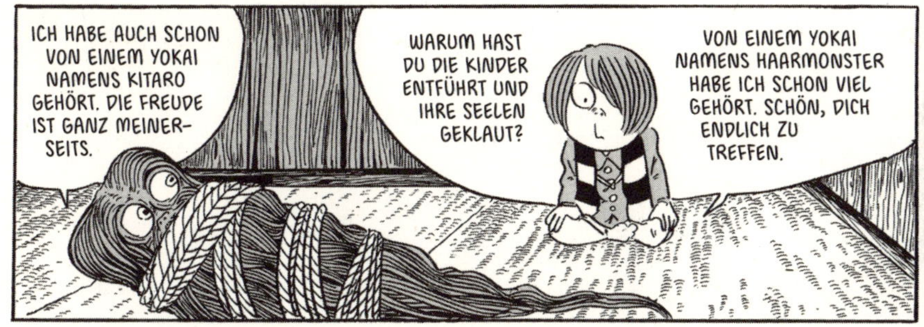
VON EINEM YOKAI NAMENS HAARMONSTER HABE ICH SCHON VIEL GEHÖRT. SCHÖN, DICH ENDLICH ZU TREFFEN.
WARUM HAST DU DIE KINDER ENTFÜHRT UND IHRE SEELEN GEKLAUT?
ICH HABE AUCH SCHON VON EINEM YOKAI NAMENS KITARO GEHÖRT. DIE FREUDE IST GANZ MEINER-SEITS.

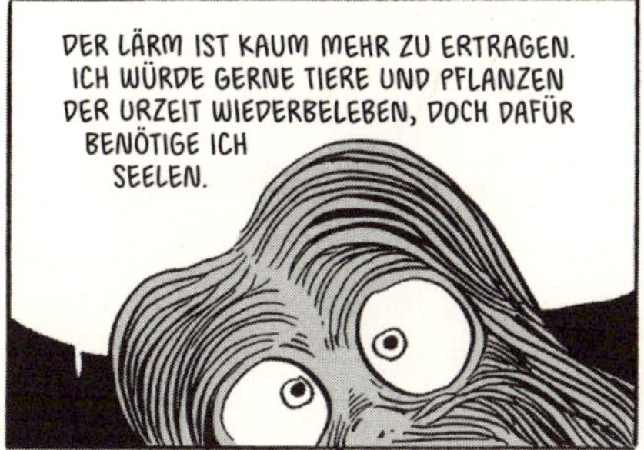
DER LÄRM IST KAUM MEHR ZU ERTRAGEN. ICH WÜRDE GERNE TIERE UND PFLANZEN DER URZEIT WIEDERBELEBEN, DOCH DAFÜR BENÖTIGE ICH SEELEN.

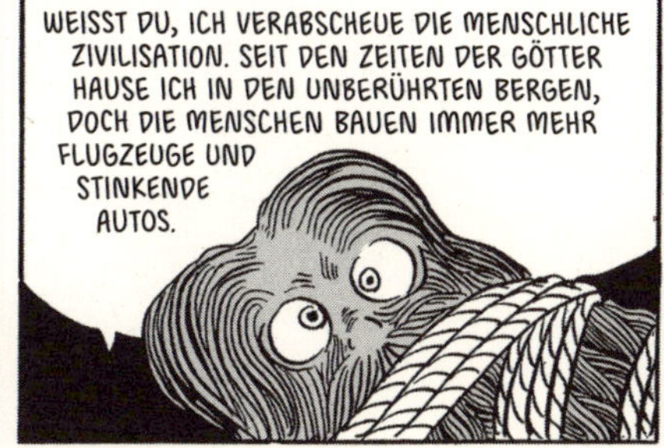
WEISST DU, ICH VERABSCHEUE DIE MENSCHLICHE ZIVILISATION. SEIT DEN ZEITEN DER GÖTTER HAUSE ICH IN DEN UNBERÜHRTEN BERGEN, DOCH DIE MENSCHEN BAUEN IMMER MEHR FLUGZEUGE UND STINKENDE AUTOS.

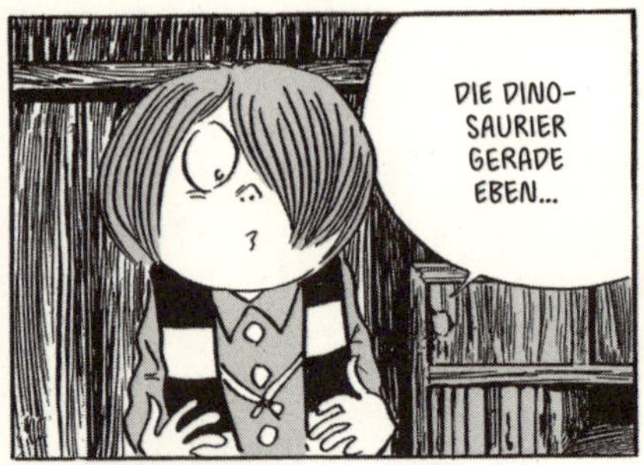
DIE DINO-
SAURIER
GERADE
EBEN...
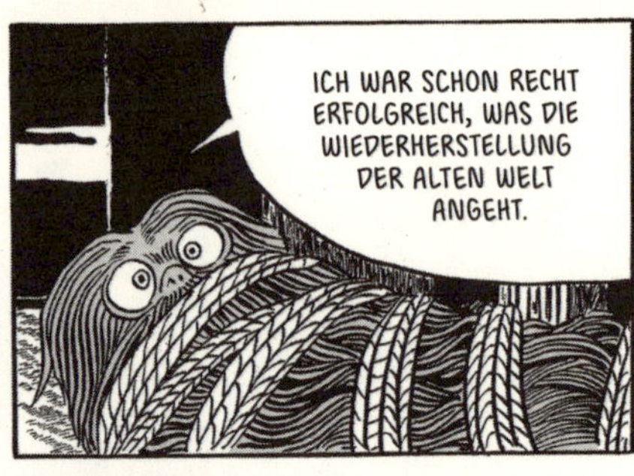
ICH WAR SCHON RECHT
ERFOLGREICH, WAS DIE
WIEDERHERSTELLUNG
DER ALTEN WELT
ANGEHT.
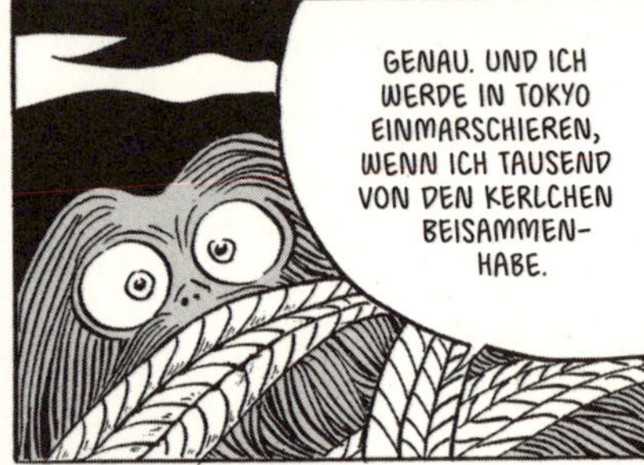
GENAU. UND ICH
WERDE IN TOKYO
EINMARSCHIEREN,
WENN ICH TAUSEND
VON DEN KERLCHEN
BEISAMMEN-
HABE.
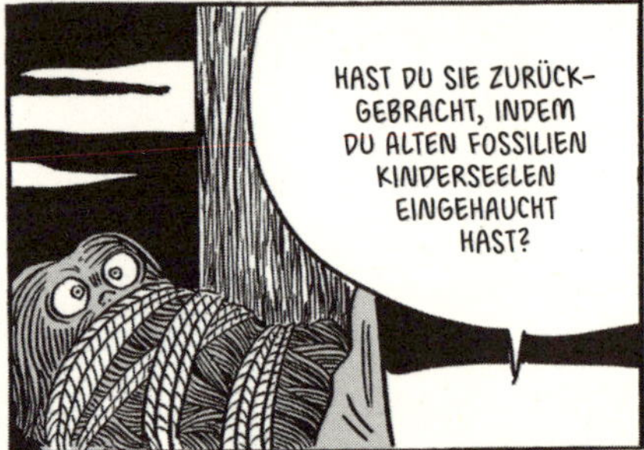
HAST DU SIE ZURÜCK-
GEBRACHT, INDEM
DU ALTEN FOSSILIEN
KINDERSEELEN
EINGEHAUCHT
HAST?
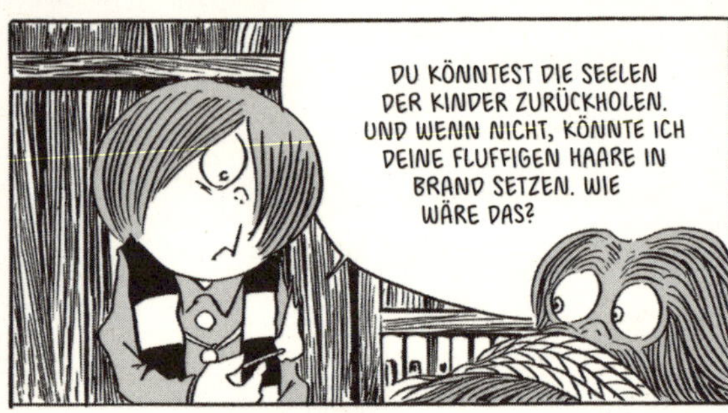
DU KÖNNTEST DIE SEELEN
DER KINDER ZURÜCKHOLEN.
UND WENN NICHT, KÖNNTE ICH
DEINE FLUFFIGEN HAARE IN
BRAND SETZEN. WIE
WÄRE DAS?
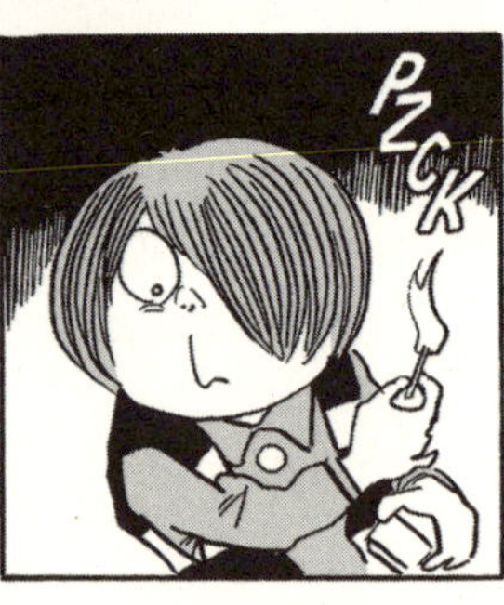
PZCK
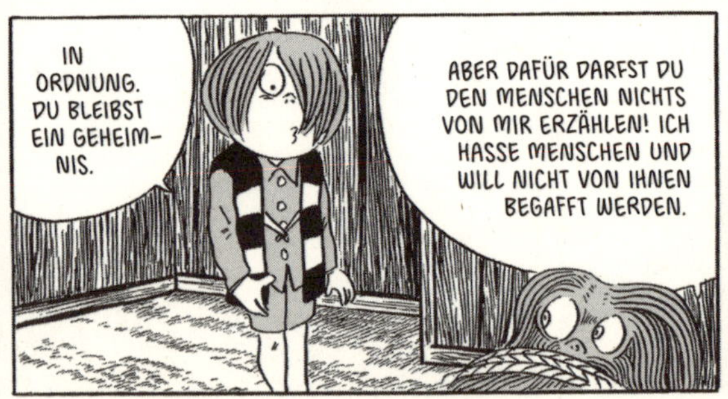
IN
ORDNUNG.
DU BLEIBST
EIN GEHEIM-
NIS.
ABER DAFÜR DARFST DU
DEN MENSCHEN NICHTS
VON MIR ERZÄHLEN! ICH
HASSE MENSCHEN UND
WILL NICHT VON IHNEN
BEGAFFT WERDEN.
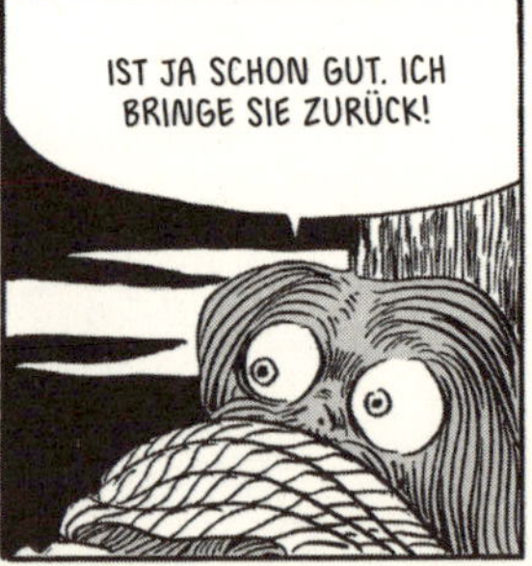
IST JA SCHON GUT. ICH
BRINGE SIE ZURÜCK!

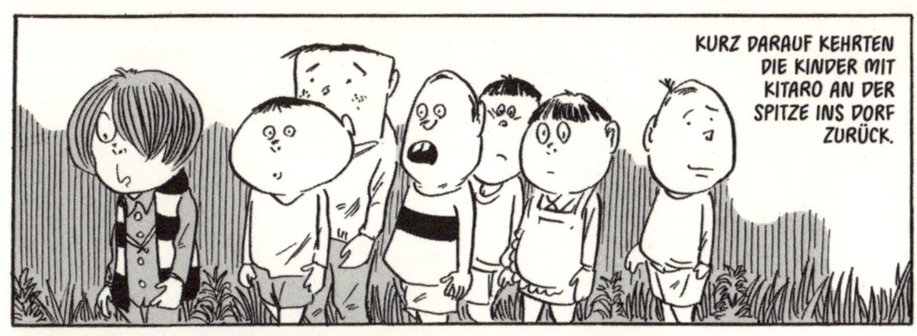

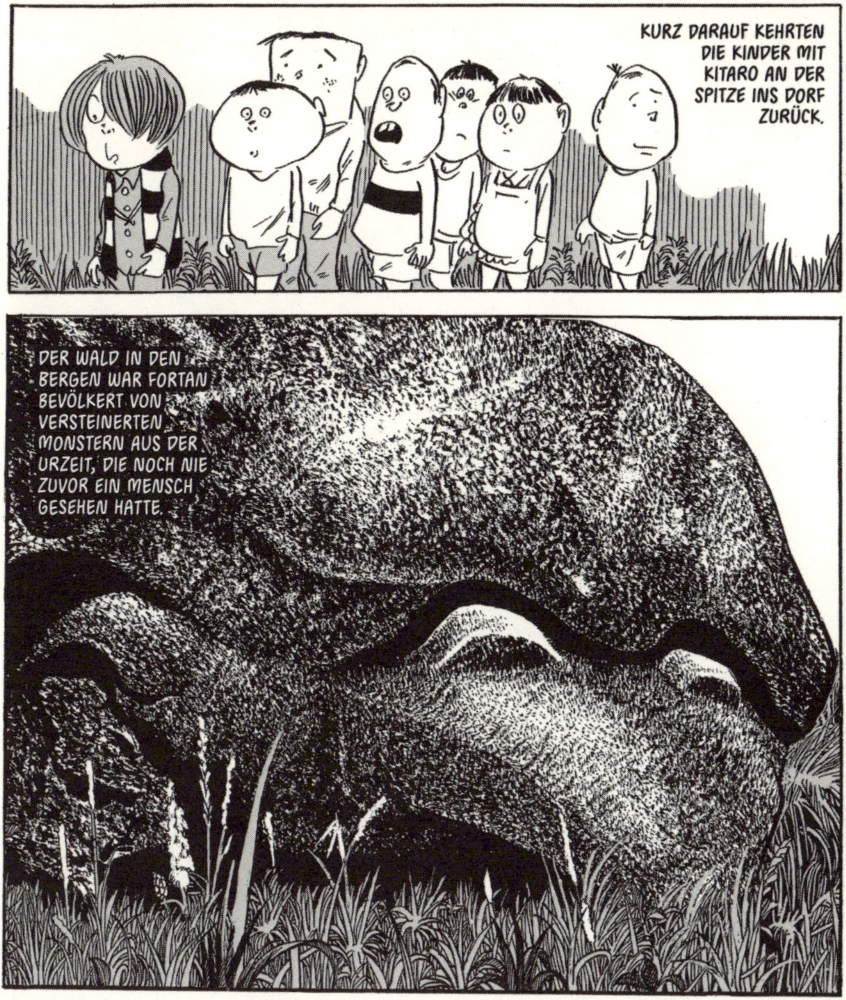

DER WALD IN DEN BERGEN WAR FORTAN BEVÖLKERT VON VERSTEINERTEN MONSTERN AUS DER URZEIT, DIE NOCH NIE ZUVOR EIN MENSCH GESEHEN HATTE.

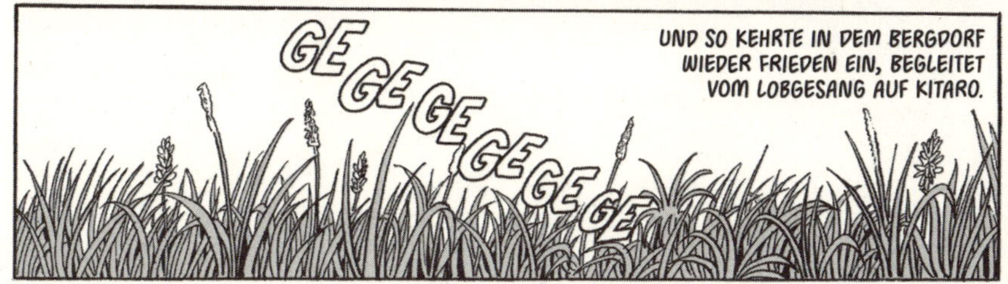

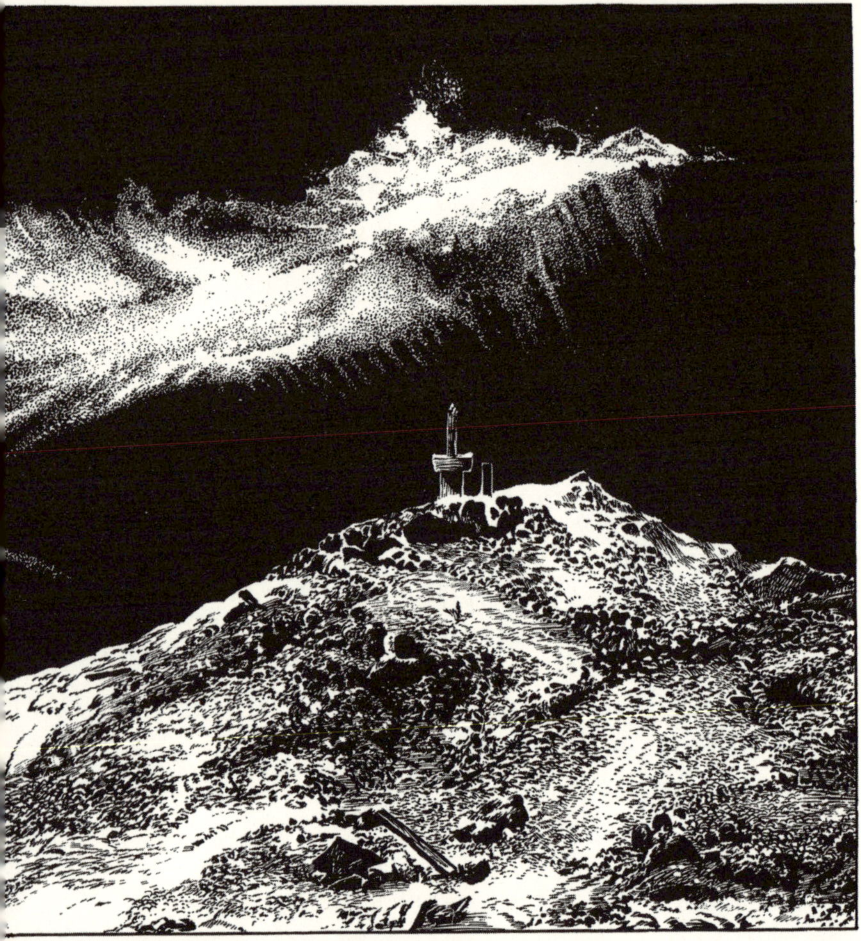

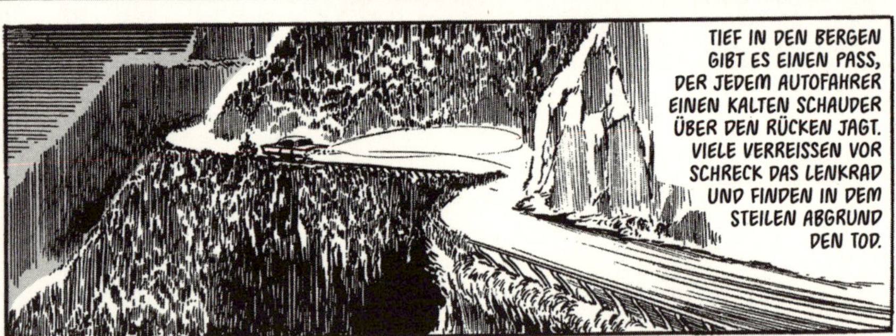
TIEF IN DEN BERGEN GIBT ES EINEN PASS, DER JEDEM AUTOFAHRER EINEN KALTEN SCHAUDER ÜBER DEN RÜCKEN JAGT. VIELE VERREISSEN VOR SCHRECK DAS LENKRAD UND FINDEN IN DEM STEILEN ABGRUND DEN TOD.

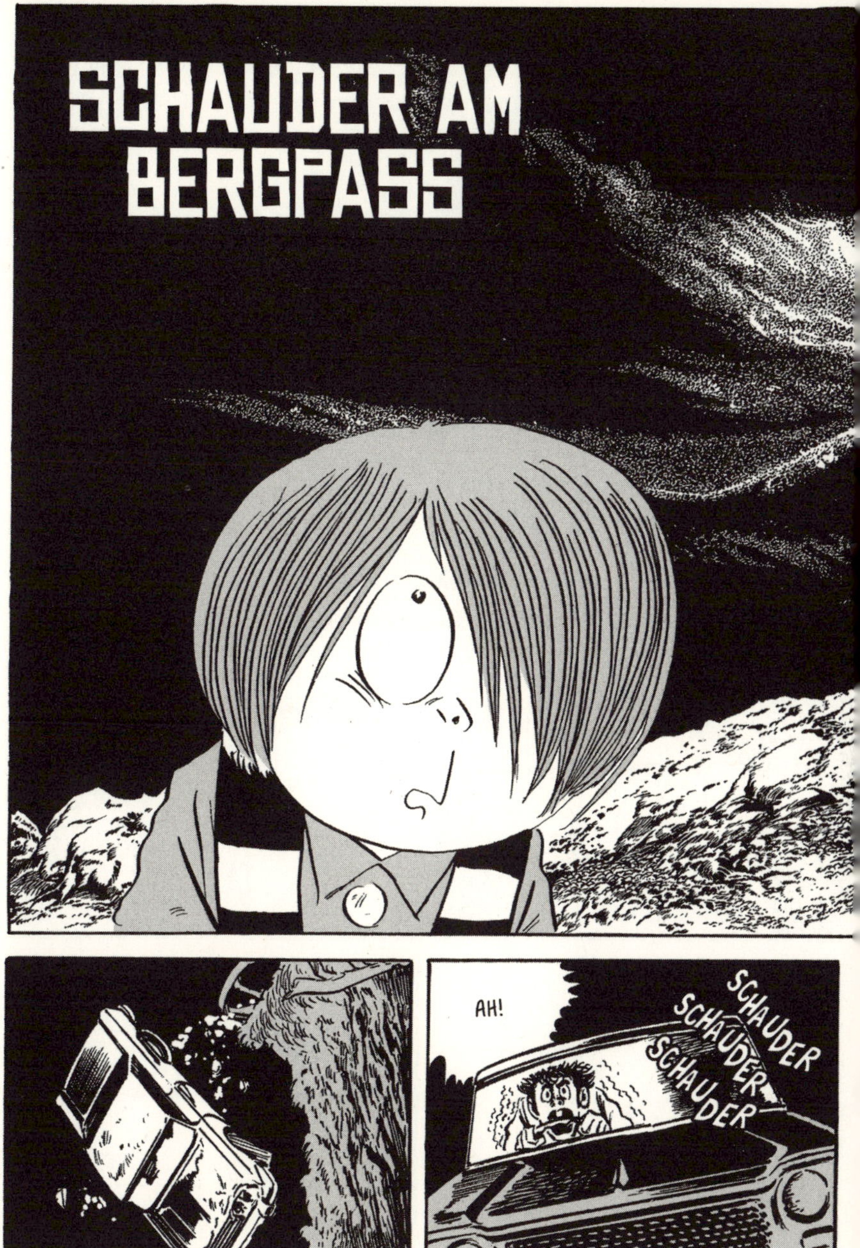

SCHAUDER AM BERGPASS

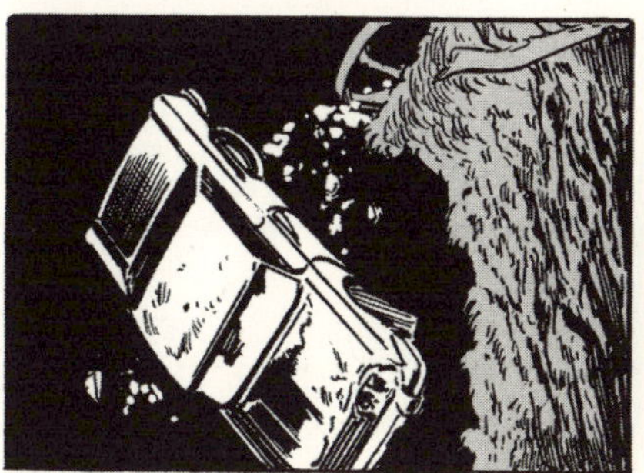

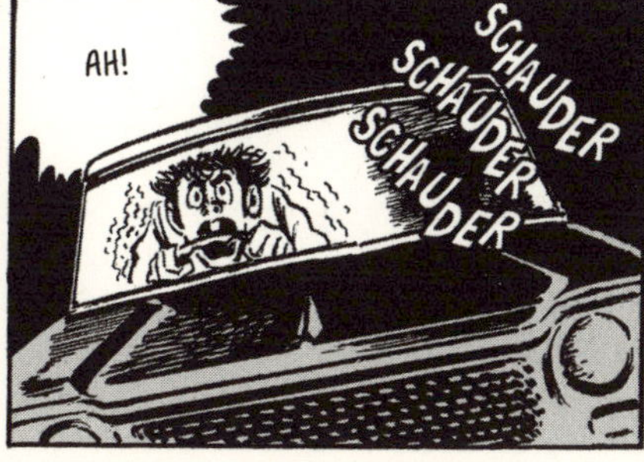

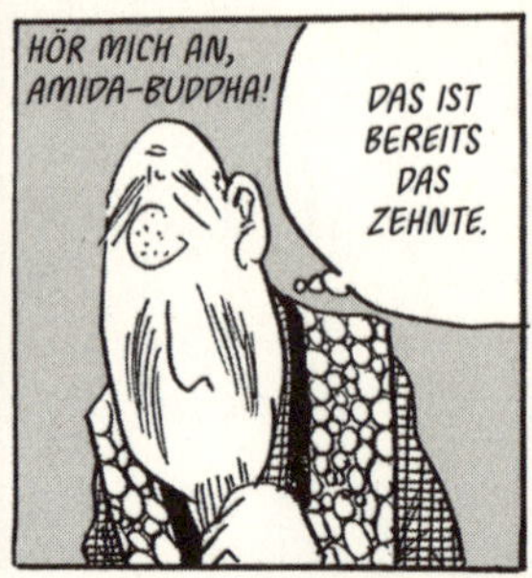

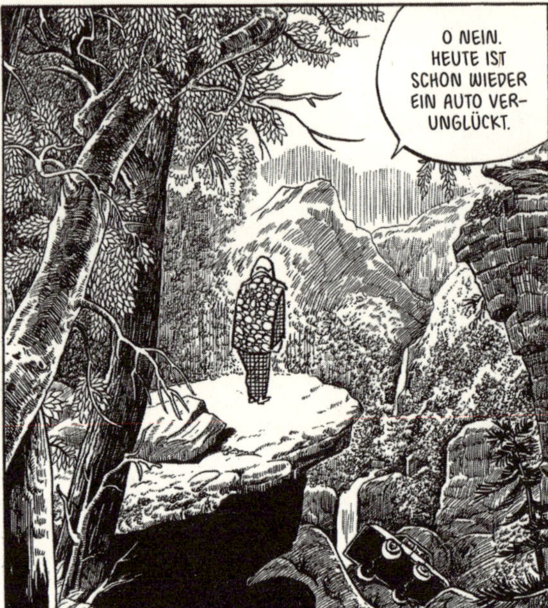

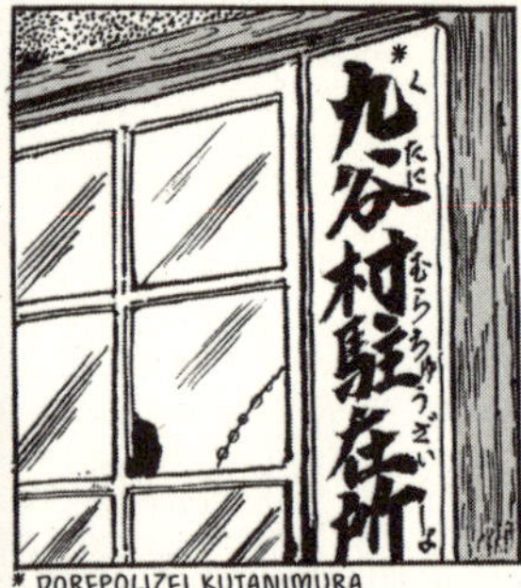

* DORFPOLIZEI KUTANIMURA

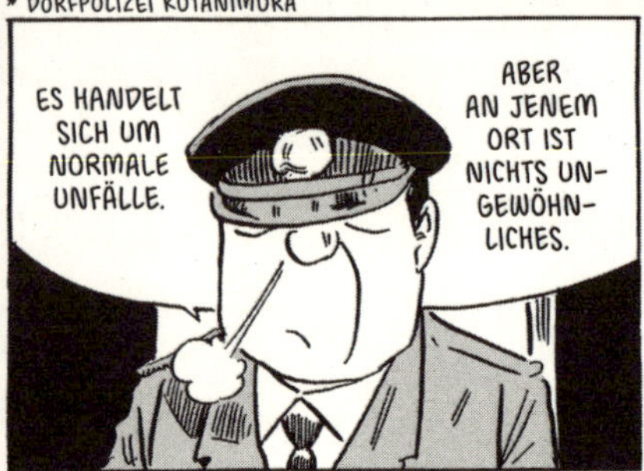

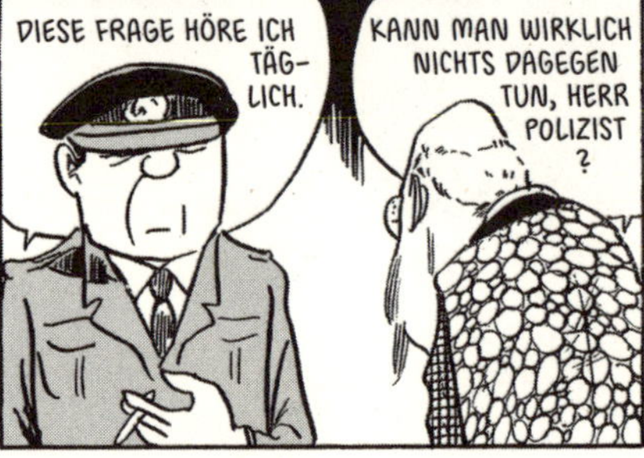

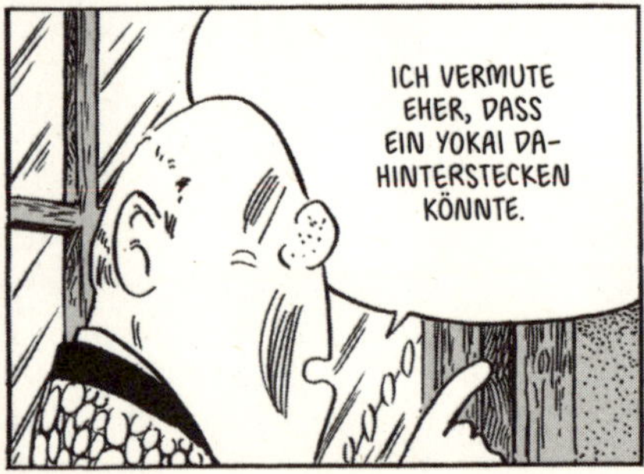

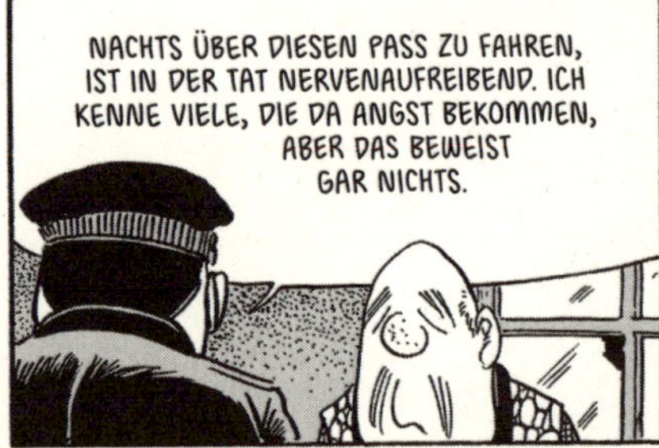

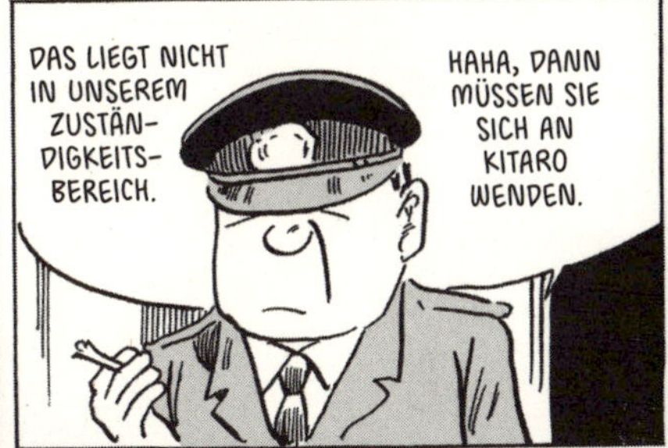
HAHA, DANN MÜSSEN SIE SICH AN KITARO WENDEN.
DAS LIEGT NICHT IN UNSEREM ZUSTÄN-DIGKEITS-BEREICH.

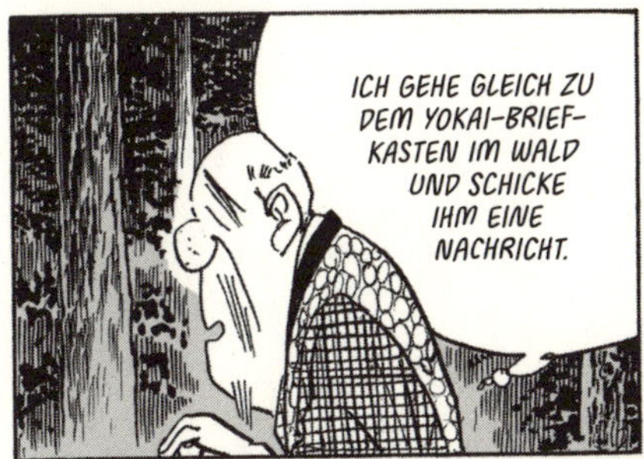
ICH GEHE GLEICH ZU DEM YOKAI-BRIEF-KASTEN IM WALD UND SCHICKE IHM EINE NACHRICHT.

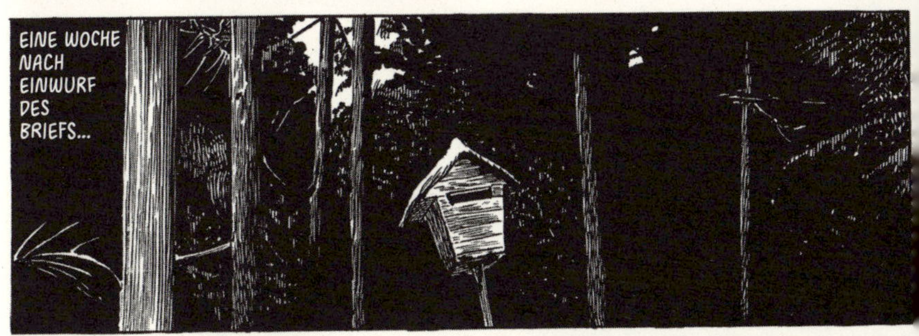
EINE WOCHE NACH EINWURF DES BRIEFS...

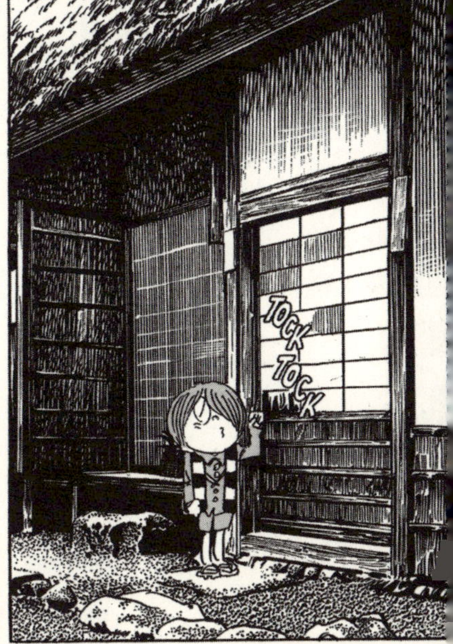
TOCK TOCK

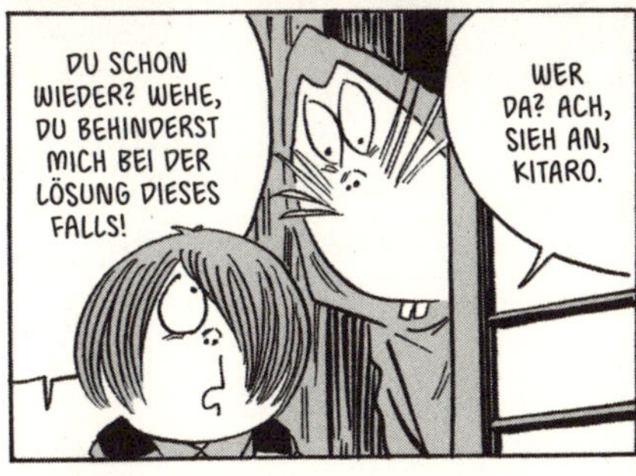
WER DA? ACH, SIEH AN, KITARO.
DU SCHON WIEDER? WEHE, DU BEHINDERST MICH BEI DER LÖSUNG DIESES FALLS!

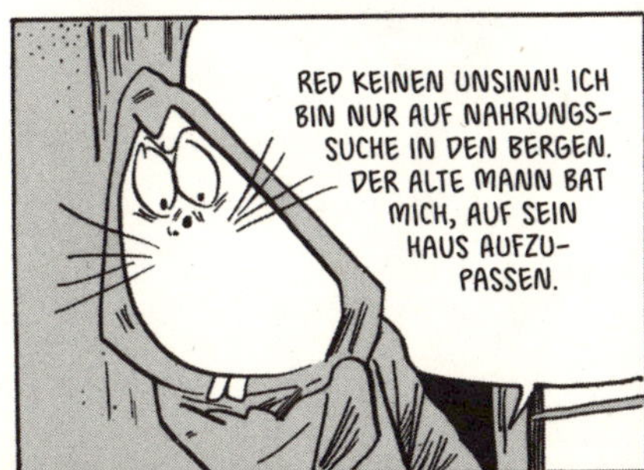
RED KEINEN UNSINN! ICH BIN NUR AUF NAHRUNGS-SUCHE IN DEN BERGEN. DER ALTE MANN BAT MICH, AUF SEIN HAUS AUFZU-PASSEN.

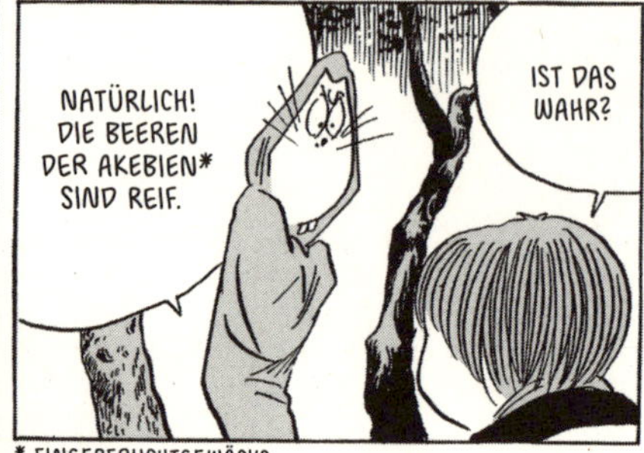

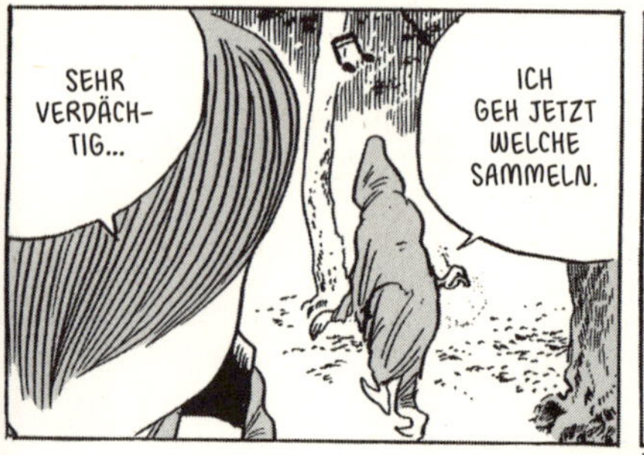

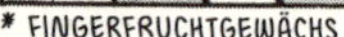
* FINGERFRUCHTGEWÄCHS

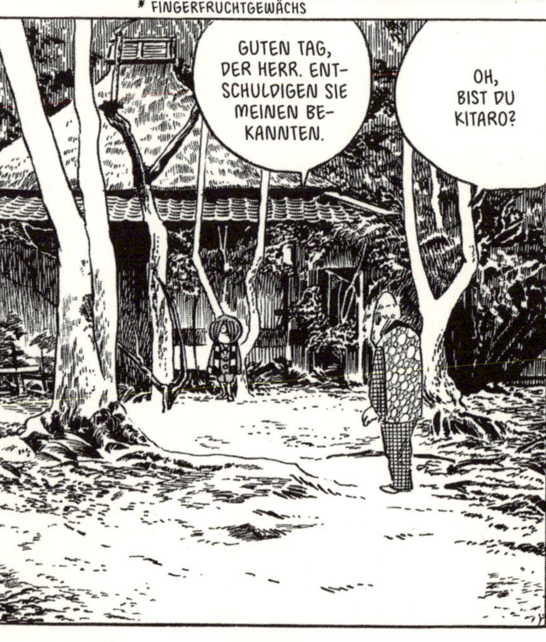

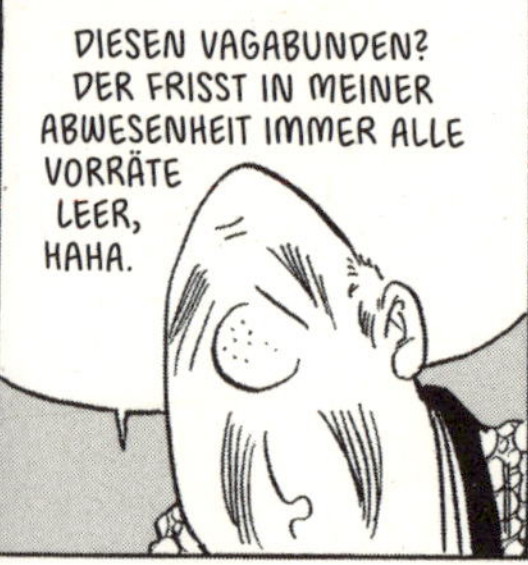

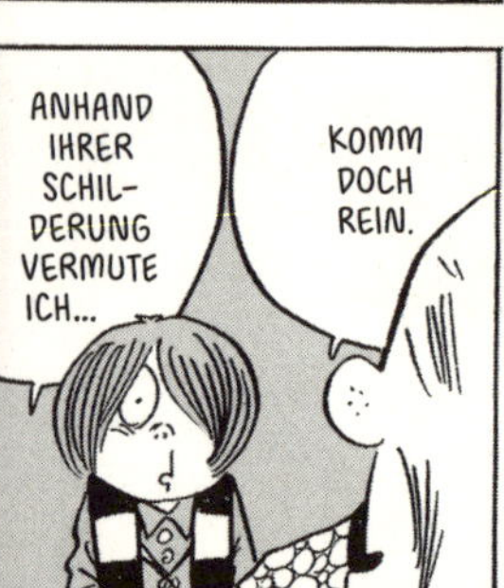

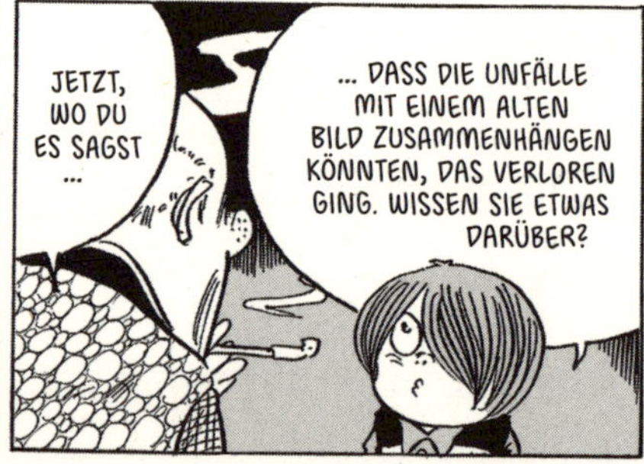

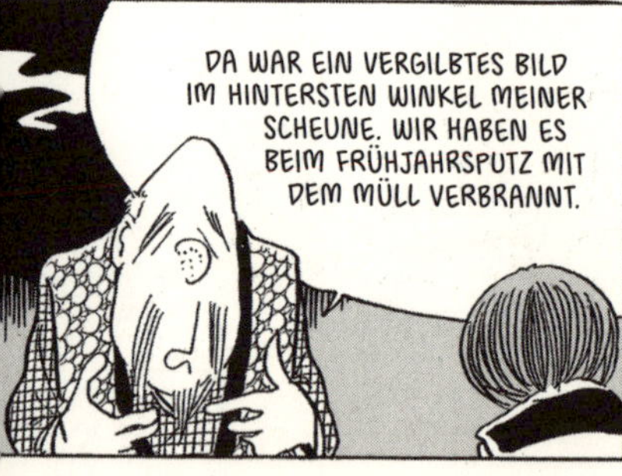

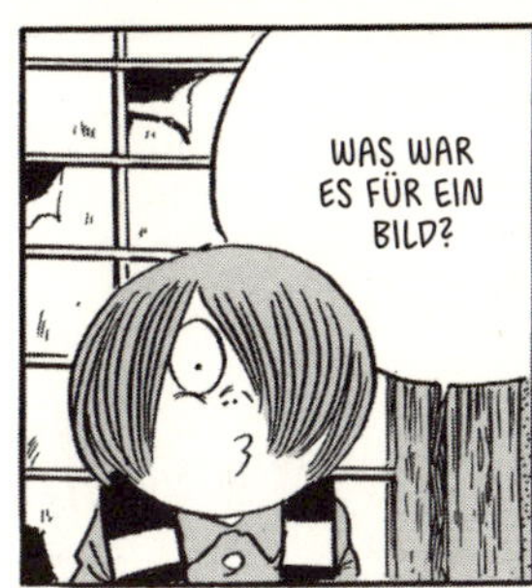
WAS WAR ES FÜR EIN BILD?

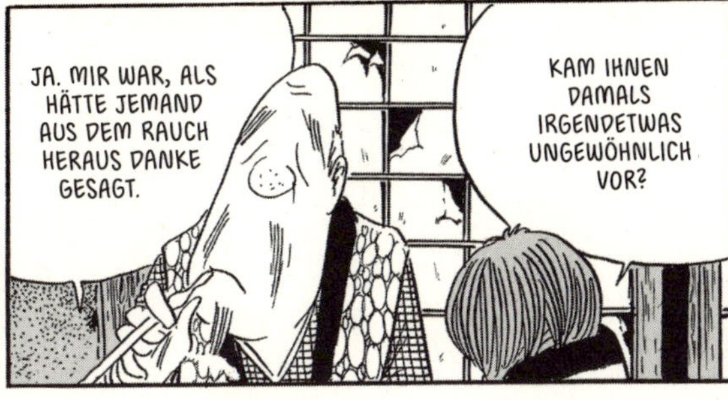
JA. MIR WAR, ALS HÄTTE JEMAND AUS DEM RAUCH HERAUS DANKE GESAGT.
KAM IHNEN DAMALS IRGENDETWAS UNGEWÖHNLICH VOR?

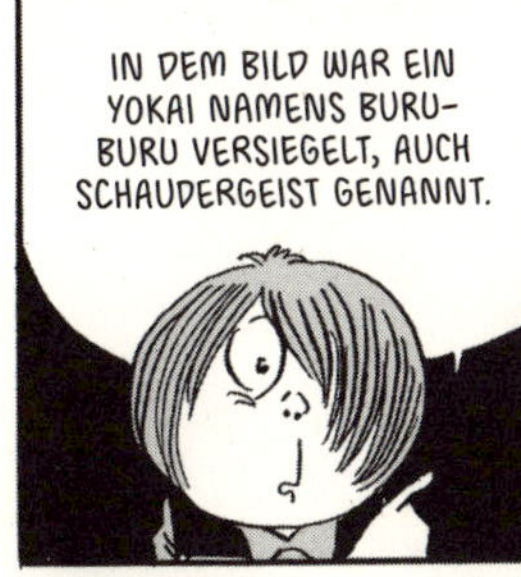
IN DEM BILD WAR EIN YOKAI NAMENS BURU-BURU VERSIEGELT, AUCH SCHAUDERGEIST GENANNT.

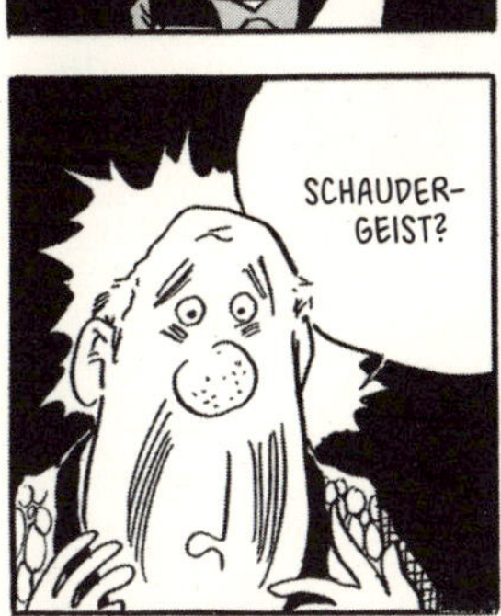
SCHAUDER-GEIST?

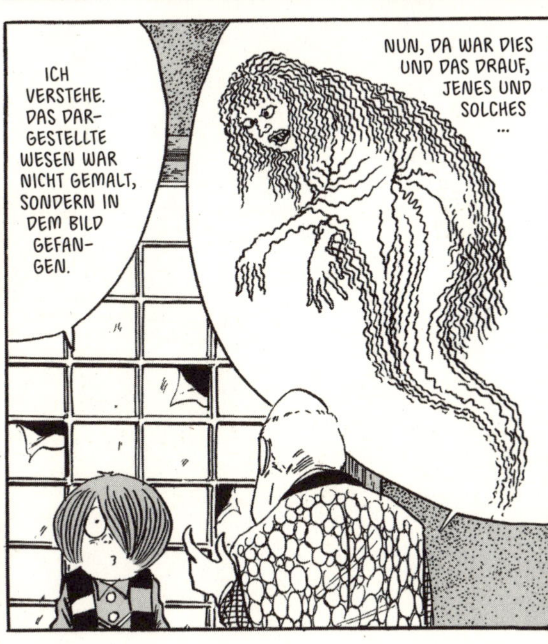
ICH VERSTEHE. DAS DAR-GESTELLTE WESEN WAR NICHT GEMALT, SONDERN IN DEM BILD GEFAN-GEN.
NUN, DA WAR DIES UND DAS DRAUF, JENES UND SOLCHES ...

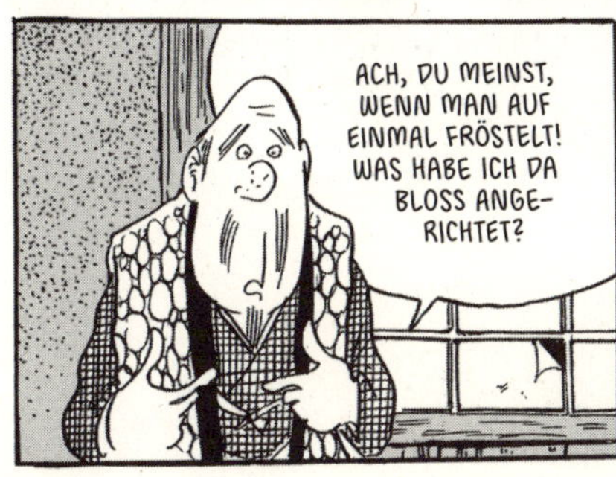
ACH, DU MEINST, WENN MAN AUF EINMAL FRÖSTELT! WAS HABE ICH DA BLOSS ANGE-RICHTET?

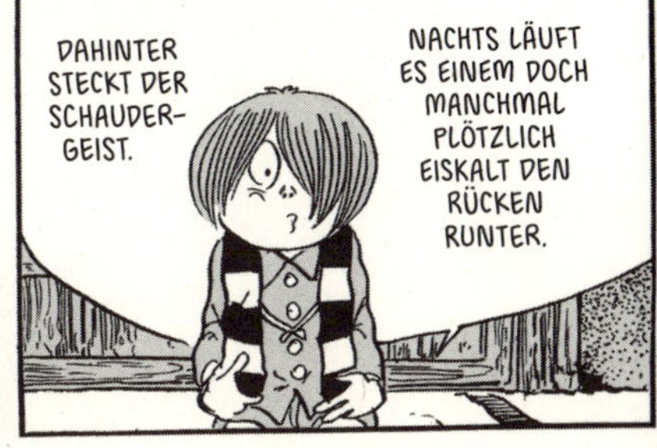
DAHINTER STECKT DER SCHAUDER-GEIST.
NACHTS LÄUFT ES EINEM DOCH MANCHMAL PLÖTZLICH EISKALT DEN RÜCKEN RUNTER.

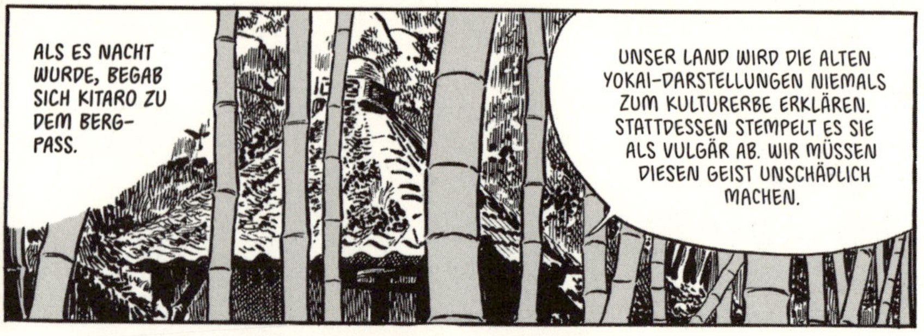
ALS ES NACHT WURDE, BEGAB SICH KITARO ZU DEM BERG-PASS.
UNSER LAND WIRD DIE ALTEN YOKAI-DARSTELLUNGEN NIEMALS ZUM KULTURERBE ERKLÄREN. STATTDESSEN STEMPELT ES SIE ALS VULGÄR AB. WIR MÜSSEN DIESEN GEIST UNSCHÄDLICH MACHEN.

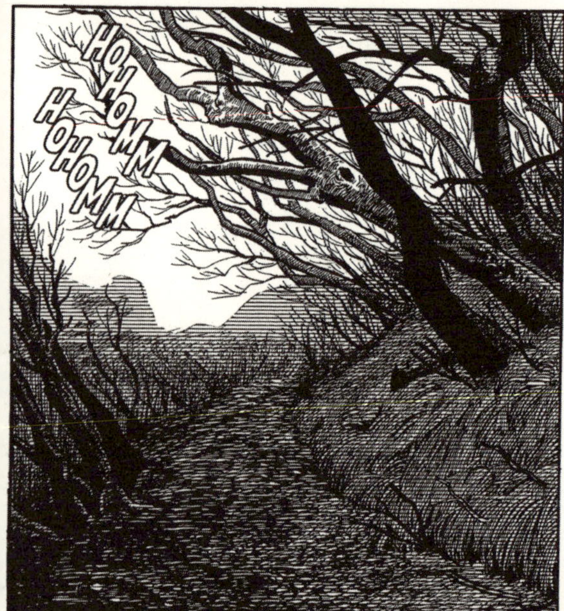
HOHOMM
HOHOMM

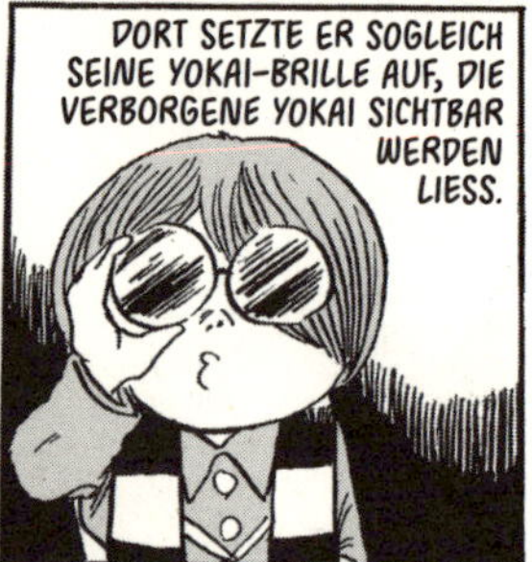
DORT SETZTE ER SOGLEICH SEINE YOKAI-BRILLE AUF, DIE VERBORGENE YOKAI SICHTBAR WERDEN LIESS.

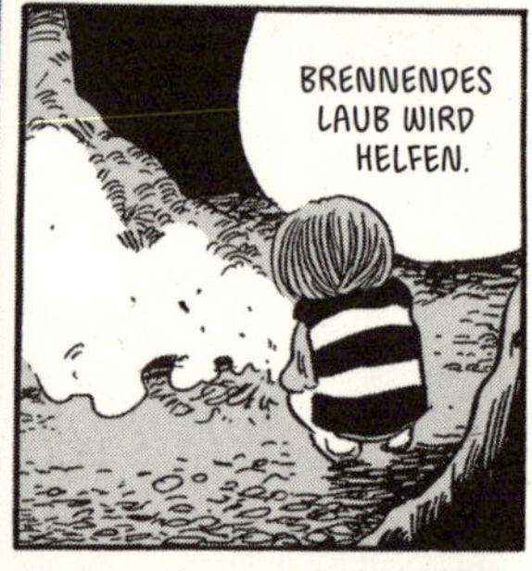
BRENNENDES LAUB WIRD HELFEN.

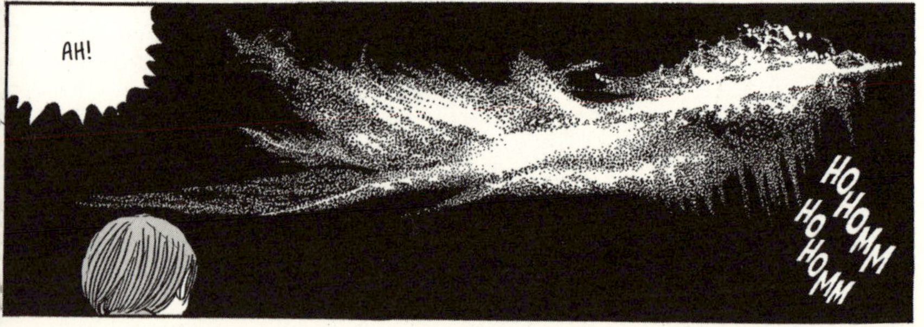
AH!
HOHOMM
HOHOMM

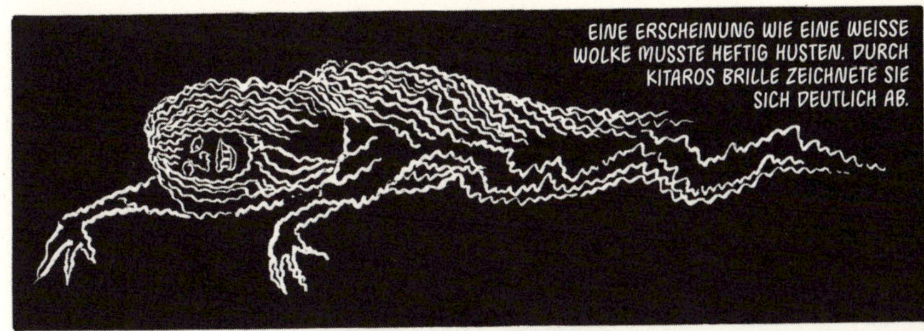

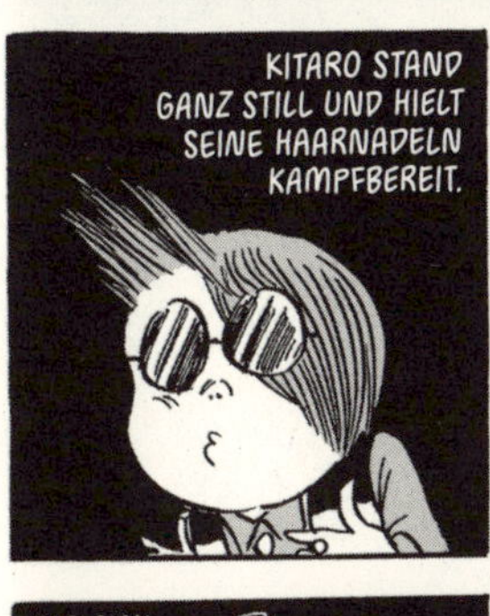

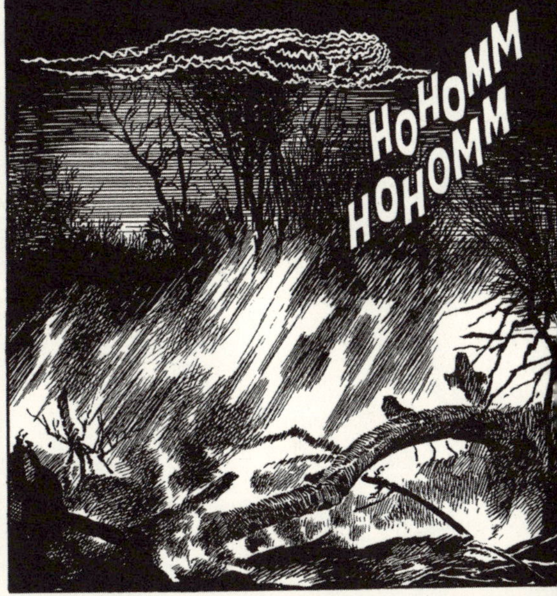

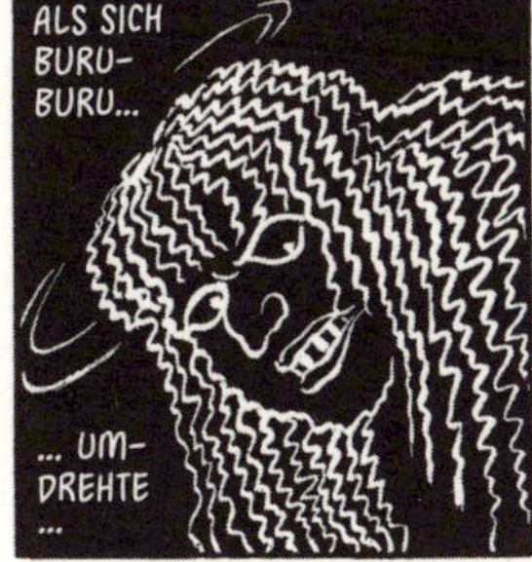

NUR VERSTÄNDLICH, DASS DEM SCHAUDERGEIST EIN GRELLER SCHREI ENTFUHR. IN SEKUNDENSCHNELLE WAREN SEIN MUND UND SEINE AUGEN MIT HAAREN ZUGENÄHT! MAN KONNTE IHN WEDER VERGRABEN, VERBRENNEN ODER MIT HEISSEM WASSER BEZWINGEN. ALLEIN KITAROS GEISTERHAARE WAREN IN DER LAGE, DEN GEIST ZU SCHWÄCHEN.

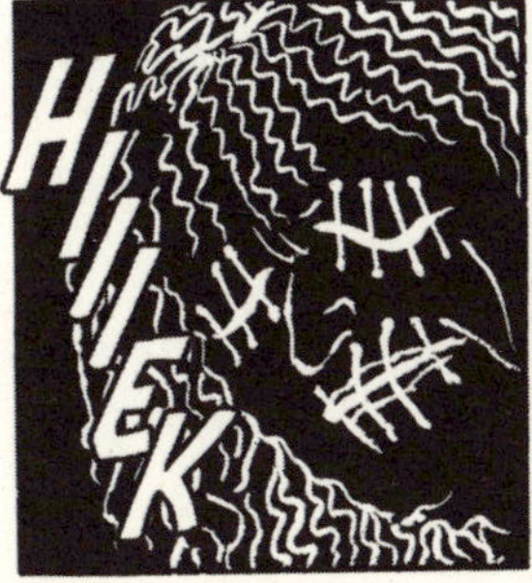

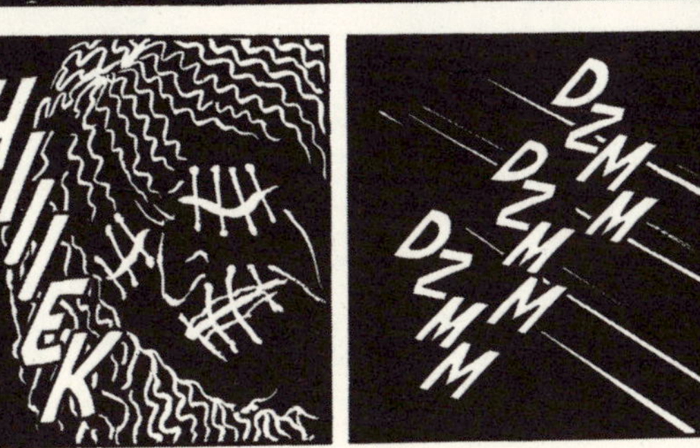

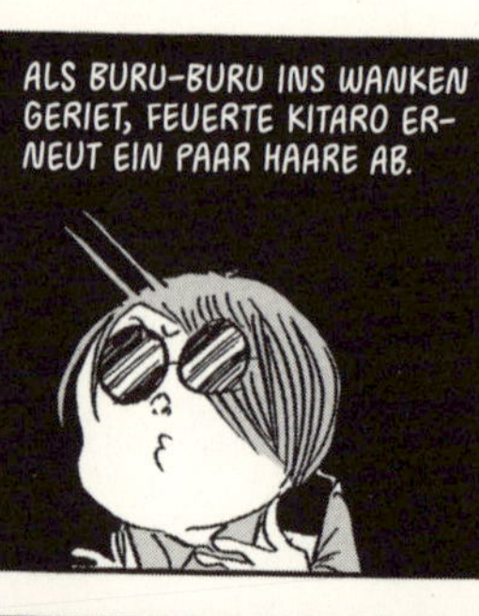
ALS BURU-BURU INS WANKEN GERIET, FEUERTE KITARO ERNEUT EIN PAAR HAARE AB.

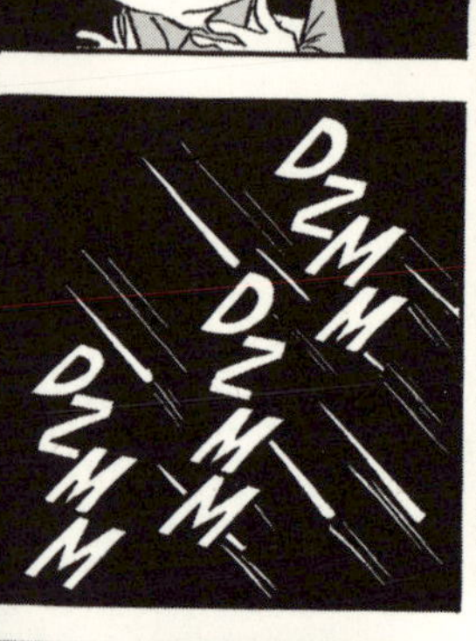
DZMM
DZMM
DZMM

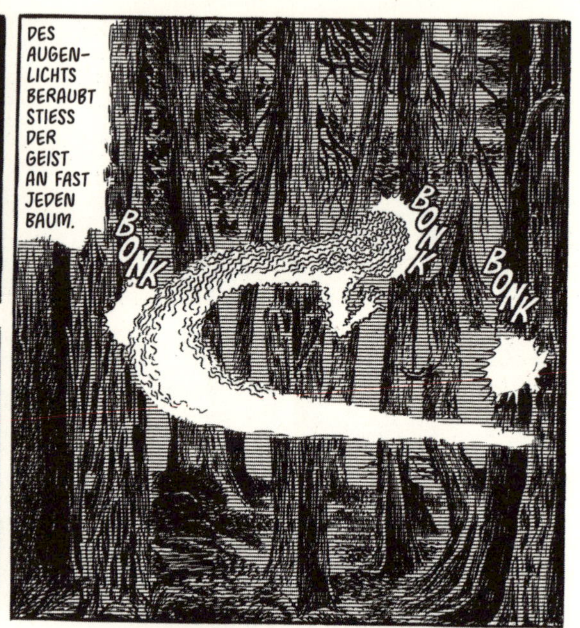
DES AUGENLICHTS BERAUBT STIESS DER GEIST AN FAST JEDEN BAUM.
BONK
BONK
BONK

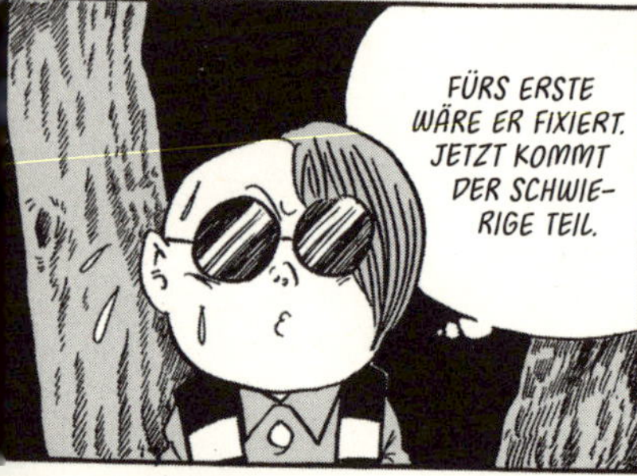
FÜRS ERSTE WÄRE ER FIXIERT. JETZT KOMMT DER SCHWIERIGE TEIL.

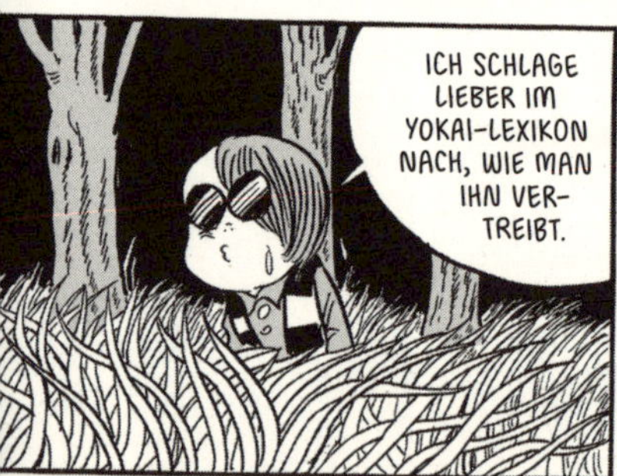
ICH SCHLAGE LIEBER IM YOKAI-LEXIKON NACH, WIE MAN IHN VERTREIBT.

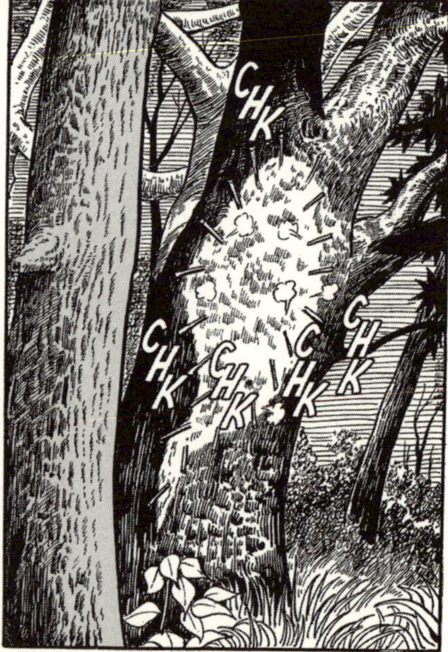
CHK
CHK
CHK
CHK
CHK

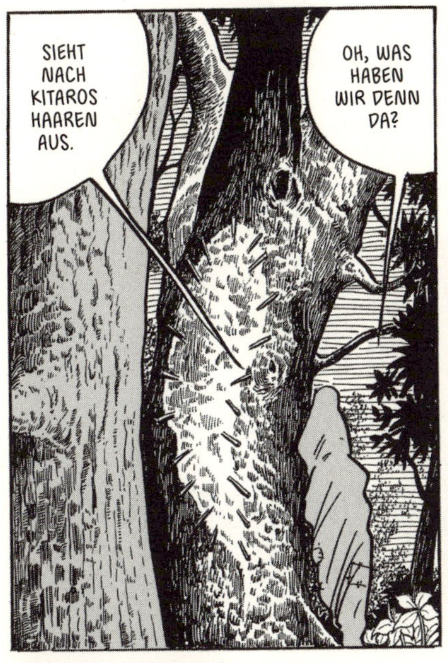
SIEHT NACH KITAROS HAAREN AUS.
OH, WAS HABEN WIR DENN DA?

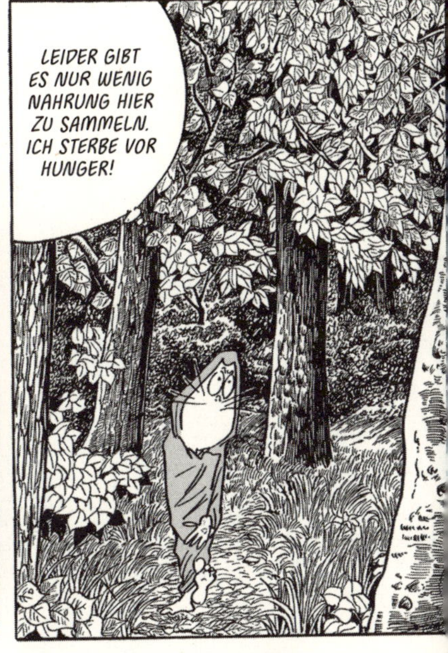
LEIDER GIBT ES NUR WENIG NAHRUNG HIER ZU SAMMELN. ICH STERBE VOR HUNGER!

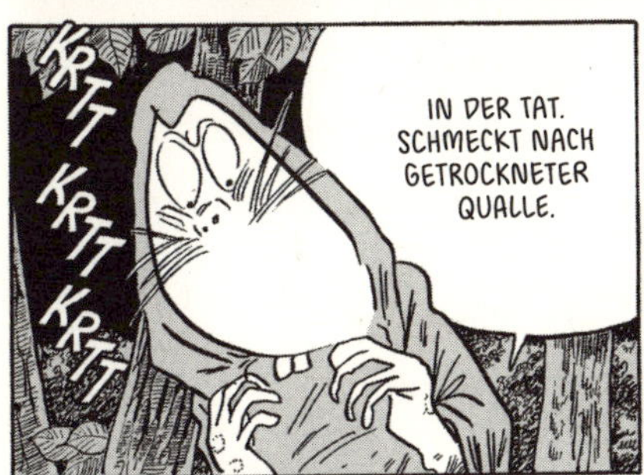
KRTT KRTT KRTT
IN DER TAT. SCHMECKT NACH GETROCKNETER QUALLE.

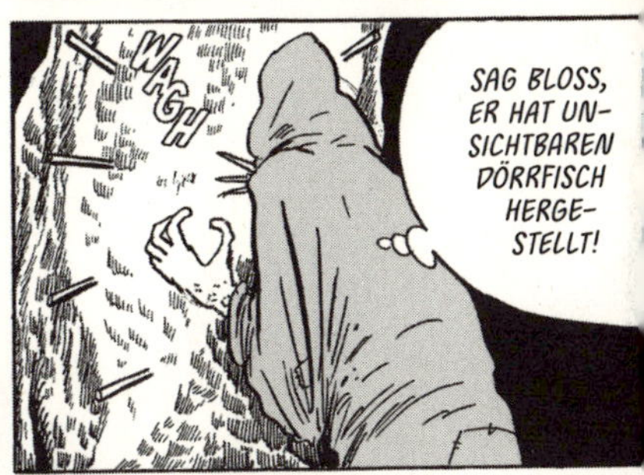
WAGH
SAG BLOSS, ER HAT UN-SICHTBAREN DÖRRFISCH HERGE-STELLT!

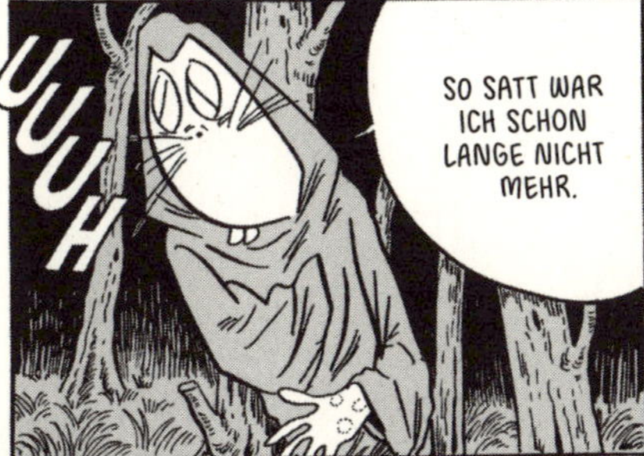
UUUH
SO SATT WAR ICH SCHON LANGE NICHT MEHR.

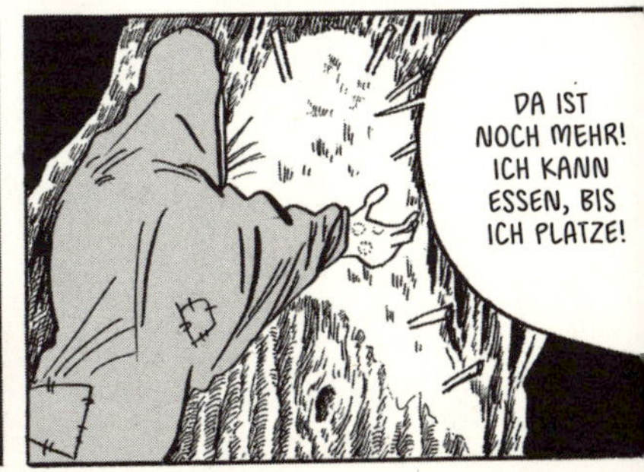
DA IST NOCH MEHR! ICH KANN ESSEN, BIS ICH PLATZE!

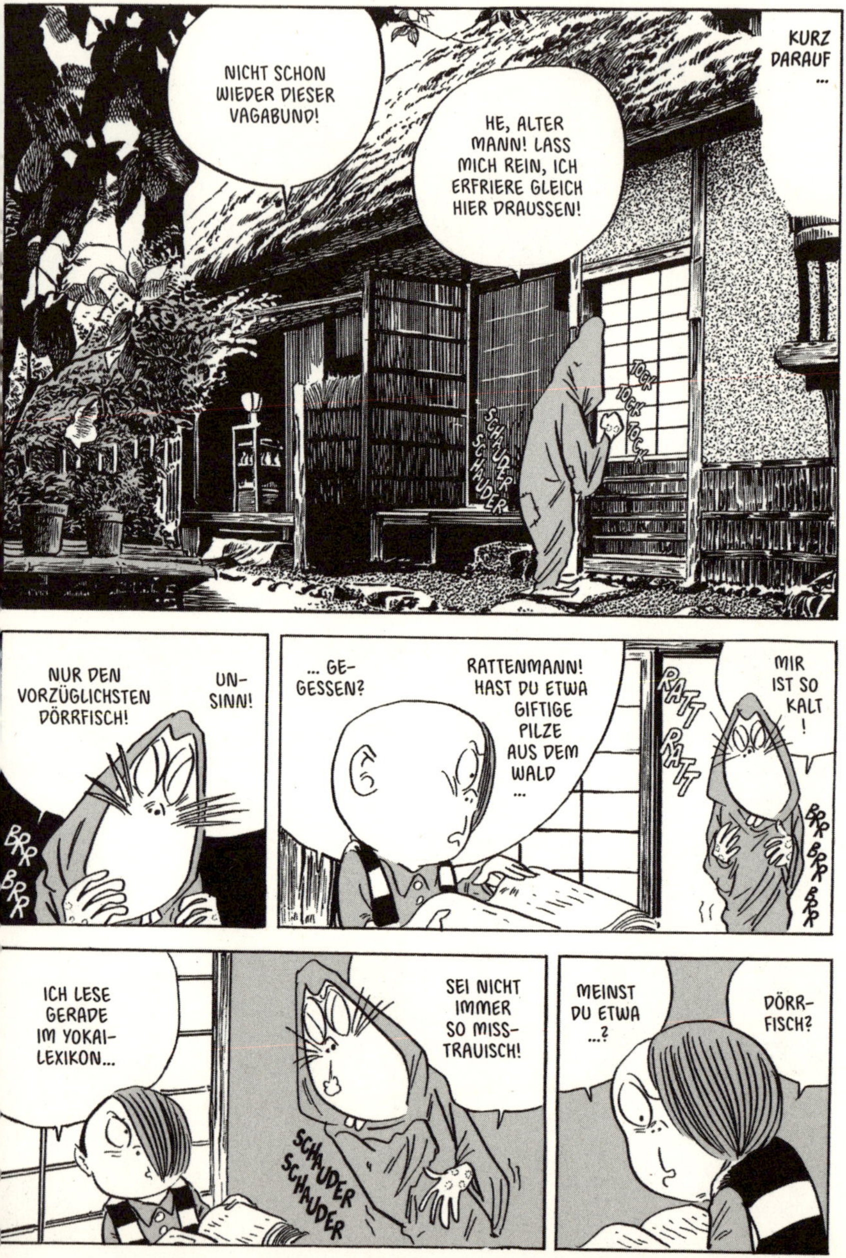

KURZ DARAUF ...

HE, ALTER MANN! LASS MICH REIN, ICH ERFRIERE GLEICH HIER DRAUSSEN!

TOCK TOCK TOCK

SCHAUDER SCHAUDER

NICHT SCHON WIEDER DIESER VAGABUND!

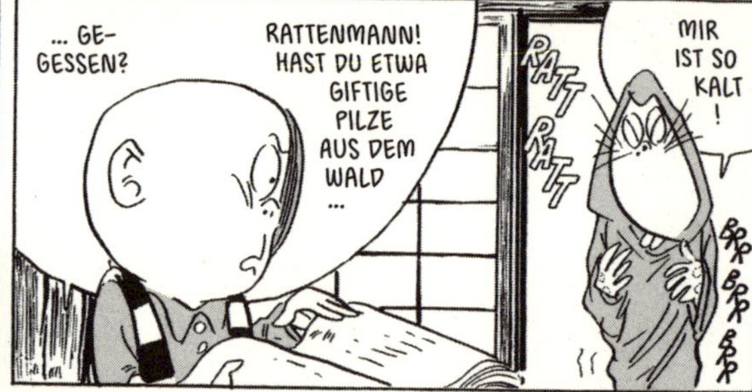

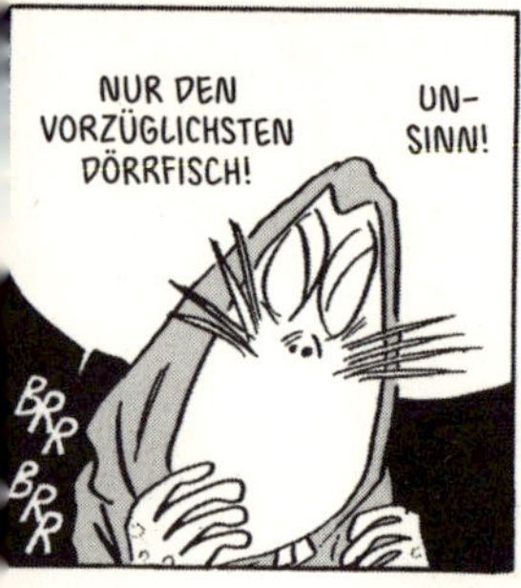

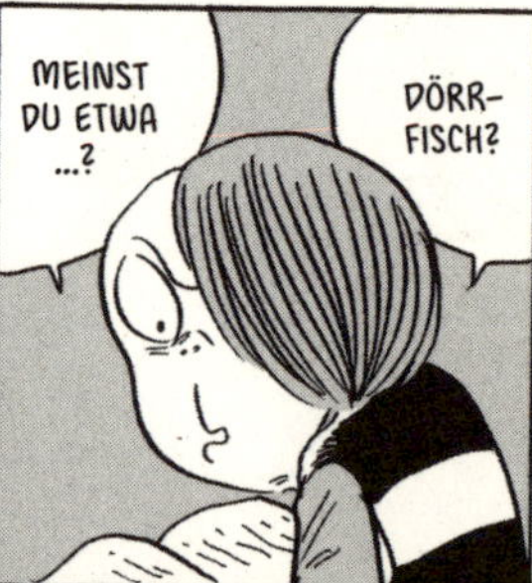

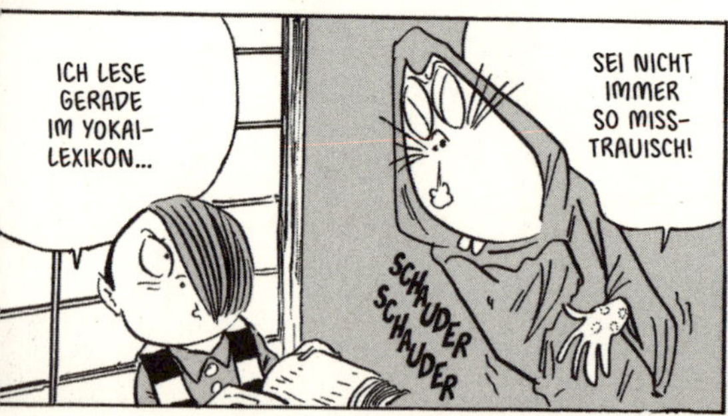

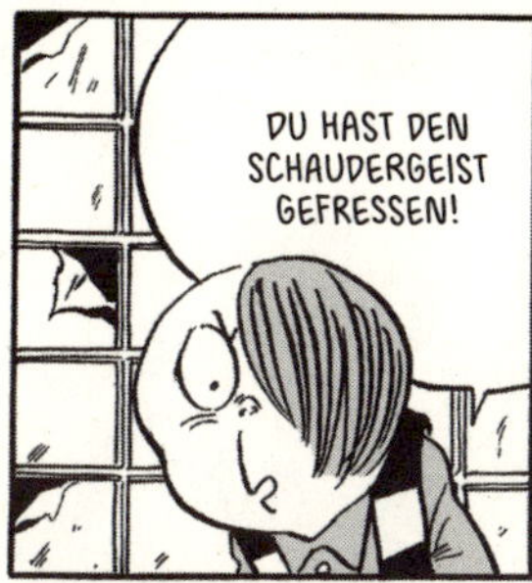
DU HAST DEN SCHAUDERGEIST GEFRESSEN!

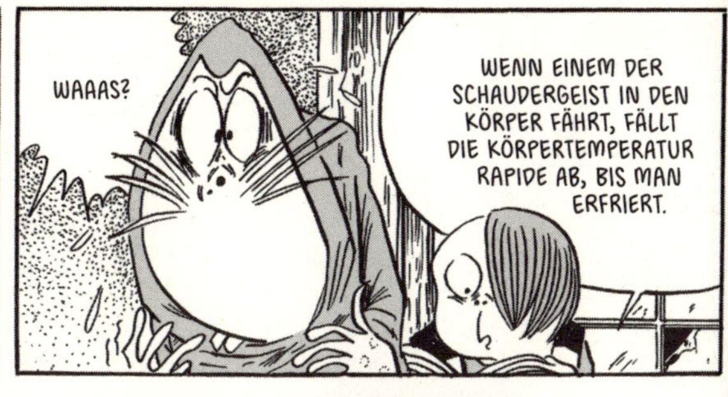
WAAAS?
WENN EINEM DER SCHAUDERGEIST IN DEN KÖRPER FÄHRT, FÄLLT DIE KÖRPERTEMPERATUR RAPIDE AB, BIS MAN ERFRIERT.

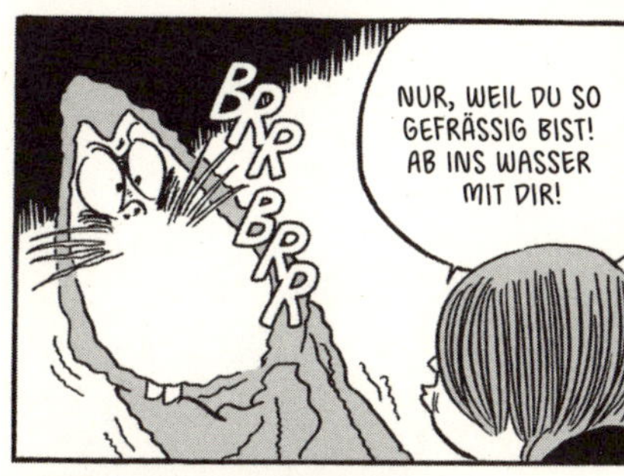
BRRR BRRR
NUR, WEIL DU SO GEFRÄSSIG BIST! AB INS WASSER MIT DIR!

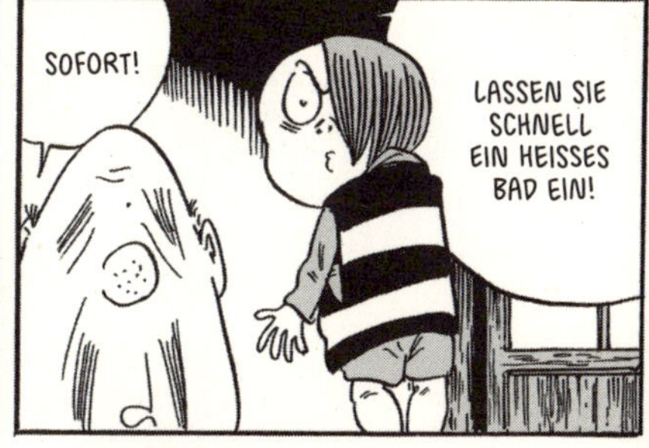
LASSEN SIE SCHNELL EIN HEISSES BAD EIN!
SOFORT!

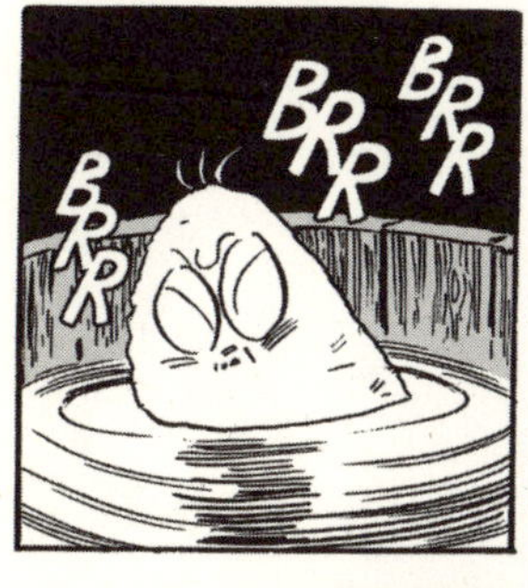
BRRR
BRRR
BRRR

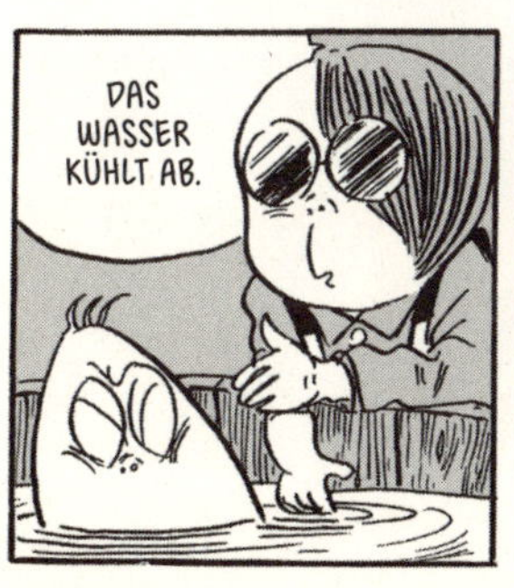
DAS WASSER KÜHLT AB.

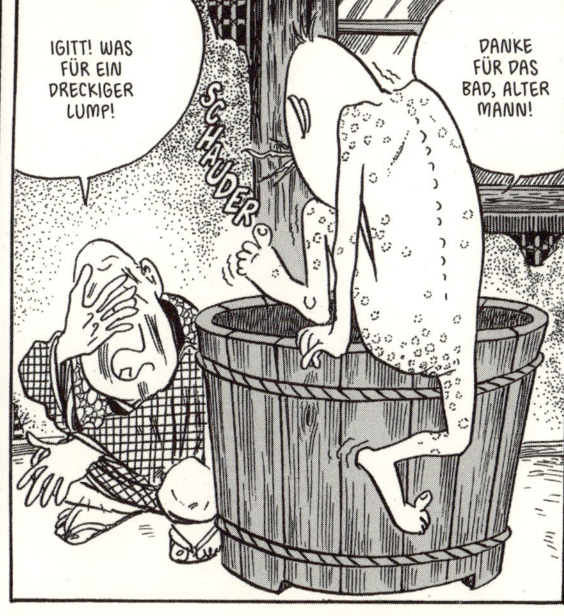
DANKE FÜR DAS BAD, ALTER MANN!
SCHAUDER
IGITT! WAS FÜR EIN DRECKIGER LUMP!

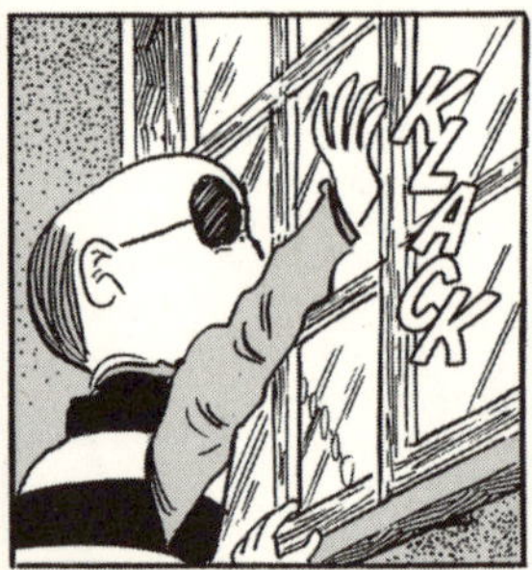
KLACK

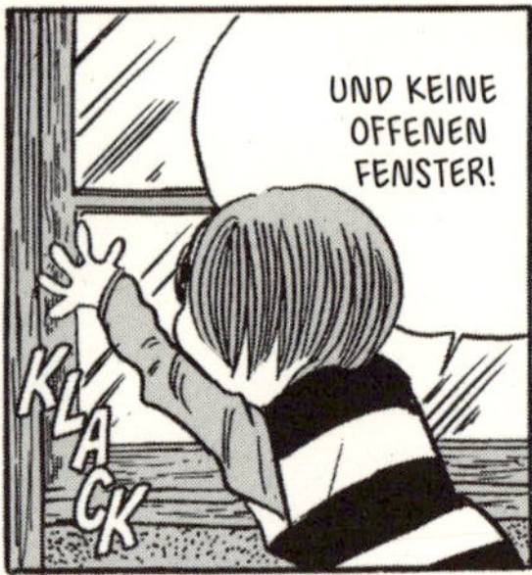
UND KEINE OFFENEN FENSTER!
KLACK

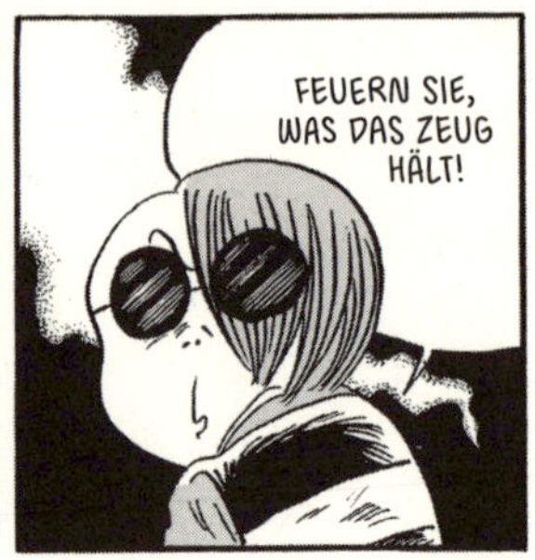
FEUERN SIE, WAS DAS ZEUG HÄLT!

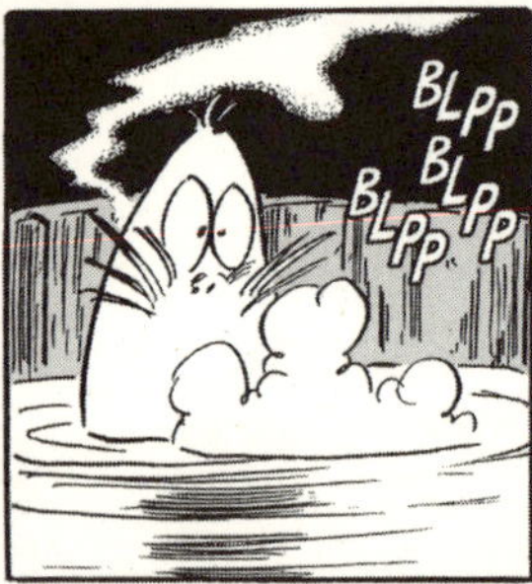
BLPP
BLPP
BLPP

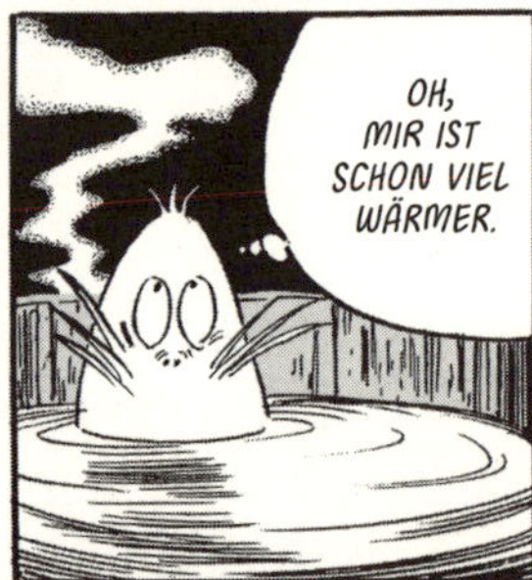
OH, MIR IST SCHON VIEL WÄRMER.

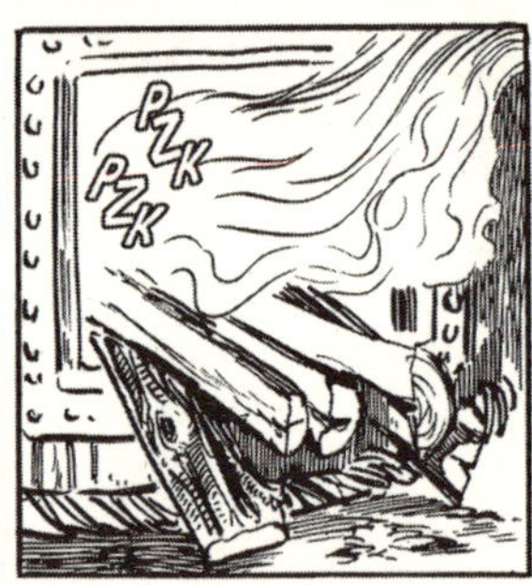
PZK
PZK

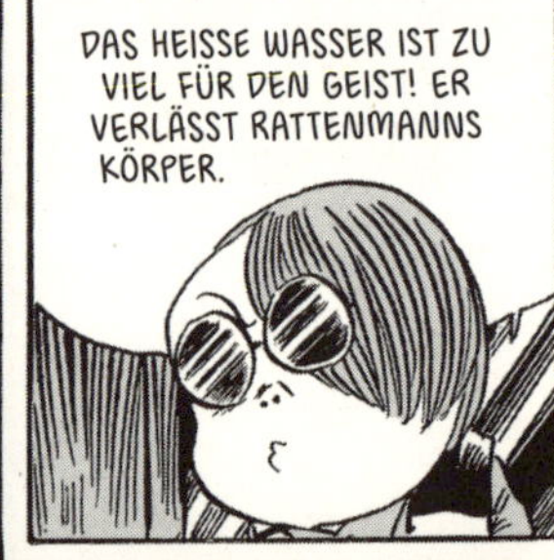
DAS HEISSE WASSER IST ZU VIEL FÜR DEN GEIST! ER VERLÄSST RATTENMANNS KÖRPER.

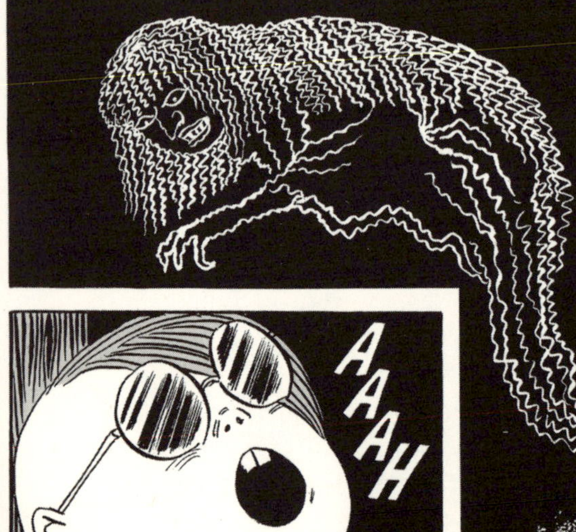
AAAH

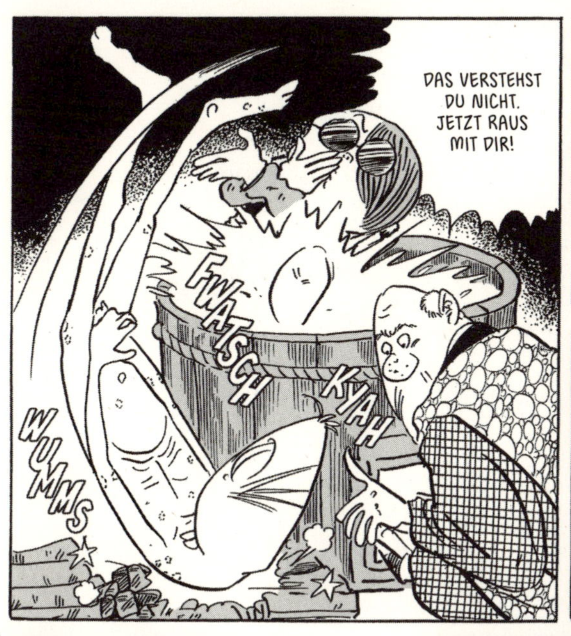
DAS VERSTEHST DU NICHT. JETZT RAUS MIT DIR!
FWATSCH
KYAH
WUMMS

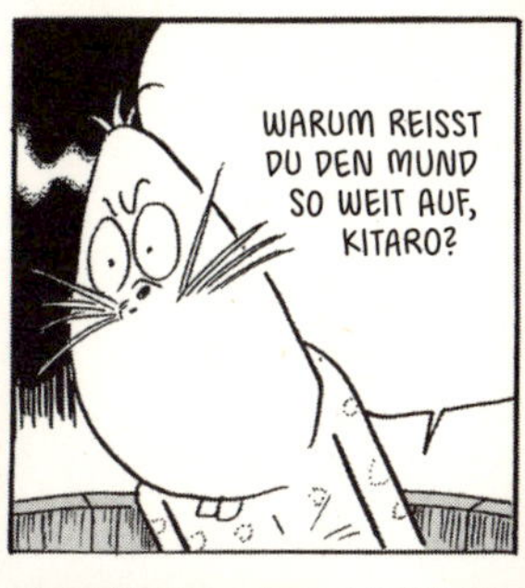
WARUM REISST DU DEN MUND SO WEIT AUF, KITARO?

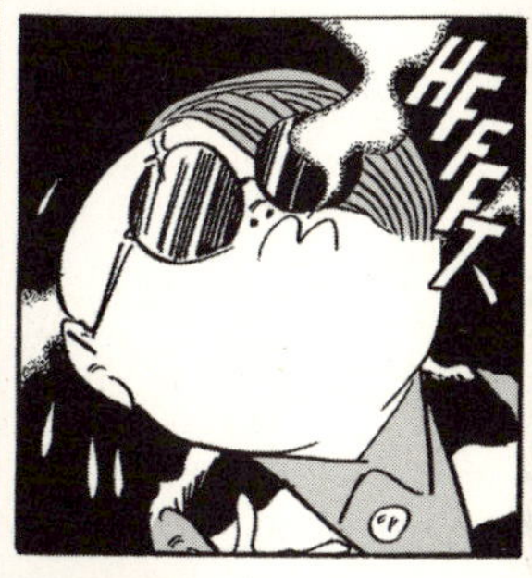
HFFFT

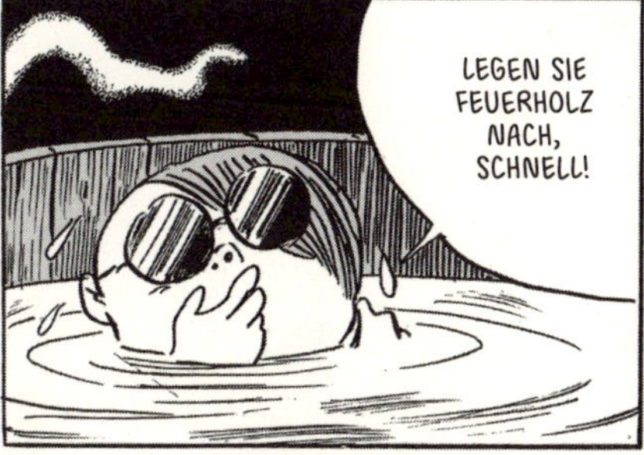
LEGEN SIE FEUERHOLZ NACH, SCHNELL!

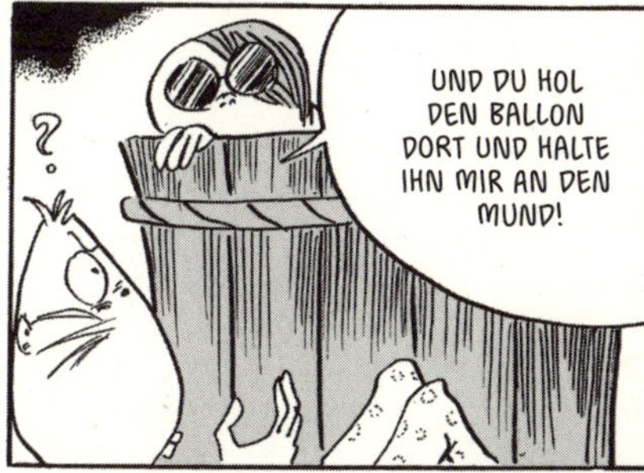
UND DU HOL DEN BALLON DORT UND HALTE IHN MIR AN DEN MUND!
?

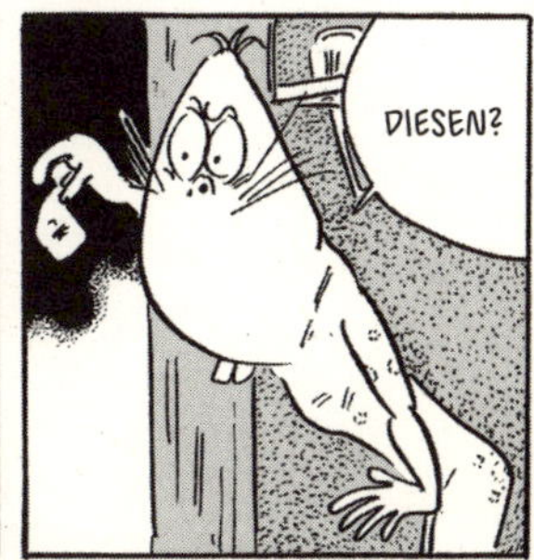
DIESEN?

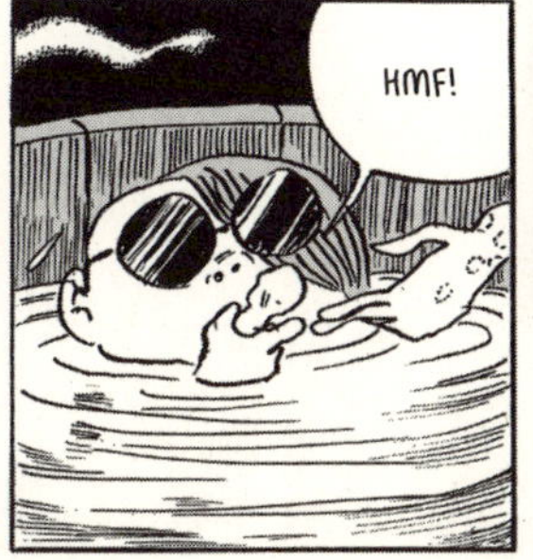
HMF!

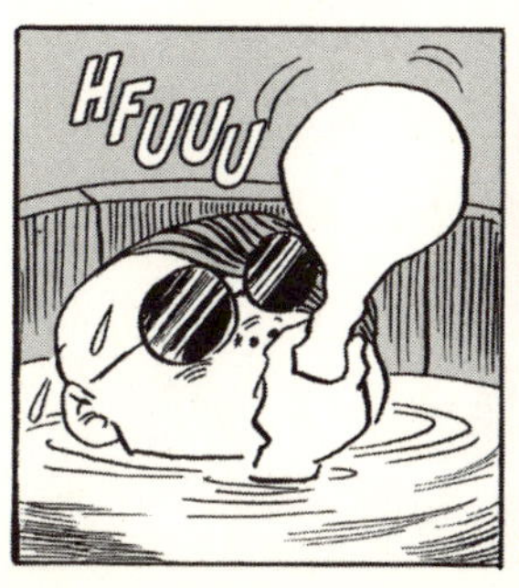
HFUUU

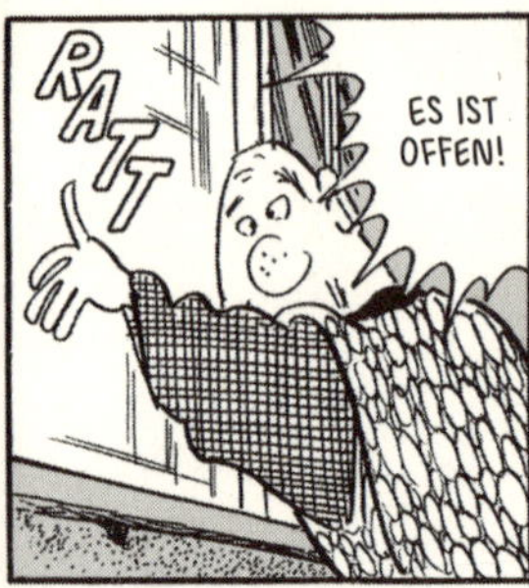
RATT
ES IST OFFEN!

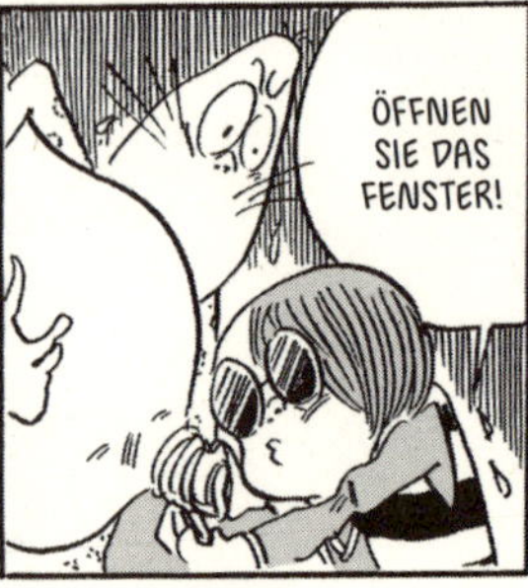
ÖFFNEN SIE DAS FENSTER!

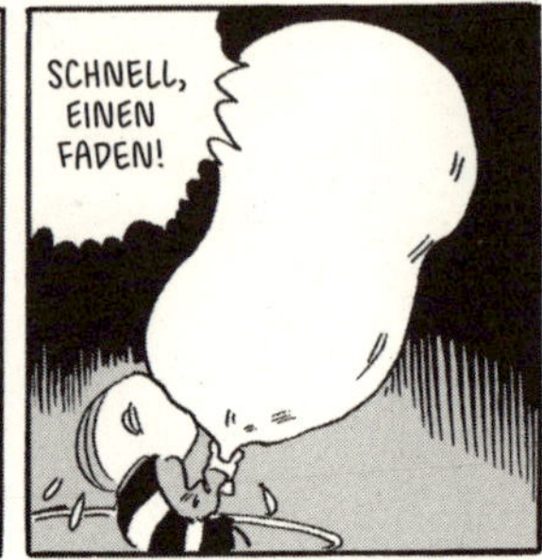
SCHNELL, EINEN FADEN!

ALS RATTENMANN IN DEN ZUBER STIEG, WURDE ES DEM GEIST ZU HEISS UND ER ENTWICH SEINEM KÖRPER.

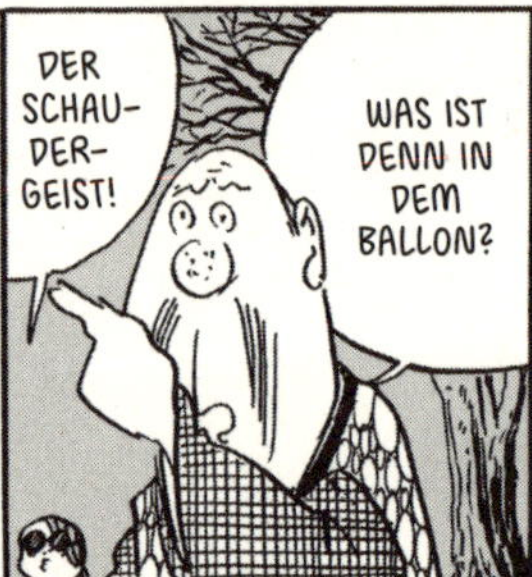
WAS IST DENN IN DEM BALLON?
DER SCHAU-DER-GEIST!

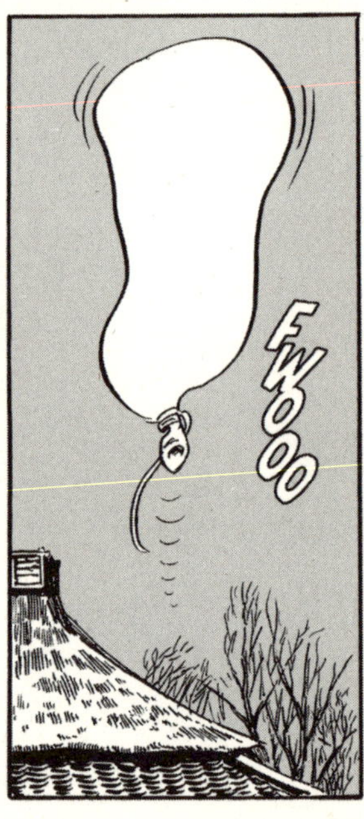
FWOOO

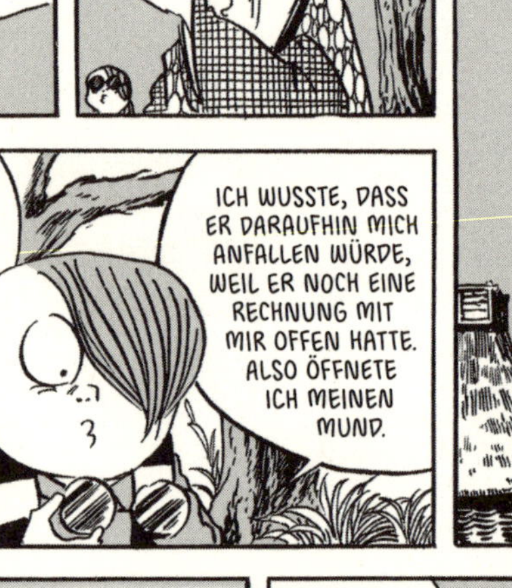
BURU-BURU HASST HITZE UND HIELT ES AUCH NICHT LANGE IN MIR AUS. IM RICHTIGEN MOMENT FING ICH DEN GEIST MIT DEM BALLON EIN.
ICH WUSSTE, DASS ER DARAUFHIN MICH ANFALLEN WÜRDE, WEIL ER NOCH EINE RECHNUNG MIT MIR OFFEN HATTE. ALSO ÖFFNETE ICH MEINEN MUND.

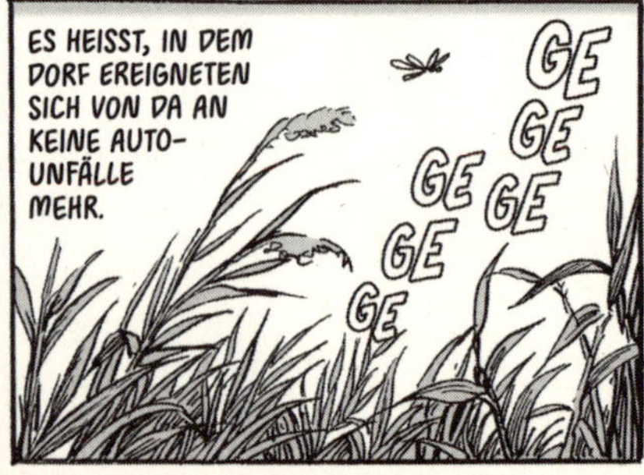
ES HEISST, IN DEM DORF EREIGNETEN SICH VON DA AN KEINE AUTO-UNFÄLLE MEHR.
GE GE GE GE GE GE

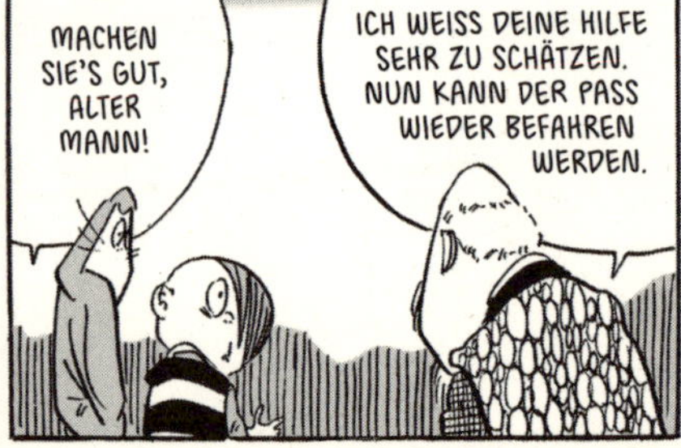
ICH WEISS DEINE HILFE SEHR ZU SCHÄTZEN. NUN KANN DER PASS WIEDER BEFAHREN WERDEN.
MACHEN SIE'S GUT, ALTER MANN!

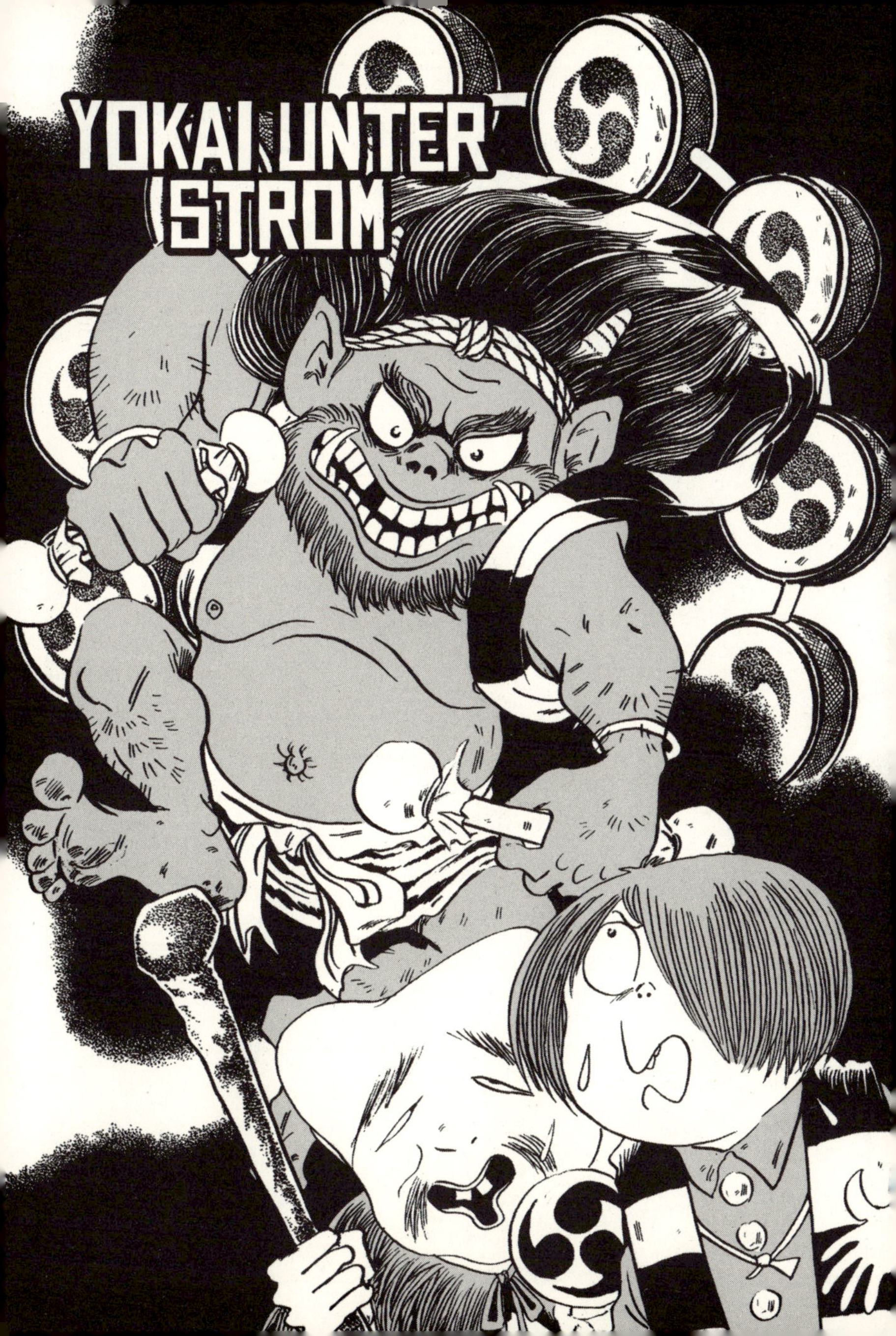
YOKAI UNTER STROM

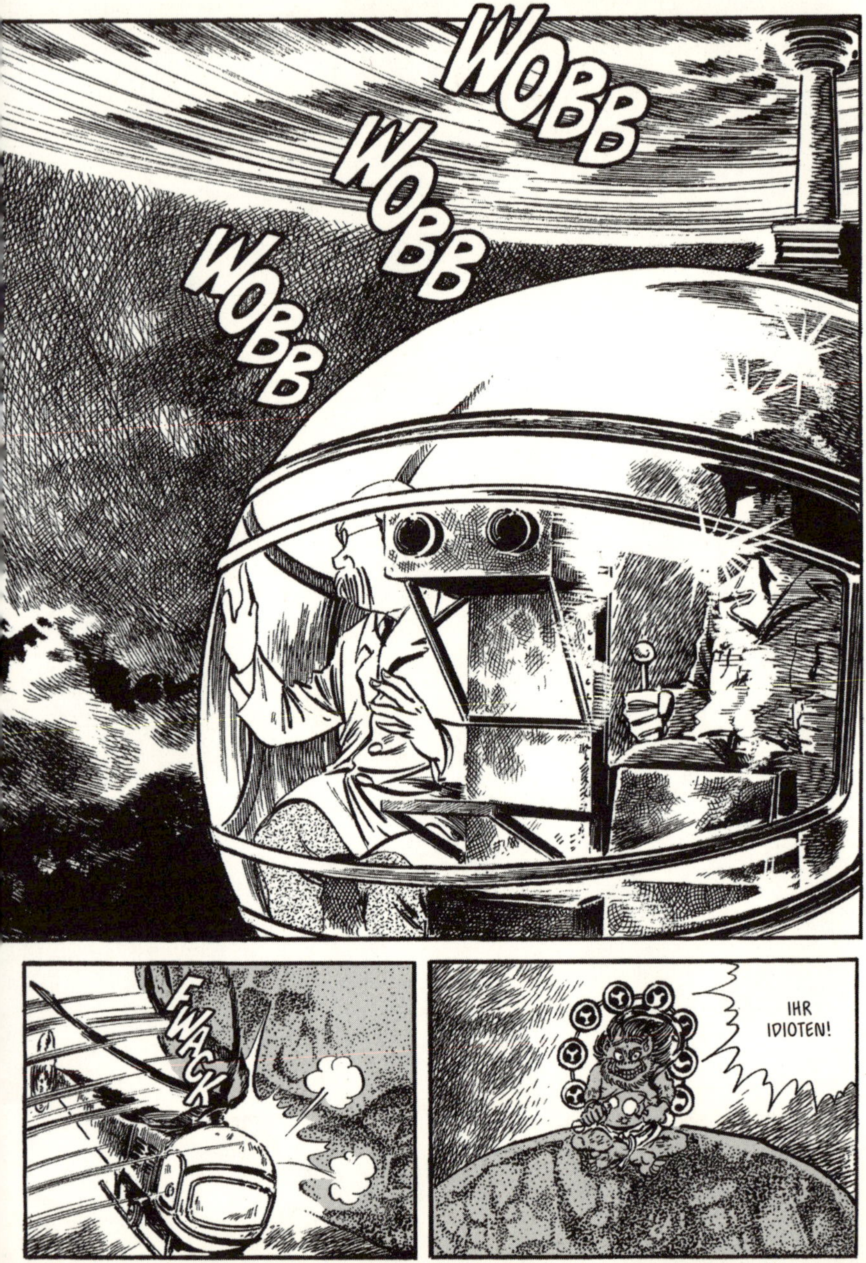

WOBB
WOBB
WOBB

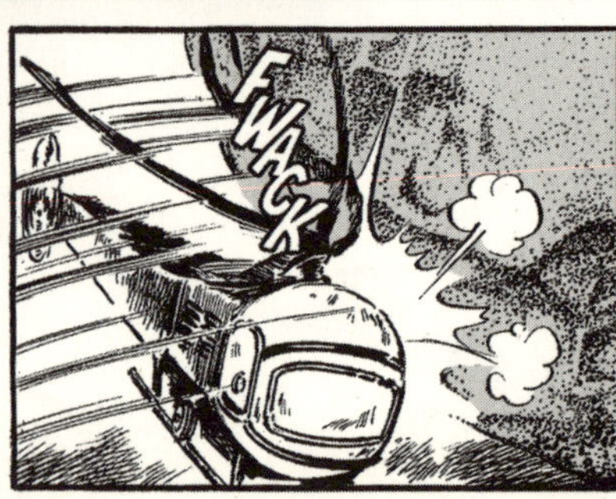

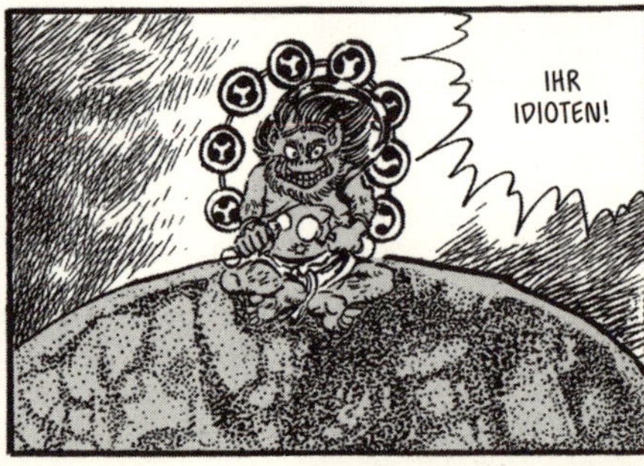

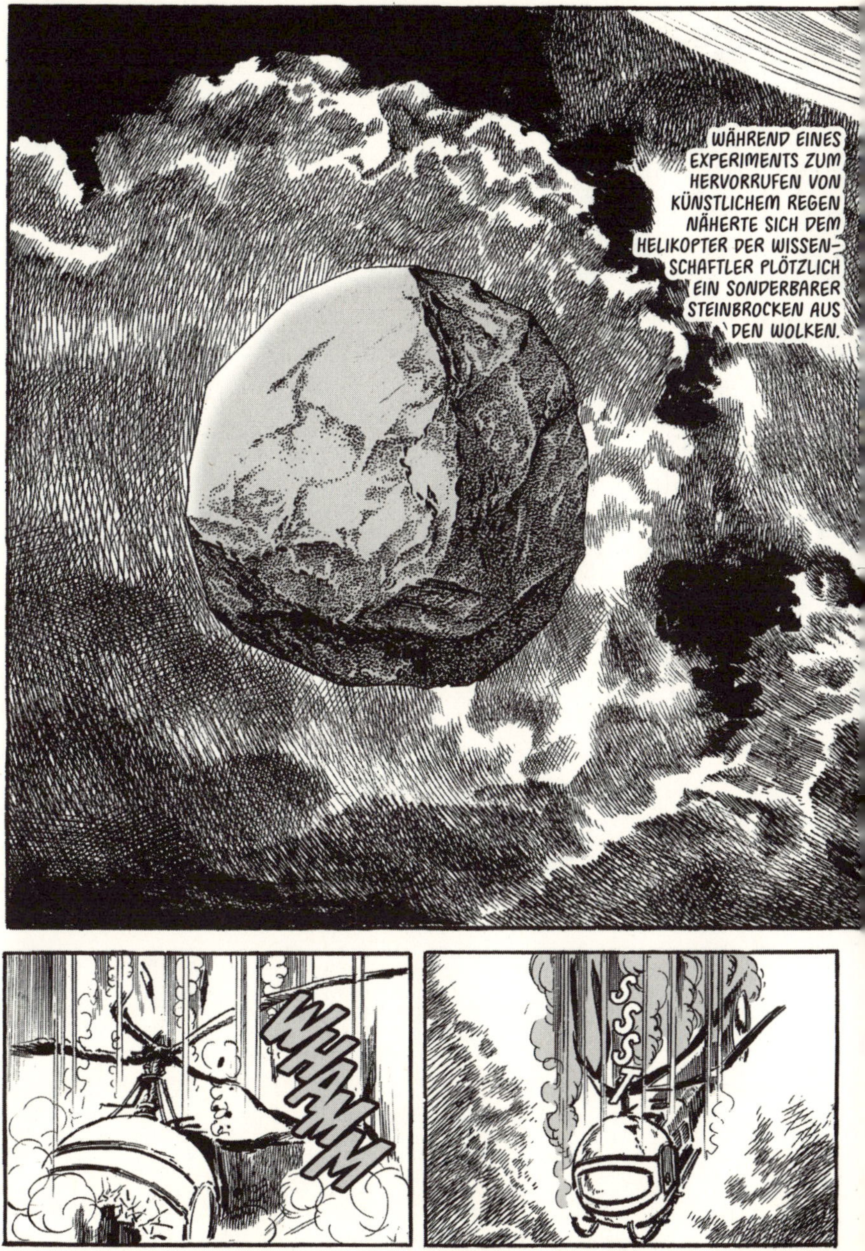

WÄHREND EINES EXPERIMENTS ZUM HERVORRUFEN VON KÜNSTLICHEM REGEN NÄHERTE SICH DEM HELIKOPTER DER WISSEN-SCHAFTLER PLÖTZLICH EIN SONDERBARER STEINBROCKEN AUS DEN WOLKEN.

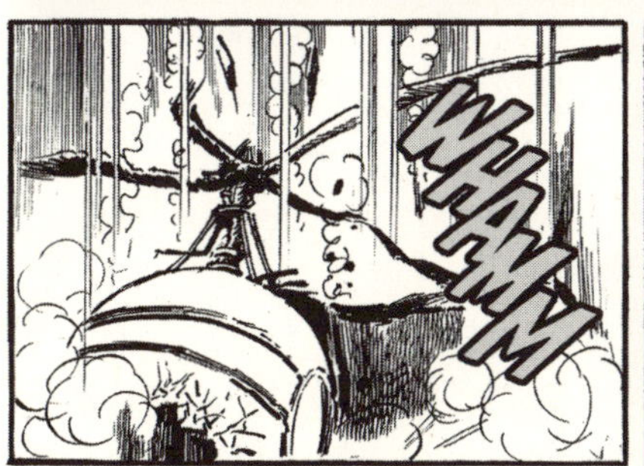

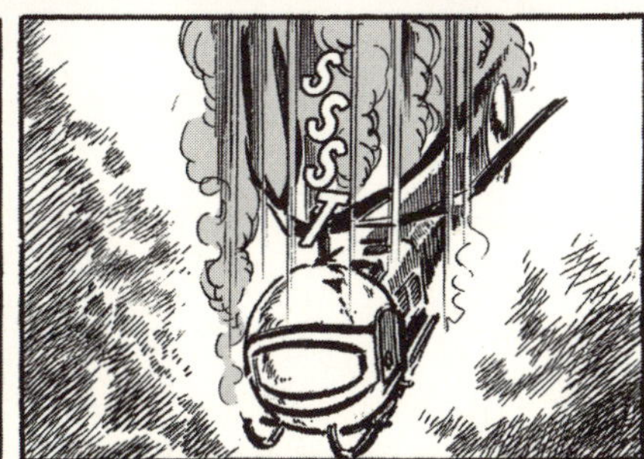

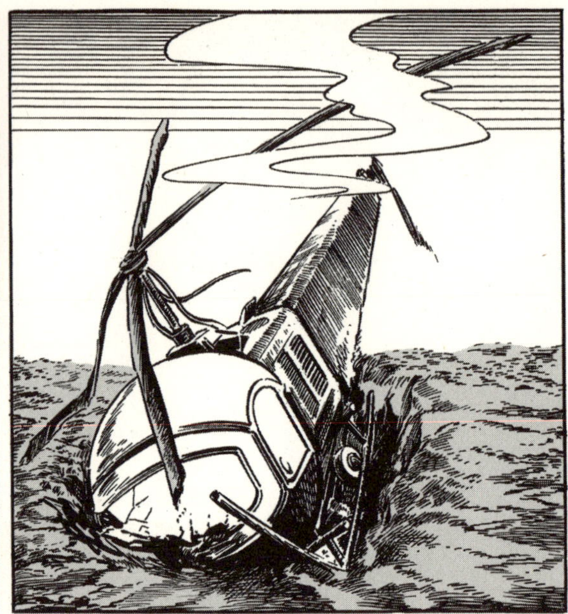

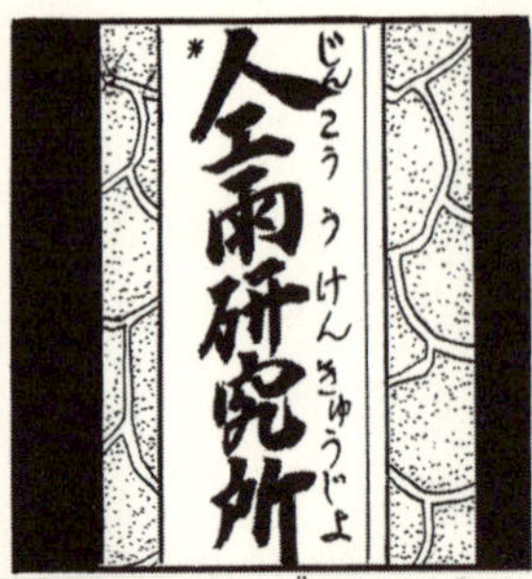

* FORSCHUNGSLABOR KÜNSTLICHER REGEN

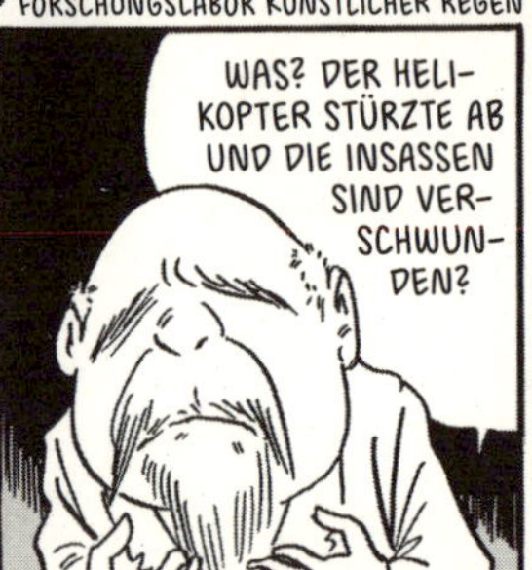

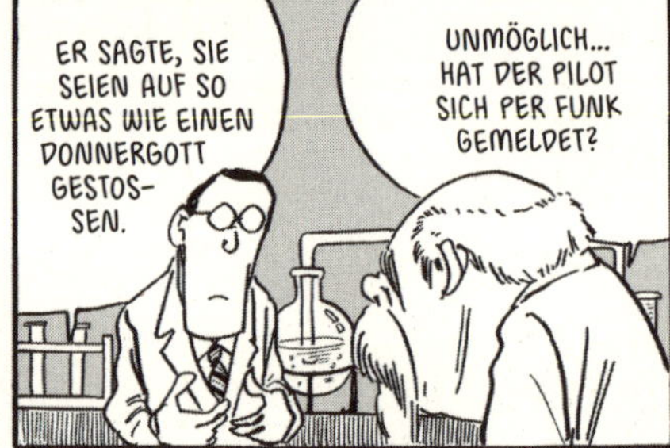

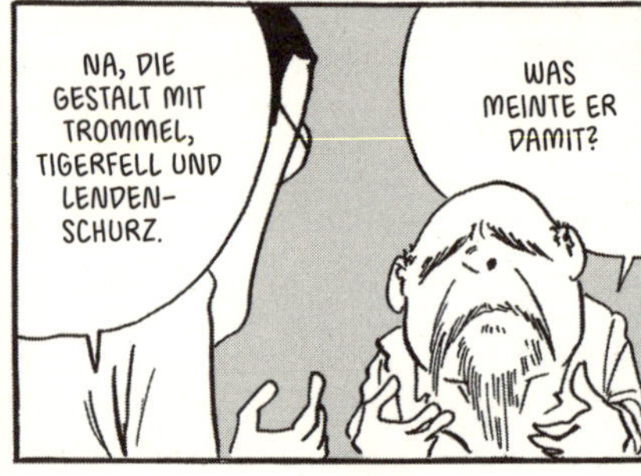

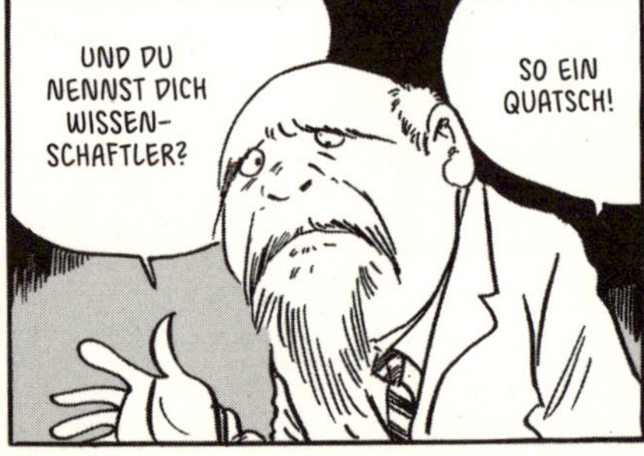

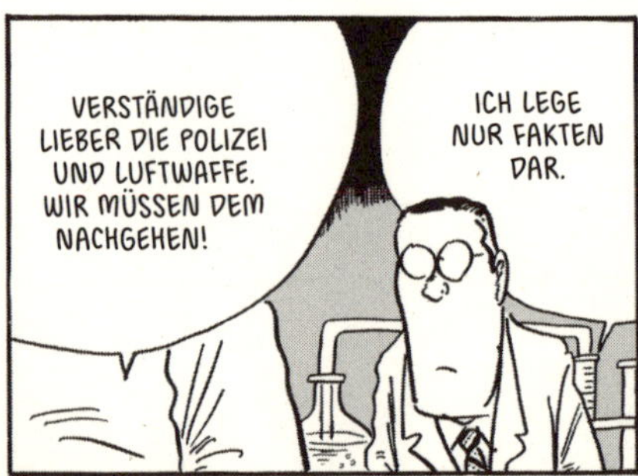

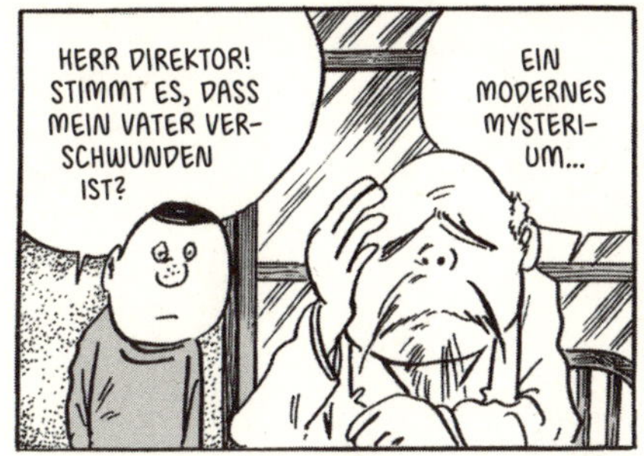
HERR DIREKTOR! STIMMT ES, DASS MEIN VATER VERSCHWUNDEN IST?
EIN MODERNES MYSTERIUM...
VON PROFESSOR REGENBERG UND SEINEM KOLLEGEN FEHLTE JEDOCH JEDE SPUR.

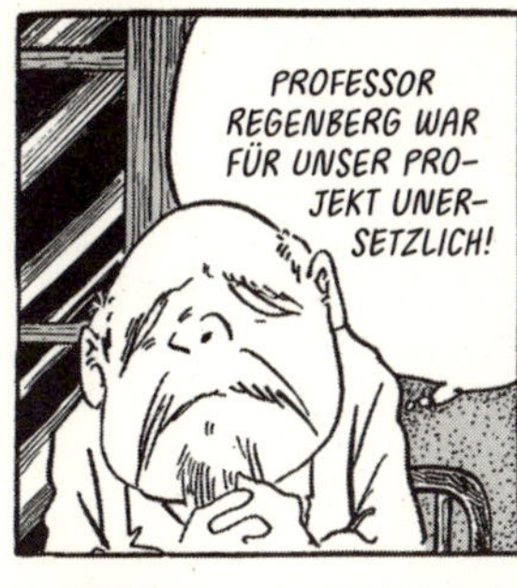
PROFESSOR REGENBERG WAR FÜR UNSER PROJEKT UNERSETZLICH!

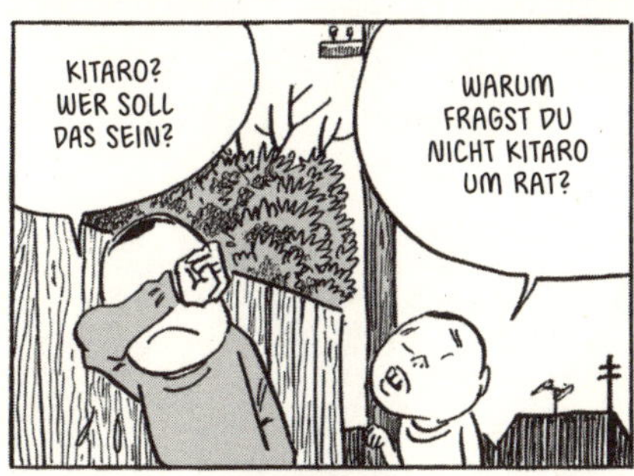
KITARO? WER SOLL DAS SEIN?
WARUM FRAGST DU NICHT KITARO UM RAT?

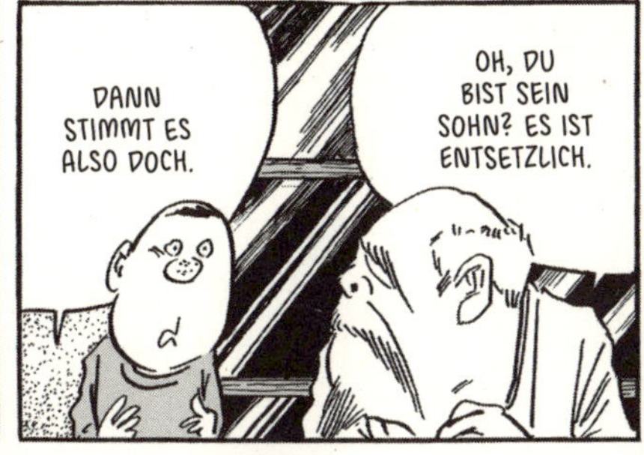
DANN STIMMT ES ALSO DOCH.
OH, DU BIST SEIN SOHN? ES IST ENTSETZLICH.

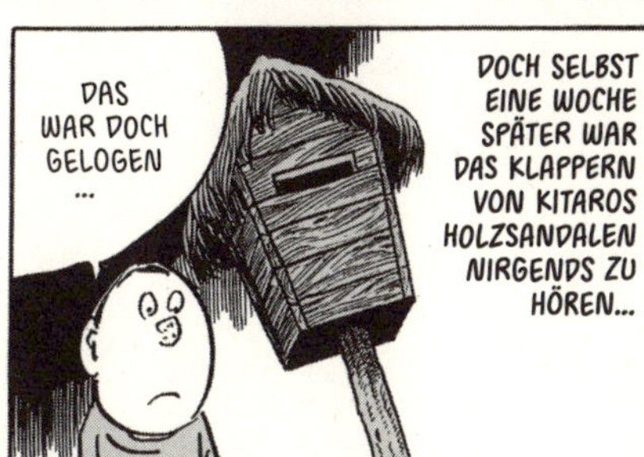
DAS WAR DOCH GELOGEN ...
DOCH SELBST EINE WOCHE SPÄTER WAR DAS KLAPPERN VON KITAROS HOLZSANDALEN NIRGENDS ZU HÖREN...

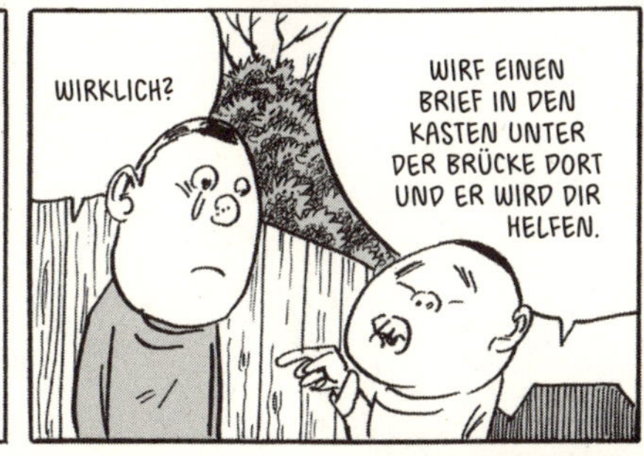
WIRKLICH?
WIRF EINEN BRIEF IN DEN KASTEN UNTER DER BRÜCKE DORT UND ER WIRD DIR HELFEN.

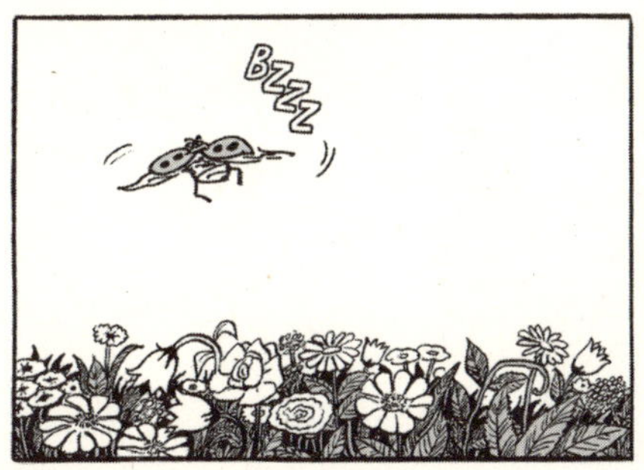
BZZZ

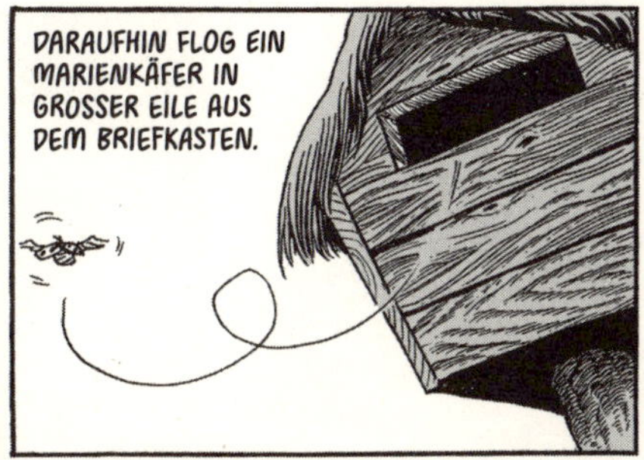
DARAUFHIN FLOG EIN MARIENKÄFER IN GROSSER EILE AUS DEM BRIEFKASTEN.

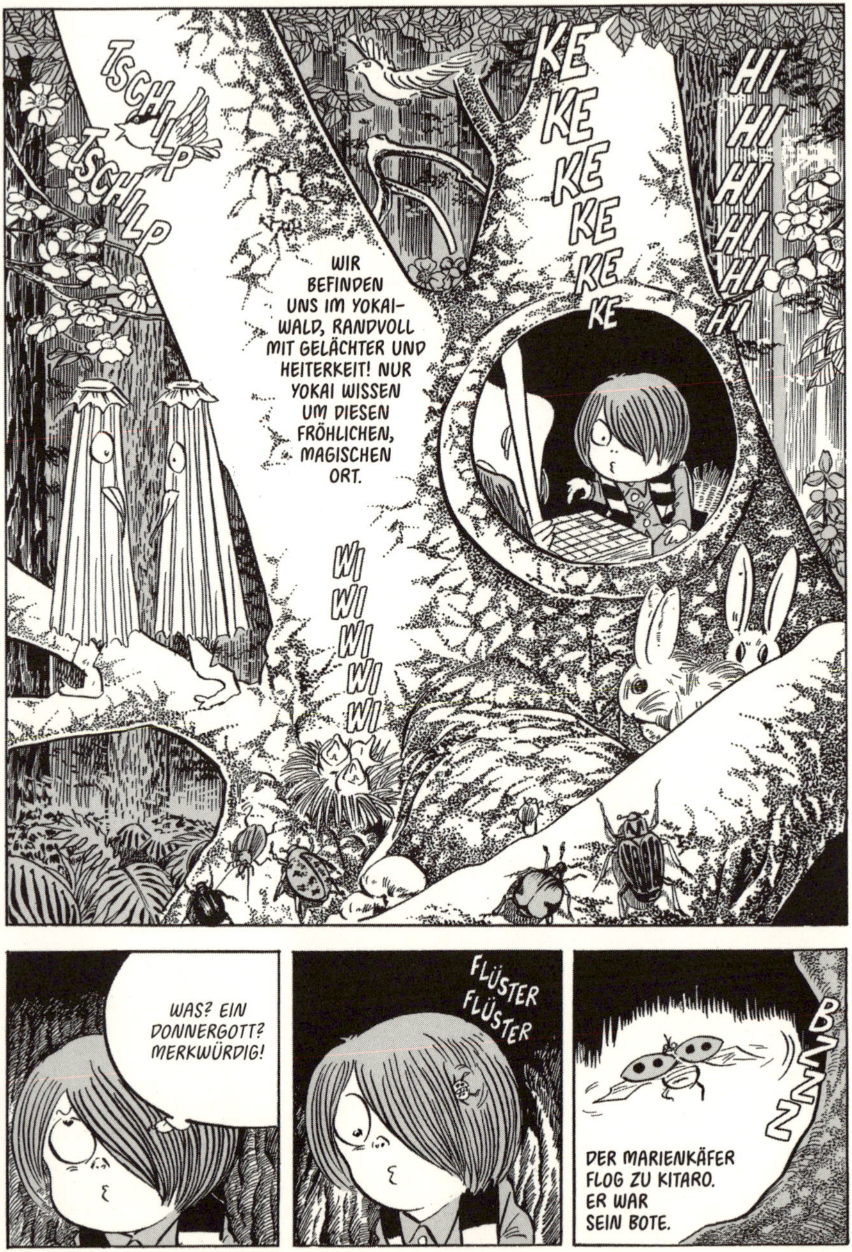

TSCHILP TSCHILP

KE KE KE KE KE KE

HI HI HI HI HI HI

WIR BEFINDEN UNS IM YOKAI-WALD, RANDVOLL MIT GELÄCHTER UND HEITERKEIT! NUR YOKAI WISSEN UM DIESEN FRÖHLICHEN, MAGISCHEN ORT.

WI WI WI WI WI WI

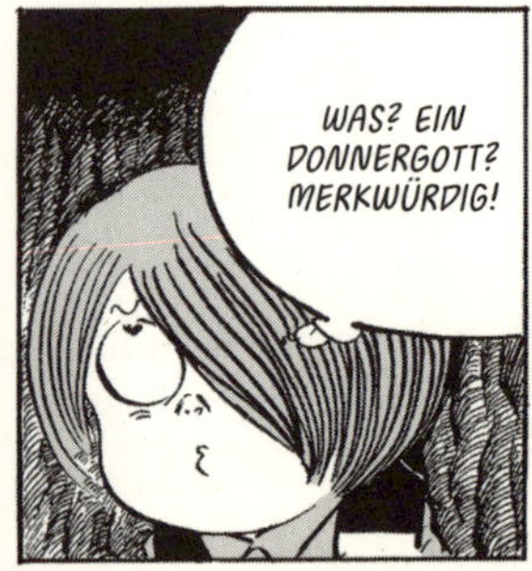

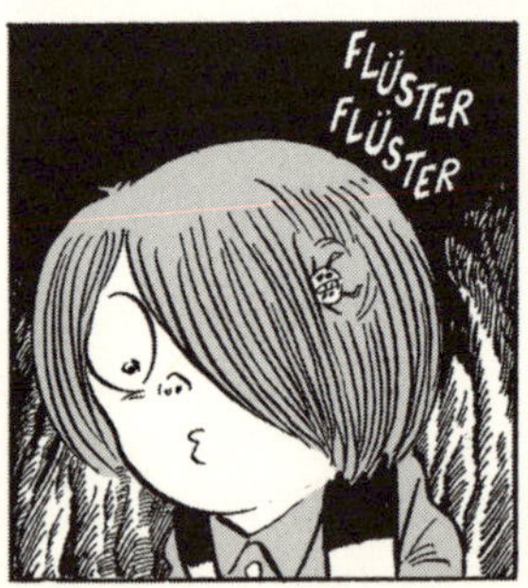

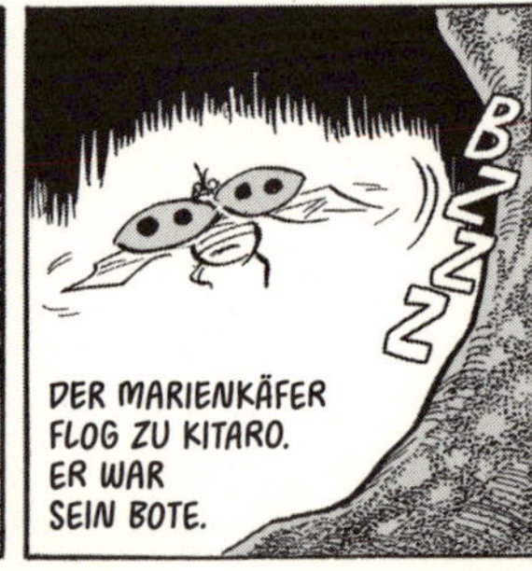

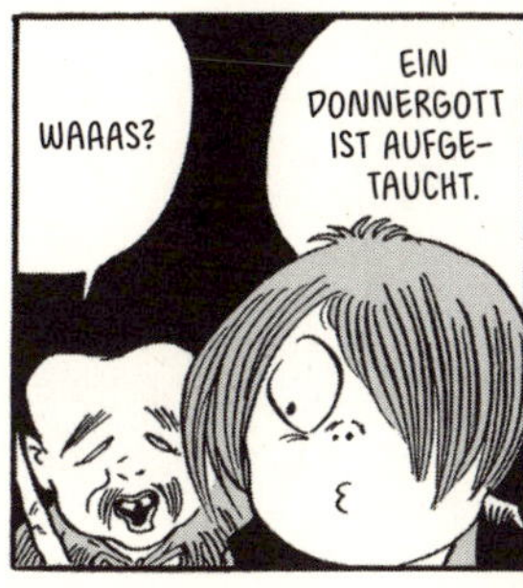
EIN DONNERGOTT IST AUFGE- TAUCHT.
WAAAS?

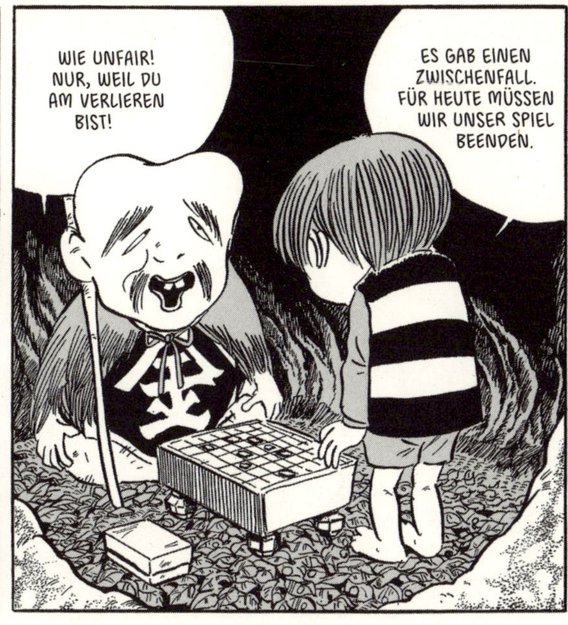
ES GAB EINEN ZWISCHENFALL. FÜR HEUTE MÜSSEN WIR UNSER SPIEL BEENDEN.
WIE UNFAIR! NUR, WEIL DU AM VERLIEREN BIST!

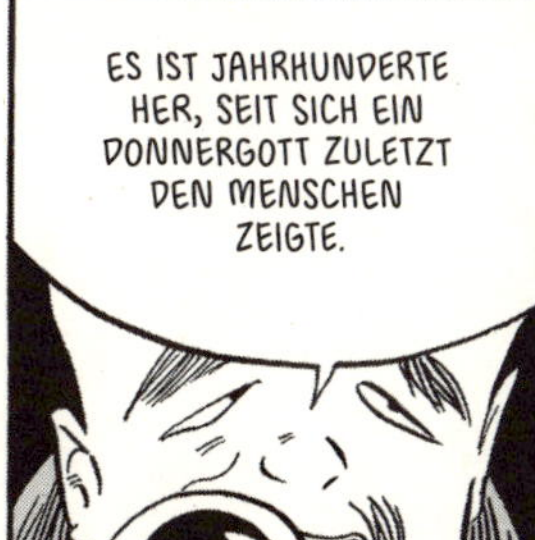
ES IST JAHRHUNDERTE HER, SEIT SICH EIN DONNERGOTT ZULETZT DEN MENSCHEN ZEIGTE.

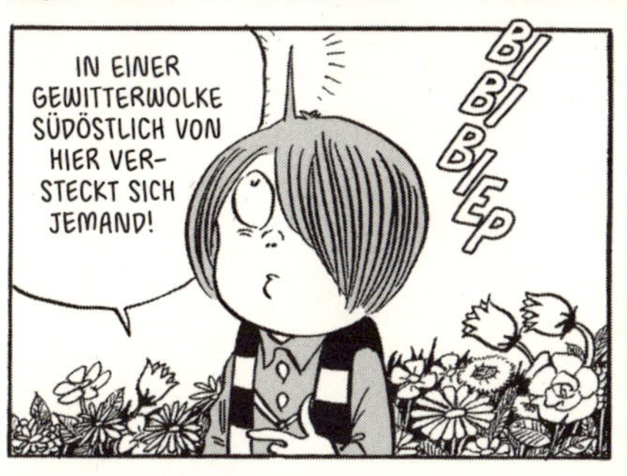
BIBIBIEP
IN EINER GEWITTERWOLKE SÜDÖSTLICH VON HIER VER- STECKT SICH JEMAND!

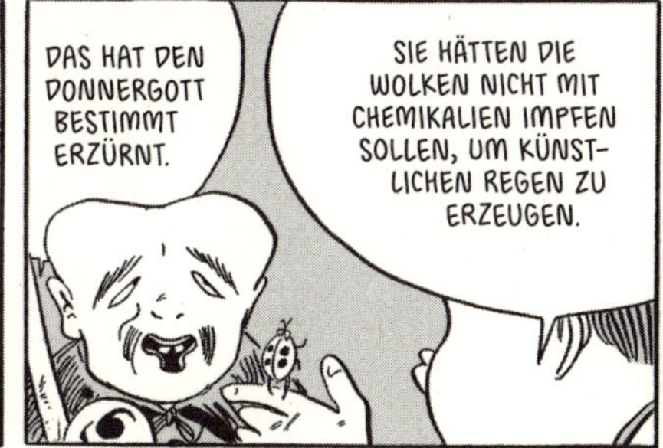
SIE HÄTTEN DIE WOLKEN NICHT MIT CHEMIKALIEN IMPFEN SOLLEN, UM KÜNST- LICHEN REGEN ZU ERZEUGEN.
DAS HAT DEN DONNERGOTT BESTIMMT ERZÜRNT.

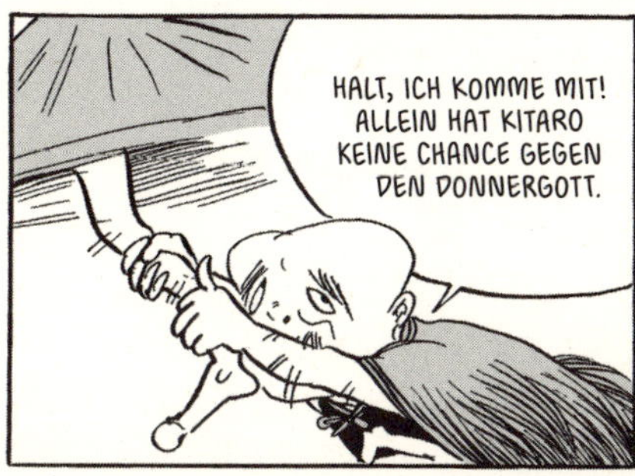
HALT, ICH KOMME MIT! ALLEIN HAT KITARO KEINE CHANCE GEGEN DEN DONNERGOTT.

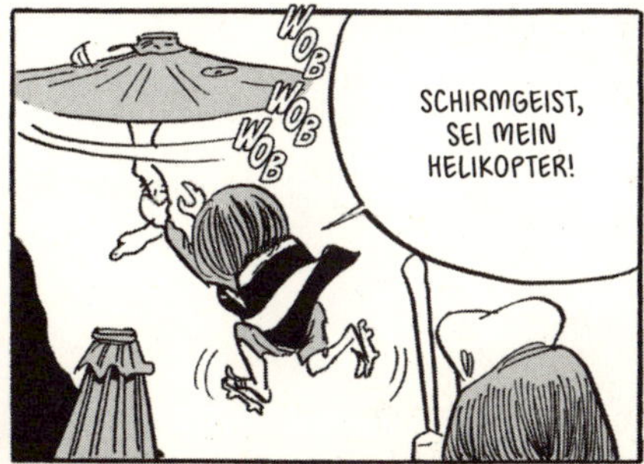
SCHIRMGEIST, SEI MEIN HELIKOPTER!
WOB WOB WOB

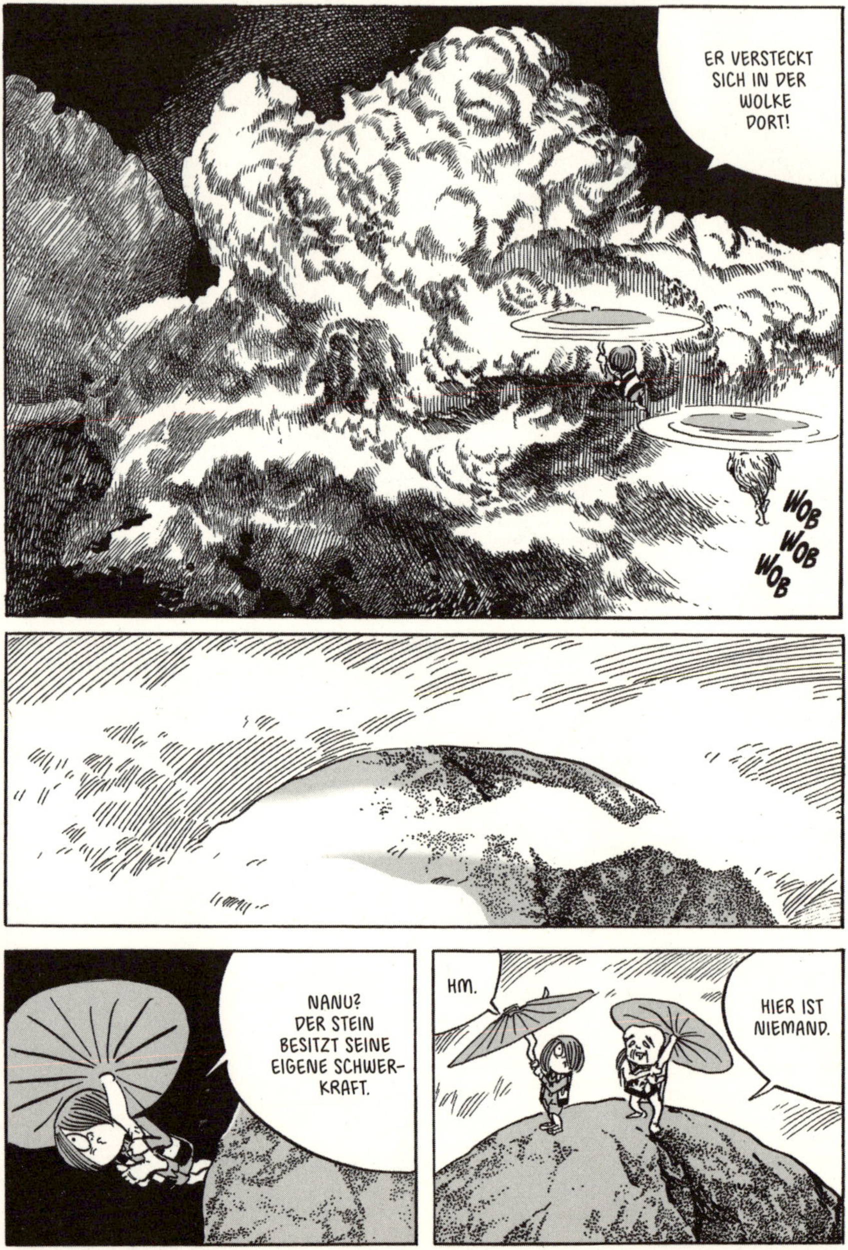

ER VERSTECKT SICH IN DER WOLKE DORT!

WOB WOB WOB

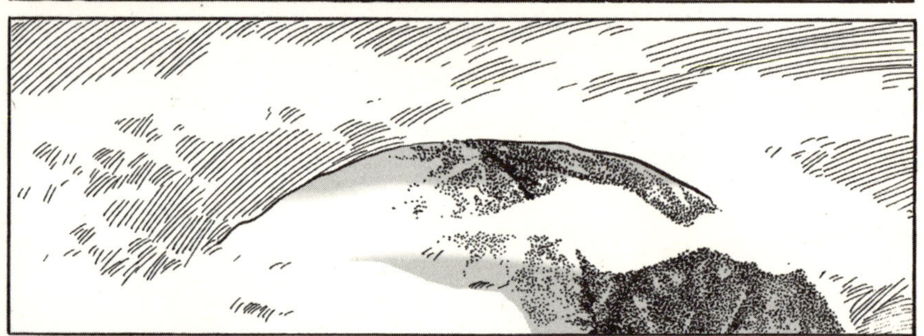

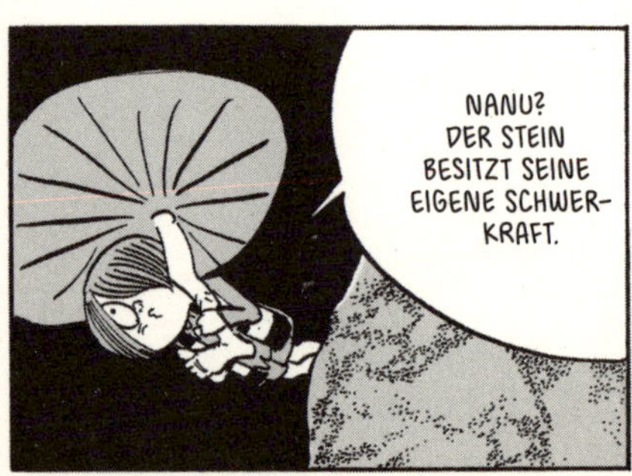

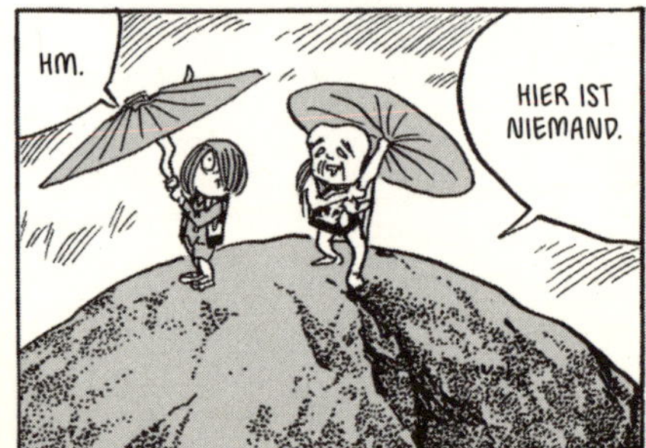

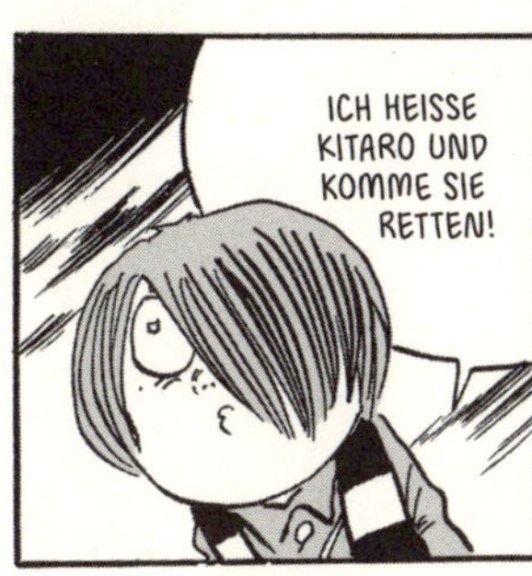
ICH HEISSE KITARO UND KOMME SIE RETTEN!

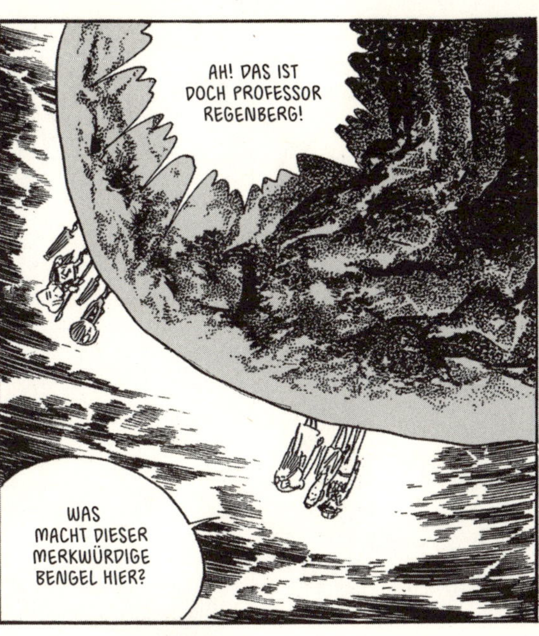
AH! DAS IST DOCH PROFESSOR REGENBERG!
WAS MACHT DIESER MERKWÜRDIGE BENGEL HIER?

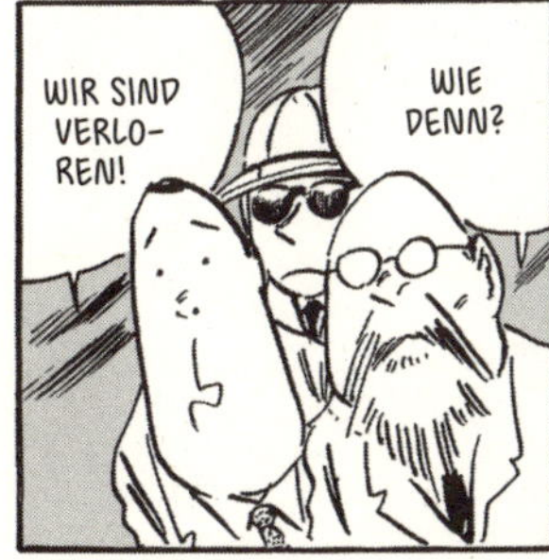
WIE DENN?
WIR SIND VERLO-REN!

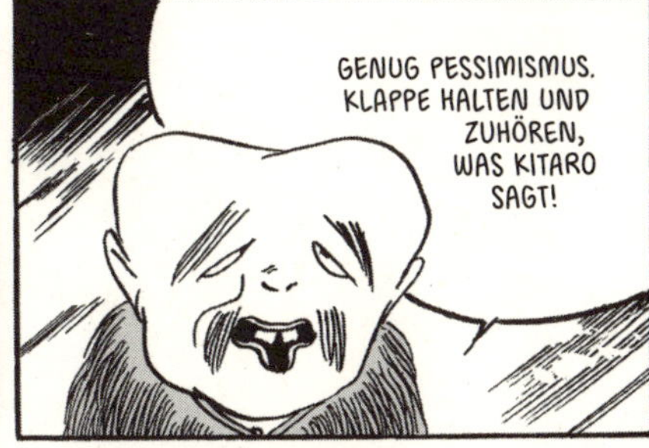
GENUG PESSIMISMUS. KLAPPE HALTEN UND ZUHÖREN, WAS KITARO SAGT!

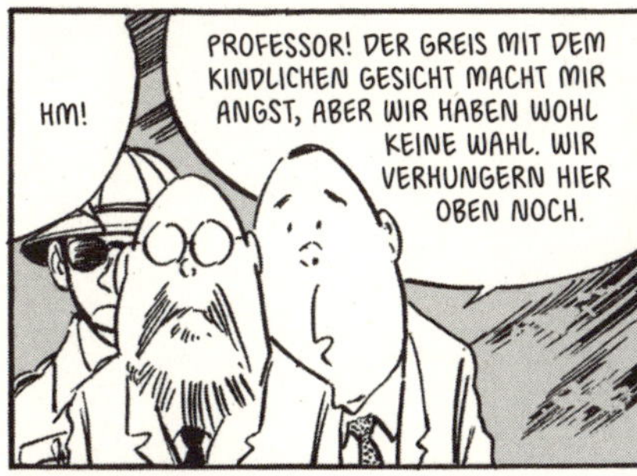
PROFESSOR! DER GREIS MIT DEM KINDLICHEN GESICHT MACHT MIR ANGST, ABER WIR HABEN WOHL KEINE WAHL. WIR VERHUNGERN HIER OBEN NOCH.
HM!

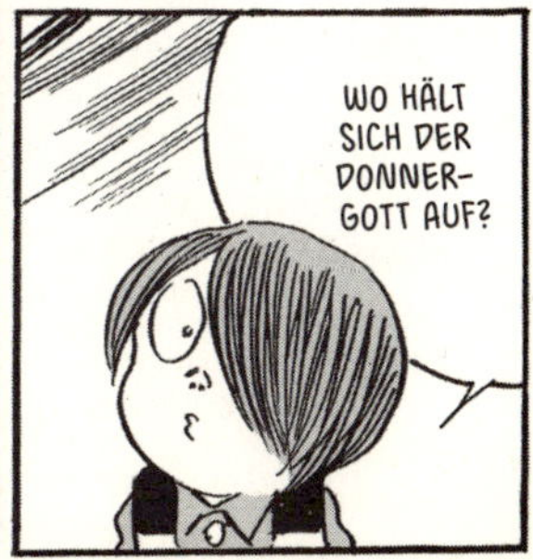
WO HÄLT SICH DER DONNER-GOTT AUF?

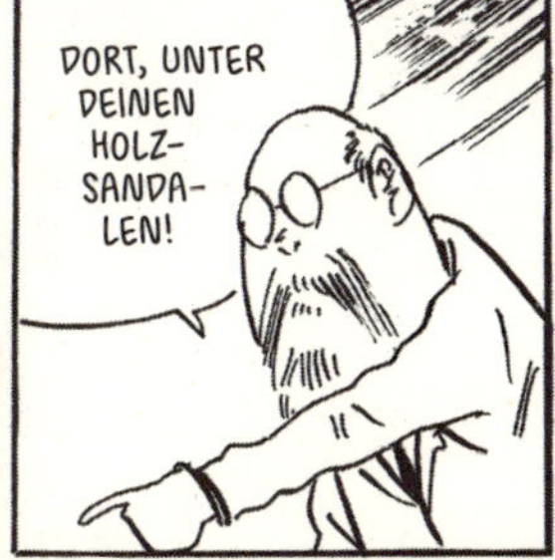
DORT, UNTER DEINEN HOLZ-SANDA-LEN!

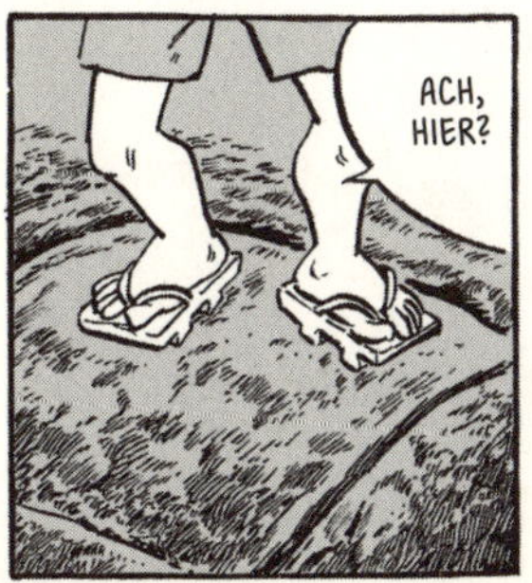
ACH, HIER?

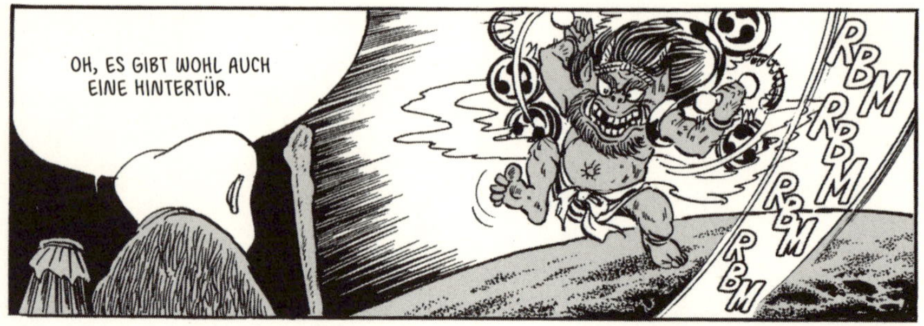

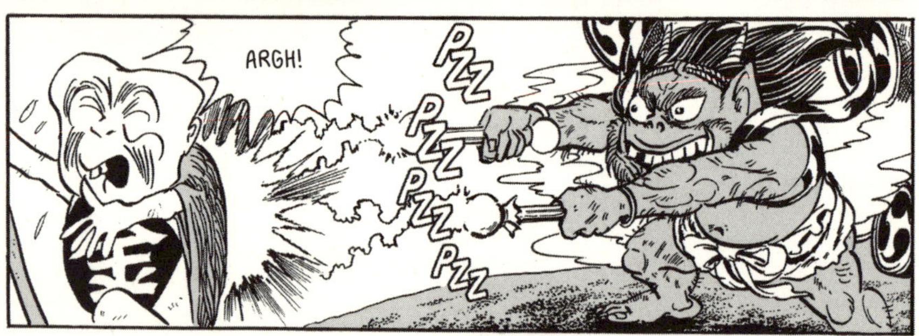

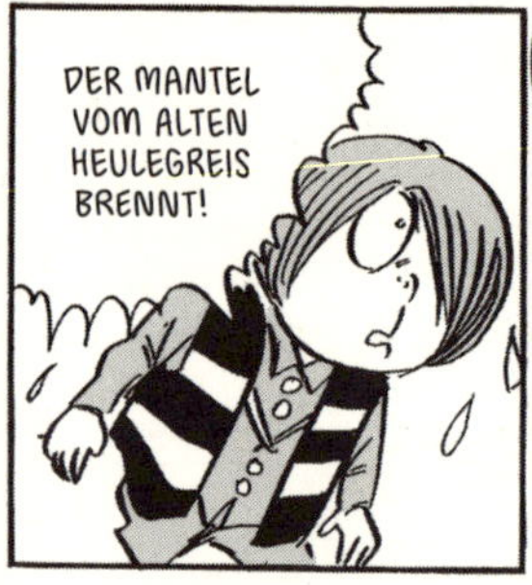

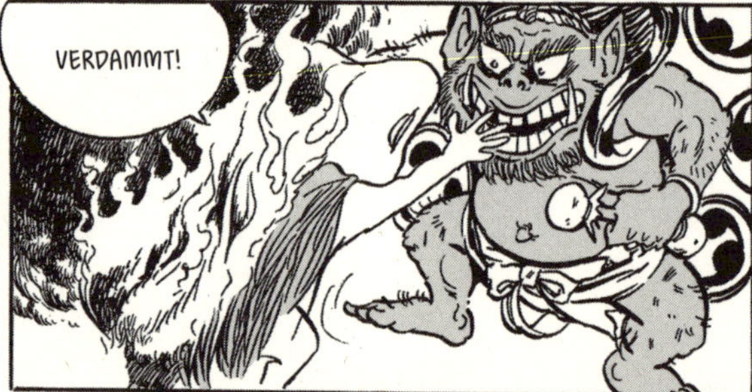

KAUM HATTE HEULEGREIS BEMERKT, DASS ER DIE SITUATION FÜR SICH NUTZEN KONNTE, HATTE ER SICH AUCH SCHON IM DONNERGOTT FESTGEBISSEN. DANN GING ER ZU SEINEM SPEZIALANGRIFF ÜBER, DER IHN ZENTNER-SCHWER WERDEN LIESS.

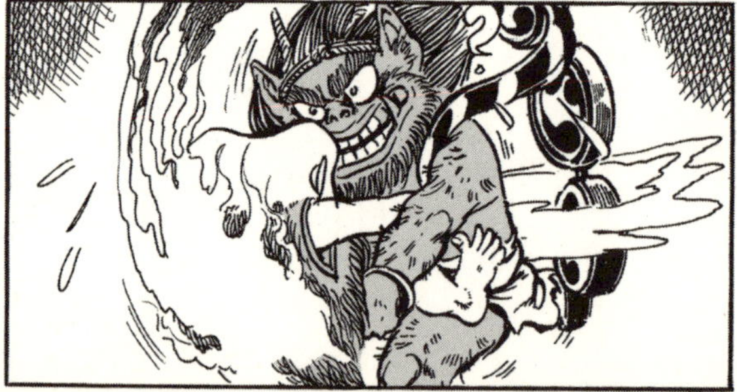

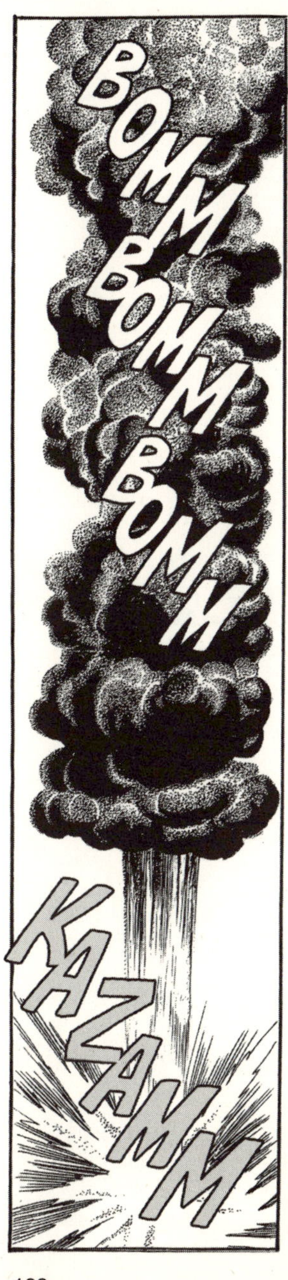
BOMMBOMMBOMM
KAZAMM

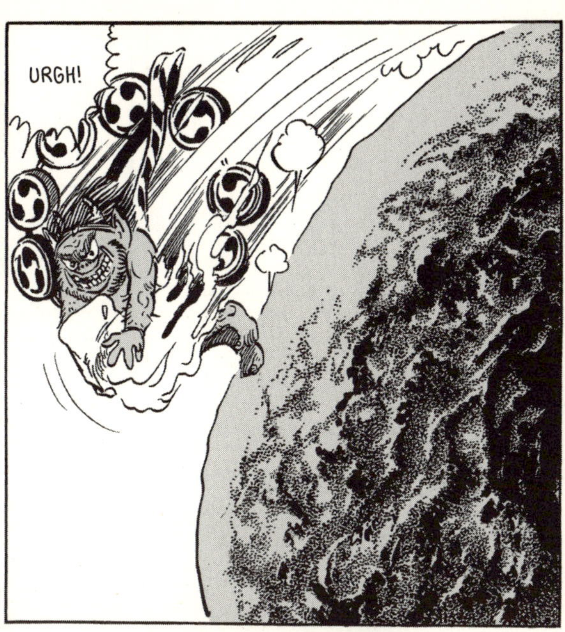
URGH!

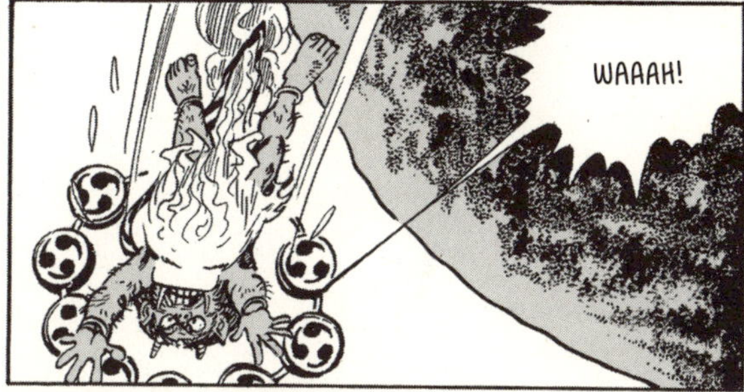
WAAAH!

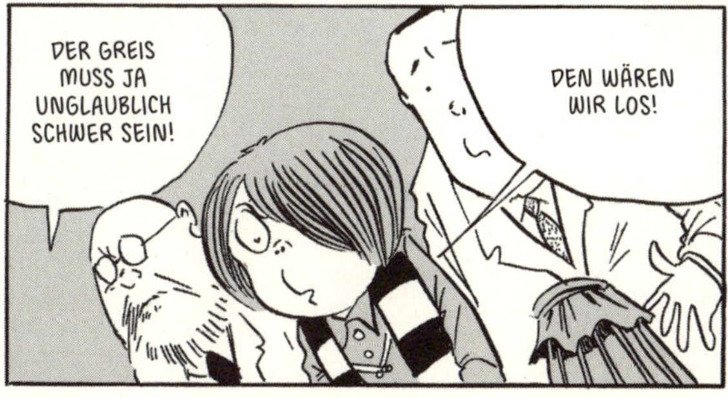
DER GREIS MUSS JA UNGLAUBLICH SCHWER SEIN!
DEN WÄREN WIR LOS!

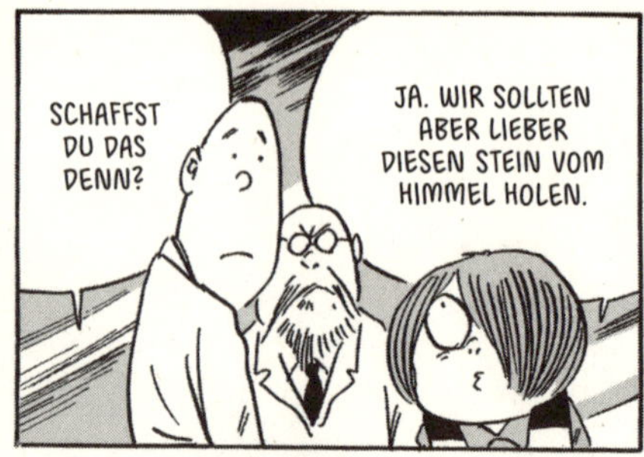
JA. WIR SOLLTEN ABER LIEBER DIESEN STEIN VOM HIMMEL HOLEN.
SCHAFFST DU DAS DENN?

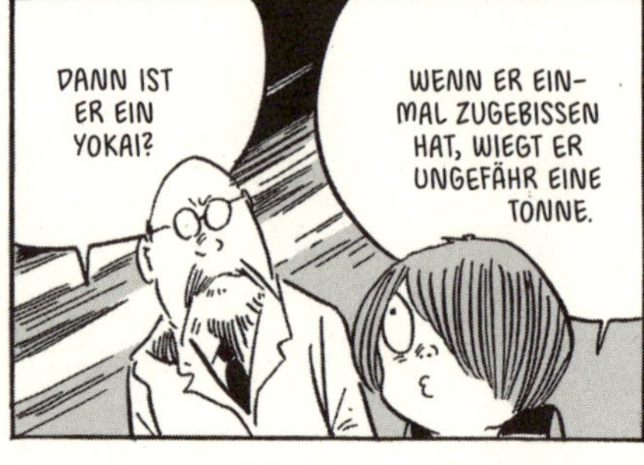
WENN ER EIN-MAL ZUGEBISSEN HAT, WIEGT ER UNGEFÄHR EINE TONNE.
DANN IST ER EIN YOKAI?

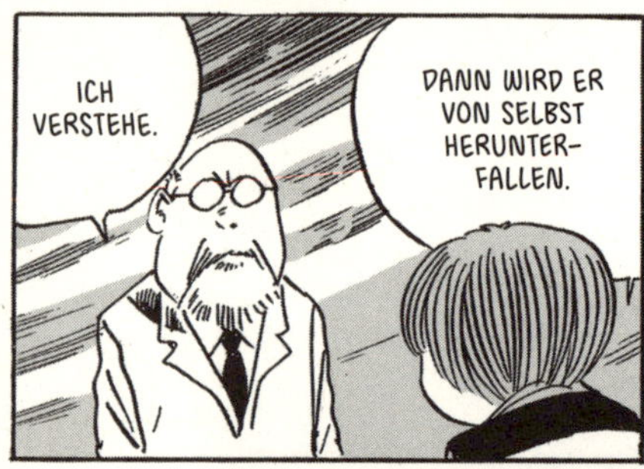
DANN WIRD ER VON SELBST HERUNTER-FALLEN.
ICH VERSTEHE.

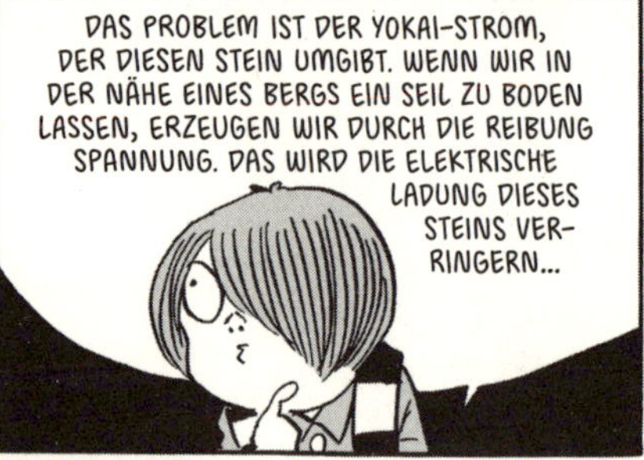
DAS PROBLEM IST DER YOKAI-STROM, DER DIESEN STEIN UMGIBT. WENN WIR IN DER NÄHE EINES BERGS EIN SEIL ZU BODEN LASSEN, ERZEUGEN WIR DURCH DIE REIBUNG SPANNUNG. DAS WIRD DIE ELEKTRISCHE LADUNG DIESES STEINS VER-RINGERN...

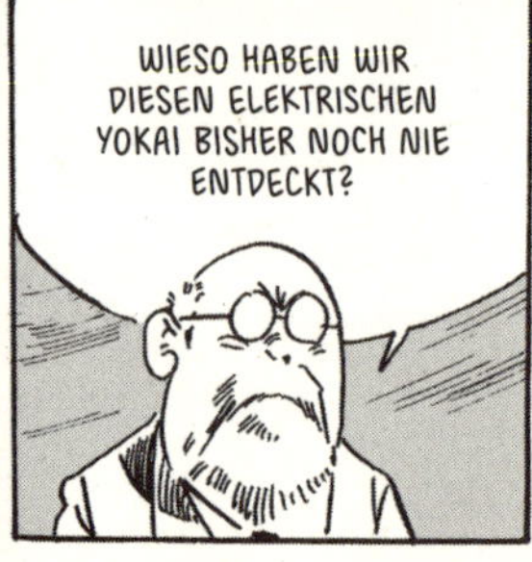
WIESO HABEN WIR DIESEN ELEKTRISCHEN YOKAI BISHER NOCH NIE ENTDECKT?

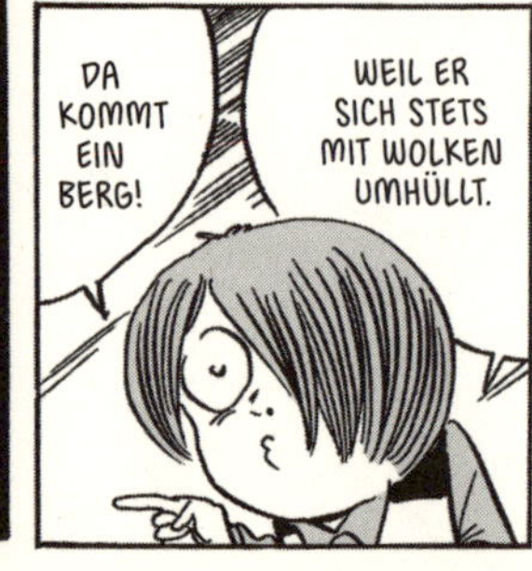
WEIL ER SICH STETS MIT WOLKEN UMHÜLLT.
DA KOMMT EIN BERG!

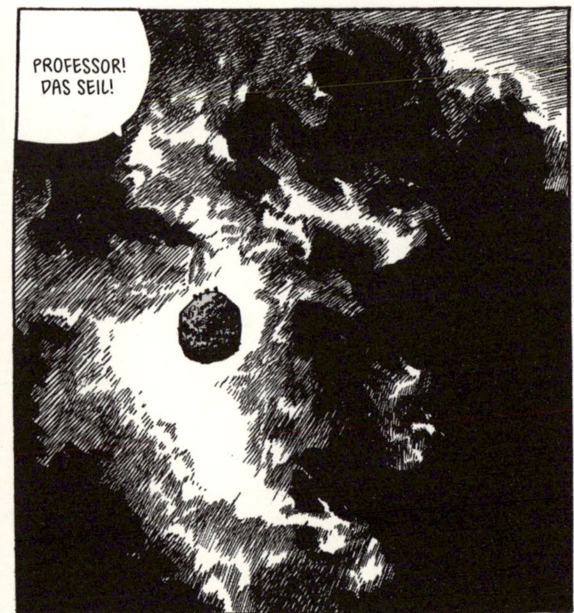
PROFESSOR! DAS SEIL!

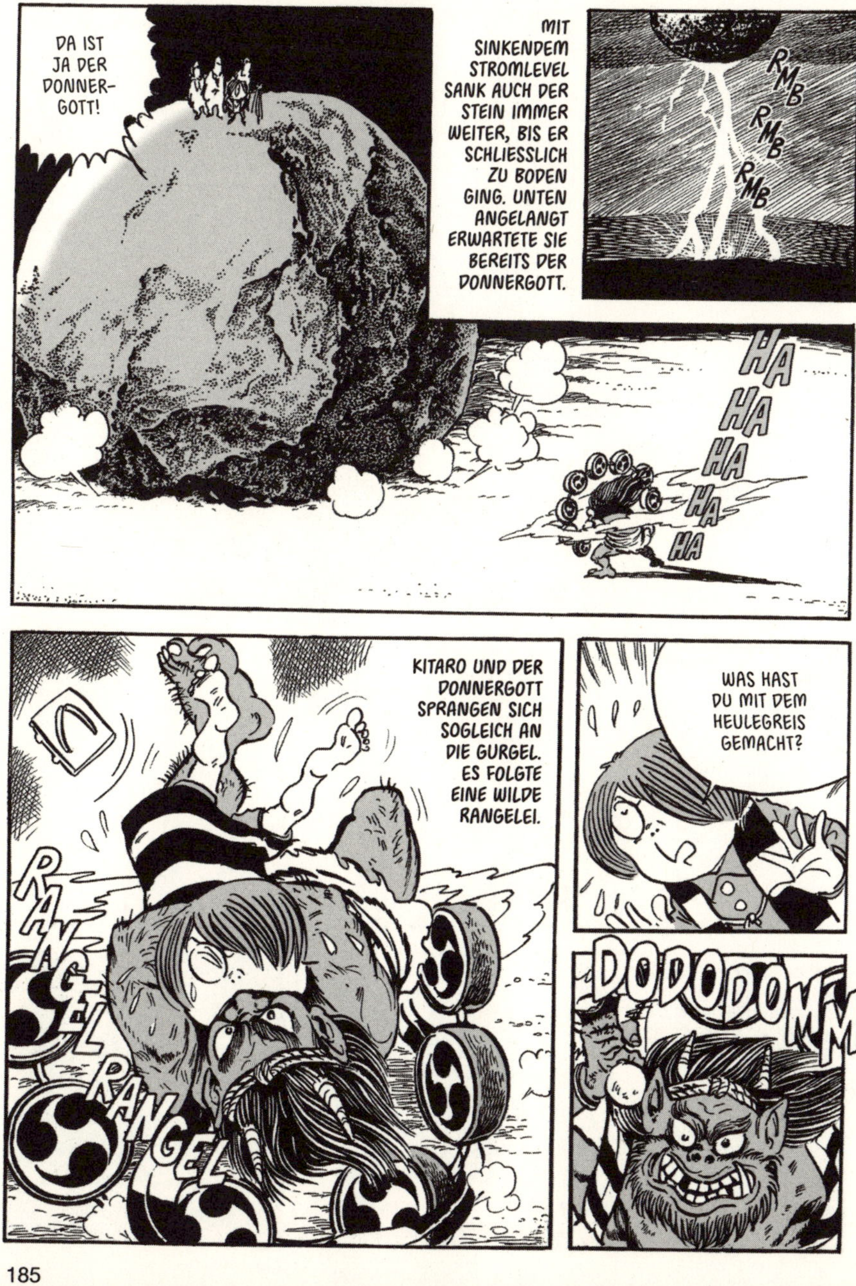

DA IST JA DER DONNER-GOTT!

MIT SINKENDEM STROMLEVEL SANK AUCH DER STEIN IMMER WEITER, BIS ER SCHLIESSLICH ZU BODEN GING. UNTEN ANGELANGT ERWARTETE SIE BEREITS DER DONNERGOTT.

RMB RMB RMB

HA HA HA HA HA HA

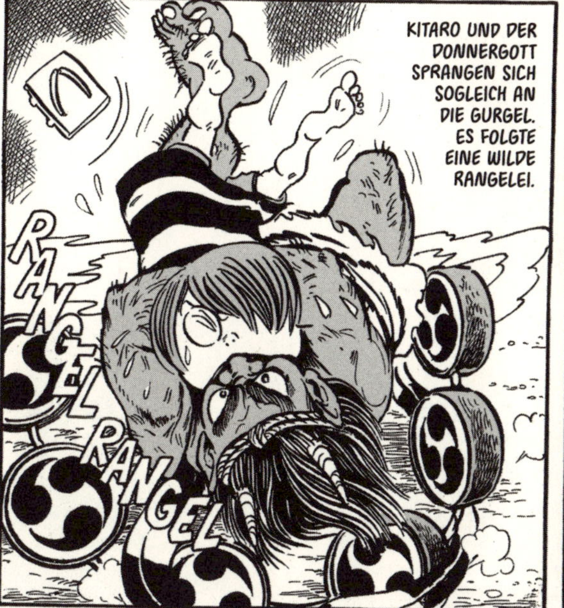

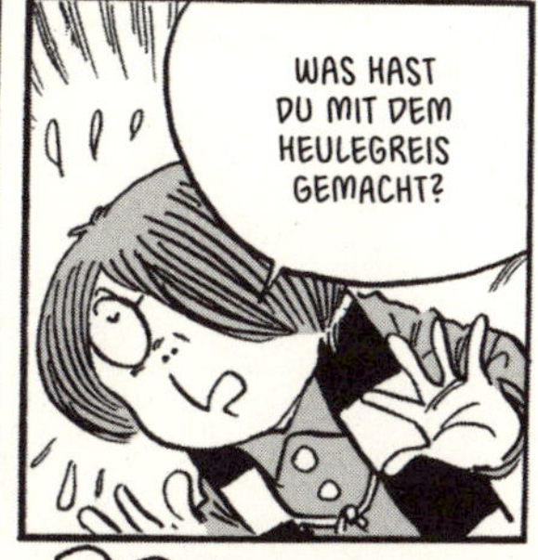

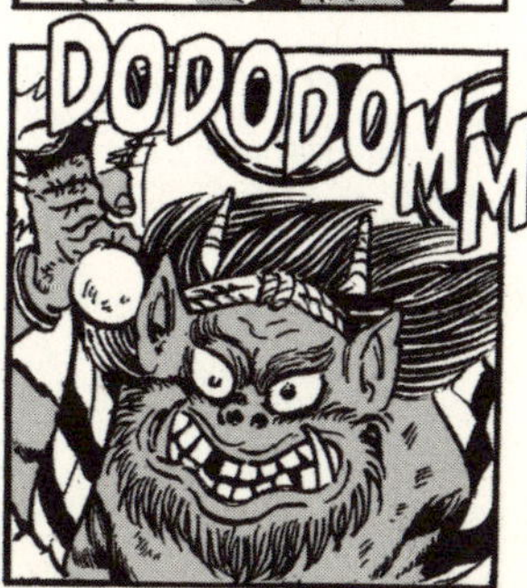

KITARO MUSSTE SICH GESCHLAGEN GEBEN. ER HATTE ANGENOMMEN, DASS DEM DONNERGOTT DER STROM AUSGEGANGEN WAR. IN DER TROMMEL AUF SEINEM RÜCKEN HATTE DIESER JEDOCH EINE SPEICHERBATTERIE VERSTECKT. KITARO FING AN, TIEFROT ZU GLÜHEN, WIE DIE PLATTE EINES ELEKTROHERDS.

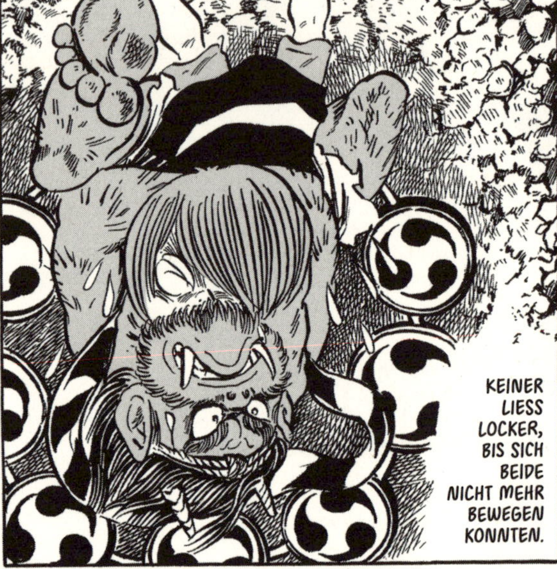

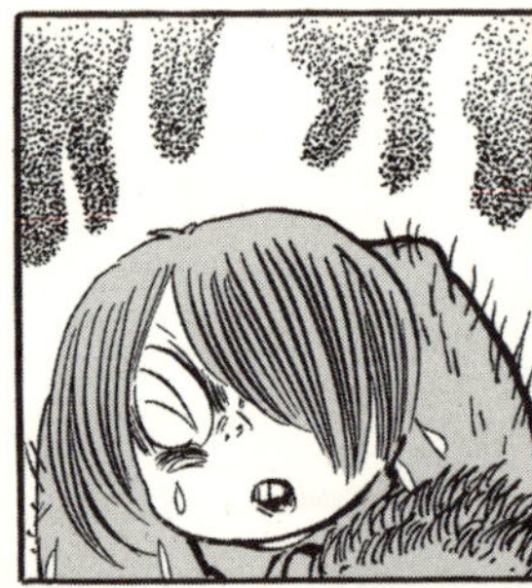

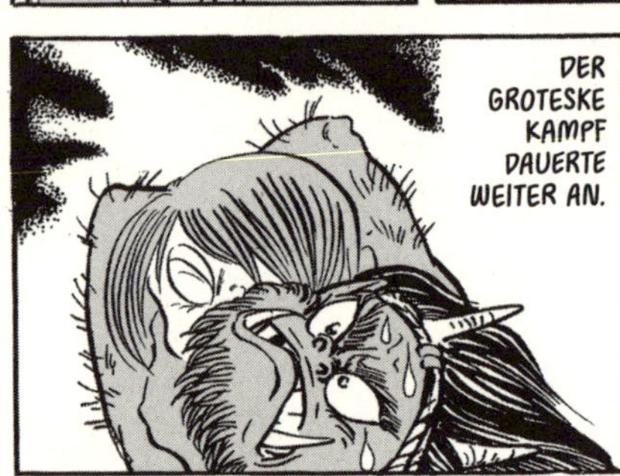

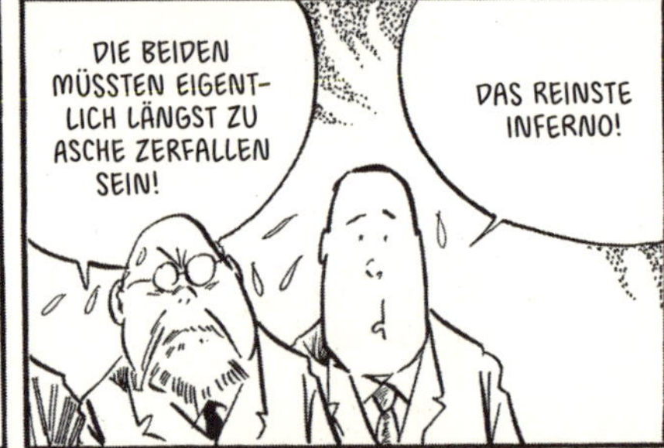

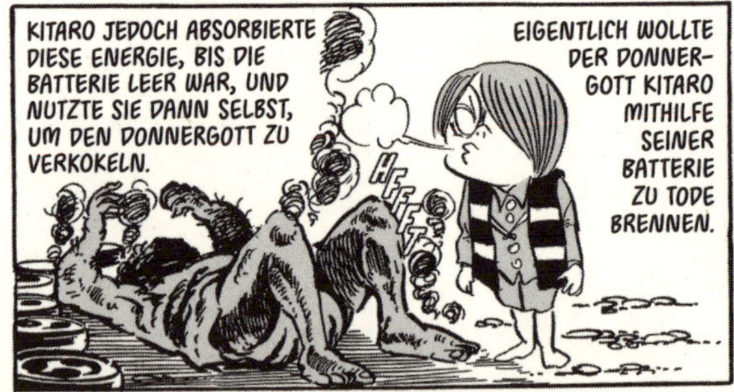

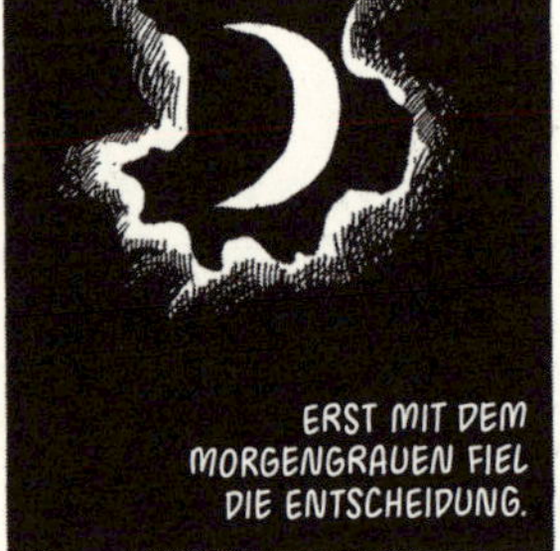

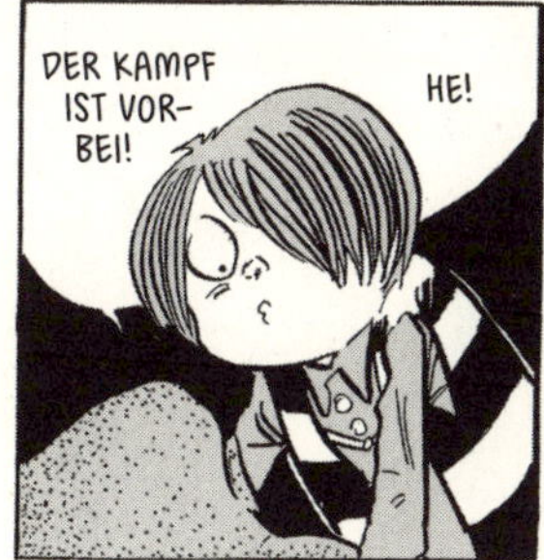

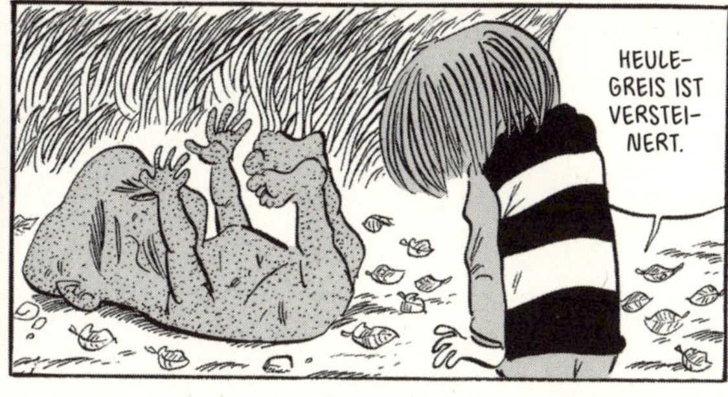

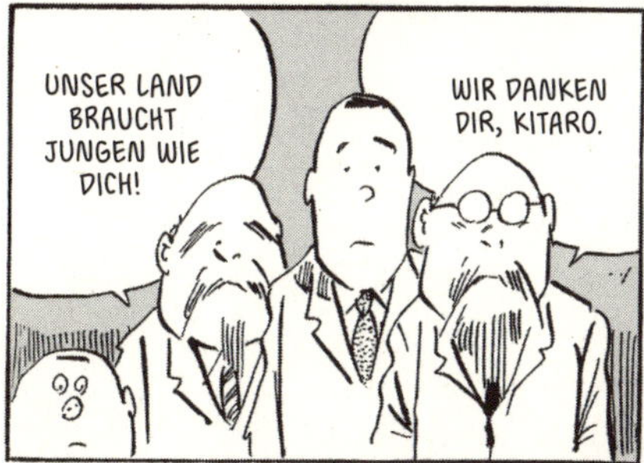

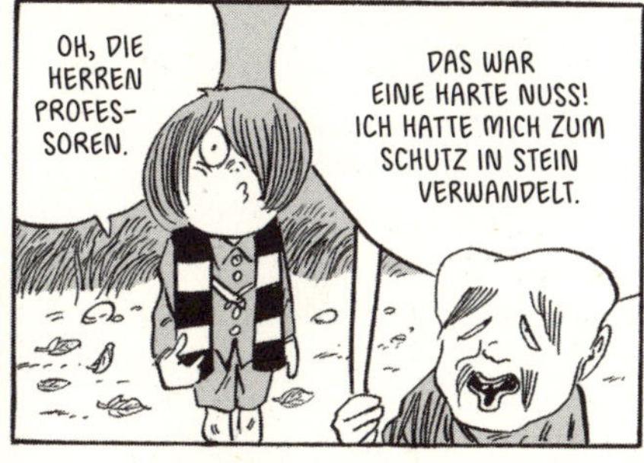

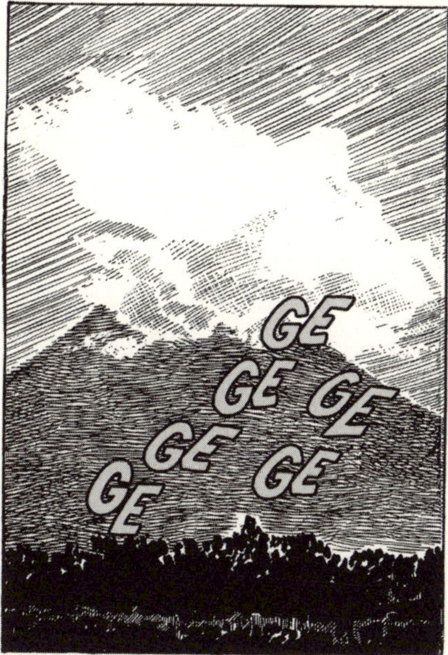

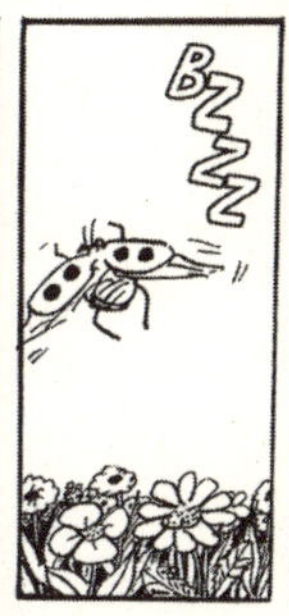

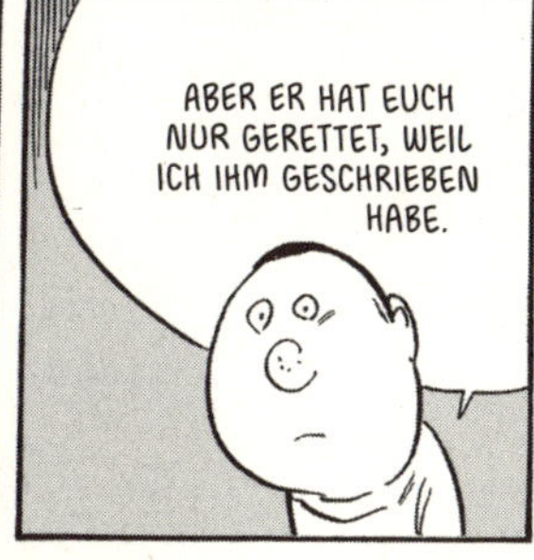

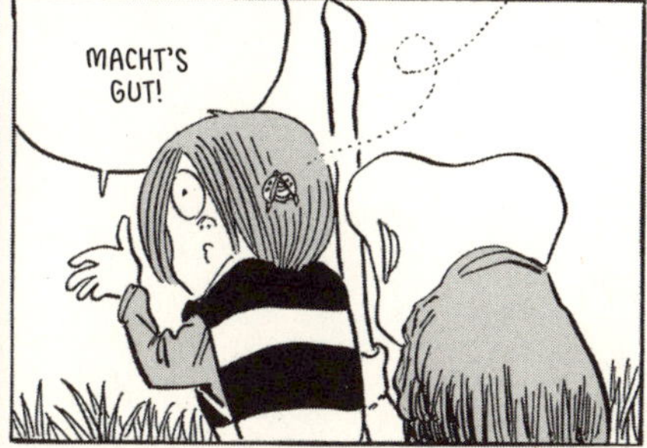

Kitaro Band 5 - Ende

Yokai-Guide 2

Von Zack Davisson und Lukas Jantzen

Katzeneremit (neko-sennin) / Band 1

Der Name setzt sich aus zwei japanischen Wörtern zusammen: „Neko" – was „Katze" bedeutet – und „Sennin". Der Begriff „Sennin" ist aus dem Chinesischen entlehnt und lässt sich mit „unsterbliche Person" übersetzen. In der japanischen Mythologie sind Sennin Berggötter, von denen es die unterschiedlichsten Arten gibt. Dieses haarige Yokai ist ein liebe- und hingebungsvoller Katzenfreund, das keiner Fliege auch nur ein Haar krümmen würde. Anders verhält es sich jedoch gegenüber Menschen, die Katzen aussetzen oder gar misshandeln. Tierquäler sollten sich in Acht nehmen vor der grausamen Rache dieses sonst so harmlosen Wesens. Wenn es sie nicht gleich tötet, dreht es den Spieß um und hält sich die Peiniger selbst als Haustier... Da stellen sich einem doch vor Angst die Nackenhaare hoch!

Die Sandhexe (sunakake-babaa) / Band 2

Sie ist auch unter dem Namen Sunakake-Babaa (dt. sandwerfende Hexe) bekannt. In der japanischen Kultur ist sie vor allem in den Präfekturen Nara und Hyōgo ansässig: eine kleine gedrungene Frauengestalt, in einen Kimono gehüllt, mit einer langen Strähne zwischen den Augen. Es heißt, dass sie sich aus Ekel vor ihrer eigenen Hässlichkeit vor den Menschen verbirgt und von niemandem gesehen werden will. Zum Schutz vor menschlichen Blicken wirft sie ihren Opfern Sand in die Augen.

Elite, der Vampir (kyūketsuki eriito) / Band 3

Elite schlich sich in den Wirren nach dem Zweiten Weltkrieg nach Japan und hauste seitdem in einem von Nebel umgebenen Schloss. Dort tat er, was Vampire eben so tun – bis Kitaro ihm einen Besuch abstattete!

Dieser aristokratische Vampir aus der alten Welt mag mit seiner Gitarre wie ein Hipster mit Pilzkopf-Frisur aussehen, ist in Wirklichkeit aber uralt und überaus mächtig.

Er ist im wahrsten Sinne des Wortes ein Elite-Vampir!

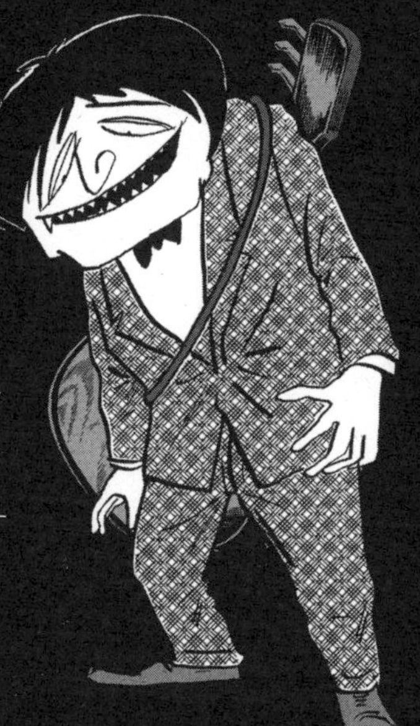

Tanuki / Band 4

Tanuki sind einerseits echte Tiere, andererseits eine magische Spezies von Yokai. Im Deutschen heißen die Tiere „Waschbärhunde", da sie Waschbären ähneln.

Wie die meisten magischen Tiere Japans werden auch Tanuki mit dem Alter immer mächtiger. Sie können ihre Gestalt ändern und trommeln gern auf ihren großen Bäuchen. Die Bauchtrommel eines Tanuki macht „Pom Poko Pom". Magische Tanuki gibt es überall in Japan, doch auf der Insel Shikoku sind sie am verbreitetsten.

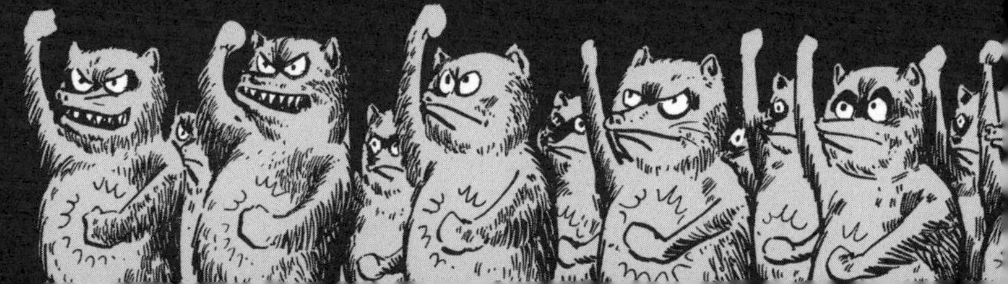

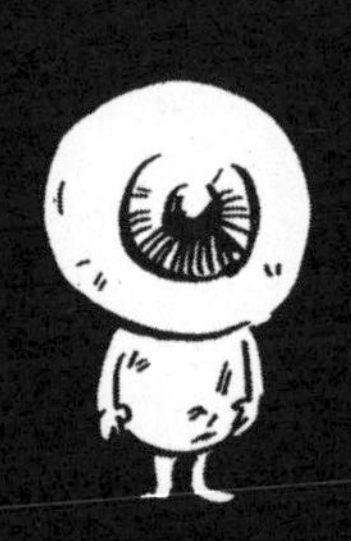

ERSTVERÖFFENTLICHUNG

Die Yokai-Bestie, Teil 7
(Shukan Shonen Magazine, 13. August 1967)

Die Yokai-Bestie, Teil 8
(Shukan Shonen Magazine, 20. August 1967)

Die Yokai-Bestie, Teil 9
(Shukan Shonen Magazine, 27. August 1967)

Die Yokai-Bestie, Teil 10
(Shukan Shonen Magazine, 3. September 1967)

Der Schau-auf-Mönch, Teil 1
(Shukan Shonen Magazine, 10. September 1967)

Der Schau-auf-Mönch, Teil 2
(Shukan Shonen Magazine, 17. September 1967)

Der Schau-auf-Mönch, Teil 3
(Shukan Shonen Magazine, 24. September 1967)

Das Nurarihyon, Teil 1
(Shukan Shonen Magazine, 1. Oktober 1967)

Das Nurarihyon, Teil 2
(Shukan Shonen Magazine, 8. Oktober 1967)

Das Haarmonster
(Shukan Shonen Magazine, 12. Oktober 1967)

Schauder am Bergpass
(Shukan Shonen Magazine, 19. Oktober 1967)

Yokai unter Strom
(Shukan Shonen Magazine, 26. Oktober 1967)

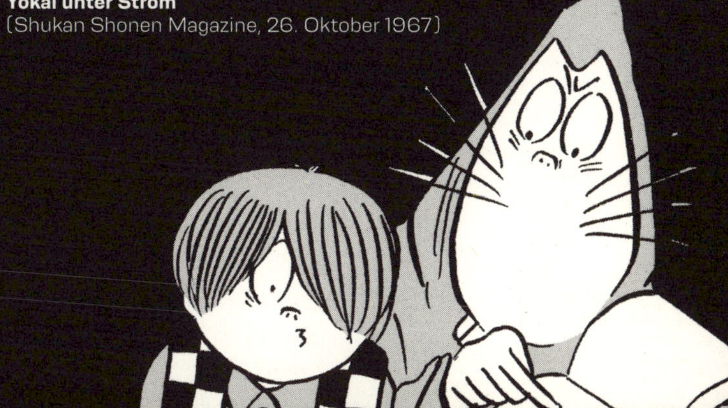

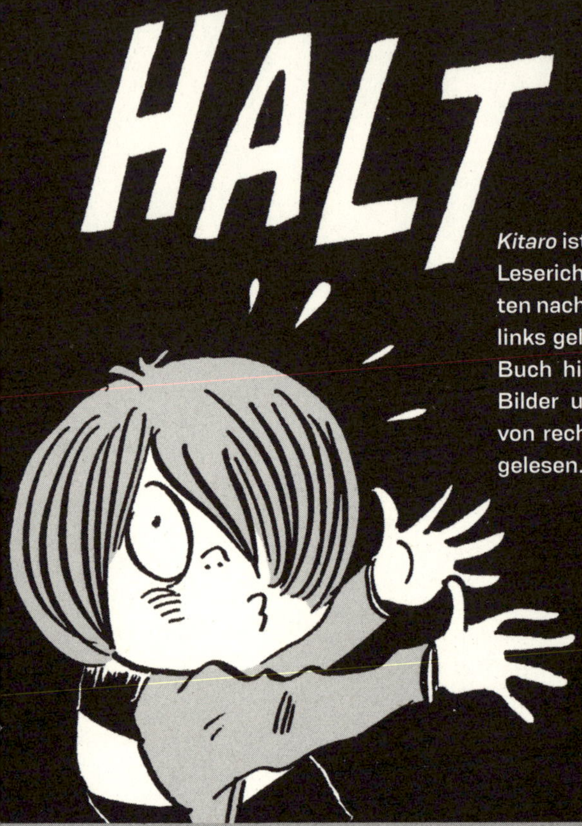

HALT

Kitaro ist ein Manga in japanischer Leserichtung. Da in Japan von hinten nach vorn und von rechts nach links gelesen wird, beginnt dieses Buch hinten und endet hier. Die Bilder und Sprechblasen werden von rechts oben nach links unten gelesen.

Aus dem Japanischen
von Gandalf Bartholomäus
Redaktion: Aranka Schindler
Korrektur: Gustav Mechlenburg
Gestaltung und Lettering: diceindustries
mit einem Font von Kevin Huizenga

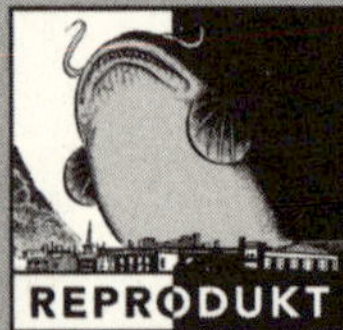

Gottschedstr. 4 / Aufgang 1
13357 Berlin

Published by arrangement with Presspop Inc.
Herausgeber: Dirk Rehm
ISBN 978-3-95640-306-4
Druck: Pozkal, Inowrocław, Polen

Erste Auflage: März 2022

www.reprodukt.com